*Contemplação num
mundo de ação*

Dados Internacionais de Catalogação na Publicação (CIP)
(Câmara Brasileira do Livro, SP, Brasil)

Merton, Thomas
 Contemplação num mundo de ação / Thomas Merton ; tradução: Monjas do Mosteiro da Virgem. Petrópolis, RJ ; introdução de Jean Leclercq, O.S.B. – Petrópolis, RJ : Vozes, 2019. – (Série Clássicos da Espiritualidade)

 Título original: Contemplation in a world of action.
 ISBN 978-85-326-6169-2

 1. Espiritualidade 2. Vida monástica e religiosa 3. Vida espiritual – Igreja Católica I. Jean Leclercq, O.S.B. II. Título. III. Série.

19-26688   CDD-255

Índices para catálogo sistemático:

1. Vida monástica : Cristianismo   255

Iolanda Rodrigues Biode – Bibliotecária – CRB-8/10014

Thomas Merton

Contemplação num mundo de ação

Introdução de Jean Leclercq, O.S.B.

Tradução
Monjas do Mosteiro da Virgem, Petrópolis, RJ

© 1965, 1969, 1970, 1971 by the Trustees of the Merton Legacy Trust.

Título do original em inglês: *Contemplation in a world of action*

Direitos de publicação em língua portuguesa – Brasil:
1975, 2019, Editora Vozes Ltda.
Rua Frei Luís, 100
25689-900 Petrópolis, RJ
www.vozes.com.br
Brasil

Todos os direitos reservados. Nenhuma parte desta obra poderá
ser reproduzida ou transmitida por qualquer forma e/ou quaisquer
meios (eletrônico ou mecânico, incluindo fotocópia e gravação)
ou arquivada em qualquer sistema ou banco de dados
sem permissão escrita da editora.

CONSELHO EDITORIAL

Diretor
Gilberto Gonçalves Garcia

Editores
Aline dos Santos Carneiro
Edrian Josué Pasini
Marilac Loraine Oleniki
Welder Lancieri Marchini

Conselheiros
Francisco Morás
Ludovico Garmus
Teobaldo Heidemann
Volney J. Berkenbrock

Secretário executivo
João Batista Kreuch

Diagramação: Mania de criar
Revisão gráfica: Alessandra Karl
Capa: Editora Vozes
Ilustração de capa: Lúcio Américo de Oliveria

Nota do editor:
A reedição desta obra é resultado de um projeto da Editora Vozes
juntamente com a Associação Thomas Merton – Brasil, para
manter disponível ao público de língua portuguesa o legado
espiritual de Thomas Merton.

ISBN 978-85-326- 6169-2

Editado conforme o novo acordo ortográfico.

Este livro foi composto e impresso pela Editora Vozes Ltda.

Sumário

Introdução, 7
Jean Leclercq, OSB

Nota dos editores, 25

PARTE I – Renovação monástica, 27

I - Problemas e perspectivas, 29

II - Vocação e pensamento moderno, 62

III - A crise de identidade, 103

IV - Diálogo e renovação, 139

V - Renovação e disciplina, 158

VI - Como situar a obediência, 186

VII - Abertura e clausura, 202

VIII - O mundo é um problema?, 221

IX - Contemplação num mundo de ação, 240

X - O contemplativo e o ateu, 252

XI - Ecumenismo e renovação, 272

XII - Necessidade de um novo esquema nos estudos
monásticos, 295

XIII - Integração final: em direção a uma
"terapia monástica", 305

Apêndices

   1 Notas sobre o futuro do monaquismo, 323

   2 O monge hoje, 331

PARTE II – Em favor do eremitismo, 345

I - Solidão cristã, 347

II - A cela, 367

III - Eremitismo franciscano, 378

IV - O Pai espiritual na tradição do deserto, 390

V - O caso da renovação do eremitismo no estado monástico, 424

Apêndice, 469

   1 - Carta de Estêvão de Lexington a três cistercienses concedendo a permissão para abraçar a vida eremítica, 469

PARTE III – Vida contemplativa, 471

I - Estará a vida contemplativa superada?, 473

Posfácio, 547
Fernando Paiser

Introdução

I - "Se o grão de trigo não cair na terra e morrer..."

O que foi real para Cristo foi também real para seus discípulos: algo em nós e algo de nós mesmos tem de morrer para que possa o fruto nascer. E quanto maior o grau de morte, tanto maior será o renascer e o fruto. Quando Doubleday pediu-me que escrevesse este prefácio, comecei por ler as cartas que Thomas Merton me havia escrito. Desde a primeira que recebi, datada de 1950, expressava ele a esperança de ver, nos mosteiros de meu país, "homens que fossem orientados no sentido de cultivar em suas almas o grão que é a palavra de Deus" e de dar fruto no campo da teologia espiritual. O próprio Merton jamais deixou de trabalhar para conseguir essa meta. Não chegou realmente a ver o resultado de seus esforços. No entanto, sob o título de *Cistercian Publications,* por exemplo, está tomando corpo um projeto cujo plano geral, pelo menos, era-lhe conhecido e cujo primeiro volume é um livro seu publicado depois de sua morte[1].

Escrevo estas linhas nas vésperas de partir para a primeira Convenção da União dos Mosteiros da Ásia, a realizar-se na Coreia. Quando Merton nos foi arrebatado em dezembro de 1968, no início do Encontro dos Monges da Ásia em Bancoc, nós todos que ali estáva-

---

1. *Poesia e contemplação.* Rio de Janeiro: Agir, 1973 [Tradução do Mosteiro da Virgem, Petrópolis] [N.T.].

mos prometemos a Deus, em presença de seu corpo e em comunhão com seu espírito, continuar a tarefa que ele tanto amava e à qual dedicara seus esforços antes de qualquer um de nós – a criação de um monaquismo asiático cristão, a começar pelo país em que morreu. Merton viu apenas o início de nosso trabalho. Hoje, um pequeno grupo de monges cristãos que optaram por tornar-se parte integrante do conjunto religioso e cultural da Ásia já se tomou uma realidade na Tailândia. E, dentro de alguns dias, representantes de cinco países asiáticos lembrar-se-ão de Merton e de sua presença entre eles; procurarão encontrar caminhos que os levarão ao mesmo tempo a ser mais autenticamente cristãos, mais plenamente monges e mais totalmente asiáticos.

Durante toda a sua vida de trapista, Thomas Merton tentou superar o que chamava, em uma de suas cartas, um excesso de "rigidez" na estrutura de sua própria ordem monástica. Desejava ele uma renovação espiritual e institucional que, sabia, haveria de encontrar certa resistência, e em seus últimos dias podia-se sentir que, ele, esperava quase contra toda esperança. Entretanto, alguns meses apenas após sua morte, a um de seus estudantes, aquele que o sucedeu como mestre dos noviços, foi confiado um importante cargo referente à renovação de toda a Ordem dos Trapistas.

Por 15 anos, Merton escreveu, ensinou e trabalhou, de todos os modos a seu alcance, para tentar assegurar que os monges, vivendo a vida comum, pudessem, ao alcançar maturidade monástica, dar fruto na vida solitária. Ficava ele estarrecido ao ouvir ensinar que "a vida eremítica é inumana". Pela paciência e a obediência, mas sempre fiel ao que reconhecia com clareza ser um chamamento de Deus, conseguiu a aprovação necessária para viver ele próprio como eremita. E fácil foi observar que ele se tornou não somente mais monge, mas também mais humano: mais próximo dos homens, todos os homens, e mais universal. Antes de morrer, Merton viu seu antigo abade tornar-se eremita e a comunidade eleger como sucessor um jovem monge que fora seu noviço, por ele orientado e, na ocasião, estava vivendo como ele próprio numa ermida não longe do Mosteiro. E, agora, do Pacífico norte ao Pacífico sul, do estado de Oregon a Santiago do Chile e alhures pelo mundo afora, encontrei trapistas vivendo como eremitas, com plena satisfação de todos.

Poder-se-ia continuar a citar áreas em que a fecundidade de Thomas Merton foi igual ao seu sacrifício. Esses poucos exemplos bastam para demonstrar que seu trabalho estava vinculado à sua experiência. Merton escrevia com todo o seu ser; viveu e morreu por aquilo que ensinava, sofreu pela autenticidade de sua mensagem. O verdadeiro valor deste livro só pode ser apreciado se for lido no contexto que torna claro o quanto ele foi realmente monge.

II - A missão

Não havia, em Thomas Merton, dois homens – pois poucas foram as personalidades como ele, tão bem integradas e sim duas áreas de atividade: a do escritor, o que ele ironizava dizendo-se "um autor", e a do amigo íntimo. Merton possuía o dom, no qual se excedia, de fazer o leitor sentir o quanto ele lhe estava próximo, até mesmo a identificar-se com ele. Aí estava o segredo de seu poder de atração. Lembro-me de, um dia, na Inglaterra, quando, ao interrogar um jovem que se tornara cristão através da leitura da *Montanha dos sete patamares* qual o motivo de sua emoção diante desse livro, ter recebido a seguinte resposta: "Senti que esse itinerário era meu itinerário e cheguei ao termo assim como também ele havia chegado". Quem conheceu Merton intimamente descobria ser sua amizade muito mais rica e profunda do que se poderia esperar mesmo através do calor humano de seus escritos.

Ao traçar o itinerário espiritual de Merton à luz de todos os textos e de todas as memórias que nos deixou, ver-se-á, creio, como seus primeiros anos de vida monástica foram dedicados a intensa pesquisa histórica. Não quer isso dizer que ele se tenha entregue ao que, na carta a que me referi, de 1950, ele próprio denomina "um montão de inútil pesquisa", mas lia, estudava, procurava entender o maior número possível de testemunhas da vida espiritual à qual ele estava sendo iniciado e acreditava ser chamado a ensinar. Thomas Merton sabia ter recebido uma missão. Falava na "tarefa que a Providência me deu". Possuía uma capacidade enorme de apreciar e saborear todo sinal de beleza, toda centelha de verdade; mas de modo algum era para sua própria satisfação que lia os escritores primitivos. Merton acreditava só poder compreender a tradição mergulhando no conhecimento do passado. Estudou história como preparação para o presente.

Mesmo antes de ter conhecido o Pe. Louis[2] eu seguia sua evolução através de suas cartas. Partilhei a distân-

---

2. Ao ingressar na Abadia de Getsêmani, Thomas Merton recebeu o nome de Louis em homenagem a São Luís, rei de França, pois, é sabido, ele nasceu no sul da França, onde seus pais passaram alguns meses [N.T.].

cia seus sucessivos entusiasmos – que estimulavam e, ao mesmo tempo, divertiam seus irmãos monges – pelos Padres do Deserto, os Padres Gregos e seu vocabulário, por Clemente, Orígenes, os alexandrinos; por Dídaco de Foticeia, Cassiano e, na Idade Média, por Grimlaico, Aelredo, Adão de Perseigne, São Bernardo especialmente e, depois, pelo bem-aventurado Paulo Giustiniani[3]. Fazia sobre eles, incessantemente, perguntas. A intuição de Merton permitia-lhe ir direto à essência de um texto e torná-lo seu.

Contudo, esse monge estava, ao mesmo tempo, vivamente desperto para tudo o que se achava em estado de gestação, ou já acontecendo na Igreja: as primeiras fundações de mosteiros de "vida simples" na França, logo em seguida à Segunda Guerra Mundial; a mudança no estilo de vida de diversas ordens monásticas; a expansão do monaquismo[4]. Quando iniciei minhas primeiras viagens ao Marrocos e em seguida à África Negra e, mais tarde, à Ásia, sempre Merton me interrogava, não sobre pormenores, mas sobre problemas básicos; a direção em que se moviam as coisas, as esperanças e as metas. Jamais recusou escrever uma palavrinha ou enviar um livro a algum monge desconhecido que devia sua vocação aos escritos mertonianos; a alguma pessoa enferma ou pobre que eu havia encontrado e demasiado tímida para escrever a ele. Veio, então, o Concílio Vaticano II e o interesse especial do Padre Louis pelos sucessivos esque-

---

3. Sobre os Padres do Deserto e os Padres da Igreja, cf. as notas em *Questões abertas* por Thomas Merton, Editora Agir, p. 14 e p. 106, *Poesia e contemplação* por Thomas Merton, Editora Agir, p. 37, e *Reflexões de um expectador culpado*, Editora Vozes, 1971 [N.T.].

4. Sobretudo na África e países asiáticos [N.T.].

mas do decreto sobre a Renovação da Vida Religiosa e de modo particular de como trataria dos monges.

O problema do eremitismo surgiu muito cedo na correspondência do trapista. Não era para ele apenas um assunto de discussão acadêmica: era questão de vida ou de morte. Mas a qualidade do seu saber está claramente evidente no fato de que, à medida que avançava em sua vocação, Merton nunca deixou de lado pontos históricos ou teológicos: estava enraizado na Igreja e em sua tradição. Um dia conheceremos as lutas que brotaram de seu ardente desejo de vida em solidão, até que por fim lhe foi dada a solução que lhe trouxe a paz. Quando entendemos como Merton teve também de enfrentar as críticas dos que teriam preferido mensagens menos fortes, podemos apreender plenamente o fato de que o que escrevia era sustentado e nutrido por sua experiência pessoal e dolorosa.

Apenas 2 anos antes de sua morte, numa carta datada de novembro de 1966 na qual me agradecia por havê-lo defendido publicamente contra os que ele descrevia como "esses bons defensores da fé", descrevia-se a si próprio como sendo alguém que "a maior parte das pessoas não sabe como classificar". Acrescentou duas coisas que resumem as duas facetas de sua vocação: "Aquilo que é a base de minha solidão... e o que me ajuda a avaliar minha vida e minha posição na Igreja".

O isolamento, a incompreensão, porém sempre a convicção de uma missão, um senso de totalidade: sempre os dois aspectos do mesmo paradoxo. A posição de um servo não é superior ao seu mestre: "se o grão de trigo não morrer"...

III - A mensagem

Se Merton estava convencido de que tinha uma missão, foi porque sabia possuir uma mensagem. Mensagem não significa necessariamente uma lição erudita – e quando Merton falava do alto de uma plataforma não estava em seu pleno elemento. Afinal, não tratava ele de conhecimentos abstratos, de ciência exata, cursos esses que podiam ser ministrados sempre de novo, sem modificação, ano após ano. Conforme a etmologia da palavra, que é a mesma de missão, uma mensagem é sempre composta de verdades enviadas (*missus*) a alguém, a um grupo, um período de tempo. Aqueles que a recebem podem de fato não haver entendido a necessidade dela, mas antes mesmo de a ter reconhecido e poder expressá-la em palavras, estiveram à procura da mensagem e com a esperança de que virá alguém ajudá-lo e que Deus enviará um mensageiro. A mensagem é, portanto, algo de profético, móvel, que corre, e mesmo voa. (São Bernardo empregava a palavra *praevolare)* para satisfazer à esperança do homem. Eles não duvidam que o autor da mensagem ou o mensageiro teve um vislumbre da solução de seu problema. A profecia implica o dom de antecipação. Entretanto, cada vez que se acelera o ritmo e cada vez que alguém vê para mais além do que o "homem do momento atual", como diz Kierkegaard, surge inevitavelmente a oposição. Mensagem é algo pelo qual é preciso sofrer e, por vezes, morrer. Certamente uma mensagem não pode permanecer uma posse pessoal: de fato, tem de ser "entregue".

À medida que releio as cartas de Merton, relembrando outros trabalhos, suas ideias sobre a mensagem voltam-me à memória. Expressava seus pensamentos sobre tantos assuntos, desde as artes até a política, tocando em todos os aspectos da vida religiosa. No entanto, no cerne de tudo o que ele dizia, estava a sua vocação, sua experiência monástica. Tudo via através do olhar do monge; aí se encontrava tanto sua limitação como sua força. Limitação porque, afinal, a vida monástica não é a totalidade da Igreja nem da sociedade. Outros pontos de vista são também válidos. Uma força, porque era um homem de um escopo único, um lutador solitário. Merton perseverou até o último instante. E agora a mensagem foi entregue, foi decifrada e começou a dar fruto.

O que de início tornou a mensagem de Merton contemporânea, e ainda a mantém tal, é o que se pode chamar seu dinamismo, no sentido original da palavra, que transmite a ideia de uma força em movimento. Não estava ele preocupado com um "trabalho definitivo", um volume erudito que não precisava de ulteriores comentários, e sim interessava-o um número de "ensaios", tentativas, provocações, pistas e aberturas movendo-se para além do frágil presente que outros estão agora tentando consolidar de maneira a preservar essa mensagem e prolongar-lhe a vida.

Thomas Merton foi o homem de que o cristianismo precisava numa época de transição que teve início, não com o Vaticano II, mas com a Segunda Guerra Mundial. Mais cedo do que outros, ele havia visto e sabido sem qualquer dúvida que – no monaquismo assim como em tudo mais – muitas coisas haveriam de mudar. Poder-se-ia dizer tudo – exceto o essencial, exceto Aquele que não é uma coisa, e também o encontro primordial com Ele no amor. Merton compreendeu ser isso necessário para reforçar as bases de modo que toda a estrutura não desmoronasse. Todos os pormenores, as observâncias externas, as ideias mesmo, todas essas "coisas" podiam mudar, mas a união do homem com Deus em Jesus Cristo, através de sua Igreja, para a salvação do mundo, continuaria a ser uma realidade viva. A fé não tem razão de vacilar, nem a esperança de sentir-se decepcionada, nem deve o amor diminuir.

Esta, a dupla orientação manifesta em toda a obra de Thomas Merton, e é o que lhe dá a unidade. De um lado, está seu protesto contra o valor exagerado atribuído às observâncias históricas do monaquismo, os assim chamados exercícios tradicionais e ideias que em muitos casos não remontam senão ao século XIX – ou no máximo ao século XVII. De outro lado, há um aumento de ênfase no que se refere à experiência espiritual encontrada no caminho da oração e do amor: "união com Deus" não é todo o mistério porque a experiência é ao mesmo tempo comunhão com os homens. A solidão em que não existe nenhuma outra atividade qualquer torna-se, para Merton, o símbolo desse absoluto, máximo e inexaurível encontro com Deus e com a humanidade. A noção demasiadamente rotulada de ambígua, em razão do apelo aos "sentimentos" de "intimidade com Deus", dá margem, nos escritos mertonianos, à ideia de união objetiva e efetiva com a Palavra manifestada em e por Jesus Cristo, para muito além de qualquer sensação – no humilde reconhecimento de si próprio como pecador, na misteriosa aliança com Aquele que se identificou à nossa condição humana a fim de transformá-la. Nada ocorre, nada sucede e, no entanto, tudo é dado, recebido e partilhado, entregue de volta por Deus ao homem de muitos modos através da palavra escrita, da conversação, do exemplo de um sorriso, de uma alegria – e a mensagem torna-se cada vez mais específica, simples em sua forma, sempre mais direta e talvez mesmo chocante, mas sempre mais apta a saltar as barreiras e fazer recuar as fronteiras.

A mensagem pressupõe uma linguagem que muda à medida que ela evolui. Do tom sério, quase pedante, da obra *Ascensão à Verdade,* até a ironia goliárdica dos cadernos de arte e poesia, *Monk's Pond,* que Merton enviava a seus amigos no fim da década dos anos de 1960, quanto progresso! No cadinho da paciência e da contradição tudo havia sido purificado, simplificado e acalmado. Entretanto, tudo tornou-se mais vigoroso e a veemência tem, por vezes, uma nota quase de violência. Algumas pessoas chegaram a temer que Thomas Merton avançasse demais em sua defesa da liberdade. Isso explica a possibilidade de poder alguém enunciar este incrível comentário em relação à sua morte: "Foram, na verdade, os Trapistas que o liquidaram..." Mas seu Abade, seus irmãos monges e seus amigos estão convencidos de que Deus o chamou a si, e de que, nele, a paciência e a impaciência se acham reconciliadas, graças ao poder que confere uma paz que ultrapassa de muito nossa frágil segurança.

IV - Recuando as fronteiras

Não foi sem emoção que escrevi estas linhas no jato soviético, sobrevoando rápido a Sibéria, ao levar-me à Ásia. Excetuando o Índice deste volume, que Merton costumava sempre enviar aos amigos antes da publicação, a fim de poder receber críticas e sugestões, levei comigo apenas, nessa viagem, dois textos mimeografados dele: os prefácios que escreveu para a edição japonesa da *Montanha dos sete patamares* e de *Sementes de contemplação*. Sobrevoando este mundo marxista que tanto o interessou – pois chegou a traçar paralelos entre ele e o mundo do monaquismo, em sua última conferência poucas horas antes de morrer – e a caminho do Japão onde tantos amigos o aguardavam, não posso deixar de pensar na imagem que Merton teve de si mesmo nesses derradeiros anos, na maneira como ele via seu próprio desenvolvimento.

Nas cartas, nos escritos, nas conferências de Thomas Merton, em Getsêmani, sobre o cristão e o mundo, nas palestras que fez nos Estados Unidos e na Ásia, no decorrer de sua última viagem, parecia ele preocupar-se cada vez mais com o relacionamento que poderia e deveria existir da parte da Igreja, dos cristãos, do monaquismo e dos monges, com o mundo. Merton meditou profundamente sobre os mais importantes problemas da cultura contemporânea: marxismo, neomarxismo, meios de comunicação e relacionamento entre os homens, tecnologia e urbanismo. Thomas Merton leu e avaliou autores recentes e contemporâneos como Faulkner, Camus, Koestler, Garaudy, Hromodka. Ele se interessava pela nova sociologia, viu o impacto desta sobre o monaquismo da sociedade de hoje; e pelo encontro entre o Oriente e o Ocidente, em todos os níveis. No entanto, seu ponto de vista permaneceu essencialmente religioso; Thomas Merton não era de opinião que qualquer setor humano pudesse ser indiferente ou estranho à afinidade existente entre Deus e o homem.

Nos seus escritos mais recentes sobre o monaquismo, Merton volta-se com frequência para o budismo.

No ensaio, em 1967, "*Marcel e Buda*" quis ele enfatizar a ideia de que a tônica sobre a presença ao mundo era algo de comum ao ensinamento budista e ao de Gabriel Marcel. Thomas Merton não aceitava o conceito puramente negativo – demasiadamente popular no Ocidente – do "nirvana", como também criticava uma contemplação cristã que fosse simples fuga ou vácuo. Tudo deve terminar em vitalidade, alegria, amor – e isso é comunhão. Ao mesmo tempo, em suas últimas palestras, na Índia e no Ceilão, Merton tinha sempre o cuidado de acentuar e demonstrar seu apreço pelo que havia de comum no monaquismo cristão e no da Ásia. Esse fator comum que ultrapassa a doutrina e as observâncias, Thomas Merton o considerou uma "experiência" que era ao mesmo tempo um enriquecimento e uma transcendência mais profundos. É no próprio centro de si mesmo, ali onde o homem encontra Deus, que Merton viu a possibilidade de uma comunhão religiosa entre os discípulos de Cristo e os seguidores de outras escolas de pensamento espiritual. Nos escritos de Thomas Merton sobre a tradição espiritual da Ásia, especialmente os que tratam do zenbudismo, os estudiosos japoneses e outros têm o direito de criticá-lo por excesso de otimismo. Mas, para um cristão do Ocidente, adotar essa atitude confiante foi, de fato, no caso de Merton, a manifestação de uma autêntica caridade. Pois crescia cada vez mais em Thomas Merton uma busca do essencial que é amor.

A etapa final do seu crescimento já era visível no que revelou de si próprio a seus leitores japoneses, alguns dos quais, pensava ele, não teriam sido educados na tradição cristã. "Há 20 anos", escreveu Thomas Merton no novo prefácio da *Montanha dos sete patamares,* "deixei o mundo;

mas desde aquela época aprendi – creio – a olhar o mundo com maior compaixão..." Merton é muito preciso ao declarar que sua separação do mundo não o separou dos homens; pôde observar que cada vez mais se identificava com todos os homens. Na bela profissão de fé em que afirma sua lealdade para com o que ele era, para com o que fazia e escrevia em sua juventude, as palavras-chave de seu vocabulário: libertação, o além, o TUDO – poderiam ter sido expressas pelos religiosos da Ásia; para Merton, porém, na terminologia cristã, essas palavras significam "viver em Cristo" e "no seu Espírito". Para estar "no Tudo", não tinha de tornar-se um nada, um zero, mas uma "não coisa" (*no thing*), i. é, tornar-se uma pessoa totalmente em comunhão com todos os demais em Cristo. Ora este estado não pode ser alcançado sem sacrifício.

A primeira coisa que Thomas Merton teve de sacrificar foi sua reputação. Costumava ele sorrir diante das lendas que circulavam continuamente, todas com tendência a desacreditá-lo. Não as refutava; não se queixava, contudo podíamos sentir que a semente já havia nele morrido e que em breve daria fruto. Merton queria tornar a sua existência uma afirmação de paz, de não violência, um silencioso protesto contra qualquer forma de tirania, contra todo compromisso do cristianismo com os poderes deste mundo secular e, ao mesmo tempo, desejava estimular tudo o que havia de bom, de belo, de puro, de livre no homem. E, assim fazendo, pretendia firmemente prosseguir no protesto dos monges do século IV contra a tentação da dominação à qual o poder – mesmo o poder do cristianismo – inevitavelmente conduz os homens de fé.

É sempre o monge que em Merton tem a última palavra. Em 1965, no prefácio à edição japonesa de

Sementes de contemplação, enfrenta, logo nas primeiras linhas, o problema da contemplação. Mas, uma vez que o Japão está se tornando rapidamente um líder no campo da técnica, é a conciliação entre a tecnologia e a experiência religiosa que prende a atenção de Thomas Merton. Como conseguir essa "paz interior" tão pouco estimulada na vida do homem moderno, devido ao ativismo, à ciência, à máquina, ao impulso para adquirir poder e proficiência? Em sua resposta, Merton emprega um vocabulário perfeitamente aceito pelos contemplativos orientais. Fala no "caminho" e na "sabedoria" que ajudam a reduzir a divisão que existe em nós – e assim, em torno de nós e no mundo – e nos permitem alcançar a experiência da unidade interior, que é o mais nobre esforço que possa o homem fazer para o seu próprio bem e para o bem de todos.

Nesse sentido, Thomas Merton oferece uma fórmula que nos fornece a chave do seu próprio progredir espiritual, de sua própria "promoção" ao longo dos últimos anos em que viveu entre nós: "Assim, longe de desejar abandonar esse caminho, procura o autor apenas nele viajar sempre mais longe..." Sempre a mesma preocupação em fazer recuar as fronteiras, repelindo o que poderia causar a desunião. Merton virá, então (viajor que é), a um centro de encontro com peregrinos de outras tradições e saberá que está próximo deles: "O autor deste livro pode dizer que ele se sente muito mais próximo dos monges zen do antigo Japão do que dos impacientes e superocupados homens do Ocidente..." A missão do contemplativo, não importa a doutrina que professa, é trabalhar em favor da unidade, da paz. Uma vez declarado esse ideal comum, pode Merton ressaltar os pontos precisos de seu programa como cristão: tornar-se um em todos, na Palavra encarnada, de quem São João disse: "A luz verdadeira que ilumina todo homem veio ao mundo... Nele estava a vida e a vida era a luz dos homens. A luz brilha nas trevas..."

Poder-se-ia talvez questionar a utilidade de discutir os textos que não estão incluídos neste volume. Entretanto, é impossível apreender a totalidade do pensamento monástico de Merton, como aparece neste livro, se não se compreende até onde esta linha de pensamento o poderia conduzir e até que ponto nos convém sermos orientados por ele.

Hoje em dia, em meio a grandes surtos tecnológicos, as igrejas e as religiões vão aos poucos redescobrindo seus valores contemplativos. Mesmo antes do Sínodo Pan-Indiano da Igreja, realizado em Bangalore em 1969, onde o fato de a Igreja Católica aparentar ser apenas um "instrumento de obras" severamente contraditado, Thomas Merton, em seu prefácio à versão japonesa de *Sementes de contemplação,* fez um apelo para que o catolicismo na Ásia manifestasse o "elemento oculto da contemplação no cristianismo". Podemos ver o quanto Thomas Merton se acha profundamente influenciado pela literatura budista e, ao mesmo tempo, fiel à tradição cisterciense que por tanto tempo estudou. Thomas Merton comenta a unidade de espírito de que fala São Paulo, de um modo que nos lembra um dos comentários de São Bernardo. Parece, o moderno trapista, inspirado por uma reflexão de Guilherme de Saint-Thierry – "o próprio amor é conhecimento" – a fim de demonstrar a unidade existente entre um e outro. Thomas Merton argumenta explicitamente baseado na "tradição do monaquismo primitivo".

E, uma vez que iniciou com a ideia "do caminho", oferece no final a citação bíblica: "Não diz Cristo: "Eu sou o Caminho, a Verdade e a Vida"?"

E aqui eu gostaria de pedir a atenção dos leitores para a construção que na obra de Merton é muito mais disciplinada do que se poderia pensar à primeira vista, em razão dos aparentes meandros em torno das sutilezas de um ponto especial e um estilo poético e paradoxal. Thomas Merton gostava de voltar ao ponto de onde havia partido, para reafirmar o tema sobre o qual havia tocado, com plena liberdade, suas variações. Pois sempre era conduzido de novo ao mesmo ponto central: ao mesmo AMOR, ao Deus que encontrava em Jesus Cristo através do dom do Espírito.

Não estou cedendo a uma ingênua expressão de admiração e amizade quando coloco Thomas Merton entre os Padres da Igreja primitiva e os da Idade Média. Não somente viveu o mesmo mistério que todos os cristãos vivem, mas vive-o e o expressa da mesma maneira que eles. O humanismo de Thomas Merton explica por que sua mensagem, como a dos Padres da Igreja, encontrou tão vasta audiência. Assim como eles hauriram na cultura da época em que viviam, de modo a torná-la parte integrante de sua experiência interior, assim também Merton trabalhou em nossos dias para trazer a "boa-nova" ao mundo, menos pela conversão de indivíduos do que pela cristianização de culturas. Não quer isso dizer que Thomas Merton tenha sempre enunciado verdades definitivas, irrefutáveis, como tampouco o fizeram os grandes Padres da Igreja – nem estou dizendo que Merton nunca tenha exagerado ou evitado todo e qualquer erro, ou que fosse sempre preciso em suas declarações.

Nada ofenderia tanto sua memória como a leitura, sem crítica ou sem opiniões próprias, de seus escritos. Mas nos capítulos deste livro Thomas Merton deixou – especialmente aos monges – uma orientação, um "caminho", deu diretivas para uma renovação tão profunda quanto livre. Como escreveu na carta em que aceitava o convite para falar no congresso de Bancoc, onde devia morrer, o grande problema para o monaquismo, hoje, "não é a sobrevivência mas a profecia".

Jean Leclercq, OSB
Entre Moscou e Tóquio Páscoa de 1970

Nota dos editores

A maior parte da matéria contida neste livro foi reunida por Thomas Merton antes de sua morte em dezembro de 1968. Na última carta que me escreveu, a 6 de setembro do mesmo ano, ele me dizia sentir que os "Ensaios Monásticos" deveriam ser publicados (por Doubleday) depois de *My Argument with the Gestapo*[1]. No dia 10 de setembro o manuscrito foi-me enviado pela Abadia de Getsêmani com uma carta do Irmão Patrick Hart O.C.S.O., que estava encarregado da correspondência literária de Tom.

Eu havia recebido recentemente outro manuscrito de Tom e o havia lido – tratava-se de um trabalho que ele pedia fosse sustado por algum tempo; assim, apenas lancei um olhar no livro, depois de sua morte, verifiquei então que havia trabalho a fazer nesse escrito. Por exemplo, dois capítulos continham material tão semelhante que era óbvio ter um deles de ser eliminado. Nada havia para mim de novo nessa circunstância – Tom costumava reunir uma coleção de peças relacionadas umas às outras e dizia-me: "Aqui está um livro". E com frequência eu, sendo sua representante literária e, mais tarde, responsável pela publicação das obras, respondia: "Aqui vai o tra-

---

1. Livro de ficção escrito por T.M. antes de ingressar na vida monástica. Trata-se de um enredo "fantástico" e muito humorístico, de uma sátira aguda visando os regimes totalitários e a sociedade em que vivemos. Foi publicado por Doubleday and Co. Nova York, 1970 (A Macaronic Journal) [N.T.].

balho de volta. Que tal um pouco de revisão para torná--lo um livro?" Agora, porém, isso não foi mais possível.

Tentei, na revisão, corrigir o menos possível, apenas eliminando palavras que identificavam demasiadamente um capítulo com um artigo de revista. Eliminei também um dos capítulos que repetiam o que já fora dito, pedindo, para isso, conselho ao irmão Patrick a fim de saber qual dos dois teria maior valor para o provável leitor deste livro.

Atendendo à sugestão do irmão Patrick, ficou ainda resolvido acrescentar, à coleção original dos ensaios, alguns capítulos que tratam da vida eremítica – isto para que o leitor tivesse, num só lugar, todos os escritos mais importantes de Thomas Merton em relação à renovação monástica na Igreja, bem como seu pensamento sobre a vida de mais profunda solidão que ele próprio por tanto tempo procurou e viveu desde 1966.

Teria eu apenas a acrescentar que ao dizer com tanto entusiasmo, uma ou outra vez, "Tom, é preciso transformar isto num *livro*", e ele cordialmente o fazia, não sabia eu o quanto lhe estava pedindo.

Naomi Burton

PARTE I

Renovação monástica

I
Problemas e perspectivas

Antes do Concílio Vaticano II, as ordens monásticas já haviam começado a considerar a questão da renovação. Alguns esforços já estavam sendo realizados. Porém esses esforços na maior parte pressupunham que as instituições existentes continuariam como estavam e haviam sido durante vários séculos. Mudanças no horário, nas celebrações litúrgicas, na formação e recrutamento de novos membros, na dimensão e nas características da comunidade, na maneira de entender e observar os votos (tudo isso, pensava-se) bastaria para satisfazer às exigências do *aggiornamento*. Depois do Concílio, ainda que o decreto *Perfectae Caritatis* fosse algo de bastante generalizado e de modo algum revolucionário, os religiosos em sua quase totalidade começaram a questionar as estruturas institucionais básicas da vida religiosa. Embora não tenha sido isso, precisamente, que o Concílio lhes tenha recomendado formalmente sobre eles, foi o resultado inevitável das investigações e autoquestionamento exigido pelo Concílio.

As Ordens monásticas até agora se revelaram entre as mais conservadoras da Igreja. Isso no sentido de terem tido, mais que os institutos "ativos", a tendência de preservar um estilo de vida tradicional e um tanto arcaico. Antes do Concílio, mesmo os que eram a favor das mudanças mais radicais, parecem ainda haver concebido a comunidade monástica como algo permanentemente estabelecido sobre bases medievais.

A renovação da vida monástica tem-se apresentado a muitos monges, e aos Capítulos Gerais, como algo a exigir apenas uma modernização e adaptação dos modelos medievais com os quais nos familiarizamos; bastaria, pensam, libertá-los de tudo o que é mais evidentemente feudal e antiquado, mantendo-se, porém, a estrutura, uma vez que a estrutura é tida como essencial ao estilo de vida monástica.

Isto, de fato, não basta. Os monges têm sido alvo das criticas dos que estão fora das Ordens monásticas. Muitos têm questionado o direito das Ordens monásticas de continuarem a existir. É um tanto irônico ver que, quando os próprios protestantes começaram a redescobrir os valores monásticos, os argumentos luteranos contra a vida monástica foram adotados e lançados contra os monges por alguns escritores católicos. Assim, a própria essência da vida monástica é atacada como se a própria natureza do monaquismo tornasse impossível toda renovação e adaptação às atuais necessidades da Igreja. Isto pressupõe, no entanto, que a vida monástica é *essencialmente* medieval e que, se as formalidades medievais, o ritualismo, as observâncias e as concepções de vida consagrada forem abandonados, nada restará. O que torna as coisas mais complicadas é o fato de o elemento conservador, no monaquismo, aceitar, em grandes proporções, esse desafio nos mesmos termos que os de seus críticos, pressupondo serem as formas medievais a própria essência e, por isso, ser indispensável preservá-las. Isso incita o elemento mais jovem e radical a se colocar do lado dos que exigem que os monges abandonem o claustro, enfrentem o mundo, juntem-se ao trabalho da evangelização e justifiquem sua existência por uma vida ativa e secularizada. Esse ataque devastador tem como pressuposto ser "a vida contemplativa" estéril, tola, egoísta, um desperdício, e que serve apenas para manter monges imaturos atrás de muros que os separam da realidade contemporânea, num estado de alienação e autoilusão, dedicados a tarefas e formalidades infantis.

Alguns monges estão prontos a aceitar de boa mente este diagnóstico e afirmam, também, ser o trabalho ativo no meio do mundo o único remédio. Na verdade, porém, essa solução extremada não difere de modo algum do ponto de vista antimonástico. Resulta essa atitude num abandono da vocação monástica – numa capitulação frente aos argumentos dos que negam haver qualquer lugar onde se possa situar uma vida que "deixa o mundo". De fato, as divagações de uma teologia e uma espiritualidade que enfatizam exageradamente o "desprezo do mundo" têm tido atribuídas aos monges, culpando-os. Alguns críticos parecem até pensar que todas as aberrações da teologia e do devocionalismo de um cristianismo entrincheirado e em atitude de defesa, que olha o mundo com desconfiança e é excessivamente clerical em seus pontos de vista, têm suas raízes no monaquismo. É verdade que o monaquismo medieval exerceu enorme influência sobre a espiritualidade pós-medieval; entretanto, ainda uma vez, devemos supor que o monaquismo medieval é a *única* forma possível?

O monaquismo medieval era feudal, aristocrático e altamente ritualizado, completamente organizado. O monge medieval podia, de fato, levar uma vida pessoalmente austera e a atmosfera dos mosteiros foi, muitas vezes, não somente de elevada cultura e espiritualidade, mas, com frequência, autenticamente mística. O ócio contemplativo (*otium sanctum*), o lazer era obtido à custa de muito sacrifício – o monge, no entanto (embora seriamente preocupado com a escada beneditina da humildade), encontrava-se no mais alto nível da sociedade, numa existência privilegiada. Essa atmosfera de lazer aristocrático, de privilégio, e de nobre isolamento da rotina comum dos homens tornou-se mais abertamente objeto de questionamento quando os mosteiros foram de fato lugares de vida fácil e confortável isenção das responsabilidades da existência secular. Há, portanto, bastante peso histórico para a desconfiança de que a vida monástica possa vir a ser apenas refúgio para pessoas inadequadas. Por outro lado, a luta pela restauração do monaquismo, depois que a Revolução Francesa quase o extinguiu, certamente modificou esse estado de coisas. Existem, ainda, é verdade, algumas poucas comunidades altamente aristocráticas; ninguém as considera seriamente abertas à renovação. Todos reconhecem que esses mosteiros pertencem, de fato, ao passado feudal. Contudo, essa desconfiança, a que me refiro, é causa de que muitos questionam todos os mosteiros grandes e manifestamente prósperos como se fossem tão feudais quanto Cluny no século XII. Isso de modo algum é a verdade. Entretanto, temos de admitir que os restauradores do monaquismo no século XIX não eram somente tradicionalistas em matéria de teologia e espiritualidade, mas, por vezes, mostravam-se monarquistas e feudais no plano político. Esses restauradores tentaram deliberadamente repor as estruturas do monaquismo europeu como modelos para a reconstrução de uma sociedade medieval. Os que vieram da Europa fundar mosteiros na

América raramente se sentiam tentados a questionar esse conceito, até bem poucos anos. O fato de este monaquismo "triunfalista" ser hoje posto seriamente em dúvida significa que todos os argumentos em que ele se apoiava a fim de justificar sua existência são agora contestáveis.

Será suficiente colocar o monge atrás de um muro, num pequeno espaço "contemplativo" encravado, e permitir-lhe ignorar os problemas e as crises do mundo? Deverá o monge esquecer qual a maneira como vivem outros homens, obrigados a lutar para sobreviver e deixar simplesmente que sua própria existência seja justificada, pelo fato de ele aceitar pontualmente as horas litúrgicas no coro e assistir à Missa conventual e pugnar por um aperfeiçoamento interior e fazer um honesto esforço para "viver uma vida de oração"? Será que essas inócuas ocupações fazem do monge um "contemplativo"? Ou tornam elas o mosteiro um "dínamo" que "produz força espiritual" para os que estão demasiadamente ocupados em rezar? O célebre argumento de Pio XI na *Umbiatilem* (louvando os monges cartuxos) tem sido torcido até perder a forma, por décadas de autojustificação monástica rotineira, e a doutrina teológica sadia, tradicional, desse documento foi gradativamente destorcida em uma estranha superstição, numa espécie de conceito, de moinho de orações mágicas que perdeu todo poder de convencer alguém.

Por outro lado, nenhum dos que estão familiarizados com a autêntica teologia monástica ficará seriamente perturbado com esses argumentos. Todos baseados na falaz premissa de que o monaquismo é, e só pode ser, aquele modelo gótico estereotipado, falsamente calcado e recriado, há 150 anos. A comunidade monástica não precisa ser um museu ou um lugar de demonstração litúrgica, com um colégio ou uma cervejaria anexos. Existem outras possibilidades, e pode o monge justificar sua existência sem retroceder caminho apressadamente para ir juntar-se aos que se entregaram à vida de atividade apostólica. Aliás, esse gênero de vida está sendo tão seriamente questionado quanto a própria vida monástica.

A essência da vida monástica é positiva, e não negativa. É mais do que uma questão de virar as costas ao mundo e, em seguida, ocupar-se de uma coisa ou de outra que possa ser realizada com êxito por detrás de muros – rezar, pintar quadros, fabricar cerveja, meditação ociosa ou o que quiserem.

O monge é (pelo menos de maneira ideal) alguém que respondeu a um chamado autêntico de Deus para entregar-se a uma vida de liberdade e desapego, uma "vida de deserto" fora das estruturas sociais normais. O monge se libera de certas preocupações particulares, a fim de poder dedicar-se totalmente a Deus. A vida dessa pessoa, portanto, é inteiramente consagrada ao amor, o amor de Deus e do homem; não, porém, um amor que é determinado pelas exigências de tarefas especiais. O monge é, ou deveria ser, um cristão suficientemente maduro e decidido para viver sem o apoio e o consolo da família, do emprego, da ambição, da posição social ou mesmo de uma missão ativa no apostolado. Ele é também bastante maduro e decidido para usar de sua liberdade com vista a um fim único; o amor e o louvor de Deus e o amor dos homens seus irmãos, sem confinar-se a essa ou àquela rotina apostólica ou forma particular de trabalho.

O monge não se define pela tarefa que faz, pela utilidade que ele tem. Em certo sentido, o monge tem um aspecto de inutilidade que lhe é próprio, pois sua missão não é *fazer* isso ou aquilo, mas ser um homem de Deus. Quem se faz monge não vive para exercer uma função específica: sua tarefa é a própria vida. Isso significa que o monaquismo tem em vista o cultivo de uma *certa qualidade* de vida, um nível de conscientização em profundidade, uma atitude desperta, de uma área de transcendência e de adoração que geralmente não é possível realizar numa existência secular ativa. Isso não implica que o nível secular seja totalmente "profano", ausente de Deus e reprovado, ou que não possa haver verdadeira conscientização de presença de Deus no mundo. Tampouco significa que a vida no mundo deva ser considerada má, ou mesmo inferior. Significa, no entanto, que uma imersão mais intensa e total absorção em negócios seculares acabam por privar alguém de certa necessária perspectiva. O monge procura ser livre daquilo que William Faulkner denominava "a mesma desenfreada corrida em direção ao nada", que é a essência do "mundano" em toda parte.

Teilhard de Chardin desenvolveu uma notável mística da secularidade que é certamente necessária aos nossos tempos em que a grande maioria dos homens não tem outra escolha senão procurar e encontrar Deus no meio do mundo atarefado. Mas onde adquiriu Teilhard essa perspectiva? Nos desertos da Ásia, nas vastas solidões que, de várias maneiras, eram mais "monásticas" do que os claustros de nossas instituições monásticas. Também Bonhoeffer, considerado opositor de tudo o que o monaquismo representa, percebeu a necessidade de condições "monásticas" a fim de poder manter uma verdadeira perspectiva no mundo e em relação ao mundo.

Bonhoeffer desenvolveu essas ideias enquanto esperava a pena capital numa prisão nazista.

O que a vida monástica deve, então, oferecer é uma conscientização, uma atitude atenta e uma perspectiva especial, uma compreensão autêntica da presença de Deus no mundo e de seus planos em favor do homem. Um isolamento apenas fictício e abstrato não proporciona esta atitude atenta. O símbolo do monaquismo medieval é o muro do claustro. Em lugar de ser apenas alguém que vive enclausuradamente em si, o monge moderno bem poderia, talvez, seguir o exemplo de Teilhard no deserto da Mongólia ou o de Bonhoeffer no cárcere. São esses os exemplos mais primitivos e autênticos do que pode significar uma solidão carismática.

A necessidade de uma certa distância em relação ao mundo não diminui o amor do monge pelo mundo; tampouco significa não ter ele jamais qualquer contato com o mundo exterior. Não há dúvida de que a comunidade monástica tem o direito e o dever de criar uma certa solidão para os monges. Não é um pecado viver uma vida de silêncio. Entretanto, a comunidade monástica tem o dever de pôr à disposição dos outros uma participação no silêncio e na solidão da vida monástica. Evidentemente, o equilíbrio tem de ser muito delicado, pois o silêncio e a solidão facilmente são destruídos pelo movimento das multidões. Contudo, permanece este fato, tanto mais verdadeiro: o monge tem uma vida quieta, relativamente isolada, em que é possível concentrar-se mais na *qualidade* da vida e seu mistério e, assim, livrar-se, em certa medida, da tirania sem sentido da quantidade.

É certamente verdade, pois, que essa perspectiva especial implica necessariamente que o monge, em certo sentido, há de criticar o mundo, suas rotinas, suas confusões e seus, por vezes, trágicos fracassos, de maneira a proporcionar a outros vidas plenamente equilibradas, sadias e humanas. O monge pode e deve estar aberto ao mundo; contudo, deve, ao mesmo tempo, ser capaz de se ajustar sem um "secularismo" ingênuo e acrítico que totalmente supõe que tudo no mundo, em cada momento, se torna cada vez melhor para todos. Esse equilíbrio na crítica é sem dúvida difícil de se alcançar. Mas é algo que o monge *deve ao mundo*. Pois a vida monástica tem um certo caráter profético. Não quer isso dizer que o monge deva ser capaz de dizer o que tem de acontecer no Reino de Deus. O monge é profeta no sentido de que ele é um testemunho vivo da liberdade dos filhos de Deus e da diferença essencial existente entre essa liberdade e o espírito do mundo. Embora admitindo que Deus "tanto amou o mundo que lhe deu seu Filho Unigênito" (Jo 3,16), não se esquece o monge de que, ao ingressar o Filho de Deus no mundo, o mundo não o recebeu porque o *não podia*. Estava fadado a opor-se a Ele e a rejeitá-lo (Jo 1,10-11; 7,7; 15,18; 14,17 etc.).

A vida monástica precisa, então, manter essa seriedade profética, essa perspectiva do deserto, essa desconfiança de qualquer otimismo superficial que não está atenta à ambiguidade e à tragédia em potencial do "mundo" em sua resposta à Palavra de Deus. E existe apenas um modo de o monge realizá-lo; viver como um homem de Deus que foi manifestamente "chamado a retirar-se do mundo" a uma vida que difere radicalmente da vida dos outros homens, por mais sinceros, cristãos, santos que sejam, e permaneceram "no mundo".

Em outras palavras, o problema da renovação monástica é o seguinte: embora implique evidentemente uma forma radicalmente nova das estruturas institucionais, essa renovação de modo algum é uma preocupação meramente institucional. Seria um grande erro supor que a renovação nada mais é do que uma *reorganização* ou mesmo uma reforma jurídica. O de que necessitamos é de novas estruturas e de vida nova, e não apenas de novas regras. Essa vida nova se move atualmente, mas com fragilidade, de maneira incoerente. Não sabe se pode existir sem as velhas estruturas. O que se precisa também é de nova visão e de uma nova fé na capacidade dos homens modernos de serem monges de uma maneira nova. Então, a organização da vida monástica poderá, talvez, tornar-se menos restritiva, obsessiva, narcisista, e uma vida nova poderá desenvolver-se com espontaneidade criativa. Essa espontaneidade deve estar enraizada na tradição viva. Mas não se deve confundir tradição viva com convencionalismo morto e inútil rotina, como tantas vezes tem acontecido. A situação do monaquismo na América é tal que uma autêntica renovação, e não apenas algumas regras novas, é algo de imperativo para que esse monaquismo continue a ter existência fecunda.

A autêntica renovação exigirá grande variedade e originalidade em matéria de experiência. É claro que a simples promulgação de decretos e ordens de cima para baixo e obedecidas mecanicamente em escala maciça terá por resultado simplesmente sufocar a vida que ainda perdura no monaquismo. Por outro lado, o perigo da irresponsabilidade e a leviandade em relação às renovações apressadas e irrefletidas permanece real. Mas a renovação tem de ser alcançada à custa desse risco. Indubitavelmente, a obsessão da novidade por amor à novidade causará a ruína de algumas comunidades monásticas. Os ventos estão soprando e muita árvore morta há de tombar. A verdadeira força do monaquismo deve ser procurada na sua capacidade de renúncia, de silêncio, de oração, de fé e na atenção desperta para a cruz em nossa vida. Toda renovação autêntica tem de buscar vida na fonte da vida: a cruz e a ressurreição de Jesus.

Felizmente, há sinais de que essa renovação, embora talvez ainda em tentativa e dolorosa, procura efetuar-se.

As Ordens monásticas chegaram aos Estados Unidos no século XIX. De um lado os cistercienses (trapistas) trouxeram consigo uma forma de vida comum estritamente enclausurada e penitencial que, mais do que inspirar-lhes, desconcertou aos americanos. Os beneditinos fundaram abadias, centros missionários e apostólicos que mantiveram escolas, paróquias, colégios e seminários longe da zona urbana, no interior, preenchendo assim uma necessidade urgente, com tendência, porém, a se afastarem da antiga tradição contemplativa do monaquismo.

Um dos mais curiosos fenômenos na vida da Igreja dos Estados Unidos, depois da Segunda Guerra Mundial, foi o repentino interesse pela vida austera dos cistercienses e a onda de vocações para as três abadias cistercienses que, desenvolvendo-se rapidamente, fizeram fundações em toda a América do Norte e mesmo no hemisfério sul. Aqueles dentre nós que atravessaram ilesos essa pequena explosão enfrentaram-na como coisa mais ou menos natural; agora, entretanto, nós a consideramos com enorme espanto, compreendendo que, em realidade, não podemos explicá-la e seriamente conscientes de que não foi um sucesso total. Pelo contrário, a maioria dos que ingressaram em mosteiros cistercienses, às dezenas, e mesmo às centenas (foram recebidos uns dois mil postulantes na comunidade de Getsêmani num período de mais ou menos dez anos entre 1940 e 1950). Mais tarde se retiraram. A maior parte desistiu durante o tempo do noviciado; outros foram dispensados dos votos temporários e mesmo dos solenes, isto é, definitivos.

É talvez prematuro pronunciar-se sobre o sentido dessa comoção. Mas pode-se certamente dizer o seguinte: havia um interesse sincero pelos ideais monásticos e uma *necessidade* autêntica era experimentada por aquilo que a vida monástica oferecia. Houve muitas genuínas vocações monásticas e essas foram *perdidas*. Pessoas que demonstravam nitidamente ser capazes de viver como excelentes monges sentiram-se confusos e derrotados por um sistema que parecia frustrar-lhes o desenvolvimento. Descobriram eles duas coisas: primeiro, que desejavam aquilo que a vida monástica tinha para oferecer; segundo, que a vida monástica achava-se agora construída de tal maneira que o que oferecia permanecia, para muitos monges, um sonho ou uma impossibilidade. Com efeito, era possível viver um tanto frutuosamente enquanto noviço; depois, todavia, o monge encontrava-se preso numa complexa e fatal engrenagem na qual era finalmente exortado a renunciar àquilo mesmo que viera ao mosteiro procurar. Não quer isso dizer que os valores do monaquismo não mais existiam, mas que estavam presentes numa forma que os tornava moral, psicológica ou espiritualmente inacessíveis a muitos homens e mulheres do mundo moderno. Os próprios cistercienses reconheceram isso e, desde os primeiros anos da década de 1950, consideráveis mudanças tiveram início no horário cotidiano e nas diversas observâncias.

Essas mudanças continuaram. Assim, toda a forma da vida foi modificada de modo significativo, nestes últimos quinze anos. No entanto, o problema de renovação permanece tão real e causando perplexidade como antes, uma vez que as mudanças no horário e em pormenores da observância não parecem ter atingido em profundidade até as raízes da questão. Nem será possível modificar a situação enquanto prevalecerem atitudes medievais e barrocas.

Entretanto, tiveram início fundações de novo tipo de vida monástica. Isso aconteceu nos anos de 1950, vários anos antes do Vaticano II. Os mosteiros de vida "beneditina primitiva" (ou de vida simples) como Mount Saviour e Weston sentiram que o monaquismo devia recomeçar de maneira renovada. Esforços de pioneirismo foram tentados, especialmente no setor da liturgia em vernáculo. A estrutura comunitária de duas classes, irmãos leigos e sacerdotes, foi modificada a fim de criar uma comunidade de simples monges, de uma só classe, dentre os quais apenas alguns seriam ordenados sacerdotes. Ao mesmo tempo, os beneditinos desses mosteiros "primitivos" aplicavam-se a um estudo mais sério da tradição monástica e da Bíblia, enquanto faziam experiências no campo de fórmulas mais simples e flexíveis da observância monástica do que as importadas da Europa pelos grandes mosteiros fundados no século XIX. A tônica desse novo monaquismo era uma vida simples, natural, mais ou menos dura, no contato com a natureza, nutrida pela Bíblia, pelos escritos dos pais da vida monástica e a liturgia, e fiel ao antigo ideal de oração, silêncio e aquele "santo lazer" (*otium sanctum*) necessário para se conseguir um coração puro e tranquilo no qual se possa ter a experiência de Deus, saboreada no silêncio e na liberdade da paz interior do monge. Pode-se dizer que, embora os mosteiros de "vida beneditina primitiva" tenham sido de início criticados (sem dúvida porque despertavam inveja), os mosteiros mais antigos começavam em breve, de várias maneiras, a imitá-los e tentaram modificações na linha sugerida pelas experiências do beneditinismo "primitivo". Assim, mesmo antes do decreto conciliar *Perfectae Caritatis,* todos os monges já estavam mais ou menos elaborando a renovação.

O fermento produzido pelo Concílio resultou numa inesperada e acrescida atividade por parte dos cistercienses. Monges das grandes abadias, ou mesmo das pequenas fundações, começaram a questionar a fórmula em vigor e a procurar oportunidades para iniciar algo de novo por conta própria. Diversas pequenas fundações experimentais nasceram, assim, assumidas por cistercienses, em várias regiões dos Estados Unidos. De modo geral, essas comunidades não têm conseguido receber oficialmente muito incentivo da parte das cúpulas. A situação dessas comunidades ainda é, na hora em que escrevo (1967), demasiadamente incerta para que se possa apresentar qualquer comentário – sobretudo porque informação pormenorizada não tem sido fácil de se obter.

Finalmente, a questão de uma vida completamente solitária em ermidas foi admitida de novo em plena luz da consciência monástica, após séculos de sepultamento na obscuridade de recalcadas fantasias. Isso tornou-se possível e mesmo necessário, pelo fato de D. Jacques Winandy, um abade beneditino de Luxemburgo, depois de renunciar e viver como eremita na Suíça, e mais tarde na Martinica, ter formado um grupo de eremitas no Canadá (British Columbia). Esse grupo foi, em grande parte, recrutado com elementos vindos das abadias cistercienses e beneditinas dos Estados Unidos, onde sempre houve alguns monges atraídos pelo ideal da completa solidão.

Examinando a situação, os cistercienses compreenderam que se poderia abrir um espaço, na própria Ordem, para as vocações à vida eremítica. Atualmente, é possível aos cistercienses obter permissão para viver como eremitas nos bosques próximos a seus mosteiros – solução essa a que chegaram também os beneditinos "primitivos". Isto, em realidade, nada tem de inteiramente novo. Existe longa tradição de eremitas beneditinos que remonta ao tempo do próprio São Bento. É, sem dúvida, boa solução, mas atinge somente alguns indivíduos. Esses têm a vantagem de uma vida solitária e de liberdade para se desenvolverem segundo as necessidades que lhe são próprias e sua vocação pessoal. Têm eles um mínimo de preocupação no que concerne às coisas temporais e podem prosseguir em sua vida monástica como membros da comunidade onde professaram. Normalmente, porém, os monges não têm nem o desejo nem a graça de viver esse tipo especial de vida, e os verdadeiros problemas restam a ser resolvidos no contexto da vida em comum.

Tudo o que até agora tem sido feito como tentativa é provisório e apenas início e não podemos ainda predizer com segurança o que sucederá ao monaquismo nas Américas. Uma coisa é certa: os destinos dos grandes mosteiros não são o que se pensava, há uma década, e as grandes novas construções edificadas, para acomodação dos muitos que não mais ali se encontram, poderão um dia parecer um tanto sem vida e vazias. Entretanto, as coisas estão certamente muito mais sossegadas – e em paz. A vida num grande mosteiro cisterciense pode estar longe do perfeito ideal, mas, do ponto de vista monástico, há muita coisa boa em seu favor e muitos monges podem admitir, embora não demonstrem grande entusiasmo, que nunca a tiveram tão boa. Essa admissão, entretanto, não é sinal de que estejam totalmente satisfeitos, pois todos têm o olhar voltado para o futuro e o estado atual das coisas não é aceito por ninguém como definitivo. Como desejariam eles ver tudo melhorado?

Falando como alguém que se retirou mais ou menos a uma vida à margem desses acontecimentos, estou inclinado a pensar que esses monges ainda não estão bem seguros de si. E ninguém está bem seguro da direção que tomará a renovação monástica. Poderá seguir diferentes direções em diferentes lugares. Um mosteiro estará, por exemplo, mais preocupado com maior abertura ao mundo; outro, com uma volta ao afastamento e à solidão do deserto. Há lugar para variedade e soluções originais, contanto que o essencial da vocação monástica seja respeitado. Mas existe incerteza porque, mesmo para os próprios monges, esse essencial, ao que parece, não se tem mostrado com bastante nitidez.

Para bem se compreender o monaquismo, é importante concentrar a atenção *no carisma da vocação monástica,* em lugar de focalizar a *estrutura das instituições monásticas* ou os *esquemas da observância monástica.*

A maior parte das ambiguidades e dos dissabores da renovação em curso parecem brotar do fato de que há demasiada preocupação em mudar as observâncias ou em adaptar a instituição, e não se dá bastante atenção ao carisma para cujo serviço e proteção a instituição existe. De fato, sente-se por vezes que um número demasiado grande de monges coloca a carroça à frente do cavalo e supõe que o carisma, ou a vocação, existe por causa da instituição e que pessoas chamadas por Deus à paz e à liberdade interior da vida monástica podem ser consideradas como material a ser explorado para o bem da instituição monástica, seu prestígio, seus projetos para ganhar dinheiro etc.

Evidentemente, numa vida comunitária, cada monge há de querer honestamente fazer um trabalho e ganhar a parte que lhe cabe do pão colocado sobre a mesa comum. Mas devemos estar plenamente atentos ao fato de que, na época em que vivemos, as pessoas não vêm ao mosteiro para viver a vida mecanizada, atarefada de um empregado de grande empresa de negócios. O simples fato de que se vive uma vida muito ocupada dentro de uma clausura monástica não a torna "contemplativa". Existem certas formas de servidão sem sentido e estafantes que são características do "mundo". Faz parte da própria essência da vida monástica protestar, por sua simplicidade e sua liberdade, contra essas servidões. É claro que existe a obediência na vida monástica. É o próprio cerne da vida consagrada. Mas a obediência deve ser sempre orientada para a realização da vocação monástica na própria pessoa do monge, e não *apenas* para o êxito impessoal de algum projeto que seja um bom negócio. A obediência é, paradoxalmente, a garantia única da liberdade carismática do monge. Ora, existe, na época atual, não somente o sério perigo de a obediência monástica ser utilizada de maneira a frustrar o verdadeiro propósito da vida monástica, mas também pode a renovação ser levada avante de modo que essa deformidade seja cuidadosamente protegida e preservada. Em realidade, sente-se por vezes que toda espécie de mudanças simbólicas são em nível superficial, tomando-se o cuidado para que, em caso algum, a prioridade da instituição sobre a *pessoa* seja ameaçada. Em tais condições, a renovação nada mais será do que uma palavra vã.

Toda a questão do trabalho e da subsistência da comunidade monástica é, em nossos dias, uma questão extremamente espinhosa e debatida. De um lado há monges afirmando que a única maneira honesta de o monge prover à própria subsistência é sair para trabalhar como um assalariado e voltar à noite à sua comunidade (nesse caso, um pequeno grupo) e a sua vida contemplativa. Outros preferem uma volta mais completa à natureza e às formas primitivas de trabalhos no campo e de artesanato etc. Outros, ainda, pensam que um "conjunto" altamente mecanizado (tipo fábrica ou empresa) há de garantir bastante lazer, leitura e contemplação. Todas essas soluções contêm evidentes desvantagens e todas parecem sofrer de perspectivas deformadas, e mesmo de uma espécie de pragmatismo que se preocupa, não com a essência do monaquismo, mas apenas com um ou outro aspecto do mesmo. Os que querem trabalhar em fábricas se preocupam em ser pobres e como pobres se apresentar, e partilhar da sorte dos trabalhadores no mundo moderno. A pobreza e o trabalho são, é verdade, essenciais à vida monástica; mas também o são uma certa solidão e um certo distanciamento do ativismo do mundo, um certo protesto contra os esquemas organizados e desumanizantes de uma vida mundana construída em torno de lucro. Há então o perigo de que o testemunho de pobreza monástica se perca na gigantesca engrenagem posta em função para uma só coisa: produção lucrativa. O mesmo acontece quando o próprio mosteiro se torna uma próspera unidade industrial com monges trabalhando nos escritórios e vivendo de uma renda confortável. Quanto ao quadro primitivo idealmente agrário, tende a se transformar numa aventura artificial um tanto teatral eivada de arcaísmo que, na prática, tem de ser sustentada por donativos da mamona da iniquidade.

Quando a preocupação para que tudo esteja institucionalmente bem ajustado vem em primeiro lugar, todos os problemas monásticos tendem a encaixar-se num desses esquemas. Torna-se uma luta o ajustar a instituição a fim de enfatizar um aspecto apenas, de um *valor particular* que um indivíduo ou um grupo estima mais do que qualquer outro. Quando está tudo centrado na liturgia e no decoro harmonioso, estético, do monaquismo tradicional, pode acontecer que a pobreza e o trabalho venham a sofrer. Quando tudo se concentra em redor da pobreza e do labor, acontece à comunidade ficar sobrecarregada, perdendo o interesse pela leitura, a oração, a contemplação. Quando é a "abertura ao mundo" que tudo centraliza, pode suceder que os monges so tornem agitados e caiam nos mexericos autocomplacentes e, sob pretexto de "caridade", ficar esquecido aquele amor do início que os levou ao mosteiro. No passado, um excessivo rigorismo nos mosteiros trapistas produziu comunidades de pessoas bem-intencionadas que, por vezes, chegaram aos limites da incivilidade ou do fanatismo.

Em realidade, a renovação do monaquismo não pode ter nenhum sentido verdadeiro enquanto não for vista como uma renovação da *totalidade* do monaquismo em sua autenticidade *carismática*. Em lugar de concentrar nesse ou naquele meio, precisamos, antes de mais nada, considerar mais *atentamente* o fim. E aqui enquanto temos de focalizar, sem dúvida, de maneira correta o ideal tradicional, um pouco de realismo e bom-senso não estará fora do lugar. Essas foram, afinal, duas características daquela Regra beneditina sobre as quais – seja qual for nosso tempo e seus problemas – a renovação, normalmente, há de basear-se.

O carisma da vida monástica é a liberdade e a paz de uma existência na solitude. É uma volta ao deserto, que é também uma recuperação do paraíso (interior). Este é o segredo da atitude monástica de "renúncia ao mundo". Não é uma *denúncia,* não é uma crítica maldosa nem uma fuga precipitada, uma retirada cheia de ressentimento. É uma libertação, uma espécie de "vacation" permanente no sentido original de "esvaziar". O monge simplesmente se desembaraça da inútil e aborrecida bagagem de vãs preocupações e se consagra, de ora em diante, a uma só coisa realmente necessária – a coisa singular que ele realmente deseja: procura de *sentido* e de *amor,* busca de sua verdadeira identidade, seu nome secreto prometido por Deus (Ap 2,17) e da paz de Cristo que o mundo não pode dar (Jo 14,27). Em outras palavras, o monge renuncia a uma vida de agitação e confusão para conquistar ordem e clareza em sua vida. Entretanto a ordem e a claridade não são por ele fabricadas, nem tampouco são, por assim dizer, um produto da instituição, um efeito da regularidade exterior. São o *fruto* do Espírito. A vida monástica é a resposta ao chamado do Espírito aos esponsais e à paz do deserto (Os 2,19-20).

O carisma monástico não é, entretanto, um carisma de pura solidão sem nenhuma comunidade. É também um carisma de fraternidade no deserto. Pois ainda que o monge possa eventualmente, num caso excepcional, viver como eremita, é pela vida de íntimo relacionamento fraterno com seus irmãos na comunidade monástica, que ele se prepara à vida solitária. Essa intimidade é entendida, como sendo de maneira ideal, como um relacionamento cordialmente "quente" e muito humano e o carisma da vida monástica é, de modo ideal, e foi desde o início, uma graça de *comunhão* numa busca partilhada e uma luz da qual todos participam. É, portanto, um carisma de especial amor e auxílio mútuo no esforço para alcançar uma difícil meta, na vivência de uma vida austera de imprevistos. O monge está próximo de seu irmão na medida em que está consciente de ser ele um companheiro de peregrinação no "deserto" espiritual. O trabalho monástico, a obediência, a pobreza, a castidade estão todos, de algum modo, coloridos e temperados pelo carisma comum da fraternidade na peregrinação e na esperança.

Evidentemente a vida monástica não é puramente carismática. Nada poderia ser mais desastroso ao monaquismo do que soltar uma quantidade de monges inexperientes para que vivessem sem nenhuma estrutura institucional e sem organização – ou supor serem eles capazes de improvisar da noite para o dia novas instituições. Embora a vida monástica em nossa época esteja institucionalizada com demasiada rigidez e sobrecarregada de tradições sem sentido, as linhas básicas da estrutura da vida monástica em comum devem ser preservadas e a autêntica sabedoria haurida na experiência dos séculos em que esta vida foi plenamente *vivida* não deve ser perdida. As novas comunidades monásticas terão de ser muito mais democráticas do que no passado. O abade terá de ser um Pai espiritual, não um prelado, um chefe de polícia, e um chefe de empresa amalgamados numa só pessoa. Os monges terão muito mais iniciativa ao organizar suas vidas e o abade terá que preocupar-se mais com uma autêntica orientação espiritual do que com o controle institucional. A função espiritual do superior pressupõe uma certa liberdade e critério naquele que ele orienta. O superior não pode mais reivindicar para si o direito de pensar, tudo o que os próprios monges têm de pensar por si mesmos, nem de tomar todas as decisões que compete aos monges tomar. Evidentemente, no período de transição serão cometidos erros. Mas, com a graça de Deus, esses erros serão mais fecundos do que a sufocante inércia do supercontrole. Os monges aprenderão por si próprios algumas lições que jamais poderiam aprender de outro modo.

O carisma da vocação monástica é um carisma de simplicidade e verdade. O monge, seja como eremita ou cenobita, é alguém que deixa atrás de si os esquemas, os clichês, as disfarçadas idolatrias e vazias formalidades "do mundo" em busca do mais autêntico e essencial sentido da vida consagrada aqui na terra.

Falando, portanto, de maneira ideal, o mosteiro deveria ser um lugar de total sinceridade, sem formalidades que encobrem a verdade e enganam, sem evasões e falsas aparências. Frequentemente as regras e as disciplinas da vida comunitária apenas criaram uma atmosfera de formalismo e artificialidade que, em lugar de ajudar os monges a viverem num íntimo relacionamento mútuo como verdadeiros irmãos, serviram somente para afastá-los uns dos outros. É trágico que, em nome da disciplina e da obediência, o silêncio monástico tinha sido explorado como um meio de manter os monges fora de contato uns com os outros – mais, temendo e suspeitando-se uns dos outros. A clausura monástica tem, por vezes, se tornado nada mais do que um meio de manter os monges na ignorância em relação ao mundo exterior, na esperança de que eles se tornariam indiferentes aos trágicos conflitos sociais e, assim, não criariam aborrecimentos com problemas de consciência em frente à guerra, à pobreza, ao racismo e à revolução etc.

Não há dúvida alguma de que um dos elementos mais perturbadores da instituição monástica, para a maioria da juventude moderna, que vem em busca da entrega de si a Deus na solitude, na oração e no amor, é a *interpretação* corrente dos votos religiosos, especialmente do voto de obediência. Alguém que se dedica a Deus por votos, hoje em dia, acha-se comprometido a viver uma existência institucional organizada maciça e rigidamente formalista. Nesta existência tudo já está decidido (para ele) de antemão. Tudo já foi previsto e providenciado pelo regulamento e o sistema. A iniciativa não é somente desincentivada, torna-se também inútil. As perguntas deixam de ter qualquer sentido, pois já se sabe a resposta de cor, de antemão. E o pior é que não são respostas, uma vez que implicam numa firme decisão de não tomar o menor conhecimento das perguntas dos monges. A obediência, então, não consiste mais em dedicar a vontade e o amor ao serviço de Deus, mas, quase, numa renúncia a todos os direitos humanos, às necessidades e aos sentimentos individuais, para conformar-se, amoldando-se, às rígidas exigências de uma instituição. A instituição é identificada com Deus e torna-se um fim em si. E desde o início dá-se a entender ao monge que não existe para ele qualquer *alternativa* senão considerar essa vida institucionalizada, em todos os seus pormenores, por mais arbitrários, arcaicos e sem sentido no que lhe toca, como *única maneira* de ser perfeito no amor e sincero em sua busca de Deus. E isso lhe foi incutido, não somente como um soleníssimo dever religioso, mas quase como um artigo de fé: sim, o jovem monge, que tem sérios problemas com uma vida que pode parecer-lhe cada vez mais infrutífera e mesmo absurda, deverá ainda ouvir que está falhando em sua fé cristã e, quem sabe, à beira de uma apostasia!

É aqui que vemos até que ponto a perversão da ideia do "dínamo espiritual" pode às vezes ser levada. A instituição monástica, com sua oração constante, a regularidade, a impecável observância, seus monges obedientes e submissos, é considerada implicitamente como uma belíssima engrenagem que, enquanto desliza maciamente, obtém de Deus resultados infalíveis. Assim, o objetivo da ordem monástica, dos superiores, dos capítulos etc., seria assegurar-se de que a máquina está bem lubrificada, funcionando exatamente como deve. A fé assegura-nos então de que a máquina monástica está exercendo irresistível influência sobre Deus que, supõe-se, tem um misterioso prazer em observar a atuação deste engenhoso brinquedo. A regularidade legal do monaquismo assim considerado foi especialmente inventada pela Igreja para encantar o Altíssimo e, jeitosamente, manipular seu poder.

Para quê? Para o bem institucional do restante da Igreja – seus múltiplos projetos: conversão dos infiéis, dos hereges, e dos apóstatas à humilde submissão; humilhação e destruição dos inimigos da Igreja etc. Evidentemente, numa tão valiosa máquina não se deve de modo algum bulir. "Renovação", pois, significaria, no caso, simplesmente limpeza e lubrificação para que o legalismo funcionasse com maior perfeição do que antes!

Surgiram os mais trágicos desentendimentos devido a essa atitude que, em alguns casos, é preciso admitir com franqueza, estão envolvidos em superstição e arrogância. De qualquer forma, levaram à ruína muitas vocações monásticas que, sob todos os aspectos, pareciam ser sérias e genuínas. Sente-se que, se tivesse havido um pouco de flexibilidade, a manifestação de um pouco de espírito mais "humano" – se ao monge, quando começou a sentir dificuldades em sua vida, houvessem permitido uma mudança de ambiente ou um relacionamento mais genuinamente humano com seus irmãos – poderia ter-se ajustado afinal à vida monástica. Infelizmente, existe ainda um medo tão profundo de que a austera imagem da instituição possa ser manchada por concessões feitas aqui ou ali, que, para preservar a fachada monástica, são sacrificadas as vocações.

Como por toda parte, na vida contemporânea, na América houve uma enorme carga de ansiedade neurótica nos mosteiros. A tendência tem sido, em cada caso, culpar o indivíduo. No entanto, por vezes, podemos nos perguntar se um certo esquema neurótico não conseguiu enquadrar-se no próprio sistema. De fato poder-se-ia, às vezes, meditar, interrogando se o sistema não requer e não favorece a insegurança neurótica, tanto nos monges como nos superiores, de maneira a poder continuar a funcionar como funciona. Sem dúvida a neurose não é endêmica no monaquismo como tal, mas um determinado conceito de regularidade monástica e de obediência parece, em realidade, incentivar as neuroses enquanto ostensivamente as deplora e advoga a terapia – que se tornam então parte do processo.

Os monges são humanos em suas necessidades, suas fragilidades e também em seus esforços inconscientes de procurar compensações por aquilo a que renunciaram ao deixar o mundo. Quem renunciou à vida de família e ao amor dos filhos poderá, sem disso se aperceber, procurar compensação de algum outro modo – por exemplo, dominando os outros. Homens e mulheres têm sido, por vezes, em seus claustros, notoriamente agressivos, ambiciosos, entregues a lutas amargas e mundanas para conseguir poder político em sua comunidade. Aos que falta a energia requerida para exercer o poder, satisfaz o viverem como Peter Pans monásticos[1] em passiva dependência para com aqueles a quem lisonjeiam e tentam manipular. Acabam finalmente por descobrir que essa passividade também implica um certo poder, pois pela subserviência e manipulação podem conseguir que sua própria vontade seja incorporada ao sistema e suas ideias impostas pelos superiores.

Quem ama o poder pode deixar-se levar, por motivos de aparência muito idealistas, a procurar satisfazer esse amor, não só exercendo o poder sobre seus contemporâneos, mas até mesmo enquadrando sua própria von-

---

1. *Peter Pan*, personagem do teatro e da literatura inglesa, criado por Sir John Barrie na década de 1920. Menino encantador que queria permanecer sempre criança sem jamais crescer [N.T.].

tade na estrutura da instituição, de maneira que as gerações futuras continuem a ser por ele dominadas muito depois de sua morte. No esforço em curso pela renovação, pode acontecer que esta espécie de poder subterrâneo, em luta, se esteja processando sem que os monges o percebam nitidamente. Muitos dos que se mostram mais entusiastas e ativos na obra da "renovação" parecem estar agindo de modo a que as ideias *deles* e seus planos não sejam seriamente contestados, e que, afinal, vençam as reformas que desejam.

Sucede também, infelizmente, que o ajustamento advogado por essas pessoas seja apenas superficial. E, se obtiverem o que desejam, haverão de transmitir o *status quo*, embelezado com alguns enfeites por eles realizados, tornando-se um monumento em sua homenagem. Esse conceito "monumental", "maciço" e basicamente estático, da vida monástica, deve certamente ser culpado por tudo o que há de rígido, impedindo o verdadeiro ajustamento em nossa época. No entanto, um monaquismo como esse não poderá sobreviver. Está condenado. O sentido de protesto, recusa e indignação é demasiadamente evidente nas comunidades monásticas. Infelizmente, há, também, uma crescente impaciência, e os que se permitem ficar obcecados pelo problema podem esquecer-se de que a renovação monástica é obra de Deus e não deles. E podem eles, também, num desespero basicamente egoísta, abandonar o esforço que a Igreja lhes está pedindo.

O movimento monástico precisa de líderes vindos da nova geração. Esses novos líderes têm de ter a paciência de submeter-se à formação e ao teste, sem o que a capacidade deles não pode ser provada. Ninguém confiará na liderança de pessoas que nunca tiveram que sofrer coisa alguma e nunca enfrentaram os problemas da vida em toda a sua amarga seriedade. Os jovens não devem estar demasiadamente dispostos a desistir por desespero. Têm eles uma obra a realizar! Felizmente existem forças criadoras em ação. Existem comunidades e superiores plenamente conscientes da verdadeira natureza da vocação monástica, não simplesmente como um convite a se tornar uma peça na engrenagem da máquina institucional, mas como uma abertura carismática em direção à libertação e ao amor. Está-se formando consciência cada vez mais nítida de que a fidelidade à tradição monástica não significa mais simplesmente decretar respostas preformuladas a todas as perguntas dos jovens monges. E isto, forçando-os a olhar sua vida através dos óculos de outros. Tradição não é submissão passiva às obsessões de gerações passadas, mas, sim, um assentimento vivo a uma corrente de ininterrupta vitalidade. O que em outras épocas e outros lugares foi real torna-se hoje, em nós, real também. E essa realidade não é um desfile oficial de exterioridades. É um espírito vivo, marcado pela liberdade e por certa *originalidade*. Fidelidade à tradição não significa renúncia a toda iniciativa e, sim, uma nova iniciativa, fiel a um certo espírito de liberdade e visão, que exige o encarnar-se numa situação nova e singular. O verdadeiro monaquismo supõe uma grande criatividade.

A criatividade, na vida monástica, brota do puro amor: o desejo natural do homem pela verdade e pela comunhão, em primeiro lugar, e o dom sobrenatural da graça no espírito do Senhor Ressuscitado, a chamar o homem a elevar-se à mais alta verdade e à mais perfeita comunhão no Mistério de Cristo. O amor não é mera emoção ou sentimento. É a resposta lúcida e ardente do homem todo a um valor que lhe é revelado como algo perfeito, apropriado e urgente no contexto providencial de sua vida. Daí, existirem inúmeras maneiras em que pode o homem ser despertado do sono de uma existência mecanizada, para entregar-se, totalmente, na transparência do amor. Restringir as vocações a essa ou aquela área estreita, como se houvesse uma única maneira de amar, é sufocar o espírito e agrilhoar a liberdade do coração cristão. Porque estão as pessoas tão interessadas em recusar a outros o direito de ver um valor especial numa vida afastada do mundo? Uma vida dedicada a Deus na oração "sobre o monte, à sós"? O Novo Testamento repetidas vezes não mostra o Cristo que se retira para entregar-se à oração solitária que tanto amava? Certamente, pode-se encontrar Deus "no mundo" e na vida ativa; mas não é o único modo, como tampouco é a vida monástica a única maneira de fazê-lo. Há variedade de graças e vocações na Igreja e devem elas ser respeitadas sempre. O valor específico que atrai um cristão ao "deserto" e à "solidão" (permaneça ele ou não, fisicamente, "no mundo") é um sentido profundo de que *Deus só basta*. A necessidade de obter os aplausos da sociedade, de encontrar um lugar reconhecido e aprovado no mundo, de alcançar um sucesso temporal ambicionado, de "ser alguém", mesmo na Igreja, apresenta-se como irrelevante. Tem ele consciência de ter sido chamado a uma modalidade de existência totalmente diferente, *fora das categorias seculares e fora da Instituição* (establishment) religiosa. Aí está o verdadeiro cerne do monaquismo. Assim, um monaquismo firmemente estabelecido é algo que se contradiz a si mesmo.

O espírito criativo de iniciativa, no monaquismo, terá forçosamente de ser extinto onde houver exagerada ênfase numa "presença" monástica bem-estabelecida, numa indevida preocupação com a lei, com o ritual e com as observâncias exteriores. O verdadeiro espírito criativo tem de ser abrasado pelo amor e pelo *autêntico desejo de Deus.* Isso significa exatamente que a vocação monástica é uma vocação que busca implícita, ou explicitamente, a *experiência da união com Deus.* É verdade que a humildade e a obediência, essenciais à vida monástica, são absolutamente necessárias para purificar esse desejo de todos os elementos da vontade egoísta e da ambição espiritual. Mas a necessidade de libertação espiritual, a necessidade de visão, a fome e sede de perfeita justiça que se encontra na entrega total a Deus, como amor ao Amado, são todas elas as únicas justificativas reais para a vida solitária do monge e seu peregrinar no deserto. Se essas coisas são sistematicamente frustradas, e se as formalidades institucionais são, em toda parte, uma substituição imposta aos desejos interiores de profunda santidade e união, os monges não permanecerão no mosteiro. Se são verdadeiros em relação a si mesmos e a Deus, estarão forçados a procurar alhures o que buscam. Este é o problema real da renovação monástica; não é um render-se à "cidade secular", mas uma recuperação do desejo profundo de Deus, que leva o homem à procura de *um modo totalmente novo de estar no mundo.*

Este é talvez um dos melhores modos de considerar a vocação monástica. Não é mais possível manter a ideia de que o monaquismo seja mero *repúdio* ao mundo. Não basta "dizer não", desenvolver o "desprezo" pelo mundo e passar a vida numa existência emparedada, que simplesmente rejeita todos os prazeres, as lutas e os interesses do mundo como suspeitos ou pecaminosos. Essa ideia negativista do monaquismo gerou total incompreensão entre seus críticos e os próprios monges. E é por esse motivo que quando o jovem monge, em busca da renovação, procura algo a que possa dizer "sim", surge o mesmo "sim" dito pelo próprio mundo. Em ambos os casos não há verdadeira consciência do que seja o monaquismo.

A vida monástica não é nem mundana nem "amundana". Não é artificialmente "supramundana" ou vivida num "outro mundo". Tem apenas a finalidade de ser uma vida simples e libertada de muita coisa inútil.

O escopo do desapego monástico – que exige genuíno sacrifício – é simplesmente o de deixar o monge desembaraçado, livre para mover-se, na posse de seus sentidos espirituais e de seu reto juízo, capaz de viver sua vida carismática na liberdade do espírito. Para amar, temos de ser livres. E, enquanto a vida apostólica implica uma modalidade de liberdade no mundo, a vida monástica tem sua modalidade própria de libertação que é a do deserto. Essas duas modalidades não se opõem nem se excluem. São complementares e, no nível mais elevado, demonstram ser uma só e mesma coisa, isto é, união com Deus no mistério do amor total na unidade de seu Espírito.

Na solidão da vida monástica o monge começa a sentir de maneira obscura que grandes áreas são nele abertas em profundidade no mais íntimo de seu ser; e que o carisma de sua vocação monástica exige uma obediência que se processa num abismo demasiadamente profundo para ser por ele compreendido. Trata-se de uma obediência que impregna as raízes do ser. Essa obediência é muito mais difícil do que qualquer deferência para com a vontade de um homem. Contudo deve ela ser testada por uma regra, uma disciplina e pela submissão às vontades de outros. Sem isso é pura ilusão. Entretanto, para que as regras e as ordens mantenham seu valor na vida monástica, devem ser consideradas em seu correto relacionamento com o escopo definitivo da vida monástica. A obediência monástica não existe para fabricar autômatos[2] e eficientes burocratas que poderão ser utilizados na política institucional. Existe para libertar os corações e os espíritos, a fim de permitir-lhes penetrar na terrível obscuridade da contemplação, que linguagem alguma é capaz de expressar e nenhuma racionalização pode explicar. E deve ser sempre lembrado que essa libertação contemplativa é um dom de Deus. Ele não o concede forçosamente aos perfeitos, e certamente não como um prêmio pela colaboração política com os planos interesseiros e as ambições de outros.

Resta-nos dirigir uma palavra aos próprios monges; isto é, aos que agora, neste momento, perseveram nos mosteiros e nas ermidas. Esta palavra é: *não sejam impacientes e não tenham medo.* Não imaginem que tudo depende de alguma transformação mágica e instantânea das constituições e das leis. Já possuem aquilo de que necessitam. Está, de fato, bem em suas mãos! Têm a graça de sua vocação e de seu amor. Situação humana alguma jamais foi ideal. Deus não precisa de uma situação ideal a fim de realizar seu trabalho em nossos corações. Se fizermos o que pudermos com os meios e a graça à nossa disposição, se aproveitarmos com sinceridade as genuínas oportunidades que surgem, o Espírito há de estar presente e seu amor não nos decepcionará! Nossa libertação, nossa solidão, nossa visão, nossa compreensão e nossa salvação não dependem

---

2. "yes-men" [N.T.].

de algo alheio a nós ou além do nosso alcance. A graça nos foi dada juntamente com nossos bons desejos. O que nos é preciso é a fé para acolher a graça e a energia para fazer atuar nossa fé, quando as situações não nos parecem promissoras. O Espírito Santo fará o resto. Continuará a haver mosteiros nas montanhas e nas florestas, bons lugares de silêncio, de paz, de austeridade, simplicidade, oração e amor. Nestes mosteiros haverá comunidades de pessoas que se amam mutuamente e partilham com o mundo a luz que receberam, embora de maneira silenciosa e obscura. Essas comunidades abrir-se-ão sobre a solidão do deserto em que cada monge – num ou noutro momento – seja por um curto período, seja por toda a vida, procura permanecer só no silêncio e no mistério de seu Deus, libertado das imagens do Egito e da Babel das línguas.

No entanto, não existe um monaquismo puramente carismático, sem instituição. Haverá sempre leis e regras. E Cristo deverá sempre estar presente de modo especial na pessoa de um abade, pai espiritual. De fato, a própria paternidade espiritual é um carisma, e um dos maiores. E isso não somente é uma bênção insigne para qualquer comunidade monástica, mas é essencial para o trabalho da verdadeira renovação. Sem guias experimentados, inteiramente abertos à plena dimensão – dimensão mística e profética – do amor em Cristo, a renovação significará pouco mais do que a substituição de antigas regras por outras novas e de antigas tradições por novidades empolgantes.

II
Vocação e pensamento moderno[1]

Em que proporção seriam os problemas vocacionais de noviços e monges o resultado de um conflito entre o "pensamento moderno" e "ideias monásticas tradicionais"? Até que ponto será este inevitável conflito uma questão cuja compreensão e resolução estarão ao nosso alcance? Evidentemente, nossos noviços são homens (ou pelo menos rapazes) de nosso tempo. Este é um fato irreversível. Devemos considerá-lo como uma desgraça? Seríamos muito tolos se o fizéssemos. Será o "pensamento moderno" um mal irreparável? Deveremos supor que a única maneira de um postulante adaptar-se à nossa vida é submeter-se a um total e rude processo de desinfecção para que fique inteiramente purificado de todas as ideias do século XX? Seria isso um insulto e, ao mesmo tempo, presunçoso e absurdo. Significaria a extinção da vida monástica. Devemos, pelo contrário, esforçar-nos por compreender como as ideias modernas podem tornar-se relevantes e aceitáveis, de fato, úteis para auxiliar-nos a resolver nossos problemas monásticos.

E, no entanto, temos de manter nosso desapego e sentido de proporção. Ao abrir as mentes ao pensamento moderno (e, afinal, isso significa reconhecer que tam-

---

1. O conteúdo deste capítulo parece interessar também a problemática do adolescente: sua situação na sociedade e na família, frente à evolução em ritmo acelerado e de maneira tão drástica [N.T.].

bém nós somos "modernos") devemos, ao mesmo tempo, reconhecer suas limitações e as incertezas que lhe são peculiares. Devemos, sobretudo, estar conscientes das complexidades, das variações das confusões do "pensamento moderno", uma vez que não é ele uma unidade harmônica. O homem moderno não está em harmonia com ele próprio. Não tem uma só voz a escutar, mas mil vozes, mil ideologias, todas em concorrência para deter sua atenção numa Babel de línguas. Nossa responsabilidade para com o homem moderno vai muito além do que tomar parte em seus jogos e aprender algo de seu linguajar para dizer-lhe o que imaginamos que ele quer saber. Nossa responsabilidade para com o homem moderno começa dentro de nós mesmos. Temos de reconhecer que os problemas dele são também nossos e deixar de imaginar que vivemos num mundo totalmente diverso. Temos de reconhecer que nossos problemas comuns não serão solucionados simplesmente por respostas lógicas, menos ainda por pronunciamentos oficiais. Entretanto, ao levar a sério a mentalidade moderna não devemos aceitar todos os mitos e ilusões sem questionar. Se o fizermos, acabaremos por fazer eco a *slogans* sem sentido, substituindo a sociologia, a psicanálise, o existencialismo e o marxismo à mensagem do Evangelho. Temos de utilizar as intuições do pensamento moderno sem ilusões. A satisfação que nos vem do fato de estarmos afinados à mentalidade de nossa época não é certamente um carisma, menos ainda um sinal de vida sobrenatural.

Temos de nos preocupar com a falta de vocações, não o fracasso de vocações medíocres ou de vocações que não o são, mas com o fracasso de vocações aparentemente boas. Não se trata do fato de que noviços e jovens professos abandonam o mosteiro e voltam à vida secular, mas, antes, que alguns dos que parecem muito sérios e bem dotados e aparentemente se adaptaram bem no início, e foram bons monges, sofrem uma crise vocacional (frequentemente depois de cinco ou dez anos no mosteiro) e partem. A razão apresentada não é tanto uma incapacidade de aceitar as austeridades físicas da vida monástica (não tão grandes quanto outrora) mas, sim, a incapacidade de continuar a aceitar o clima do pensamento e certas atitudes prevalecentes no mosteiro. Não é isso primariamente falta de fé, ou uma profunda crise religiosa, mas uma incapacidade psicológica em aceitar como autêntico o clima de pensamento no qual pensam estar os monges obrigados a viver. Muitas ambiguidades e incompreensões estão envolvidas, nessa questão, de ambos os lados.

Ora, conquanto não seja isso geralmente uma crise puramente religiosa, pode muito bem sê-lo. A tentação psicológica pode facilmente tornar-se uma falta de fé. Entretanto, não podemos compreender corretamente a situação, se a consideramos apenas como intervenção do demônio e perda de fé. O que acontece é que a comunicação tende a desmoronar sob o peso de certas pressões que surgem quando o jovem monge repentinamente desenvolve uma visão crítica e objetiva do mosteiro e de seus coirmãos. Ora, o fato de que ele o faz relativamente tarde em sua vida monástica (mesmo depois da profissão definitiva[2]) levanta numerosas e sérias interrogações. Esse questionamento parece ao monge invalidar sua suposta vocação, enquanto seus superiores têm tendência a tomar a atitude do *"Si non es vocatus, fac te vocatum"*,

---

2. Normalmente seis anos depois do ingresso na comunidade monástica [N.T.].

apelando, é claro, aos votos emitidos pelo monge. Pode isso parecer ao jovem monge uma atitude incompreensível, uma "infidelidade" em relação a um novo nível que ele acaba de descobrir – ou pensa haver descoberto – mas que não pode com clareza discernir. Pensa ter descoberto "a verdade" sobre si próprio e que tem de "obedecer" a suas novas intuições.

A grande interrogação é esta: Terá o monge simplesmente abandonado seu compromisso para um modo de vida e para com uma fé que agora parece ameaçar até as próprias raízes do seu ser? Estará ele fazendo uma "descoberta" em relação a si mesmo, no sentido secular e psicológico e procurando refugiar-se nessa descoberta de maneira a não ter de enfrentar as severas exigências da Palavra de Deus pronunciada no mistério, e no que lhe parece "absurdo"? Ou estará ele, ao contrário, ouvindo esta voz pela primeira vez e obedecendo a seu imperativo para que abandone uma complacente e inadequada segurança que sem séria motivação e passivamente abraçou?

Essas perguntas deviam ser previstas antes da profissão, em realidade, antes do ingresso do postulante no noviciado. Mas nem sempre podem ser previstas.

Daí o fato de, uma vez professo, dever o jovem de algum modo aprender a responder a suas próprias perguntas no mosteiro por meio de seu voto de *conversatio motum*[3]. O compromisso monástico e a consagração a Deus permanecem de fato a mais profunda e autêntica solução. Mas como pode o jovem monge entender isso?

---

3. "Conversão dos costumes", voto em que o monge promete esforçar-se, correspondendo ao chamado e à graça de Deus, por conformar, em todas as situações, seus atos com o espírito e as exigências do Evangelho. É a "conversão": voltar-se para Deus [N.T.].

Deve ele ser orientado de maneira a adquirir a capacidade de entendê-lo. O ideal monástico deve, consequentemente, ser apresentado de uma forma compreensível em toda a sua profundeza, realidade existencial e em suas exigências; não em fórmulas de palavras e *slogans*. O que é exigido em nossa época não é uma vulgar modernização da tradição monástica, mas uma nova e inteligente perspectiva em relação aos verdadeiros valores latentes na vida e na tradição monásticas, que o homem moderno razoavelmente pode esperar aí encontrar. Os valores certamente aí estão. Podem, entretanto, estar ocultos devido à falta de atenção e de sensibilidade por parte dos que até agora se mostraram satisfeitos com as velhas fórmulas e os velhos conceitos que precisam ser repensados e vistos sob um novo ângulo, com maior e mais séria preocupação. Será preciso acrescentar que os votos não devem mais ser considerados num espírito de vã observância, de magia ou de superstição?

Não adianta ressaltar o estado caótico da sociedade moderna: a confusão moral, lares desfeitos, delinquência, alcoolismo, pornografia, erotismo, viciados em drogas, revolta de adolescentes etc., etc., que são apenas coisas *sintomáticas,* não o verdadeiro problema. Em vez de analisar a mentalidade da sociedade abastada e de consumo, observaremos apenas dois aspectos deste clima de pensamento.

Alexis Carrel observou que: "O progresso tecnológico desenvolveu-se desordenadamente e, assim fazendo, deixou de tomar em consideração as verdadeiras necessidades do homem a não ser em segundo plano". Em outras palavras, o desenvolvimento da técnica não focaliza realmente as necessidades humanas, disse Carrel: "O ambiente que a ciência e a técnica conseguiram desenvolver para o homem não lhe convém porquanto *foi construído a esmo sem consideração pelo verdadeiro ser do homem*"[4].

E, embora, em teoria, ainda demonstremos acatar o velho mito segundo o qual o que é bom para o mercado é bom para todos, na prática o desenvolvimento de novos produtos e a comercialização de artigos de comodidade pouco ou nada têm a ver com o verdadeiro bem e as necessidades reais do homem. A meia não é o bem do homem e sim lucros sempre mais elevados. Em lugar de a produção estar em função do homem, o homem existe em função do produto. Vivemos assim numa cultura que, enquanto proclama seu humanismo e finge estar a glorificar o homem como jamais aconteceu, é, em realidade, um sistemático e quase cínico desacato à pessoa humana. O homem é um consumidor que existe a fim de possibilitar o prosseguimento dos negócios, consumindo seus produtos, queira-os ou não, precise deles ou não, agradem-lhe ou não. Mas para preencher sua função de consumidor, nela tem o homem de crer. Assim, o papel de consumidor substitui no homem sua identidade (se é que a tem). O homem moderno é assim reduzido a um estado permanente de um joão-ninguém e de tutelagem em que sua presença mais ou menos abstrata na sociedade só é tolerada se ele demonstra conformismo, permanece um autômato que funciona sem opor obstáculos, sem reclamações, em suma, um elemento anônimo na grande realidade do mercado.

---

4. Cf. *O homem, este desconhecido.*

É característico a esta sociedade abastada de comercialização e consumo gerar, ao mesmo tempo, esperanças irreais e otimismo superficial que recobrem uma corrente subterrânea de sujeição, composta de insegurança, dúvidas sobre si mesma, sentimentos de inferioridade, ressentimento, cinismo e desespero. Em todos os nossos jovens postulantes essas duas forças em conflito tendem a estar presentes sob forma de tendência, mesmo onde há grande simplicidade e boa vontade, embora o traço negativo (a dúvida) possa ser recalcado um tanto fortemente. Em breve ele se manifesta.

Pior, uma vez que nossa sociedade é das que esperam que o homem se faça aceitar e obtenha sucesso apresentando uma imagem favorável de si próprio, e tendo, em relação a si mesmo, altos projetos, é claro que tudo isso afeta, também, a mentalidade dos postulantes. Os que são mais desenvoltos e hábeis nessa matéria podem fazer-se aceitar como vocações muito sinceras, enquanto outros, mais simples e menos agressivos, podem parecer "não ter nada" que os recomende para uma vida monástica.

Contudo, deve-se dizer que esses jovens estão conscientes de tudo isso e todos, mais ou menos deliberadamente, procuram o mosteiro para escapar a esse sistema de falsos valores e para encontrar valores ao mesmo tempo mais honestos e mais adaptados ao que é humano.

Eu diria que isso se manifesta especialmente numa preocupação muito real em viver a simplicidade e pobreza monásticas e uma total honestidade na observância monástica. Isso pode, por vezes, expressar-se sob formas que parecem fanáticas e neuróticas, mas na maioria dos casos há indicações de que procede do Espírito Santo e é um dos mais autênticos sinais de verdadeira vocação. No entanto, são precisamente os que têm este ideal, que têm, também, tendência a apresentar problemas e sentir insatisfação.

Não há dúvida de que a maioria de nossos postulantes estão bem conscientes da confusão e desordem do mundo e tencionam sinceramente deixar tudo isso atrás de si. Chegam ao mosteiro precisamente porque estão conscientes do caos da vida no mundo exterior. Porém o problema surge quando, depois de certo tempo, o modelo de paz e ordem que encontram na comunidade é por eles rejeitado como insatisfatório. Por quê?

Esses candidatos à vida monástica são produto de um clima particular de pensamento e, em relação a essa problemática, pode ser útil lembrar-nos de que o "pensamento moderno" é muito complexo e está em processo de rápida evolução. Não é algo homogêneo, antes, compõe-se de diversas correntes conflitantes e de novos desenvolvimentos, que tendem frequentemente a desenvolver-se lado a lado, sem exercer muita influência umas sobre as outras. É, portanto, extremamente difícil dizer com precisão o que ocorre "na mente do homem moderno". Vivemos num mundo de mudança caótica e revolucionária. O desenvolvimento das comunicações rápidas e dos meios de comunicação assegurou certa uniformidade superficial no pensar do "homem comum", no mundo inteiro. E, no entanto, poderíamos dizer com precisão quem é este "homem comum"? Há enorme variedade de ideias e de influências que o pressionam e, com frequência, sua mentalidade é um misto extraordinário de clichês mentais por ele colhidos, aqui e ali, ao acaso sem saber de onde vêm ou o que significam. Todavia, o pensamento deste "homem moderno" permanece muitas vezes superficial, oco, insatisfeito e frustrado – a não ser que se torne apenas complacente e passivo, reagindo habitualmente a qualquer estímulo mental, sem verdadeiro pensamento e sem resposta madura.

Contudo, podemos dizer do homem de nosso tempo que recebeu "instrução" de nível correspondente, diríamos, ao do *college* americano; que ele conviveu com as ideias dos pensadores que revolucionaram o pensamento e, em realidade, a própria sociedade nos últimos 150 anos. É, portanto, necessário considerarmos de relance alguns desses pensadores.

Quem são eles? Marx, Darwin, Kierkegaard, Nietzsche e, mais tarde, Freud, Jung, Adler etc., Lenin, Mao Tse-tung (de preferência a Stalin que não era um pensador. O pensamento de Mao não chegou até nós, mas tem sementes na América Latina, por exemplo, na ideologia do Castrismo cubano). Devemos mencionar também Bergson, Dewey, Croce, Ortega y Gasset; depois, Sartre, Heidegger, Buber e outros existencialistas de primeiro plano. Finalmente, encontramos Teilhard de Chardin transmitindo muito do pensamento moderno aos católicos, juntamente com Mounier, G. Marcel e, do lado dos evangélicos, homens como Bultmann e Tillich.

O catolicismo, pelo menos em nível do estudo nos seminários, teve até pouco tendência a ignorar a existência desses homens ou a pô-los de lado sem mais nem menos, excetuando-se, talvez, Teilhard que é imensamente popular. Temos, porém, de reconhecer francamente a importância desses pensadores. Todos eles, de um modo ou de outro, preocupam-se profundamente com a situação e o futuro do homem moderno: suas necessidades especiais, suas esperanças particulares, suas chances de atingir e realizar essas esperanças. Esta preocupação, em si, de modo algum é incompatível com a visão cristã do mundo. O cristianismo também deve mostrar-se profundamente preocupado com o homem do século XX, o homem da técnica, o homem "pós-histórico", que de fato, por vezes, é denominado o homem "pós-cristão". Não pode haver na Igreja homem "pós-cristão", nenhum que seja mero pagão tecnológico. Há um único homem remido por Cristo.

Se o homem moderno possui visão peculiar, apropriada a seu mundo em rápido desenvolvimento, não pode o cristianismo ignorar a existência deste homem, ou a de suas ideias. E, de fato, não o faz. A Igreja procura compreender essas ideias do homem contemporâneo e partilhá-las. Nós, em nossos mosteiros, não podemos ignorá-las. O Esquema XIII do Vaticano II torna obrigatória a compreensão do homem moderno, tal como ele é e não como nós queremos que ele fosse.

Os bispos norte-americanos que discutiram a temática da liberdade religiosa na terceira sessão do Concílio aceitaram, todos, francamente, a "visão moderna" da dignidade da pessoa e os direitos da consciência. Também nós nos devemos preocupar com essa visão como se expressa na vida dos candidatos ao monaquismo.

Há, nesta problemática, outras questões vitais em causa e não apenas a "dignidade humana" e a dos "direitos da consciência". Não estamos apenas diante do liberal do século XIX com sua crença simplista na autorrealização por meio da liberdade e uma livre-economia governada por leis inerentemente razoáveis. Estamos diante do homem do século XX em seu desalento e seu desespero; sua desesperança busca de uma identidade, talvez sua renúncia à identidade. Podemos, não somente ir ao encontro deste homem até meio caminho em seu desejo de que sua liberdade seja reconhecida e desenvolvida, mas podemos até restaurar nele uma esperança fundamental na capacidade que tem de ser uma pessoa, ter uma identidade e dedicar-se plenamente ao serviço de Deus.

O século XIX declarou a morte de Deus e agora o século XX, em consequência, chegou a descobrir que sem Deus o homem duvida da validade e do sentido de sua vida. Quando "Deus morreu", houve algo no homem que também morreu. Se não ressuscitarmos esses mortos – que somos todos nós – com a palavra do Evangelho, consagraremos apenas homens mortos ao "Deus morto". E os que nos procuram hão de perguntar-se que proveito pode haver em buscar os vivos entre os mortos.

Assim, seria tanto inútil, como absurdo, simplesmente clamar que o ar está poluído pelos erros do mundo moderno e tentar desinfectá-lo. Não somente é impossível tentar livrar-se de todas as influências que exercem sobre o homem moderno os pensadores de que já falamos, mas não há necessidade de fazê-lo. Pelo contrário, temos de tomar em conta essas influências e tentar generosamente utilizá-las na medida em que o pensamento moderno pode estar a serviço da verdade e da vida monástica.

Não podemos, por exemplo, descuidar ou deixar de dar atenção ao tremendo efeito que a visão do mundo, em relação à ciência moderna, tem demonstrado. A vida monástica e especialmente a liturgia pertencem à época do universo ptolemaico, centrado na terra, com Deus no firmamento, talvez não mais distante do que algumas centenas de quilômetros acima de nós! O bispo anglicano John A. Robinson, em seu livro *Honest to God*, lutou, um tanto ingenuamente, com a problemática de uma religião que concebe Deus como estando "lá fora". Contudo, não é um problema de primeira urgência para nós, no momento, uma vez que, de fato, o universo da relatividade e a teoria dos quanta não é, na verdade, o que está perturbando nossos jovens monges. Pelo contrário, para eles como para nós, é motivo de admiração e reverência.

O "ateísmo científico" não é mais, sem dúvida alguma, um problema, senão para os que ainda se apegam às ilusões complacentes e supersimplistas do liberalismo do século XIX. O que é mais importante e inquietante é a morna passividade e indiferença do homem moderno massificado, envolvido numa confusão em que a séria preocupação pela verdade, em qualquer nível, poderá tornar-se impossível. O maior problema é o desespero e o langor do homem despersonalizado, incapaz de autenticidade. Mas, de ordinário, esses não ingressam nos mosteiros.

Temos de supor, em nossos candidatos, ao menos um início da capacidade de ter algum pensamento pessoal, alguma preocupação religiosa. E acreditamos que esse pensamento e essa preocupação serão inevitavelmente influenciados, ao menos inconscientemente, pelo "pensamento moderno".

Quais foram alguns dos plasmadores do pensamento moderno e que diziam eles?

Pensamos em Marx como tendo dito simplesmente que o capitalismo deve ser derrubado por ser "contrário à propriedade privada" e, portanto, contra a lei natural.

No entanto, uma ideia que investigou em profundidade foi a desumanização do homem na sociedade industrial. O remédio preconizado por Marx não era simplesmente a revolução, mas que o homem deve possuir os meios de produção de que se utiliza; não deve ser reduzido ao nível de um objeto, ou uma máquina a ser usada por outro, tem de preservar sua dignidade de homem. Tem de ser o mestre dos meios de produção, não servo dos mesmos. Tem de viver entre máquinas, mas de forma a adquirir e preservar sua plena identidade humana e sua responsabilidade para com seus semelhantes.

Geralmente, pensamos em Freud como alguém que declarou as restrições impostas pela moralidade convencional prejudiciais ao homem, uma vez que obstaculizam seus desejos sexuais. Ora, não foi, de fato, isso que Freud disse. Ele deplora uma situação social em que o homem não aprende a amar de maneira plena e madura, enquanto suas paixões permanecem num estado lento e infantil que o impede de ser plenamente humano, plenamente capaz de dar-se num amor profundo. O prazer sexual fácil não é, no pensamento de Freud, um bem em si. Pelo contrário, pode ser egoísta e infantil e, portanto, uma fonte de distúrbios patológicos. Em uma palavra, podemos ver que, também para Freud, é uma questão de desenvolvimento do homem, ao mesmo tempo psicológico e biológico, de maneira que sua sexualidade esteja a serviço de sua plena identidade como pessoa capaz de dar-se, e não força cega que arrasa e sufoca sua identidade. (Fazendo um parêntesis: não há dúvida de que a psicologia das profundezas teve certamente efeito revolucionário no moderno conceito do homem e na consequente ideia de moralidade. Se a análise em grupo deverá ou não ser um exercício normal nos mosteiros, é uma questão que, só de passagem, posso mencionar aqui. O problema existe e tem seus riscos).

Kierkegaard, Nietzsche, e mais tarde Sartre e Heidegger (embora a abordagem de cada um deles seja diferente), nos dizem, em substância, que as estruturas minuciosas, convencionais, complicadas, do pensamento, da linguagem, do culto etc., estão, todas, conseguindo o exato oposto do que originariamente pretendiam fazer. Em lugar de pôr o homem em contato com a realidade, elas se interpõem entre o homem e a realidade encobrindo-a como véus e artifícios. Impedem que o homem enfrente a "angústia". Todos esses pensadores incentivam o homem a desembaraçar-se dos empecilhos do pensamento convencional, de maneira a enfrentar diretamente a realidade. Isso, para tomar sobre si o fardo da angústia e da contingência e encarar o terrível fato da morte, assumindo sua liberdade. Não como quem está emaranhado nas artificialidades de convenções sociais, mas como alguém que vê a si mesmo e todas as suas limitações com base no nada e, contudo, vê sua verdadeira dignidade, sua liberdade, sua capacidade de estabelecer uma identidade pessoal, e "optar" ser ele próprio ainda que ele nada seja.

A literatura do fim do século XIX e início do século XX preocupou-se profundamente com a autenticidade e o problema de encontrar o nosso "verdadeiro eu" numa sociedade artificial, inautêntica. *The Waste Land* e *The Hollow Men* de T.S. Eliot expõem o problema. Em *Four Quarters*, seu maior poema, Eliot utiliza espiritualidades e símbolos tradicionais para elevar-se acima da identidade e alcançar uma libertação pessoal, fugindo a uma identidade fictícia e banal, na corrente da continuidade histórica, ou melhor, no "agora" que permanece por trás de todos os acontecimentos e a todos inclui. Para escritores mais recentes, a própria existência de uma "identidade pessoal" tem sido questionada. Resultou num questionamento sistemático e destruidor de tudo aquilo que, aos escritores anteriores, parecia oferecer base para uma autêntica identidade. Em relação aos romancistas e teatrólogos do absurdo, talvez se possa dizer que a única identidade autêntica seja o desconhecimento de que a própria identidade é uma ilusão e, portanto, o melhor que o homem possa fazer de sua "liberdade" é aceitar e assumir seu desespero. Os candidatos que chegam aos nossos mosteiros talvez tenham lido essa literatura pessimista. Entretanto, podemos dizer que eles estejam totalmente isentos de seus efeitos, uma vez que essas ideias se fazem sentir por toda a parte?

Ora, a crença do século XIX na evolução progressiva persistiu lado a lado com o existencialismo pessimista. E pode-se dizer que, nos Estados Unidos como nos países comunistas, o clima predominante foi o do otimismo oficial. Por vezes o otimismo da esperança cristã escatológica toma um colorido de expectativas evolucionistas. A atitude é a da perspectiva em frente a um clímax religioso no final do processo evolucionista. Temos, assim, um otimismo de combinação cristã e evolucionista em oposição ao pessimismo, que vê o mundo mergulhado num processo de entropia, carente de sentido, e fadado à autodestruição. Para alguns, o homem está apenas no limiar de uma gloriosa realização que, pela primeira vez, o tornará verdadeiramente "homem". Para outros, a história já está no fim. O homem estaria parando como um relógio sem corda, já teria penetrado na sua inércia pós-histórica.

Tanto Darwin como Teilhard de Chardin preocupam-se com o desenvolvimento do homem em direção à plenificação de seu verdadeiro destino (histórico e biológico). E Teilhard, mesclando Marx e Darwin com o cristianismo, vê, em perspectiva, a recapitulação de tudo em Cristo, a meta escatológica e sobrenatural a que o homem está destinado por Deus. Para Teilhard, isso significa um cristianismo que aceita plenamente "o mundo" e reconhece seu destino como uma força redentora, plenamente enraizada "no mundo". Daí preocupar-se, Teilhard, com a identidade do cristão como pessoa cristã e membro de Cristo, com responsabilidade pessoal em relação, não somente ao homem seu irmão, mas para com toda a criação e todo o passado histórico da criação. O homem, para Teilhard, como para Marx, encontra-se num ponto onde a realização plena do mundo depende de sua opção esclarecida e livre. Visão grandiosa e nobre.

Todos esses pensadores, com suas diferentes abordagens, seu otimismo de um lado e, do outro, seu pessimismo, concordam, mais ou menos, num ponto básico e enfatizado: o problema da autenticidade, a situação do homem que numa sociedade técnica, massificada na qual não consegue atingir a maturidade mas, ao contrário, se está fixando no infantilismo e na irresponsabilidade, submetendo se passivamente à sistemática estultificação. Daí, o fato de esses pensadores, todos, preocuparem-se com a necessidade de o homem descobrir sua identidade (ou pelo menos sua falta de "identidade") e assumir madura responsabilidade em relação a si próprio no seu mundo e na sua história. Todos eles se inclinam a considerar o homem, individual ou coletivamente, não como uma essência estática, fixa numa condição estável, mas como um dinamismo, ou um "projeto", uma "liberdade", uma pessoa responsável pela "criação" de um mundo e uma identidade proporcionais à sua difícil situação. Ora, embora esse "humanismo" e esse "formalismo" possam ocorrer num contexto francamente ateu, temos de aprender a distinguir, mais cuidadosamente do que o fazemos, aquilo que, em Marx e em Freud, por exemplo, é "ateu" (sem Deus) daquilo que procede de raízes implicitamente cristãs. Tem sido dito que a revolta contra o cristianismo é uma forma de "julgamento" pronunciado na história e pela história, sobre a falha dos cristãos em corresponder às exigências da Palavra de Deus na época em que vivem. Daí o fato de o marxismo, por exemplo, procurar francamente alcançar as metas e as promessas do messianismo bíblico (unidade mundial, paz, harmonia, justiça e amor), por uma rejeição formal do cristianismo e, mesmo, de qualquer religião. A ideia marxista do homem postula que, sendo a religião essencialmente uma mistificação, impede, na prática, o homem de realizar os ideais que o marxismo lhe propõe. Assim, de certo modo, abandonar a "mistificação" e trabalhar pelo ideal proposto é realizar o espírito e as autênticas reivindicações da religião. Evidentemente, o marxismo não aceita esta perspectiva. Porém pensadores cristãos influenciados pelo marxismo têm tendência a fazê-lo. Em todo caso, os ideais personalistas e humanistas do pensamento moderno nem sempre são radicalmente incompatíveis com o ideal cristão. A rejeição de Deus e da Igreja é, evidentemente, francamente anticristã. Mas a meta visada: liberdade humana, paz e unidade não é, em si, a cristã. Ao contrário, tem raízes na ideia neotestamentária da liberdade diante de Deus, da liberdade dos filhos de Deus, da dignidade do homem remido em Cristo, e da vocação do homem de desenvolver, historicamente, com harmonia e amor, a redenção do mundo inteiro em Cristo. Por isso é que essas aspirações, caracteristicamente modernas, não devem apresentar qualquer dificuldade especial para nós. Deveríamos ser capazes de "salvar" e "redimir" essas aspirações que têm autêntico parentesco com o cristianismo, ainda que enterradas em um núcleo[5] de ateísmo.

O verdadeiro problema, pois, não está no fato de os jovens que nos vêm procurar acharem a vida um tanto monótona ou insípida, e voltarem, em seguida, para onde poderão divertir-se. Não se trata simplesmente de sentirem-se eles limitados, enquadrados, abafados e, rejeitando todas as formas de disciplina, voltarem ao "mundo" onde têm todas as chances de procurar a realização de seus desejos e de sua vontade, desimpedidos pela autoridade e as restrições. Não é, absolutamente, esta a questão.

Pelo contrário, geralmente os candidatos (excetuando-se os demasiadamente jovens e inexperientes, que não têm noção do que estão fazendo) chegam seriamente preocupados com uma coisa acima de tudo: *querem dar à sua vida religiosa um sentido humano.*

Reconhecem, esses candidatos, que a vida no mundo, no contexto de hoje, tende a ser confusa e carente de sentido, mesmo no nível humano. Assim, vêm eles ao mosteiro, não apenas para salvar sua alma no mundo futuro, mas, antes disso, querem salvar sua dignidade e integri-

---

5. No original *Matrix*.

dade de seres humanos nesta vida, conhecer a si mesmos e entregar-se, plenamente e com madureza, a Deus.

Está isso perfeitamente de acordo com o que ensinam os mestres dos primeiros séculos do cristianismo e, mais perto de nós, de maneira especial, os primeiros cistercienses. São Bernardo torna bem claro o fato de que a vida monástica, em primeiro lugar, opera a restauração da natureza do homem em sua capacidade de conhecer a verdade, experimentá-la em nós próprios e, ainda, em nossas relações humanas, normais, com os outros. São Bernardo, sem dúvida alguma, insiste no aspecto natural dessa restauração que deve acontecer antes da elevação sobrenatural do homem (é claro que São Bernardo não emprega terminologia tomista). Quando experimentamos a verdade em nós mesmos e nos outros, estamos prontos para a experiência (mística) da Verdade em si mesma, isto é, em Deus.

Outros cistercienses seguem essa linha de pensamento. Adão de Perseigne, por exemplo, em suas cartas, descreve a formação monástica como uma "terapia" para pessoas que, no mundo, sofreram sérias desordens e perderam o equilíbrio e a sanidade próprias à sua natureza.

É aqui que surge o problema.

Os candidatos vêm ao mosteiro à procura da verdade que está neles, à procura da experiência de si próprios como pessoas reais e autênticos seres humanos. Vêm à procura de identidade e de uma experiência de identidade que lhes é amplamente negada ou frustrada "no mundo".

Contudo, não devemos interpretar erroneamente a natureza desta busca, e supor que os jovens vêm ao mosteiro em busca de uma "resposta" diferente ou uma diferente explicação da vida. Podem eles não o perceber e, no início, parecer esperar "respostas" e, de fato, todo um esquema sistemático de como considerar a vida, em que tudo "se enquadra" e "tem um sentido". Assim, por exemplo, se supomos que o homem moderno simplesmente não tem raízes e está desorientado, tentamos dar à sua vida direção e sentido empregando uma visão lógica, escolástica, do universo e da economia da salvação, poderemos, no início, despertar-lhe a curiosidade, mas devemos cuidar para não levá-lo ao que ele considera ser uma decepção maior e mais radical. As "respostas" que o homem moderno procura e de que necessita não são as apresentadas sob fórmulas verbais bem organizadas por um sistema logicamente construído. Existe no próprio ser do homem moderno uma profunda desconfiança em relação à lógica e ao sistema. A necessidade e a esperança deste homem pertencem ao domínio do paradoxo, não alcançado por rígida lógica, pois é o domínio do pessoal e do singular. O próprio sentido da identidade pessoal perde-se se supomos conformar-se ao precedente e ao tipo geral. A questão da identidade e do sentido, em nossa vida pessoal, nunca pode receber resposta adequada procedente da lógica. Só pode ser respondida pela própria vida. Entretanto, vivemos num mundo em que palavras, fórmulas, respostas oficiais e um sistema aparentemente lógico podem pretender tudo resolver por nós de antemão. Se o homem moderno, em busca de si próprio e à procura de atmosfera existencial de um explorar que não foi de antemão programado, chega à vida monástica e descobre que todas as suas perguntas já têm resposta preparada, que todas as suas decisões são feitas por outros, todos os seus movimentos supostos devem enquadrar-se numa rígida necessidade lógica de "preto no branco", de absoluto certo e errado, que acontecerá? Poderá ele tentar sinceramente aceitar as respostas e mesmo parecer bem-sucedido por alguns anos. Mas, no fim, sentir-se-á tão frustrado no mosteiro quanto o estava no "mundo". Não conseguirá encontrar a si próprio. Terão simplesmente que dizer-lhe que ele é e o que dele se espera.

Não devemos concluir apressadamente que, por estar o homem moderno num estado de incerteza, o que ele deseja é certeza absoluta a qualquer preço. Numa época em que a ciência descobriu a utilidade de um "princípio de incerteza" para corrigir os erros e as falsas perspectivas geradas pela certeza lógica da física clássica, existe também o sentimento da necessidade de uma espiritualidade mais existencial. Nessa espiritualidade, as hesitações e incertezas são, em alguma medida, previstas e, assim, tudo não é imediatamente e uma vez por todas regulado por meio de boas resoluções e afirmações categóricas que tudo veem em preto e branco.

É bem verdade que os americanos sofrem uma prolongada e séria crise de identidade e muitos, em realidade, não conseguem nunca sair deste estado. Daí podermos esperar candidatos que cheguem em plena crise. Mas não conseguiremos resolvê-la (e, de fato, ninguém pode resolvê-la por eles), se supormos que "identidade" significa algo no gênero da "formação do caráter", como propagandizado nos manuais *do-it-yourself* (faça-o você mesmo) que prometemos sucesso em obter uma "forte personalidade" (seja isso o que for). Uma espiritualidade monástica que considera o indivíduo como um centro de força volitiva cuja tarefa é exercitar-se em relação ao mundo ou contra ele – que lhe é exterior ou que o envolve – só poderá, quando muito, perpetuar a ilusória identidade que homem algum, em são juízo, consentiria ter. Pois seria a identidade de um "sujeito" mítico e desligado de toda realidade "objetiva". Uma identidade capaz de tudo entender somente pela razão pura e tudo dominar pela própria vontade. Uma identidade desse tipo só poderia existir como caricatura de Deus. E é, infelizmente, verdade que muitos têm procurado solucionar o problema de sua identidade por meio dessa fraudulenta imitação do que imaginam ser seu Criador. Esta problemática é, no entanto, mais sutil. É resolvida somente por um compromisso bem mais profundo e misterioso, que tem início com a aceitação de um destino e de um lugar que não podem jamais ser inteiramente entendidos. Isso porque pertence o problema, não só a um sistema de leis ordenado e natural, mas está inserido na ordem sobrenatural da graça e do amor. É uma ordem de liberdade na qual nada é cientificamente previsível e tudo tem de ser feito como um desafio – com ousadia e ilimitada confiança.

Tudo decidir de antemão, e declamar exatamente a forma precisa em que o desafio da graça se há de manifestar, é esvaziar de seu sentido profundo a graça, e reduzir o Evangelho do amor a um sistema de segurança legalista. Temos de cuidar para não reduzir a vida monástica a simples engrenagem de senso comum, composta de regras e decisões oficiais e que existam apenas sacrifícios simbólicos e culto formalista. Faltaria o elemento imprevisível, restando apenas os pormenores do cotidiano, de trivial e, absolutamente, inevitável frustração.

A vida monástica atrai os que estão à procura de sentido e identidade, precisamente porque é vida de solidão. Se, no entanto, for organizada de maneira tão completa e minuciosa, sufocando qualquer "liberdade", acontece-rá, em realidade, ficar o monge impedido de penetrar na autêntica solidão do coração onde, somente, poderá encontrar-se a si próprio ao encontrar Deus.

Um autor jesuíta, escrevendo sobre a crise de identidade que prevalece na América e do temor dos americanos frente à solidão, diz o seguinte:

"Os críticos notaram o medo que os americanos têm da solidão. A identidade individual é sacrificada, num esforço para permanecer junto ao rebanho, a fim de não diferenciar-se dos outros no que concerne ao pensamento, sentimento e à ação. Manter-se à parte, estar só, é afirmar uma identidade pessoal que se recusa a ser submergida. A sociedade não tolera isso. Inúmeras iniciativas sociais são dirigidas no sentido de impedi-lo. Vemos estádios gigantescos, com capacidade para milhares de espectadores de acontecimentos esportivos, portas abertas nos quartos particulares e nos escritórios, trem com carros "clube", nas universidades quartos com vários ocupantes, bem como nas pensões. Clubes incontáveis, organizações, associações, sociedades, música "em conserva" transmitida para dentro de hospitais (o silêncio é insuportável), dos supermercados e dos veículos.

Entretanto, um dos mais seguros sinais de solução da crise de identidade é uma capacidade crescente de estar só, de ser responsável por si próprio. O processo gradual, que terminará no reconhecimento perfeito da própria identidade, inclui uma consciência do fato de que existem decisões na vida, e em aspectos da luta na vida, que devemos enfrentar sozinhos.

À medida que um jovem vê, com maior clareza, sua função na Sociedade e sua identidade pessoal, tem melhor chance, também, de se tornar mais consciente do fato de ser diferente dos outros. Torna-se gradualmente atento a seu isolamento em relação aos outros, não porque os outros se estão distanciando, mas porque a plenitude da identidade pessoal não pode ser atingida sem uma certa medida de solidão. Aqui está o paradoxo: quanto mais plenamente vive alguém, tanto mais solitário, em certo sentido, se torna. E como nesse isolamento formativo a pessoa se sente mais apta a apreciar as disposições e o sentir dos outros, torna-se também mais capaz de um bom relacionamento, pleno de sentido, com eles.

Porém o código, não escrito, de nossa cultura nacional proíbe a solicitude. E é esse o segundo fator causador de prolongada crise de identidade: os obstáculos impostos por nossa sociedade para impedir reflexão pessoal[6].

Uma das maneiras americanas mais características de escapismo frente ao problema de identidade é: conformismo, seguir a manada, recusa de solidão, fuga ao isolacionismo. Isso existe mesmo nos mosteiros e pode criar um sério problema se, em lugar da renúncia e da solidão interior, se procura em substituição criar atmosfera de euforia coletiva, corrompendo nossa vida cenobítica com um fútil "estar junto". "Estar junto" não é "comunidade". Para amar nosso irmão, temos primeiro que respeitá-lo na autêntica realidade que lhe é própria. Ora, não é isso possível se ainda não atingimos um básico respeito a nós próprios e uma identidade madura.

Nossos esforços para sermos mais "uma família" e mais "comunitários" seriam, então, verdadeiramente

---

6. McLAUGHLIN, B. (S.J.) *Nature, Grace and Religious Development*, p. 46-47.

genuínos, ou apenas novas maneiras de sermos intolerantes para com a solidão e a integridade do indivíduo, da pessoa? Estaremos simplesmente tentando submergir e absorver a pessoa, impedindo-a de encontrar uma identidade que poderia expressar-se no desacordo e num desejo de maior solidão? Estaremos simplesmente sendo cautelosos para impedir que o outro penetre no "deserto" do questionamento e do paradoxo que venha a perturbar nossas autocomplacências?

É provável que encontremos dois tipos de candidatos à vida monástica com o problema da identidade. Há aqueles cuja crise na adolescência não foi resolvida. E, praticamente, não poderá ser resolvida, pois são demasiadamente neuróticos. Há, ainda, os que estão em crise de identidade num nível espiritual mais profundo. Os primeiros, em realidade, não desejam uma identidade. Não querem ser maduros, e nada podemos fazer com eles. Infelizmente, uma vez que aparentam ser dóceis e obedientes e até, por vezes, ser muito "espirituais", são com demasiada frequência aceitos. As consequências são más.

Os outros têm capacidade de amadurecer espiritualmente. Possuem excelentes qualidades. O que os atrapalha é apenas a dúvida em relação a si próprios e a confusão interior, provinda do fato de não terem experimentado a realidade de que têm, realmente, vontade e capacidade de pensar que lhe são próprias. Não experimentaram o que seja ser plenamente pessoa, com convicções pessoais e a faculdade de amar, de dar-se, de entregar-se a Deus.

Podem estes, talvez, ser ligeiramente neuróticos. Contudo, podem ser ajudados e são capazes de um bom ajustamento. São esses os que nos preocupam. Vêm ao mosteiro com a esperança de encontrar um verdadeiro sentido para sua vida de homens. Chegam imbuídos de algumas das ideias críticas de Marx e de Freud etc., e das esperanças semeadas por eles, "no ar" em nossa época. Têm algumas das exigências e das expectativas criadas pelo pensamento moderno. Trazem consigo esses candidatos as confusões e contradições do pensamento moderno. Geralmente, não têm as pressuposições "a-cristãs" do pensamento secular. Assim, devemos aceitá-los como são, acolher suas necessidades como razoáveis e válidas. Devemos tentar fazer algo por esses jovens.

Ao mesmo tempo, temos de reconhecer – embora, é claro, respeitando sua integridade pessoal – que podem eles estar fortemente impregnados do sentimento romântico de desejo e da necessidade de "algo". O "eu" que procuram "realizar" é talvez uma irreal, uma impossível "pura" tomada de consciência (que momentaneamente confundem com a *puritas cordis* exigida por Cassiano como escopo imediato do monge). Podem eles, baseados nesta procura de um sentimento romanticamente puro, justificar a rebeldia contra tudo o que os perturba e os despoja desta busca de uma paz narcisista. Neste caso, precisam saber que o que procuram é inautêntico, e que essa inautenticidade não pode ser desculpada, apelando para escritores modernos que "os monges não entendem".

Mas suponhamos que o jovem tome consciência de que procurou o mosteiro por ilusões românticas, que ali permanece graças a sugestões e orientações que lhe indicam um alvo impossível de atingir, o da "pura contemplação", uma beatitude nascisista ou platônica de pura autoconsciência disfarçada em consciência de

Deus. Certamente este despertar é algo de sério e exige ser compreendido.

Em todo caso, esses jovens modernos vêm a nós com determinadas perguntas e dificuldades de nossa época. Perguntas e dificuldades estão focalizadas em certos aspectos da vida monástica que criticam. Ora, essas dificuldades, de fato, questionam o próprio sentido da vida monástica, dedicada à "contemplação" e mesmo da religião. Ideias básicas tais como obediência à autoridade religiosa, culto litúrgico, oração interior, sentido da pobreza são questionadas. Se esses conceitos dão provas de se terem tornado, de fato, um tanto formalistas e arbitrários; se perderam o valor de sinais; se estão reduzidos a uma piedosa rotina em substituição ao verdadeiro amor de Deus e culto autêntico, o "mistério" que envolvem estará reduzido à "mistificação". O jovem moderno sente-se ferido por um profundo ressentimento e começa a pensar que todas essas coisas lhe foram impostas por um sistema religioso que, em realidade, não tem em conta o verdadeiro interesse da pessoa, mas apenas requer que esta se torne uma peça submissa na máquina religiosa.

Isso evidentemente pode indicar, e com frequência indica, falta de fé. Pode ser um movimento de recuo e de dúvida, uma recusa de corresponder às exigências da Palavra de Deus e de fazer o sacrifício básico da própria vontade sem o que não é possível haver monaquismo. Contudo, pode também existir um elemento de verdadeiro escândalo no modo como a observância monástica é entendida e imposta em determinada comunidade.

Que podemos fazer em relação a isso?

As dificuldades com os jovens religiosos começam precisamente no ponto em que temos consciência de que há críticas sérias e desafios implicados nesses problemas.

Em primeiro lugar, na medida em que esses problemas implicam uma crítica da vida monástica, hoje, podemos ter tendência a negar a existência de tais problemas, ou mesmo a realidade da experiência subjetiva dos jovens monges. (Pois eles não poderiam ter o problema sob essa forma se não experimentassem esse gênero de vida como "errada" para eles.)

Precisamos de cautela para não manipular aqui a expressão "neurótico" com demasiada indiferença. Talvez o problema não seja de modo algum patológico. Pelo contrário. Pode muitas vezes acontecer que a percepção do problema, a capacidade de experimentá-lo como "problema" depois de vários anos de vida comunitária, seja o sinal de um despertar da identidade. É precisamente a realidade e a importância da experiência que deveria ocupar nossa atenção. Trata-se de um sinal de crescimento e, portanto, de um sinal que o monge está à procura de uma verdade, de um bem que deveria tornar-se dele. Pois ele atingiu, agora, um ponto de confrontação crítica, não somente em relação à sua condição humana, mas em relação à Palavra de Deus dirigida, diretamente e no mistério, à sua liberdade humana, pedindo sua livre adesão à Lei e ao Amor de Cristo, convidando-o a seguir a Cristo no sacrifício.

Mas se recusamos a aceitar esse problema como válido, se tentamos apenas afastá-lo e mesmo procuramos questionar a sinceridade ou a sanidade do jovem, agravamos imediatamente a crise. O jovem conhece e experimenta a realidade humana de seu problema e sua urgência. E ao mesmo tempo sente profundas e sinceras dúvidas de que nossa observância e nossa obediência tenham ainda qualquer relevância em relação a seu problema. Essa dúvida está de fato no cerne do problema. Assim, apenas amplificamos sua ambivalência e seu tormento, se dizemos, implicitamente, "renuncia à tua dúvida, aceita a obediência e a observância monástica como a apresentamos e terás paz". Isso, quase fatalmente, o afastará do mosteiro. Pois o que ele precisa é justamente ver e entender a vida monástica, não nos nossos termos mas com os dele. Isto é, com capacidade que ele tem de compreender seu sentido profundo. Em uma palavra, se simplesmente reduzimos a opção em aceitar a vida monástica porque nós dizemos que ela tem sentido; se insistimos para que o jovem acolha nossa palavra como a decisão certa para não se condenar como infiel e covarde, ele acabará decidindo ser nossa vida monástica nada mais do que mistificação. E ele se afastará abandonando o mosteiro. Essa decisão será, talvez, culpa nossa mais do que dele. Este jovem terá, quase, que partir para ser verdadeiro consigo mesmo. Nossa recusa de ouvir e entender seu problema, nossa exigência de que ele deixe simplesmente de ter um problema é, com efeito, uma confissão de nossa própria insuficiência em considerar adequadamente a situação, ou a nossa incapacidade de um encontro com o jovem em nível plenamente pessoal.

Em segundo lugar, tratamos essa conscientização e crítica decorrente, como o início de uma rebeldia que tem de ser firmemente abafada. E, para consegui-lo, exigimos, não a compreensão do que é exigido, mas a submissão incondicional. Não vemos como o que o jovem pede de nós, não é tanto uma solução mágica e oficial a todos os problemas, mas o reconhecimento de sua nova identidade (como pessoa que experimenta esse fato em relação à vida monástica, que vê a vida monástica nesse novo e difícil aspecto). Pede-nos o esforço leal de cooperar com ele na tentativa de esclarecer algo que ainda não está claro nem para ele nem para nós. Recusamos-lhe esse direito, requerendo que ele deixe de questionar "o sistema" e a interpretação oficial que lhe damos. Exigimos que o jovem aceite simplesmente nossa resposta, ainda que para ele esta se apresente como nada tendo a ver com a questão.

Mais. Quando o jovem monge começa a questionar coisas que nós mesmos não queremos enfrentar, não somente procuramos impor-lhe uma resposta, mas procuramos até evadir e trocar a pergunta. Nossa resposta consiste em reformular a pergunta de maneira que pareça aceitável a nós. Assim, poderemos dar-lhe uma resposta por nós aprovada – e que não requer um ajustamento novo!

Ora, que devemos então fazer? Se reconhecemos que, ao interrogar-se sobre sua vocação, o jovem monge nos interroga também seriamente, e à nossa vocação, devemos aderir à sua dúvida e partilhar de suas perplexidades? Devemos, também nós, tudo questionar, tudo reexaminar e nos perguntar o que estamos fazendo no mosteiro?

A meu ver, o que está sendo questionado não é nossa vida monástica, mas antes algumas das pressuposições que nós, como pessoas modernas, ligeiramente superadas, temos interpretado. E a mais questionável de todas é nossa persistente convicção de que a vida consiste em perguntas e respostas. Pensamos que os "problemas", as "decisões" e as "opções" têm importância superlativa.

Assim, a cada instante, temos que estar pensando em termos de certo ou errado, compromisso sério ou evasão, sinceridade ou insinceridade, madureza ou imaturidade. Mantemos essas perguntas em atividade total durante cada hora do dia e, mesmo, durante o tempo em que deveríamos estar dormindo. Assim levamos o jovem monge a atormentar-se com essas perguntas, mais ainda do que nos atormentamos a nós próprios. Talvez nosso problema consista em querer ter problemas e, consequentemente, os criamos do nada para poder achar soluções!

Então começamos seriamente a reconsiderar a interrogação do jovem sobre nossa vida. E esforços sinceros para entender o "problema" são feitos. Tentamos responder às objeções do jovem monge, mas geralmente num nível em que nossa tentativa se inclina a não ter sentido algum. Esforçamo-nos por encontrar o jovem a meio caminho em sua dificuldade em relação à nossa vida, e procuramos algum modo de modificar o esquema dessa vida de maneira que tenha mais sentido para ele. Nossas mudanças, em matéria de observância, liturgia, horário, trabalho etc., são geralmente uma bem-intencionada resposta às "dificuldades" dos jovens modernos. Pretendemos, assim, ajudá-lo a responder às suas perguntas e encontrar a felicidade numa vida consagrada, "plena de sentido".

Sem ser um profeta de pessimismos, devo dizer que as mudanças legislativas, em relação às coisas externas de nossa vida, não irão solucionar o problema. Isso não poderá acontecer enquanto nossa própria mentalidade não sofre um processo de aprofundamento e esclarecimento. O fato de nossa geração mostrar-se tão irrequieta finalmente provocou uma resposta. É, no entanto, a resposta de uma sabedoria cristã e monástica? ou será apenas um reflexo que protege nossa própria insegurança? Parece-me que estamos atualmente nos tornando inibidos e ingenuamente "modernos", apressada e acriticamente adaptando toda e qualquer fórmula que tenha a aparência de adequar-se à nova situação sem por isso transformar nosso pensamento em qualquer sentido mais profundo.

Basicamente, nosso problema permanece o mesmo: uma obsessão às perguntas e respostas, problemas e soluções. E, ainda, a decisões grandiosas e, mesmo, ao fator "identidade" elevado ao nível de uma espécie de absoluto. A sabedoria tradicional do Evangelho e do monaquismo deveria auxiliar-nos a ter uma visão penetrante em relação a esta mistificação e conduzir-nos de volta ao contato com a realidade. Nossa vida não consiste em ter respostas mágicas para impossíveis perguntas. Consiste na aceitação das realidades cotidianas que, na maioria dos casos, transcendem a análise e, portanto, não necessitam ser analisadas. Auxiliaremos ao jovem monge a atravessar a "crise de identidade" somente se cuidarmos em não torná-lo demasiadamente consciente de sua identidade, ou falta de identidade, e de sua crise. E daremos prova de discrição e sabedoria se, em lugar de fazer de tudo um problema, estivermos antes de mais nada contentes em viver no espírito do Evangelho, com um sincero e sadio realismo, cuidando ao máximo de não querer julgar tudo e todos, em todas as horas do dia e da noite.

O ato de julgar é um ato pelo qual nos colocamos à parte como sendo fora de série. Tomamos a posição de quem está "por fora" da ordem comum dos mortais, de algo totalmente especial, único e à parte. Assim, tomamos uma visão deífica (*eritis sicut dii*) dos seres e dos acontecimentos. Fazemos perguntas, "temos problemas", tomar "decisóes autênticas" porque acreditamos nessa mistificação, essa espúria e romântica "identidade" do "eu" que se coloca à parte e se afirma, julgando os outros. Enquanto o homem crê que a solução de sua "crise de identidade" consiste em alcançar essa capacidade de autoafirmação, não podemos ter paz em nossos mosteiros. "Não julgueis e não sereis julgados".

Entretanto, o monge julga. E, antes que possa deixar de julgar, tem de entender que se trata de uma situação, uma realidade. Deve tornar-se capaz de aceitar a situação e com ela viver.

Todas as explicações e "respostas definitivas", em nível religioso, permanecerão sem sentido e inadequados para o monge enquanto experimenta em seu coração uma "dúvida existencial" sobre o valor da vida monástica para ele. Muitos dos que têm a tentação de abandonar o mosteiro conseguem, com facilidade, expressar seu problema nesses termos: "De que adianta submeter-me a todo esse sofrimento e a toda essa dureza (lutando, em minha mente, com a falta de sentido pleno, aparente, nesta vida?) se, no fim, não tiver mesmo valido a pena?" Estão seriamente confrontados com o que sentem ser o problema do sofrimento inútil. A resposta que lhes diz tratar-se de "fé obscura" e do "crer o que não podes ver" não os convence, pois parece-lhes pouco mais do que verbalização. Pelo contrário. Estão profundamente afetados pelo que lhes aparece como falha e inautenticidade de outros que, com inteira docilidade, contentaram-se com esse conselho.

Que veem eles? Com demasiada frequência, veem pessoas que abdicaram a sua identidade humana e a sua realidade (de boa-fé) e levam vida carente de autenticidade humana, simplesmente passivos, fugindo à responsabilidade, humanamente empobrecidos, muitas vezes em grau alarmante. Podem, por exemplo, observar por vezes pessoas que estão no mosteiro há vários anos e cuja simplicidade não é a da infância espiritual mas, francamente, a do infantilismo neurótico.

Podem ver homens que parecem estar obedecendo e que, de fato, são apenas produtos de uma vida de supercontrole. (A ideia de que mesmo o mínimo movimento do monge e até seus mais íntimos pensamentos não são sobrenaturais e monásticos, exceto quando sujeitos ao completo controle, é algo de desastroso para o homem moderno. Isso procede de um falso sobrenaturalismo). A essas pessoas não se pode confiar a mais simples tarefa sem que esperem instruções e ordens a cada passo. Falta-lhes um sólido julgamento e, mesmo, senso comum. Com frequência demonstram excentricidade, e sua espiritualidade tem tendência a ser tão ingênua como, por vezes, bizarra. Entretanto, porque mantêm uma atitude servil, são elogiadas e recompensadas. Concretamente, o vazio e a futilidade da vida desses homens são um verdadeiro escândalo para o jovem monge moderno. Quantas vezes ouvimos noviços e jovens monges perguntar: "Se eu permanecer no mosteiro, torna-me-ei como o Padre fulano?"

Se tudo isso é verdade, não deveria ser admitido e enfrentado? A solução não está sem dúvida em dizer simplesmente ao jovem monge que feche os olhos e reaja como se essas realidades não o fossem de fato. Se queremos, em verdade, chegar à raiz do problema, temos de indagar por que essas falhas humanas atingem tamanha importância e se tornam tão grande problema. Afinal, se você tem falhas, posso observá-lo e compadecer-me de você, mas por que perturbariam elas minha vida toda?

É a convicção de que temos que enfrentar todos os problemas e resolvê-los definitivamente que deixa os jovens tão perturbados e infelizes quanto às falhas de outrem. Porém uma verdadeira e madura identidade não consiste na capacidade de dar uma solução final a tudo – como se para uma "pessoa madura" houvesse mais mistérios nem escândalos. Descobrimos nossa identidade quando aceitamos nosso lugar no meio de pessoas e acontecimentos, numa situação histórica que não precisamos entender totalmente. Vemos simplesmente que é esse o nosso lugar e decidimos nele viver, venha o que vier. À luz dessa simples e primordial aceitação, um consentimento natural, uma obediência à realidade que já é análoga à obediência de fé, podemos, afinal, "ser nós próprios". Nossa resolução está tomada. Não precisamos, portanto, desfazê-la e recompô-la novamente com mais julgamentos, muitos dos quais irresponsáveis e apressados.

Evidentemente, quando um jovem está decidindo a abandonar o mosteiro, encontra facilmente toda espécie de maus exemplos para persuadi-lo de que tem razão. Pode ter tendência a desconhecer os monges realmente maduros e bem adaptados, os monges sérios e sólidos que vivem vida monástica autêntica. Contudo, surge ainda um outro problema: por razões práticas, os que são sólidos e maduros são geralmente nomeados para os cargos ou têm uma tarefa importante. Daí, argumentarem os outros que, para "tornar-se maduro", é preciso desempenhar uma tarefa e, portanto, a solução está na atividade. Assim, um mosteiro inteiro poderá adotar a ideia de que todos os monges se beneficiarão se forem mais ativos, mais abertos e com maior contato com as pessoas de fora. Talvez, mesmo, engajados em tarefas paroquiais.

Mas, em todo caso, é sinal de imaturidade e falta de identidade permanecer tão dependente dos bons e maus exemplos de outros a ponto de permitir que sua vida influencie a nossa de maneira decisiva. O fato de que alguns monges são infelizes, ou levam vida infecunda, nada tem a ver com minha permanência no mosteiro ou a decisão de deixá-lo. Isso, se sou uma pessoa madura, capaz de assumir a responsabilidade de minha própria vida e de minha resposta ao chamamento de Deus.

Outro ponto de grande importância é a questão do sacerdócio monástico, à luz do problema da identidade. Em razão do meio de onde vêm os postulantes que chegam ao Mosteiro e da função, muito importante, outrora desempenhada pelo sacerdote nos grupos de imigrantes nas Américas, o ideal de "tornar-se padre" está profundamente enraizado na psicologia do católico americano. Isso, por motivos tanto religiosos como sociais. Muitas vezes a ideia de "tornar-se sacerdote" é idêntica à ideia de tornar-se plenamente uma pessoa, de ser alguém que realmente conta, cuja vida tem sentido pleno. Esse pressuposto profundamente arraigado tem muito a ver com os conflitos psicológicos na comunidade, inclusive a questão do *status* dos irmãos leigos. A posição deles se torna assim ainda mais ambígua.

Parece que deveríamos examinar alguns dos principais aspectos de nossa vida monástica, liturgia, estudo, formação, silêncio, clausura, conversão de costumes e especialmente o trabalho monástico de maneira a enfrentar a problemática: identidade e autenticidade. Os jovens sentem que existe muito inautêntico e artificial: costumes arcaicos com toda a gama das relações monásticas comunitárias por ele afetadas e pelo silêncio também. O ofício coral é ocasião de muita despersonalização e angústia. Muita perturbação existe devido à noções deformadas no que se relaciona ao ascetismo. Uma orientação errônea, utilizando ideias de misticismo superficial, pode causar grande mal a alguns que estão sofrendo do "vazio e *angst*" da despersonalização e da neurose.

Depois de tocar apenas nesses pontos como tópicos para ulteriores estudos, gostaria de sugerir uma área em que podemos ter a esperança de obter bons resultados. Trata-se do trabalho monástico. Trabalho produtivo, organizado de maneira correta e que permanece em contato com a natureza, trabalho realmente físico e ao mesmo tempo manual, trabalho feito ao ar livre, com um bom aprendizado e bem executado, trabalho orientado e ensinado em nível humano e monástico – e não empreendido maquinalmente de maneira enfadonha como nas fábricas ou na rotina dos escritórios – um tal trabalho pode ser de grande auxílio para o jovem encontrar sua identidade e crescer em Cristo. Isso lhe ensina a aceitar-se como ele é, a trabalhar em harmonia com outros e a sentir-se plenamente parte de um mundo criado por um Pai cheio de amor – e no qual o seu próprio trabalho tem uma qualidade redentora e santificadora porque unido ao labor e ao sacrifício de Filho do Deus Encarnado.

Há alguns que não conseguem aprofundar suficientemente e clarificar essa descoberta de si próprios em Cristo, até o dia em que ingressam num mosteiro e dedicam toda a sua vida a uma realização existencial, um viver plenamente, e, de fato, desse misterioso relacionamento com Deus e com os outros. Essas pessoas desejam expressar sua identidade num reconhecimento paradoxal de que são um "nada" chamado a uma vida de puro amor e louvor – de maneira que sua identidade como a dos anjos – é a de seres que louvam e dão graças à Fonte de toda Vida por ser ela exatamente isso: Fonte de toda Vida.

Assim, no mais alto sentido, a vida monástica e contemplativa parece ser um sacrifício da identidade; uma "perda de si próprio", de maneira que não possa haver outro ser senão o de Deus, objeto de nossa contemplação e de nosso louvor. E isso, paradoxalmente, não é autoalienação, mas a mais elevada e perfeita autorrealização. Infelizmente, quando essa dimensão da vida espiritual é entendida apenas verbalmente, como um ideal proposto que é "concebido" e "imaginado", mas não experimentado, pode ser compreendido de modo superficial e vulgar. Ora, esse engano poderá levar a graves distorções da personalidade.

A mística da humildade e contemplação só é boa para os que possuem uma identidade, que são capazes de entregar-se, render-se, como se isso nada valesse, em troca do "tudo" de Deus, pois n'Ele serão encontrados e recuperados com, além do mais, o mundo inteiro. Para a pessoa imatura, a quem o acesso à identidade plena é um passo demasiadamente difícil, uma situação de passividade e anonimato, de um "nada", louvável e altamente "respeitável", pode tornar-se uma evasão muito conveniente. Nessas páginas não prestamos muita atenção àqueles que foram bem-sucedidos em desempenhar esse papel, revestidos de um hábito monástico. Eles existem e são, por vezes, um escândalo para os demais que estão, com maior seriedade, preocupados em não manter o talento da identidade e do ser pessoal enterrado nas rotinas de uma existência trivial.

Este capítulo tem-se preocupado principalmente com pessoas cuja capacidade para viver, toleravelmente bem, uma vida monástica é conhecida, mas que, vendo-se frente ao que se pode denominar a "crise de identidade" depois de alguns anos de mosteiro, chegam a acreditar que a única solução honesta, o único meio "autêntico" de enfrentar o problema é admitir francamente que se enganaram ao ingressar na vida monástica e, voltando "ao mundo", pretendem iniciar uma vida de seres maduros e sérios que se desembaraçaram de suas ilusões.

Esta é uma fórmula bem moderna. Está tornando-se muito comum. Em alguns casos não podemos duvidar que, a fim de ser plenamente sincero para consigo mesmo e para com Deus, o jovem que se fez monge fará bem em admitir seu erro e desistir. Mas em muitos outros casos parece provável que a conclusão (ressoando de sinceros clamores para afirmar autenticidade e identidade) foi alcançada por meio de uma pura racionalização. Em outras palavras, é fraudulenta. É "inautêntica". E constitui uma infidelidade à Palavra de Deus e à graça.

Haverá sempre evasões. Haverá sempre razões que nos privem da competência para julgá-las. Porém cabe a nós reconhecer que um clima de perguntas e respostas, problemas e soluções, um clima de lógica, ordem, eficiência, e clareza aparentemente infalíveis pode ser bem ilusório. Pode fazer surgir a tentação da racionalização entre os que sofrem das consequências de um tal ambiente. Pode corromper neles uma capacidade de humildade e de sincera obediência à verdade de DEUS e à sua vontade, como são encontradas no mistério existencial da vida cotidiana.

É natural que uma geração mais jovem responda às racionalizações sobre autoridade, com outras racionalizações sobre identidade. Em tais casos existe não somente um problema da geração mais jovem, mas há problema de todas as gerações. É o problema de substituir perguntas e respostas verbais à realidade da própria vida, em que as perguntas muitas vezes darão suas próprias respostas, se as deixarmos tranquilas.

É nosso costume de tudo tratar como se fosse uma pergunta, uma interrogação – em outras palavras, estamos sempre "puxando" pelas coisas, exigindo runa resposta, em lugar de deixá-las ser o que simplesmente são. Isto com frequência provoca crises de vocação no mosteiro. Depois de ter-se alguém sentido bastante frustrado, em razão de uma inútil procura de respostas e soluções ali onde existem realmente poucos problemas ou nenhum, é fácil conceber que a maior e mais autêntica resposta é questionar o seu próprio compromisso originário e reassumi-lo.

A simplicidade primitiva e a autenticidade da própria vida monástica devem, afinal, acalmar a raivosa fome de "respostas" e de dessedentar a irritante necessidade de ter e resolver problemas. Infelizmente, a própria esperança de uma "simplicidade monástica primitiva" parece apresentar-se, apenas, como um problema e uma questão decisiva para acabar com todas as interrogações. A única resposta não está numa fórmula ou num novo programa, mas é simplesmente a própria vida na paz, na humildade, na simplicidade, no silêncio.

Por fim, embora admitindo a realidade da "crise de identidade" e da "necessidade de autenticidade", e enquanto adaptamos nosso ponto de vista em relação à vida monástica por uma sábia consideração desses conceitos, relaxamos a força, um tanto obsessiva, com que nos agarramos a certos mitos devido a uma lógica feita de autoritarismo. E volvemos, assim, respeito fundamental à vida, à fé, à verdade, à experiência e ao próprio homem, implicado nos ensinamentos da tradição monástica primitiva. A vida monástica, em si, manteve a validez primitiva – ou pôde facilmente recobrá-la ali onde os princípios básicos deste gênero de vida são respeitados. Onde existe uma genuína vida de solitude, pobreza, oração, silêncio, conversão, trabalho, obediência, unidos à caridade; onde a lei do Evangelho, que é uma lei de amor e de graça, é plena e fervorosamente vivida, sem ser obscurecida pelo legalismo e pelas arengas, fácil será ver como existe aqui um caminho de autenticidade e verdade, no qual o homem não descobre apenas e afirma uma identidade privada, uma "personalidade" no sentido de uma função bem-sucedida, mas aprende como o caminho mais verdadeiro para encontrar-se a si próprio é perder o "eu", que encontrou em Cristo.

III
A crise de identidade

A crise de vocações religiosas não é nenhum segredo. Em todo lugar é a mesma coisa. A saída de professos dos mosteiros, incluindo muitos que se mostraram capazes de viver uma boa vida religiosa, e aparentemente estavam bem adaptados, constitui um problema vexatório em todas as Ordens, inclusive a nossa.

Vamos tentar estudar esse problema em relação ao modo de pensar, à mentalidade, à visão e à psicologia do postulante. Tudo isso representa um papel importante na sua vocação e adaptação. A finalidade deste trabalho é ajudar-nos a avaliar o problema com certa profundidade e não nos satisfazermos com uma análise superficial.

Não vamos pressupor que é importante tomar como alvo a "falta", por exemplo, culpando a "juventude moderna" de todo esse transtorno. Ou pôr a culpa numa forma antiquada de espiritualidade nos mosteiros. É antes uma questão de descobrir as necessidades genuínas e atuais de nossa geração, necessidades que são de certa forma diferentes daquelas que nos acostumamos a considerar, e de encontrar o que Deus pede à vida monástica para que atenda a essas necessidades.

Não basta apontar para a desintegração de uma sociedade opulenta, para os lares desfeitos, para o alcoolismo, para a irresponsabilidade, a delinquência e outros males que predominam largamente, e então dizer simplesmente que o postulante moderno, mesmo quando tem a melhor das boas vontades, está, na realidade, desprovido da fibra moral e da coragem que a vida exige.

Nem é certo pressupor que "no mundo" todos estão entregues a impetuosas e fortes paixões e são levados por ímpetos animais à busca de prazeres desmedidos, conseguindo infalivelmente o que buscam. Este é um quadro totalmente ilusório do mundo moderno na América onde, na verdade, embora o prazer seja apresentado e apregoado nas cores mais luminosas, escapa até mesmo àqueles que têm recursos para tudo quanto desejam. O que está errado no mundo não é a satisfação dos desejos carnais, mas sim uma frustração e confusão universais, conduzindo a um colapso de interesse real pela vida, com perigo de chegar-se ao desespero e à busca de um caminho para as variadas formas de extremismo, fanatismo ou niilismo; ou ainda, o que é mais comum, uma conformidade negligente ou rotineira às exigências de uma máquina social altamente organizada. *Isto são sintomas*. Não são o problema em si.

Poderá alguém sentir-se tentado também a mostrar o pensamento moderno em todas as suas várias manifestações e ver nele apenas os vários estímulos à revolta, à afirmação do egoísmo e da luxúria, ao gosto da amargura e da revolta contra toda autoridade e moralidade. Todos os mais influentes pensadores dos tempos modernos são, por isso, olhados como discípulos dos demônios e profetas do mal. Ainda que não sejamos familiarizados com eles, julgamos "saber" a seu respeito o bastante para rejeitá-los sem maiores investigações. Achamos que podemos declarar, sem mesmo repensar, que são eles, na maior parte, os responsáveis pelo mistério do mal, pela inquietação, pela insatisfação, pelas dúvidas e rebelião da juventude moderna. Eles "envenenaram a mente humana". E nada podemos fazer senão frustrar a ação do veneno da amargura e da obstinação pelo remédio da obediência, da autoridade, do controle etc. Será que é tão simples assim?

Quem são esses pensadores? Vamos dar alguns nomes, voltando há 100 anos. Marx, Darwin, Kierkegaard, floreciam então. Nietszche veio logo depois. E então Freud, Jung, Adler, juntamente com Lenine; e depois Sartre, os existencialistas (cristãos ou não). Não há dúvida nenhuma de que esses pensadores revolucionaram completamente o pensamento do homem moderno. Criaram um novo clima de pensar, e o principal motivo de impacto de Teilhard de Chardin sobre o pensamento moderno, tanto no interior como fora da Igreja, é causado pelo fato de que ele conhece Marx, Darwin e os outros. É este, certamente, o motivo por que Teilhard é tão censurado.

Mas perguntemos: são esses homens simplesmente uns loucos ou vilões? Será verdade que estão apenas tentando, por malícia, paixão ou inveja, solapar um mundo maravilhoso e bem ordenado? Será que o seu interesse pelo homem não é algo de muito genuíno e que a sua visão profunda não foi extremamente valiosa, em certas ocasiões, até mesmo para nós? Seja qual for o remédio que tenham prescrito, devemos prestar atenção ao seu diagnóstico do homem moderno.

Todos esses pensadores estão profundamente interessados, desde a revolução industrial, pelo problema do homem. Estão tentando compreender e explicar a desumanização progressiva do homem no mundo da máquina e procurando ensinar-lhe alguma forma de controlar a si mesmo e ao seu mundo, de forma que volte a ser ele mesmo.

De modo certo ou errado, esses profetas estão todos interessados pelo principal problema que nos defronta: o *homem não é ele mesmo*. Perdeu-se a si próprio nas falsidades e ilusões de uma organização em massa. *Como poderá ele recobrar sua autenticidade e sua verdadeira identidade?* Todos esses pensadores, mesmo os cristãos, tendem a olhar as formas convencionais da religião como unidas às forças que diminuíram e despersonalizaram o homem.

Quer gostemos ou não, suas ideias aplicam-se a nós e se empenham em atingir-nos, mesmo que seja somente pelo fato de terem criado um *clima de interrogação, criticismo ou dúvida,* no qual o melhor dos nossos postulantes virá a nós *desejando valores autênticos* e pedindo, não que satisfaçamos as exigências de um antigo código escrito, mas que sejamos, antes de tudo, espontânea e genuinamente humanos. Isto é mais um desafio do que um problema.

A maioria dos postulantes que vêm aos nossos mosteiros (com a possível exceção dos adolescentes que passaram muitos anos num seminário menor) está profundamente consciente da necessidade de dar um sentido à sua vida, o que não parece encontrar no mundo de fora. Cada vez mais os postulantes vêm para o mosteiro com a vaga sensação de que ainda não enfrentaram inteiramente o *problema de identidade.* Esperam que, no mosteiro, poderão finalmente vencer sua crise de identidade. Mas é preciso dizer imediatamente que o mosteiro não é o lugar para isto. A vida monástica pressupõe que a pessoa já tenha encontrado sua identidade e tenha profundas convicções pessoais, e padrões pessoais em que se basear. Muitos dos postulantes que têm tal problema só o conhecem vagamente. Outros estão mais conscientes, mas não o podem explicar. É óbvio que são poucos aqueles aos quais se poderá falar abertamente sobre esse problema. Se estivessem conscientes, isto significaria já estar ele em parte resolvido. Entretanto, mesmo assim, ajuda-os, sua experiência, no mosteiro a desenvolver uma visão mais aprofundada?

A crise de identidade, que na adolescência é normal em todo lugar, tornou-se na América um problema grave, estendendo-se muito além da adolescência, até o jovem adulto. Há, possivelmente, muitos que nunca resolveram realmente esse problema em nossa sociedade. Uma das características da "sociedade de massa" é precisamente a de tender a impedir o homem de realizar plenamente sua identidade, de agir plenamente como uma pessoa autônoma, de crescer e tornar-se, espiritual e emocionalmente, um adulto.

O que significa identidade? Podem ser consideradas diversas facetas desse conceito. Para fins práticos, falamos aqui das crenças e convicções *autênticas* e *pessoais* de alguém, baseadas na sua experiência como pessoa, na capacidade de escolher ou rejeitar mesmo as coisas boas que não são importantes para a sua vida própria.

Não se recebe "identidade" neste sentido, com a vida e a existência vegetativa. Ter identidade não é apenas ter um rosto e um nome, ter uma presença física reconhecível. Identidade neste sentido profundo é algo que alguém tem de criar para si próprio, por opções que são significativas e requerem um engajamento corajoso em face da angústia e do risco. Isto significa muito mais do que ter apenas um endereço e um nome no catálogo telefônico. Significa ter uma crença que se defende, ter formas definidas de reagir diante da vida, ir ao encontro de suas exigências, amar a outras pessoas e, em última análise, amar a Deus. Neste sentido identidade é o testemunho à verdade na vida de cada um.

Isto não significa simplesmente a capacidade de aderir com convicção a padrões oficiais e externos, a valores que não experimentamos pessoalmente como bons, mas que aceitamos de modo a ter segurança ou a agradar à autoridade e assim por diante.

O monge ou noviço que pensa sentir fortemente certos valores de nossa vida e abraça-os aparentemente, apenas porque sente a segurança de "pertencer" e de agradar a uma outra pessoa ou à comunidade ou ao Superior etc., está evadindo-se, talvez, da crise de identidade. Não está em condições de fazer uma escolha séria de sua vocação. Entretanto, muitos já chegaram a fazer os votos nesse estado de espírito, estimulados pelos Superiores a procederem assim. É o perigo de uma forma errada de encorajamento.

Por outro lado, o problema de oposição desperta para muitos uma crise de identidade. Defrontar-se na vida com coisas que suscitam dúvidas sérias. Essas interrogações são perfeitamente razoáveis e legítimas. Mas a pessoa que não amadureceu realmente pensa que a mais simples presença dessas dúvidas é uma desgraça, uma infidelidade. Pode surgir uma dúvida sobre os valores da vida monástica. Mas, assim pensando, já imagina que os está automaticamente rejeitando e então a vida torna-se intolerável porque, ainda que não possa aparentemente aceitar a vida monástica, julga também que não se pode engajar em nada mais. Desde que não tem ideias e padrões próprios, definidos, nada tem por que "lutar" e desta forma se sente "irreal" e sem identidade. Não é capaz de questionar, de duvidar nem de fazer uma escolha. O fato de duvidar parece-lhe *sugerir* uma escolha negativa. Especialmente se está cercado por outros que lhe comunicam a mesma insegurança e dúvida.

Naturalmente, não há uma solução real para a crise de identidade, opondo-se simplesmente à autoridade. Esta é uma característica da adolescência. Num suposto "adulto", que apenas perde tempo contrapondo-se à autoridade em trivialidades, existe uma falta real de identidade ou uma falsa identidade, que se mantém provocando uma resistência (a atenção), em lugar de bajular e lisonjear a autoridade. Em ambos os casos o "centro" da identidade está, de certa forma, colocado, não em si próprio, mas em outro. Isto é "alienação", num sentido psicológico.

Na Idade Média, a mentalidade do postulante monástico era muito menos confusa do que hoje. A sociedade era homogênea. Havia muita violência e desordem, mas um só padrão moral e religioso era aceito como válido. O sentido da vida monástica quase não era posto em dúvida, ainda que um indivíduo pudesse perguntar se seria válido para si próprio.

Hoje, tudo é discutido: o monaquismo, o cristianismo, a razão, todos os valores e a própria humanidade.

Assim, não é mais fácil para a pessoa descobrir sua identidade escolhendo ou assumindo certos padrões tradicionais bem-estabelecidos, que ninguém põe em dúvida, e vivê-los simplesmente, como se fossem seus.

Escolher um valor discutido e em dúvida é colocar-se na posição de ser contestado. A pessoa madura é capaz de assumir esse risco. Pode abraçar uma ideia pouco aceita, empenhar-se nela, assumir suas consequências e aceitar o fato de que isto pode significar um problema para os outros e até de certa forma um "escândalo". É deste modo que a maioria das pessoas hoje têm de estabelecer e afirmar sua identidade. Mas é preciso coragem para assim fazer. Presentemente *todos* os valores são discutidos ou o podem ser; abraçar qualquer um deles é tornar-se objeto de dúvida e de discussão. Os que fogem da responsabilidade pessoal fogem também disso. Procuram apoiar-se numa autoridade infalível ou então refugiar-se numa área onde não são feitas perguntas.

O que passaremos a dizer agora não é de nenhuma forma um ataque à "regularidade" e exata observância das regras e costumes. Presumimos que um homem maduro e responsável aceite objetivamente as obrigações do seu estado de vida e cumpra-as com seriedade. Um bom monge obedece à Regra e tem motivos espirituais maduros e sérios para fazê-lo.

Mas há outros que, na prática, consideram como bem-vindas a passividade e a irresponsabilidade, possíveis numa vida estritamente controlada e organizada. Para esses o mosteiro oferece oportunidades para uma solução falsa ao problema da identidade. Sua obediência pode ser uma evasão. Essas pessoas têm medo da insegurança, e buscam a segurança num sistema bem-estabelecido e aprovado, que ninguém discute. As regras dizem claramente o que está certo ou errado. O monge pode dar as costas ao mundo e esquecê-lo, assim como a seus problemas. Pode seguir simplesmente as regras, fazer aquilo que lhe mandarem e ter segurança, porque todos os que o cercam afirmam que isto é o "certo" e que outra coisa qualquer é "errado". Não precisará então pensar. As opções são feitas, em seu lugar, por outros. Outros são responsáveis. Não precisará incomodar-se.

Ainda mais porque essa sua conduta é recompensada. Ele não traz problemas. Recebe por isso aprovação. Sua "retidão" é confirmada pela aprovação dos superiores e sente-se um "bom religioso". A sua única fonte de insegurança é a aparente dúvida, por parte dos que são menos observantes, em relação às regras e ao regulamento. Preocupa-se sabendo que essas pessoas não são corrigidas com firmeza e procura que o sejam. Procura ver se o trabalho está regulado com precisão, de forma que todos, a cada momento, saibam o que está certo ou errado etc., etc.

A sua solução está em entrar num sistema em que seja impossível a dúvida. Parece-se isto com "fé". Mas será?

Dirá alguém: Por que ser tão estrito em relação a isto? Por que engasgar-se com um mosquito imaginário? Mesmo supondo-se que esses monges sejam artificiais e imaturos interiormente, estão objetivamente cumprindo suas obrigações e seria difícil dizer qual a diferença existente entre eles e os monges realmente maduros, nos quais a seriedade e a observância são fundamentadas em identidades plenamente responsáveis diante de Deus e do homem. Os outros são, pelo menos, capazes de *agir como* se fossem bons religiosos, e desde que o *desejem ser,* quem poderá dizer que o não são? Essas pessoas têm boa vontade e boas intenções, são "obedientes". Não encalham o navio. Ajudam a conservar a ordem. São "edificantes". Por que se queixar? Sejamos gratos por termos tantos desses monges! Podem não ser o ideal, podem ser um tanto rígidos e pouco naturais, mas quem sabe se não serão santos, no fim das contas?

É bem verdade que ninguém pode dizer o que Deus pensa desses homens e da sua boa vontade. Não nos cabe discutir o fato de vir Ele a recompensar seus esforços de amá-lo de acordo com sua própria capacidade. Mas permanece o fato de estarmos falando sobre o desenvolvimento humano e pessoal, que está na linha do amadurecimento natural do homem que é desejado por Deus para todos. Se essas pessoas, sem nenhuma falta moral, são um tanto deficientes na maturidade, a ausência de faltas não é o que vai fazer de sua deficiência um bem em si mesmo, algo que os outros possam aceitar conscientemente como um bem. Se essa resposta passiva e evasiva ao problema da identidade é uma solução falsa, então sua falsidade deve ser notada pelo que é. Podem pensar em querer dar tudo a Deus, mas por falta (sem culpa sua) de um amadurecimento real e de uma plena estatura pessoal mantêm-se num estado em que não *podem* realmente dar-lhe a plenitude do serviço e do amor de que Ele é digno. Prova-se isto pelo fato de que, comumente, essas pessoas se destroem e ficam psicóticas quando não lhes é mais possível manter a visão da vida monástica artificial e rígida, preto no branco, certo e errado, baseada em motivos puramente objetivos e externos. Porque lhes falta identidade interior e verdade profunda, não podem encarar os problemas reais da vida, se caem sobre elas com exagerado peso. Mas o mosteiro pode, na verdade, oferecer-lhes um refúgio permanente, no qual podem, com maior ou menor sucesso, deixar de enfrentar suas próprias realidades e as dos outros.

É sempre evidente que tais vidas são na realidade e em grande extensão humanamente estéreis, não importando o quanto possamos racionalizá-las como "santas", edificantes, meritórias etc.

Por exemplo: diferentes dos que são monges maduros e firmes e que vivem sua vocação por motivos pessoais profundos e com fé, essas pessoas são geralmente excêntricas em seu comportamento e estranhas em sua teologia. Suas devoções, em geral, são marginais e singulares; falta-lhes comumente um julgamento válido e mesmo senso comum.

São, muitas vezes, incapazes de uma relação humana normal e seus contatos com os outros são afetados e artificiais, ou então, no extremo oposto, se tornam possessivas e sentimentais. Estão sempre fazendo perguntas estranhas e inúteis e propostas ingênuas. São geralmente inofensivas e bem-intencionadas, mas por vezes se tornam críticas e estigmatizam as "faltas" dos outros, denunciando-os. Numa palavra, essas pessoas são, de muitas maneiras, deficientes e empobrecidas, e sua regularidade externa é quase só o que possuem. Em lugar de desenvolverem sua verdadeira identidade, adquiriram uma pseudoidentidade. Não são pessoas, mas apenas "atores".

O que é mais importante: a inutilidade e a esterilidade das vidas dos religiosos externamente submissos, que recebem aprovação, que não encalham o navio e não trazem à tona dúvidas e questões, que se conformam, que são passivas, são fontes de constante dúvida para outros, nos quais o problema de identidade é mais agudo.

Noutras palavras, aqueles que têm dúvidas, que questionam sua vocação, que têm de encarar a possibilidade de estarem enganados ou mesmo de terem feito profissão sem motivos suficientes, são levados a um estado de crise ao observarem os que adotaram a falsa solução de submissão. Não podem, talvez, formular suas sérias apreensões, mas sabem *experimentar* o fato de que há "algo de errado" naquele "procedimento edificante". (Importante notar: isto é para eles uma experiência genuína e pessoal. É, pois, algo de verdadeiro. Alguma coisa que pode ser estudada. É também importante para o mosteiro e para a comunidade. É importante *para nós*. Podem estar nos dizendo alguma coisa que precisamos muito saber.) Podem ter uma intuição válida e inquietante da verdadeira *falta de identidade* e *falta de autenticidade* daqueles outros. Estão *lealmente conscientes*, ainda que na penumbra, de que a "falsa solução" dos que se evadiram da opção e simplesmente se acomodaram é, na verdade, falsa. Mas, porque eles mesmos não têm em si nenhuma convicção profunda que seja própria, porque não experimentam seus próprios valores como pessoais e autênticos, porque não ousam engajar-se totalmente noutra solução mais genuína, permanecem num estado de dúvida, frustração e ressentimento.

Temos de encarar honestamente o fato de que é neste ponto que o procedimento externo do "bom religioso", que de boa-fé, inconscientemente, sem culpa, sacrificou uma das mais básicas necessidades de seu ser humano (a necessidade de autenticidade e integridade pessoal), é um escândalo para aqueles que estão ainda profundamente conscientes de sua necessidade de atingir uma plena identidade pessoal e humana, de se tornarem pessoas humanas autênticas, de modo a poderem se dar a Deus como monges.

A consequência, naturalmente, é que a *verdade religiosa da profissão monástica* é posta em dúvida. Da falha no nível natural vem a dúvida no sobrenatural.

Jovens monges, noviços, postulantes procuram, a cada momento, expressar sua ansiedade e apreensão diante do fato de que, ainda que não possam formulá-lo, sentem que a vida de alguns monges mais velhos, como é vivida concretamente e "sancionada", como é manifestada pelos monges "realizados" e que são aparentemente os mais adaptados à vida monástica, é inautêntica e uma fuga. Sentem que não é verdadeira porque é menos do que humana. Sentem instintivamente que há algo de errado, pretendendo energicamente que toda essa rigidez e formalidade, essa artificialidade em seres humanos, aliás, bons e normais, é realmente "sobrenatural". Essa pretensão é alguma coisa que acham profundamente perturbadora e gradualmente têm de admitir que possuem motivos genuínos para se perturbarem com isto. Estão certos?

(Aqui é necessário fazer uma reserva importante: antes de tudo essa intuição de inautenticidade pode ser bastante exagerada, e os que gradualmente se convenceram de que não podem enfrentar a vida monástica têm maior tendência a criar um caso contra os pobres monges que veem na comunidade. Mesmo os mais artificiais não são tão ruins assim: com suas limitações sempre conservam certa simplicidade, autenticidade e bondade, que é injusto e pouco caridoso não reconhecer. Há também, em toda comunidade, alguns Padres e Irmãos excelentes, que, mesmo não sendo o ideal sob todos os aspectos, são realmente autênticos e genuínos como cristãos, maduros, simples, retos, honestos e totalmente humanos. Esses são sempre reconhecidos e respeitados pelo que são, ainda que sua presença possa ser desprezada pelo monge que pretende o seu caminho saindo pela porta da frente.)

Entretanto, esses "críticos" ainda amam a vida monástica, ainda veem algo de muito verdadeiro, muito desejável, muito sadio, algo de fato insubstituível no espirito da Regra de São Bento (na sua honestidade e simplicidade) e na tradição monástica autêntica, e na medida em que toda ela reflete a santidade e sabedoria dos Evangelhos. Eles ainda desejam "buscar verdadeiramente a Deus". Mas sentem que não podem conciliar a "busca de Deus" e da verdade com uma existência exterior e rotineira, na qual não podem experimentar em si nenhum desabrochar de sua própria verdade interior. Parece-lhes que a simples execução de atos, em que pessoalmente não encontram sentido, na esperança de que venham de uma ou outra forma a ser meritórios e recompensados no céu, reflete sobre o próprio Deus. Pode Deus, realmente, pedir ao homem *que sacrifique as mais básicas realidades da identidade e do sentido para viver uma vida que parece absurda*? Não porá isto em dúvida até a própria ideia de Deus? Podemos tentar suavizar esta dúvida por meio de conceitos místicos – "noite escura" – e assim por diante. Mas as formulações místicas não são indicadas no caso. Essas pessoas não estão na noite mística das iluminações sobre-humanas, mas sim na noite subumana e psicológica da despersonalização e da falta de identidade. Deus não está pedindo que sejam subumanas e permaneçam sem identidade. Quer que se tornem *pessoas*, para que possam amá-lo e entregar-se totalmente à sua Verdade.

Em qualquer dos casos, resumindo o que foi dito até agora: – Na prática, dá-se muito comumente o seguinte: um jovem americano entra para o mosteiro, aí se encontra diante de sua crise de identidade e quer resolvê-la honestamente, reconhecendo que *não tem motivos suficientes para permanecer.* Que, mesmo tendo os votos, há tantas razões justas para abandonar o mosteiro, que agora ir-se embora parece *um bem maior para ele.* Se isto é verdade, é bem uma censura ao nosso sistema. E talvez seja esta compreensão que nos leva a não desejar entrar de fato e muito profundamente na questão. A pergunta permanece: podemos ajustar nossa vida e a nossa visão da mesma de tal forma que possa ser vivida de modo mais autêntico e honesto pela juventude moderna, o que significa poder oferecer-lhes uma vida na qual sejam realmente capazes de encontrar a si mesmo, realizar sua identidade, crescer autenticamente e desabrochar espiritualmente, tanto quanto mental e emocionalmente?

Somos capazes de oferecer à juventude moderna uma vida na qual, se forem generosos e honestos (o que geralmente são), possam tornar-se cristãos e monges plenamente maduros?

Pode-se, neste ponto, discutir algo que sempre surge em conexão com o problema de "autenticidade": a questão das nossas "observâncias antiquadas". Até que ponto podem elas conservar um sentido profundo para os americanos modernos? Na verdade, é algo que muitas vezes se pergunta. O fato de que, como noviços, possam no início aceitar algumas rudimentares explicações espirituais sobre nossa conduta monástica não significa que aceitem as observâncias em seu coração. Estão, provavelmente, apenas pondo de lado a questão – até que volte à tona mais tarde, relacionada com uma crise de vocação depois da profissão.

Mas o problema da observância e do seu sentido é por demais complexo para que nos ocupemos com ele aqui. E, repito, os usos e a forma como são observados são antes sintomas do que a raiz do problema.

Uma coisa deve ser dita: a simples modernização dos usos, das práticas litúrgicas, das constituições, da conduta não vai resolver o problema básico que é muito mais profundo. A agitação, o interesse e a grande atividade em que tantos estão mergulhados no trabalho de modificar nossos costumes, nossa liturgia etc. tem certamente um aspecto bom. Está certamente relacionado com a renovação geral da vida monástica, que se está manifestando em toda parte. Ao mesmo tempo, porém, se essa necessidade de mudança estiver condimentada com uma espécie de angústia, ver-se-á que procede de pessoas que ainda estão lutando com esse profundo problema de identidade e esperam, contra toda esperança, que as mudanças da regra e do ritual venham a resolver o seu próprio problema.

Deve-se declarar categoricamente que o problema não pode ser resolvido pelo exterior. Nenhuma "modernização" poderá fazer uma personalidade alienada sentir-se plenamente real, ainda que possa ajudá-la a olhar de frente, honestamente, o seu problema.

Nem poderá o problema ser resolvido por legislação.

Muitas vezes, nos esforços feitos em busca de novas soluções e de sua legislação, vemos pessoas imaturas demonstrarem seu problema em relação à autoridade e ao controle, problema adolescente de identidade que manejam desta forma.

Talvez procurem persuadir-se de que são "verdadeiros"; o que significa que suas opiniões e ideias, seus gostos e necessidades têm um valor autêntico.

Mas, se sou do tipo de pessoa que não acredita na autenticidade das próprias ideias e convicções a não ser que sejam objeto de toda uma gama de legislação por parte da Ordem e da Igreja, provo por isto que não acredito em mim mesmo, que não posso tomar a sério as minhas convicções, que *não experimento meus próprios motivos interiores como verdadeiros,* antes de serem confirmados pela aprovação externa e oficial.

(Nota: Isto não significa que uma pessoa madura não consulte nunca a ninguém, nem peça conselho. Certamente, pede conselho e aceita-o, quando precisa e lhe é útil. Pode, também, ajustar-se ao desejo e à necessidade de outrem e renunciar a seu próprio modo de ver, de forma a fazer o que outro deseja dela. Mas, em tudo isto, a pessoa madura sabe quando está interiormente convencida, porque experimenta suas próprias convicções como realidades interiores e não apenas como "sensações" ou "impressões" ou incerta manifestação de alguma coisa, ou então como se essas convicções precisassem da confirmação de outrem antes de serem admitidas por ela.)

Tocamos aqui uma das grandes interrogações sobre nossa vida, quando por vezes se considera como um axioma que *todo ato do monge deve estar sujeito ao controle externo.* Isto é levado a tal ponto que alguns acham que todo *pensamento* do monge deve estar sujeito a controle externo.

Renunciar à própria autonomia, a ponto de abandonar toda reflexão espontânea e independente, toda intelecção, volição e até sentimentos, é algumas vezes apresentado como um ideal ascético. Mas isto é impossível e só a ideia de que tal coisa seja desejável poderá causar prejuízo irreparável.

A *tentativa* de viver desta maneira e de levar outros a assim fazer é gravemente prejudicial às almas, e é uma flagrante violação da verdade cristã e da integridade da pessoa humana, feita à imagem de Deus. Nossa vida monástica pode, por vezes, sofrer seriamente por causa do *supercontrole.*

Mais precisamente, costumava sofrer seriamente por esse motivo. Na prática, há muito mais espontaneidade e variedade permitidas em nossos mosteiros de hoje. Mas o ideal do "controle absoluto" é ainda aceito na Ordem em geral, e nas casas americanas. Embora, de fato, a completa submissão a um absoluto controle externo não seja mais, senão raramente, exigido na prática, ainda é aceito, na teoria, como bom e certo, como a forma "sobrenatural" e "monástica" de o monge viver.

Isso, porém, cria problemas, tanto para aqueles que estão tentando seriamente submeter-se em tudo, deixando suas responsabilidades nas mãos dos outros, como para os que estão em dúvida quanto à validade de permanecer indefinidamente "menor" na vida religiosa.

O *supercontrole*, portanto, tende a realizar justamente o contrário do que teoricamente se espera dele.

Na teoria, supõe-se que seja uma manifestação de fé e espírito sobrenatural. Supõe-se que fortalece a fé e o espírito sobrenatural. Na prática, acarreta dúvidas e pode vir a destruir tanto a fé como a vocação.

O supercontrole de um religioso imaturo não o leva à maturidade, não o fortalece. Apenas *suprime,* por algum tempo, as interrogações que deveria estar fazendo e as iniciativas que deveria estar tomando. E o seu efeito principal é *mantê-lo* em estado de dúvida. Leva-o à inércia, à hesitação, à confusão, ao abandono e à frustração.

(Por vezes, alguns superiores inconscientemente se alegram com tal estado e se aproveitam dele para "vantagem" própria, pois conservando o monge na dúvida, hesitante e inseguro, pensam poder mantê-lo melhor sob controle. A esse respeito, veja-se quanto relevo é dado ao *controle de informações*, mantendo o monge num estado de dúvida e de incerteza, *impedindo que notícias importantes cheguem até ele.* Ou permitindo que fique mal dirigido e desorientado, de modo a cair no erro e encontrar-se então mais inseguro e cheio de dúvidas do que antes.)

Eis alguns efeitos do supercontrole nos monges imaturos:

a) Impedindo deliberadamente que sejam informados, mantendo-os assim inseguros, os superiores inconscientemente criam nos seus súditos, ao mesmo tempo, uma *necessidade desordenada* e um desejo de informação. Por exemplo, o monge, na sua crise de identidade, está convencido de que o conhecimento é absolutamente essencial para seu amadurecimento. Daí, o verdadeiro pânico com que tantos religiosos moços estão agora procurando conhecimento, educação e informação que sentem lhes faltar e procuram pôr em dia. É isto um dos sintomas mais comuns e urgentes de nossa crise atual.

b) O fato de conservar o súdito *em constante dúvida sobre si mesmo,* fazendo com que sinta repetidamente como um ser de confiança duvidosa, um objeto questionável, além de impedir que tenha paz interior necessária para uma sólida vida interior e para o crescimento, leva-o cada vez mais a duvidar de tudo e de todos, ou impele-o a uma cega dependência, que finalmente não pode deixar de se tornar patológica, se a pessoa for seriamente vulnerável.

c) Fomentando uma dúvida constante no coração de cada monge, cria-se nele, necessariamente, uma atitude de grande ambivalência em relação à autoridade. O jovem monge pode sentir-se fortemente como não sendo digno de receber informações, "incapaz" de saber e compreender etc. Isto pode precipitar todas as espécies de manobras desesperadas para afastar a dúvida, para mudar a atitude da autoridade. Acaba causando ainda mais preocupações ao superior.

Em resumo: Parece-nos que, no caso da juventude americana, apenas resultará do fenômeno do supercontrole em nossos mosteiros uma insegurança maior por parte dos jovens, unida a uma profunda e eventual desconfiança hostil para com a autoridade. Numa palavra, o supercontrole é perigoso e acarreta frustração. É fonte de muitos problemas sérios e na realidade nada resolve.

Não cometamos o erro de pensar que o supercontrole seja realmente um valor religioso disfarçado e esteja relacionado com a obediência religiosa e a entrega a Deus. Não imaginemos que o supercontrole corresponde a uma necessidade real do postulante que vem de uma sociedade anárquica e libertina, na qual nada há além de licenciosidade e egoísmo desenfreado por todos os lados.

Acima de tudo, devemos ser bem claros a respeito de uma coisa: *O supercontrole é um dos aspectos mais evidentes do mundo secular de hoje. Está particularmente relacionado com o ateísmo e o materialismo.*

Certamente, poder-se-á perguntar se a muito malsucedida, mas não menos rigorosa sistematização do *controle* na vida secular não será altamente responsável pela aparente ilegalidade de certas reações (delinquências etc.).

Essas rebeliões são, por sua vez, tentativas frenéticas e desenfreadas de reagir contra o supercontrole com genuína independência e autêntica identidade.

O mundo está dominado pelo questionável, mas inevitável poder da sociedade de massa.

Não vamos entrar aqui em todas as manifestações do supercontrole, que é tão evidente em nossa sociedade de ricos consumidores, como nas sociedades rigidamente totalitárias, atrás da cortina de ferro. As manifestações são diferentes, e nada mais. Entre nós o controle é, em geral, anônimo e *descentralizado*, mas não menos eficiente pelo fato de ser anônimo. Seria fácil citar centenas de formas em que, pelos anúncios etc., o consumidor é tratado insistentemente como uma criança e mantido num estado de passividade e dependência psicológica, a ponto de "não ser capaz de resistir". (A importância de manter o consumidor sem muita capacidade de pensar por si mesmo, mas criando nele, ao mesmo tempo, a *ilusão* de que está ao par, alimentando-o com toda espécie de informações fantasmagóricas sobre o produto, e ainda elaborando instruções eficientes sobre o modo de abrir o invólucro e usar o produto.)

Para resumir numa palavra, nossos postulantes vêm de uma sociedade onde os homens são *alienados* e estão sistematicamente destituídos de uma real identidade, onde não podem acreditar na sua dignidade e têm boas razões para serem profundamente céticos a respeito de tudo e de todos, onde renunciam a toda esperança de dar provas de serem real e genuinamente capazes.

Nessa sociedade não lhes resta outra solução senão a de se lamentarem passivamente com uma garrafa de cerveja diante de uma televisão.

Alienação: Este termo é usado em relação a um ser humano que é mantido sistematicamente, ou que permite a si mesmo ser mantido numa situação social em que *ele existe pura e simplesmente para uma outra pessoa.*

Sua razão de existir e de agir não está em si mesmo, mas no proveito de outrem. Significa isto que tudo o que faz é muito mais útil e agradável para um outro, e para si próprio pouco ou nada aproveita. Falta sentido à sua vida. Quanto ao que lhe diz respeito, não há razão alguma para que exista. A vida não vale a pena ser vivida.

(Naturalmente, se for forte dará um jeito de salvar um pouco de sentido e de satisfação. Foi possível isto, como mostrou Victor Frankl, mesmo na maior ausência de sentido e alienação de um campo de concentração. O prisioneiro no campo de concentração é o tipo completamente alienado, que está totalmente sob controle de um poder, de uma sociedade humana. Será este o ideal monástico?)

(Não vamos imaginar que esse "existir para o outro" seja incompatível com a perfeição do amor. O homem alienado *não pode amar.* Nada tem que dar. Coisa alguma lhe pertence. Quem ama é capaz de dar-se inteiramente a outro, precisamente porque tem a si próprio para dar. Não está alienado. Tem uma identidade. Sabe o que tem para entregar. O alienado não tem possibilidade de entrega. Foi simplesmente "*tomado*" pelo controle total.)

Como poderá uma pessoa "alienada" agir e experimentar as realidades da vida num mosteiro?

Na sua vida espiritual, tenderá, não para a experiência direta das realidades, mas para o agir "em segunda mão". Na liturgia, por exemplo, em lugar de sentir profundamente e de compreender o significado dos cânticos, textos, ritos e atos sagrados direta e pessoalmente, como sendo importantes para sua resposta individual ao Cristo Salvador e sua relação fraternal com os outros monges como condiscípulos de Cristo, experimentará o fato de, ao fazer essas coisas, estar realizando o que é certo: de estar fazendo o que é aprovado pela Igreja; de estar fazendo o que os superiores e professores de liturgia descreveram como a mais alta forma de adoração.

Na sua leitura, não escolherá os livros que o interessem profundamente e despertem uma resposta altamente intelectual, afetiva e espiritual, que lhe seja pessoal e lhe será luz para seguir o caminho de Deus. Preferirá sentir que é perfeitamente familiar e seguro o que está lendo e nada tem que o possa perturbar. E que seja eco das ideias e experiências que foram publicamente louvadas e aprovadas por outros principalmente pelo Abade ou pelo Padre Mestre etc.

Em assunto de renovação monástica, a pessoa "alienada" poderá, sem dúvida nenhuma, tomar uma parte bastante ativa em movimentos novos, sem contudo abandonar sua alienação. Vamos supor que admita conscientemente compreender sua condição, a ponto de sugerir que precisa modificar-se. "Sentirá" então em si próprio, não a necessidade real, profunda e pessoal de uma mudança radical que se desenvolve juntamente com a genuína renovação e implica certa angústia, insegurança e risco. Verá antes o fato de que certa linha de renovação é agora aprovada por teólogos e publicistas avançados. Assim, pois, aceitará essas ideias, sem a menor intenção de envolver-se na angústia e incerteza de uma renovação real, mas simplesmente para "sentir-se" com "aqueles que são aprovados". O desejo de mudança é um desejo motivado, não pela angústia da renovação e do autoengajamento, mas pela segurança de tê-la feito certo e realizado o ajustamento certo sem demasiada dificuldade. "Tudo será mudado e estará certo". Tudo terá mudado, exceto sua alienação.

Depois de ter estudado longamente os aspectos dos problemas de identidade (sem os ter, de forma alguma, esgotado e sem mesmo ter arranhado sua superfície), vamos concluir sumariamente com algumas consequências que dizem respeito à vida monástica e à renovação.

A renovação monástica deve, neste momento, mais do que nunca, procurar a *autenticidade*.

Devemos, porém, ter o cuidado de notar um aspecto muito particular de autenticidade, que agora se tornou crucialmente importante. No momento, não será suficiente garantir uma espécie de "autenticidade jurídica", isto é, de uma prática monástica que seja fiel aos *documentos* do passado, mais do que nunca uma autenticidade meramente *literal* (fidelidade à letra) não será somente insatisfatória, mas desastrosa.

A autenticidade que o monge moderno deseja com certeza e sinceramente, quer esteja ou não consciente disso, é, em primeiro lugar, uma fidelidade à sua própria verdade, ao seu ser profundo, como pessoa. A primeira coisa (algo que era muito menos precário no passado) é a afirmação autêntica de sua própria identidade. Sem esse ponto importante, tudo mais estará perdido.

Mas uma vida monástica que tende sistematicamente a negar e frustrar o monge, em primeiro lugar, nessa busca de sua própria autenticidade interior, há de ameaçar, necessariamente, a autenticidade de sua vocação. Deixá-lo-á diante da escolha: ou submeter-se, sacrificando sua integridade e fidelidade a essa primeira exigência de sua consciência, e viver como um zumbi; ou então deixar o mosteiro. Somente uma pessoa madura será capaz de ajustar-se ao mosteiro, apesar de tudo, e viver como verdadeiro monge, ainda que o espírito da comunidade seja, de certa forma, inautêntico.

Não podemos sequer começar a compreender a tarefa da renovação e de um alojamento de real significação, se não levarmos em consideração esse perigo.

Conscientes da necessidade que tem o postulante de uma autenticidade interior e pessoal, antes de tudo, e considerando o fato de não sermos capazes de admitir gente que não possa enfrentar seriamente seus próprios problemas, concluímos que *não devemos, em circunstância alguma, tolerar a sobrevivência de uma espiritualidade que pareça, explicita ou implicitamente, exigir o sacrifício da autenticidade pessoal e da integridade.* Seria isto o sacrifício da verdade. Seria uma vida de mentira.

Devemos ter muito cuidado para não tolerar a menor ambiguidade nesse âmbito; por exemplo, aprovando conceitos de humildade e de obediência que pareçam mostrar a completa abdicação da autonomia e da dignidade pessoal de alguém como um valor básico para o ascetismo monástico. Não devemos pregar uma obediência que seja uma complacência passiva, uma humildade que seja aceitação feliz de uma abjeção despersonalizada, uma espiritualidade que glorifique, como se fosse "abnegação" a total abdicação de toda dignidade humana e de toda identidade. Deve-se reconhecer o que é: um rebaixamento humilhante do homem, que não dá nenhuma glória a Deus, que é má teologia e falso sobrenaturalismo e põe em sério perigo a fé dos que se deixam prender, por uns tempos, em suas malhas, e só experimentam mais tarde desgosto e desilusão.

Tem isto implicações teológicas muito importantes, porque uma espiritualidade que despreza a natureza e inibe continuamente a pessoa humana é basicamente divisível e maniqueia. Implica um conceito fortemente dualista de Deus e de sua criação, em que a criação parece *opor-se* à bondade de Deus e está completamente *alienada* de Deus. Realmente, sob essa luz a criação parece ser amaldiçoada por Deus em vez de ser abençoada e redimida. Assim, em lugar de usarmos os bens da natureza que nos foram dados por Deus, tendemos a receá-los e desprezá-los. Nós os rejeitamos e calcamos aos pés, tratando-os com desprezo. Mas, quando se trata de nossa própria liberdade, de nossa integridade e dignidade como pessoas, não podemos fazer assim! Menosprezar a pessoa humana e sua identidade é condenar a imagem de Deus refletida no homem. Sua criatura e seu Filho.

Ao contrário, devemos reconhecer que a natureza não é irreconciliável com a graça e que, pela Encarnação e Redenção, a natureza foi penetrada e santificada pela graça. A natureza tornou-se o arrozal onde a Graça faz crescer suas colheitas. Esterilizar as capacidades de frutificação da natureza é esterilizar a própria Graça, tirando-lhe o solo no qual sua semente irá crescer e frutificar.

Sobretudo na vida contemplativa, a falta de identidade é um desastre.

A vida monástica exige, antes de tudo, uma profunda compreensão e aceitação da *solidão*: O espírito da vida monástica é o espírito da solidão e do deserto, o espírito da vida vivida como São João Batista, Elias, Santo Antão, só na presença de Deus. ("Junto do Deus vivo, em Sua presença estou", disse Elias, 1Rs 17,1.)

Mas essa capacidade de solidão não é mais do que a total afirmação da própria identidade, isto é, a plena aceitação da própria pessoa como é desejada por Deus, de todo o seu ser, como foi dado por Deus. É também a aceitação completa e amorosa da capacidade de escolher e de querer o bem, a capacidade e a necessidade da escolha que deverá ser feita diante de Deus, sob o seu olhar, à luz de sua Verdade e do seu Amor redentor.

Essa afirmação de identidade não é orgulho, pelo contrário; não é, de forma alguma, um *non serviam*, pois a plena identidade só se encontra na prontidão para servir. É o *Ecce ancilla Domini* da Mãe de Deus. (O *non serviam* significa, com efeito, a recusa da aceitação de si mesmo, da própria identidade, do lugar e missão como dádivas de Deus. Significa a afirmação de uma falsa identidade e, portanto, do nada, colocado acima do ser e contra ele, e exigindo uma defesa por meio da prevaricação.)

Por conseguinte, deveria ficar bem claro que a falta de aceitação e compreensão do caráter fundamentalmente solitário da vida monástica significa, de certo modo, a falta de plena compreensão do monge, em relação à sua identidade e autenticidade nessa vida.

Os monges de hoje, que estão conscientes do problema da autenticidade e sentem que a única solução para a necessidade de identificação individual do monge está *no trabalho apostólico ativo* e no contato com outras pessoas, estão provavelmente pensando realisticamente nos termos dos pensadores modernos, de Marx e Teilhard de Chardin, Emmanuel Mounier etc., cujas ideias se orientam essencialmente para a atividade e até, de certo modo, desconfiam da contemplação. Isto decorre, talvez, das deformações e evasões que foram toleradas e pregadas em nome da "vida contemplativa". É verdade que nossa vida pode dar a impressão de não passar de uma inércia canonizada. Mas isto é uma falsificação total do sentido do monaquismo.

Não devemos abandonar a vida monástica e suas tradições, mas atingir o âmago de seu sentido real e reviver seus valores genuínos.

O coro – é preciso admiti-lo ao menos para os religiosos de coro e para os noviços – é, muito comumente, o cenário das mais sérias dificuldades em relação à integridade pessoal e à autenticidade na oração.

É no coro que, em geral, o monge se sente mais completamente despersonalizado, mais totalmente sujeito ao supercontrole, mais inteiramente alienado.

Isto, naturalmente, pode ser consequência do acúmulo de faltas de muitos monges, durante longos anos, criando uma atmosfera de frustração, negativismo e um fino véu de angústia em muitos coros. Não há dúvida de que o coro seja e possa ser uma grande provação. Mas não será isso, em grande parte, devido à ignorância e a uma espécie de recusa a considerar a verdadeira natureza da oração coral?

O conceito puramente individualista do ascetismo e da oração é paradoxalmente muito prejudicial ao desenvolvimento da verdadeira identidade pessoal. Esta só é plenamente reconhecida numa colaboração consciente e madura com outros. O conceito atomizado do coro como um grupo de indivíduos, cada um fechado na sua solidão particular e no seu recolhimento, tem como resultado despersonalização, torpor e indiferença. O fenômeno do sono no coro e na meditação é simplesmente uma evasão da identidade e da presença.

É verdade que as vocações americanas estão malpreparadas para a genuína oração coletiva, para rezar *com outros*, em qualquer sentido comunitário real.

Não é isto, em grande parte, devido precisamente ao problema que estivemos discutindo? É a pessoa que realizou plenamente sua identidade que é capaz, não somente de se pôr diante de Deus na solidão, mas também de encontrar os irmãos no amor e na colaboração. É a mais ajustada para "rezar com" outros na unidade.

A pessoa que está em crise de identidade tê-la-á no coro mais do que em qualquer outro lugar, porque ali é mais difícil a evasão.

No coro, está aparentemente reduzida à não identidade (em termos do individualismo que lhe é familiar). As orações não "são dela" e no entanto são tão "universais" que tendem a escapar-lhe e não pode assim obter nem a experiência de satisfação "de segunda mão" por meio delas, que são "oficiais". Poderá sentir-se totalmente desorientada e perdida.

Por esse motivo há, naturalmente, uma tremenda pressão para o uso do vernáculo na liturgia monástica, uma pressão tão angustiada e bem-aceita que representa, certamente, uma necessidade real. Entre nós, aqueles que estão satisfeitos com a liturgia latina e foram capazes de provar suas profundas e genuínas realidades no passado terão provavelmente de contentar-se com um ofício em inglês, que em si será muito menos excelente, mas servirá melhor às necessidades de uma geração nova que não é mais capaz de tolerar o ofício em latim não compreendido. Devemos admitir francamente que lhe devemos isto e é muito certo deixarmos que o possuem. É de esperar que o Ofício latino não desapareça de todo; ainda poderá haver lugar para uma comunidade, aqui e ali, onde possa ser conservado, precisamente porque tem tão grande valor intrínseco (como os artistas e músicos no mundo perverso frequentemente nos lembram).

Nas práticas mais características da vida contemplativa do mosteiro, como o *silêncio,* a *clausura* e o *lectio divina,* a oração e até a "contemplatio", a crise de identidade traz problemas muito sérios.

Antes de tudo, a crise de identidade faz o *silêncio* monástico quase insuportável para quem estiver buscando ansiosamente experimentar sua própria realidade vendo-se compreendido e aceito pelos outros. Este é um traço muito normal na adolescência e é o motivo por que os jovens noviços e professos são, em geral, tão excessivamente comunicativos. Se têm de ficar sozinhos e silenciosos tornam-se superoprimidos pelas dúvidas de sua própria realidade (não no sentido metafísico, mas em nossa vida não podem sentir-se como "estando ali" com certeza, porque não têm nenhum meio de saber como estão realmente, o que querem deles e o que valem).

A pessoa imatura, quando forçada a ficar em silêncio, tende a sentir sua inautenticidade e não sabe como dela escapar. A comunicação com os outros, mesmo que seja sobre uma ninharia, pelo menos oferece alguma diversão. Não há necessidade de insistir sobre este fato de nossa vida, fato comum e relativamente bem-compreendido. Indica apenas que não podem ser admitidos os que não são bastante maduros para aceitar a disciplina do silêncio. Admiti-los e organizar recreios para eles não resolve o problema; só terá como resultado diminuir a seriedade da vida monástica para os mais maduros, sem ajudar os imaturos a se tornarem monges sérios.

Em relação à oração, *contemplação* e "teologia mística", deve-se explicitar um ponto extremamente importante.

A pessoa "alienada" e de certa forma imatura, que ainda esteja tentando resolver sua crise de identidade, *poderá e, em geral, consegue demonstrar alguma evidência de oração contemplativa.* Se assim não acontece, sua "recusa" e "escuridão" poderão ser tomados facilmente por algo que os escritores místicos a caracterizaram com o nome de noite dos sentidos. (Um diretor incauto poderá mesmo considerar a extrema angústia de um monge despersonalizado como "noite do espírito"). Que se dirá disto? Não há, certamente, nenhuma maneira de esclarecer se essas pessoas, em geral boas e sinceras, estão ou não recebendo graças reais de oração. Estejam ou não, o quadro é geralmente este: vêm para o mosteiro, sentem-se protegidas, suas vidas estão completamente reguladas, o peso da responsabilidade foi tirado de seus ombros, es tão cercadas por autoridades benignas que demonstram gostar delas e as levam a sério. Nesta situação esses noviços e jovens monges podem experimentar uma sensação nova de alívio, de certa aceitação, e pensar que resolveram seus problemas. Fortemente amparados, eles se relaxam e permanecem passivos, numa sensação de contentamento e amor (baseada no fato de que se sentem "seguros" e "aceitos", talvez pela primeira vez na vida). Esse contentamento, como é natural, é mais evidente nos momentos de oração e esta prolonga-se com facilidade. Essa felicidade tem, sem dúvida, um lugar em suas vidas, mas poderá tornar-se completamente desprovida de sentido, se nada representa além do alívio momentâneo das próprias preocupações e ansiedades provenientes do fato de se apoiarem totalmente em outrem – não em Deus, nesse caso, mas no superior, na regra, no ambiente de segurança que a comunidade proporciona.

Poder-se-á dizer que esse período pode ser bem--aproveitado e que um bom pai espiritual poderá, talvez, aproveitar-se dele para ajudar a resolver a crise de identidade, levando o jovem monge a tomar consciência de si mesmo.

Seria, porém, grande erro considerar o estado de secura e as lutas de um jovem monge angustiado e despersonalizado como "purificação mística". Não é isso de forma alguma. O homem alienado poderá, com certeza, sentir uma terrível sensação de falta de finalidade, secura, abandono, vazio. Mas o motivo é não ser ele realmente uma pessoa e lhe faltarem alguns dos recursos normais e naturais de uma pessoa madura. É um homem espiritualmente prejudicado e diminuído. Poderá sem dúvida ser ajudado, mas *não* sendo encorajado e falsamente assegurado (o que se faz, em geral, de boa-fé) de que sua secura o assinala como um ser da mais alta espiritualidade, um "contemplativo" e um "místico".

Nada há que cause maior desilusão do que pessoas humanamente medíocres e limitadas, imaturas, incapazes de amar verdadeiramente os outros, estreitas, empobrecidas, sem imaginação e até sem senso comum, às quais foi dito que são seres em certo sentido quase extraordinários o que, mesmo suas limitações, são sinais de que estão no "caminho místico". Firmemente estabilizados na complacência e na ilusão por causa desse erro, permanecem como um escândalo para aqueles a quem Deus trouxe talvez ao mosteiro com potencialidades reais para uma vida de oração.

Uma última palavra sobre o trabalho.

É sobretudo no nosso trabalho que se encontram as oportunidades mais tangíveis e mais óbvias para o crescimento pessoal. Isto não quer dizer que nos devemos empenhar cada vez mais no trabalho e até sair para as paróquias. Mas significa que devemos aproveitar franca e honestamente o valor real do *trabalho monástico.*

Antes de tudo reconheçamos a profunda importância humana do árduo trabalho manual no ambiente natural! O trabalho de fábrica e de escritório não são a mesma coisa. De certa maneira, poderão ser inevitáveis, mas deveríamos tomar cuidado para não reduzir nosso trabalho simplesmente a "ganhar dinheiro", e por isso só fazer o que é mais remunerado.

Pelo menos num mosteiro, o valor espiritual, psicológico, biológico do trabalho físico deveria ser reconhecido. O trabalho é, antes de tudo, para o bem espiritual do monge e, por esse motivo, ainda que o resultado do empreendimento monástico seja de certo modo reduzido, deveria haver sempre uma boa proporção de trabalho no campo e nos bosques, mesmo que não dê rendimento. Seria uma visão totalmente limitada, antimonástica e antibeneditina, "cuidar mais das coisas temporais" e privar os monges do trabalho ao ar livre, em contato com a natureza, por motivos puramente materiais. Pelo contrário, o maior proveito do mosteiro, sob todos os aspectos, será certamente salvaguardar a continuidade do ritmo. Os monges terão melhor saúde, estarão mais em paz, rezarão melhor, trabalharão com proveito em cada serviço.

Deve-se também admitir que é no trabalho manual que o monge poderá enfrentar melhor seu problema de identidade. É no trabalho que poderá começar a sentir uma responsabilidade genuína (presumindo-se que lhe seja permitido isto). É no trabalho que poderá começar, mais simples e espontaneamente, a sentir-se como uma pessoa real, vendo diante de si os resultados dos seus esforços, numa contribuição concreta para a vida de seus irmãos. Isto é, certamente, o mais importante. Levamos em consideração o fato de que, pelo menos aqui em nossa comunidade, um bom número de noviços pediu para passar ao coro dos Irmãos, afirmando que sentem ser "a vida dos Irmãos muito mais real". Isto é precisamente por causa do trabalho e porque há relativamente menos controle sobre os Irmãos.

Finalmente, é no trabalho manual que o jovem monge pode chegar a apreciar sua identidade, respeitando a identidade dos outros, colaborando com eles em serviços úteis. É também no trabalho que certo derivativo da necessidade de falar pode ser de grande auxílio, em lugar da ideia sem sentido de um "recreio" artificial e despersonalizado, que só tornaria o problema da autenticidade mais agudo. Se um jovem monge ou noviço é colocado como aprendiz sob um monge mais velho que, realmente, conhece o seu ofício e de quem pode aprender a se tornar um bom trabalhador, isto o ajudará mais do que qualquer outra coisa a amadurecer e crescer na sua vocação.

Concluindo, reconheçamos que no mosteiro o trabalho, a liturgia, o estudo e assim por diante serão todos superorganizados e tornados artificiais se forem mais ou menos afastados da esfera natural (da natureza) e colocados dentro do escritório ou na linha do empreendimento comercial, se o mosteiro se parecer com um grande negócio ou uma fábrica, e os monges certamente perderão muito. Tenderão a ficar cada vez mais alienados, procurando fugir das rotinas, pelas quais não podem ter sério interesse humano, porque são as mesmas rotinas impessoais e organizadas que deixaram no mundo.

Se acontecer isso no mosteiro, não haverá esperança de renovação, por mais que se ajuste a liturgia, por mais que se psicanalizem os monges, por mais que se lhes ofereçam recompensas triviais em forma de distrações e diversões, passeios e férias.

A vida monástica defronta-se hoje com o mundo, tendo uma missão que afirma, não somente a mensagem da salvação, mas também os valores humanos básicos que o mundo precisa mais desesperadamente recuperar: integridade da pessoa, paz interior, autenticidade, identidade, profundidade interior, alegria espiritual, capacidade de amar, capacidade de gozar a criação de Deus e de dar graças. Se o mundo não encontrar essas coisas no mosteiro, então será de pouco valor seguir a liturgia mais recente, ter as máquinas mais eficientes e realizar um negócio rendoso.

Nossa primeira obrigação é de ser plenamente humanos e permitir à juventude de nosso tempo encontrar-se como homens e como filhos de Deus. Não há necessidade de uma comunidade de religiosos autômatos, sem mente, sem coração, sem ideias e sem face própria. É essa alienação irracional que caracteriza o "mundo" e a vida do mundo.

A espiritualidade monástica hoje deve ser humanismo personalista e cristão, que busca e salva a verdade íntima do homem, sua identidade pessoal, de modo a consagrá-lo inteiramente a Deus.

IV
Diálogo e renovação

A tarefa de renovação nas ordens monásticas e de clausura é, de fato, tão urgente desafio quanto em qualquer outra parte da Igreja, embora pareçam realmente menos dramáticos os problemas e riscos que envolve. Para compreender esta tarefa de renovação temos de recordar que o Concílio Vaticano II não decidiu, simplesmente, que os religiosos se reformassem partindo da cúpula. A Renovação da Vida Religiosa, incluindo os claustros e mosteiros de contemplativos, é uma tarefa em que os próprios religiosos devem ativamente tomar parte. De fato, parece que a participação do "religioso comum" poderia mostrar-se em certo sentido decisiva. Noutros termos, existe uma enorme diferença entre uma "renovação" que requer participação ativa em todos os níveis, e uma "*reforma*" que parte do alto, com a ação dos superiores, e atinge o súdito, passivamente, através de novas leis e novos decretos que se têm de aceitar e obedecer. Afinal, é natural que deva haver nova legislação. Mas entenda-se que a legislação deveria ser muito mais flexível deixando margem a maior medida de autodeterminação em comunidades nas quais os próprios súditos haveriam de desempenhar (espera-se) um papel mais ativo em conduzir os seus próprios destinos comuns.

Os súditos não participam apenas no trabalho de dar a suas vidas uma nova forma e um novo objetivo. Até certo ponto eles têm igualmente de ir às próprias raízes de sua vocação contemplativa para tentar redescobrir seu verdadeiro sentido. Isso significa um reexame da verdadeira essência de sua vida e vocação. Não que a essência da vida tenha necessariamente de mudar; mas deve-se chegar a *uma nova compreensão* dessa essência. Noutras palavras, não basta aceitar como certas todas as ideias correntes e convencionais sobre o que é a vida contemplativa. Deve-se redescobrir o ideal contemplativo em novos termos. Há uma diferença entre o que brota da tradição viva (tradição agora ainda perfeitamente viva) e o que é aceito, passivamente e sem questionamento, dum passado morto.

O que é válido é Espírito e Vida. É de Deus. O que já não vale está morto: é costume meramente humano.

Já não é possível simplesmente impor a alguém do século XX ideias do século XVI e esperar que as aceite em bloco, sem discussão. O mundo moderno, falando através do candidato, far-se-á ouvir no diálogo do claustro – talvez com efeito devastador. Mas as Ordens claustrais, como todas as outras, deveriam levar em conta esta voz, para que o diálogo e a renovação sejam efetivos. Por outro lado, esta voz não é a única que convém ouvir nem está, automaticamente e em todos os casos, habilitada para dizer a última palavra a respeito dos graves problemas dos contemplativos.

Existem duas maneiras de a comunidade monástica encarar o candidato que ela espera recrutar do "mundo". Poderão refletir diferenças e, talvez, bem profundas diferenças na concepção que se tem da Igreja, da vida monástica e do "mundo". A primeira maneira considera a ordem monástica (e a Igreja, também, por implicação) como a encarnação e a guardiã de um ideal fixo e tradicional que não pode ser jamais questionado. Também considera esse ideal fácil de ser descoberto. Basta perguntar aos que o conhecem: os superiores.

Sem examinar com muita profundidade o que é realmente a autêntica tradição monástica, esta perspectiva simplesmente supõe que o "existente", o que é "dado", o que é mais ou menos "estabelecido", é também, de fato, perfeitamente tradicional. Assim, averiguamos que uma "espiritualidade aceita" é considerada, sem investigação ou dúvidas, como corporificando uma tradição viva e capaz de dizer a última palavra sobre o que é, ou não é, "contemplativo" ou "monástico". Embora não sendo "oficial", esta "espiritualidade", moeda corrente na Ordem, é considerada normal pelos Superiores e é recebida pelos súditos sem questionamento e, mesmo, sem um sério interesse, como se não pudesse realmente ser posta em discussão. Como resultado, a tradição verdadeiramente monástica é esvaziada de vida e de seiva e se torna mais ou menos inerte. Por força de uma "espiritualidade" passivamente aceita, vaga, indefinida, a tradição tende a transformar-se em rotina. Mais, essa atitude habitual com relação à observância monástica, encarnada numa regularidade formalista, e num ensino um tanto esquemático opõe-se radicalmente a quaisquer outras ideologias especialmente à do "mundo".

Daí ser considerado o candidato como alguém que vem à Ordem com a intenção de ser despido duma velha ideologia e revestido duma nova, a "espiritualidade aceita". E evidentemente está em jogo algo mais do que ideias: um modo completamente novo de vida há de refletir as novas ideias ou, de fato, as novas ideias surgirão, talvez, como *resultado* do novo comportamento. Se o noviço aprende a andar com humildade, sentar-se com humildade, tossir com humildade etc., haverá também de alimentar pensamentos humildes. Ao menos assim se espera. Mas, de qualquer forma, ele tem agora ideias errôneas e logo há de receber ideias certas.

Existe naturalmente uma genuína solicitude caridosa para com as necessidades espirituais do candidato, mas em primeiro lugar se admite como certo que a comunidade entende muito bem as necessidades e os possíveis problemas dele (todos são problemas característicos do "mundo" e, esquematicamente, se podem reduzir a alguns simples tópicos: orgulho, autossatisfação, autoprocura, vontade própria) e crê-se não ser difícil a solução de seus problemas e a satisfação de suas necessidades. Supõe-se, de fato, que o candidato, pelo simples motivo de querer entrar na ordem monástica, manifesta reconhecer que está "errado", que deseja escapar dos erros e ambiguidades de seu estado profano, que está resolvido a acabar totalmente com tais erros, e reconhece que tudo o que é do mundo é simplesmente erro e pecado. Assim, não é mais preciso examinar as necessidades do candidato com sutil e ponderada análise. Ele tem apenas uma necessidade: não voltar ao mundo, custe o que custar. Desta necessidade o salva a doutrina e a disciplina que recebe no mosteiro. E para garantir isso tem de fugir do mundo.

Portanto, o noviço tem unicamente que abraçar a regra e as observâncias, renunciar e abjurar às próprias ideias e opiniões e aceitar com perfeita docilidade qualquer ensinamento que se lhe ministrar, ainda que superficial. Tudo o que lhe for ensinado está "certo". Este ensinamento não precisa ser especialmente estimulante ou "intelectual", pois, na realidade, se põe em questão o valor da intelectualidade, embora ensinar seja algo respeitável, contanto que signifique ensinar atitudes aceitáveis e, bem-entendido, provadas pelo tempo, isto é, a "espiritualidade aceita". (Note-se que o ensino dado tende, não tanto a ser a doutrina pessoal de um "pai espiritual" baseada em sua própria experiência, mas, antes, o que é tido como certo por uma geração inteira. Não que esta "espiritualidade" tenha foros de autoridade definida, de um ensinamento preciso; pode ser confortavelmente vaga. A sua principal vantagem consiste no fato de não haver probabilidade de entusiasmar exageradamente alguém. É segura. E se pode viver de acordo com ela sem ter que pensar!)

Por que se deve ensinar esta doutrina de preferência a outra? Primeiro, porque já está aceita. Em realidade, esta espiritualidade aceita recomenda-se por si mesma, visto ser a mais completa justificativa da comunidade em sua atual condição. Se permite mudanças, hão de ser bem insignificantes porque, de fato, só se sente necessidade das mudanças mais ligeiras. Qualquer outra coisa haveria de colidir com a "essência da vida monástica" (isto é, com os conceitos da geração mais velha). Verdade que os "tempos mudaram", mas não serão eles principalmente os "tempos" do "mundo"? A verdade é uma e eterna. Não muda. Naturalmente, deve haver mudanças acidentais. Mas estas valem precisamente na medida em que se podem realizar com o mínimo de perturbação. E sua principal recomendação consiste talvez em que são mais aparentes do que reais. Podem fazer-se sem que nada realmente aconteça.

Um "bom monge", portanto, é o que assimilou completamente essa espiritualidade aceita, e a pôs em prática, tornando-se assim um perfeito modelo do ensino corrente e sua confirmação. A presença do "bom monge" é uma espécie de garantia concreta de que o ensinamento como tal é prático e pode, e até deve, ter êxito (se pode ter êxito em alguns casos, deve portanto ser capaz de ter êxito em todos os casos). A bem-sucedida execução desse programa é premiada com uma vida de felicidade e paz, uma vez que o monge sente que é aprovado, aceito, e que seus esforços são corretamente dirigidos, de fato, abençoados por Deus. A orientação da fé, neste caso, olha para aquilo que sempre foi. Por conseguinte, aceita-se e não se põe em dúvida. Sendo assim, pode avaliar-se o candidato normal por sua boa vontade em compreender, abraçar e seguir a espiritualidade aceita e as regras comuns. A capacidade de fazer isto é sinal de que está apto a ser formado "segundo o espírito da Ordem".

Em poucas palavras: esse tipo de candidato manifesta inequívocos sinais de ter vocação divina. Está de acordo conosco desde o ponto de partida, e temos razão para estar seguros de que ele não nos causará perturbação, nem há de levantar nenhuma dúvida em nosso próprio espírito, quanto à absoluta certeza daquilo que nós mesmos sempre aceitamos.

Não resta dúvida de que esta maneira de abordar o problema é, sob muitas formas, bem simples e prática. Pode, na aplicação, ser algo supersimplificado, mesmo a ponto de tornar-se ligeiramente desumana em sua aparente indiferença para com as necessidades peculiares e pessoais de algumas vocações modernas. Mas isto supõe que necessidades especiais podem legitimamente ser sacrificadas ao bem comum, reduzido à pacífica e eficiente aplicação das normas aceitas, a todos, sem exceção nem distinção. Em tempos de estabilidade geral, pode suceder, de fato, que vocações excepcionais consintam nisso sem demasiada angústia, embora, naturalmente, não sem esforço e autoimolação. Podem os candidatos aceitar o sacrifício que se lhes exige sem discussão e ajustar suas motivações. E porque isto acontece em alguns, ou muitos, casos, julga-se que há razoável evidência de que assim deveria acontecer em *todos* os casos. Isto é então colocado na categoria de princípio universalmente válido para todas as situações e todos os tempos.

Mas quando a própria Igreja, por razões várias, em época de crise e de reforma, põe em questão certos costumes humanos e princípios práticos que por muito tempo foram aceitos, e quando alguns deles acabaram adquirindo uma validade que era mais temporária do que permanente e universal, logo surge a tendência para pôr em questão o valor de uma "espiritualidade aceita", tanto mais porque, tornando-se quase oficial, pode de fato ter perdido alguns dos indispensáveis elementos de flexibilidade, de vida e de "charis" (no sentido de beleza espiritual, atração, apelo) que inspiram o genuíno amor à vocação monástica. Pode, então, simultaneamente parecer aos religiosos mais jovens que aqueles que se devotaram, com toda a sinceridade e confiança, à continuação do ensinamento da espiritualidade aceita, tenham, em consequência, sofrido algum empobrecimento humano e limitações, embora tenham talvez desenvolvido e alcançado admirável segurança e mesmo sabedoria, amparados pelas observâncias que fielmente praticam mas, subitamente, parece que esta sabedoria não se relaciona com as realidades da vida nem no mosteiro nem em parte alguma.

Assim, a relevância do próprio ideal monástico vem a ser posta em dúvida, e um jovem religioso começa a se perguntar se as doutrinas mais fundamentais da vida espiritual, como ensinadas e praticadas no mosteiro, têm algum significado real. Quando surge esta dúvida, parece estar ameaçada toda a estrutura da fé, a tal ponto que o mero duvidar do valor da espiritualidade aceita pareça incluir também uma dúvida sobre o princípio da autoridade, sobre a Igreja, sobre o próprio Deus que se revela na Igreja e, através dela, em última análise, duvida também sobre o próprio Deus.

Assim o monge convencido de que ele deve identificar tudo o que é "aceito" como tradicional e, por conseguinte, como ensinamento e vontade do próprio Deus, de súbito julga que, duvidando do significado desta ou daquela prática monástica, está duvidando de Deus. Mas esse lamentável mal-entendido dificilmente pode ser expresso em termos precisos. Nem lhe é dado nenhum estímulo para fazê-lo. E permanece, então, silencioso e muitas vezes inconsciente. Talvez, com maior frequência ainda, a consciência monástica seja formada de tal maneira que a mera "tentação" de pôr em dúvida a absoluta e eterna validade desta ou daquela prática pode aterrorizar o coração do monge que já vê colocando os pés no escorregadio caminho da apostasia total. Em qualquer caso (consciente ou inconsciente) onde existe este mal-entendido, torna-se causa de graves dificuldades. Raramente podem ser resolvidas, uma vez que se apoderaram profundamente do jovem monge e, em consequência, a única solução que se apresenta é deixar ele o mosteiro.

Infelizmente ensinaram-lhe a aceitar como axiomática a ideia de que ele pertence ao mosteiro, que suas necessidades podem somente ser satisfeitas no mosteiro, são sumamente questionáveis, de fato, "naturais" e portanto suspeitas de degeneração ou, ao menos, de inutilidade. Quando se torna necessário a esse monge abandonar o mosteiro onde ele já não consegue desembaraçar-se da confusão intelectual e angústia espiritual, volta à vida secular sem realmente desfazer-se das dúvidas e hesitações. Volta à vida secular com um coração cheio de ambiguidade, interrogando-se, talvez odiando-se e, em todo caso, profundamente angustiado.

A consequência desta primeira forma de considerar o candidato e a obrigação da Ordem para com ele é que, na presente época, haverá bem poucos candidatos capazes de assimilar esta ideia rígida e absoluta do monaquismo e resignar-se a vivê-la. Pode-se simplesmente "endurecer" as exigências, afirmando, sem mais, que a nova geração, monasticamente falando, não dá muitas esperanças e, ao mesmo tempo, tentar adaptar, pacífica e suavemente, a espiritualidade aceita relaxando-se a rigidez e dando margem a uma consideração mais tolerante das necessidades do candidato moderno, pretendendo, no entanto, que isto era o que sempre se tinha em vista.

O princípio, contudo, permanece este: o candidato vem à Ordem com "ideias errôneas" e, por conseguinte, até a expressão do que ele sente como prementes necessidades pessoais e espirituais será geralmente errônea e inspirada por amor-próprio não regenerado (ou talvez por neurose) que não pode conciliar-se com a vida monástica. A ideia correta da vida monástica é a comumente aceita e ensinada na Ordem e por ela mantida, e a primeira exigência de fé e humildade para um monge em prospectiva é aceitá-la com toda a docilidade como premissa indiscutível.

Existe, entretanto, um outro modo de conceber a vida monástica. Implica numa visão algo diversa da Igreja e é, talvez, mais complexo e menos absoluto. É sem dúvida mais difícil de se entender em teoria e, certamente, mais difícil de se pôr em prática. Envolve, é certo, riscos de má interpretação e abuso e, do ponto de vista institucional, pode parecer, e de fato pode ser, menos praticável e mais arriscado do que o outro.

Baseando-se em princípios mais gerais, da Bíblia e da Regra de São Bento, e em primitivos documentos monásticos (de preferência à detalhada e mais recente legislação, costumes e doutrina espiritual), este conceito vê na comunidade monástica uma assembleia de cristãos, reunidos pela graça de Deus, com o fito de poder viver a vida de discípulos de Cristo, sob uma Regra e um Abade, ajudando-se mutuamente a chegar à vida eterna por meios que (em pormenores de menos importância) irão depender amplamente da situação em que atualmente vivem.

Segundo este ponto de vista, a comunidade monástica se encontra de posse, não tanto de um corpo de princípios pormenorizados e mais ou menos infalíveis e rígidos, regulamentando todas as minúcias da vida diária e do culto, e sistematizando todas as relações comunitárias, mas é, antes de tudo, o Espírito Santo que, atuando através da humildade e caridade dos irmãos na sua amorosa aceitação da Regra e do Pai espiritual, que lhes torna possível observar os mandamentos e conselhos de Cristo, dentro de uma estrutura de observâncias mais flexíveis e práticas, já não consideradas tão perfeitas que não possam sofrer modificação sem que intervenham leis extraordinárias.

Dependendo menos do amparo de leis escritas, a comunidade põe sua confiança no amor e na graça de Cristo. Crendo que o Espírito Santo foi dado à comunidade para ser fonte de luz e vida, e agindo em espírito de abertura e sinceridade, os irmãos, unidos a seu Pai espiritual, procuram, juntos, soluções atuais para seus próprios problemas. Podem, decerto, encontrar respostas bem afastadas do que em teoria é ideal, mas pode acontecer, por graça divina, que estas sejam as respostas precisas que, a todos eles, trariam uma possibilidade de paz autêntica, fecundidade e crescimento em Cristo. Não há de faltar, naturalmente, a essas soluções, o apoio de qualquer aprovação oficial que se fizer necessário.

Nesta concepção da vida monástica há uma correlativa concepção do mundo. Naturalmente, não se põe em dúvida que o monge é alguém que vive basicamente alheio aos caminhos do mundo (*a saeculi actibus se facere alienum*), diz São Bento. Mas, apesar disso, as dificuldades peculiares e as vicissitudes da vida no mundo, também são relevantes para a vida monástica, considerada precisamente como *remédio* e *realização*. Remédio para os males contraídos no mundo, e realização das necessidades legítimas que o mundo de nossa época atual desperta sem poder satisfazer.

O primeiro conceito de vida monástica também promete uma realização que o mundo não é capaz de dar, realização que se atinge pelo caminho simples e sem compromissos da renúncia (ao mundo) e da obediência (às observâncias aceitas e os costumes do mosteiro, como, em detalhe, são aplicadas pelo superior). Mas neste primeiro caso não se levam em conta as necessidades, legítimas, ou não, que possam ter sido despertadas pela mentalidade do "mundo". Tudo o que ocorreu à mente quando no mundo permanece mais ou menos estranho ao chamamento monástico tão "afastado do mundo", que nada mais tem a ver com ele. Assim, as "necessidades do homem moderno" são consideradas irrelevantes precisamente porque *modernas* e *contemporâneas*.

O homem contemporâneo é considerado "contemporâneo" precisamente em sua mundanidade. Tendo "necessidade" de renunciar à sua mundanidade tem, *ipso facto*, de renunciar à sua contemporaneidade. Ele deixa de ser *contemporâneo* a seu próximo, ao entrar no mosteiro, simplesmente porque neste ato deixa de ser mundano e se torna um ser "fora do mundo", preocupado somente com as necessidades de sua alma e com a eternidade. Naturalmente, pode-se argumentar que a eternidade é contemporânea a qualquer tempo e, neste sentido, o monge se torna contemporâneo (de forma abstrata e universal) a todas as épocas e todos os tempos, de modo absoluto. Uma inteligência maliciosa poderia concluir também que, assim fazendo, o monge não se tornou contemporâneo de ninguém e, de fato, abandonou completamente o domínio do humano.

O segundo ponto de vista, pelo contrário, reconhece, não sem alguma angústia, não existir outro tempo a não ser o presente e que ser contemporâneo é o preço da própria existência. O homem tem responsabilidade para com seu próprio tempo, mas como se ele pudesse permanecer fora dele e distribuir vários benefícios, de ordem espiritual e material, numa situação de compassiva distância. O homem tem responsabilidade para com a situação *onde está*, isto é, em seu próprio tempo e em seu lugar na história a que pertence e para a qual, inevitavelmente, deve contribuir ou com suas respostas ou com suas evasões, com verdade e atos, ou com slogans e gesticulação. Mesmo esses gestos de evasão e recuo podem, por infelicidade, contribuir decisivamente para um vazio no qual a história venha a tomar uma orientação diabólica. E assim, a segunda forma de monaquismo existe num confronto com um mundo e um tempo aos quais sente dever *responder*. Isto não significa compromissar-se perdendo a perspectiva que lhe é própria. Pois a primeira contribuição do monge para com o mundo de seu tempo é precisamente a perspectiva de que ele não é deste mundo. O monge deve ao mundo contemporâneo um "estar fora do mundo" adequado a este tempo, e o monge contemporâneo é autêntico na medida em que consegue, pela graça de Deus e pelo carisma de sua vocação, realizar contemporaneamente um "estar fora do mundo". Ele está no mundo, mas *não é do mundo*. E acha-se, simultaneamente, em seu tempo e é de seu tempo.

Daí o erro de quem imagina que achar-se fora do mundo inclui também achar-se fora do nosso próprio tempo, isto é, no passado, uma vez que se imagina o passado como tendo adquirido um valor eterno pelo fato de ter passado.

Talvez fosse mais verdadeiramente monástico dizer que o monge, libertado das escravidões e confusões do "mundo" em seu sentido negativo e estéril, deveria ser capaz, por esse mesmo fato, de se tornar presente ao seu mundo e ao seu tempo, pelo amor, pela compaixão, pela compreensão, pela tolerância e por uma profunda esperança evangélica.

Esta segunda concepção do monaquismo pode, portanto, ser chamada, em certo sentido, de "mundana", não que tenha a ver propriamente com os fins e meios da vida secular como tal, mas leva em conta, com simpatia e compreensão, as legítimas aspirações que "o mundo contemporâneo" se sente chamado a obter para o homem, como: paz, realização pessoal, comunhão com outros homens num ambiente social acolhedor e criador etc. E considera essas aspirações reais e importantes para todos e, portanto, também para o monge. E vê, compadecida, que o homem de hoje é frustrado em seus mais sinceros esforços para atingir tais coisas. Ela não o despreza nem condena por seus esforços, aparentemente, empreendidos "sem Deus" ou em espírito "irreligioso", uma vez que observa ser ele fundamentalmente sincero e agir de boa-fé, e essas aspirações, boas em si mesmas, têm sua raiz em Deus. O monge deveria, no mundo de seu tempo, ser como um sinal de esperança nos mais autênticos valores a que seu tempo aspira.

Assim a comunidade monástica há de levar a sério o sincero e válido esforço do pensamento secular para apreender esses valores, mas há de entender tal pensamento à luz da Bíblia e dos Santos Padres achando ali um clima muito propício para ideias que parecem, em boa parte, votadas à esterilidade na aridez e violência da vida moderna urbana e tecnológica.

Não cabe aqui desenvolver esta ideia em todas as suas implicações. Uma consequência desta atitude diz-nos respeito aqui: olhando para o candidato, a comunidade monástica não mais há de julgar que ele vem aos mosteiros com ideias e aspirações totalmente erradas. Há de compreender que algumas das mais profundas necessidades que ele traz no coração, ainda que pareçam não ser necessidades explicitamente religiosas, são genuinamente humanas e especificamente contemporâneas e que a vida monástica também é chamada a satisfazê-las. E desta forma ignorar estas necessidades humanas, rejeitá-las como estranhas e dirigir toda a atenção do candidato para outras aspirações na aparência mais sublimes, mais eternas, menos profanas, mais espirituais e religiosas, pode tornar-se, de fato, arbitrário, injusto e mesmo irrealista. Por isso é que, procedendo assim, em última análise, ter-se-á como resultado deturpar a vocação do candidato precisamente em sua autenticidade religiosa e espiritual. Pois ninguém pode estabelecer a autenticidade religiosa de uma vocação tentando filtrar todos os componentes humanos e contemporâneos que ali se possam encontrar. Pelo contrário, a verdade duma vocação, sua verdade religiosa, depende do respeito fundamental aos componentes humanos nela depositados pela hereditariedade, pela história do candidato, pela sua liberdade agindo em união com a graça é, portanto, pelo próprio Deus.

Não há dúvida de que ao implementar a legislação pós-conciliar sobre a vida religiosa, a ordem monástica há de, naturalmente, adotar a segunda das duas atitudes por nós esboçadas acima.

O Decreto conciliar *Perfectae Caritatis* sobre a atualização dos religiosos exalta as ordens contemplativas e insiste para que mantenham "da maneira mais inviolável" sua "separação do mundo e os exercícios próprios à vida contemplativa". Mas também declara que os termos elogiosos e de aprovação às ordens contemplativas, como "ornamento da Igreja e fonte de graças celestes", não as isentam do dever de completa renovação. Diz significativamente o Decreto: *"Seu modo de vida, contudo, seja revisto à luz dos princípios e dos critérios da atualização já enumerados..."* (n. 7).

Entre os princípios referidos contam-se os seguintes:

"Os institutos promovam em seus membros uma informação adequada a respeito das condições humanas e temporais, bem como das necessidades da Igreja, de forma que possam julgar, com sabedoria e à luz da fé, as contingências do mundo de nosso tempo e, no ardor de seu zelo apostólico, vir com mais eficiência em auxílio dos homens" (n. 2d).

"O modo de viver, rezar e trabalhar há de adaptar-se... às condições físicas e psíquicas atuais dos membros... Segundo os mesmos critérios, examine-se igualmente a organização do governo dos institutos. Por essa razão, as constituições, diretórios, os códices de usos, preces e cerimônias... sejam convenientemente revistos e suprimidas as prescrições obsoletas..." (n. 3).

Mas também "dever-se-á admitir com sinceridade o fato de que as mais desejáveis mudanças em favor das necessidades do tempo não atingirão o fim visado a não ser que as vivifiquem uma renovação espiritual. A esta renovação espiritual cabe o primeiro lugar, mesmo na promoção das obras externas" (n. 2e).

Na secção que se ocupa especificamente com os monges, diz o Decreto:

"Conservando por isso a índole própria à instituição, renovem as antigas e benéficas tradições adaptando-as de tal maneira às atuais necessidades das almas, que os mosteiros sejam como centros de irradiação para a edificação (*seminaria aedificationis*) do povo cristão" (n. 9). (A prescrição de "conservar a índole própria" de cada "instituição" relaciona-se com a frase precedente onde o Decreto diz que alguns monges servem a Deus "dedicando-se inteiramente ao culto divino numa vida silenciosa" e outros, "assumindo legitimamente algumas obras de apostolado e caridade cristã").

Note-se que, ao falar da clausura papal para monjas, diz o Decreto seja a clausura mantida, mas "suprimindo-se os usos que forem obsoletos" e isto "depois de se ouvirem os desejos dos próprios mosteiros" (n. 16).

Sem dúvida já ocorreu uma notável mudança de atitude. As comunidades mostram crescente desejo de considerar com realismo as necessidades da nova geração e já não se julga peremptoriamente que a "jovem guarda" é toda constituída de débeis mentais, rebeldes, neuróticos e toxicômanos. Quase se admite que, a seu modo, um tanto quixotesco, os jovens manifestam certa dose de bom-senso. Infelizmente ainda há muito espírito de paternalismo nesse benigno empenho em reconhecer as qualidades simpáticas e positivas da juventude. Acreditaremos de fato que o monaquismo possa realmente sobreviver num *diálogo* atual com o postulante moderno? Ou com o noviço? Ou com o jovem monge?

Devemos aqui admitir existirem problemas, alguns deles bem complexos. Seria um tanto ingênuo e tolo julgar que uma pessoa, sem nenhuma experiência da vida monástica, ao entrar no mosteiro, esteja em posição segura para tudo reformar logo na primeira semana. Quando a tradição monástica é unânime em afirmar que o bom candidato manifesta sincero desejo de escutar e aprender antes do que ensinar, isto sem dúvida não há de ser considerado como uma excêntrica e antiquada fórmula, boa somente para museu. Pois, afinal, não é estranha ao homem moderno, por exemplo, no mundo do atletismo. Os treinadores, normalmente, não são muito pacientes com os calouros temperamentais que sabem mais a respeito de futebol do que qualquer outra pessoa.

Por outro lado, admitamos que não mais podemos com segurança insistir em que o candidato aceite passivamente nosso apressado diagnóstico de seus males, precisamente porque temos um remédio familiar à mão, aplicável a este diagnóstico particular. ("Você é orgulhoso, portanto tem de submeter-se à humilhação, e para começar deve aceitar o fato de que eu o conheço melhor do que você a si mesmo, e se você não concorda com este ponto, mostra, desde o início, o quanto é orgulhoso!" – Um círculo vicioso muito conveniente que dispensa todo esforço para entender as reais necessidades do indivíduo!)

O candidato que chega ao mosteiro em busca de algo talvez não esteja necessariamente à procura daquilo que nós pensamos! Sim, naturalmente, *si revera Deum quaerit*[1]. "Procura ele realmente a Deus"? Mas o que me habilita, como mestre de noviços, a imaginar que a minha forma particular de procurar Deus é a única maneira possível e que minha espiritualidade, minha oração, minhas idiossincrasias, meus gostos e minhas aversões no mosteiro, minhas interpretações é que constituem a norma de todos os tempos? Tal suposição demonstra mais alto do que quaisquer palavras não possuir eu nenhuma humildade e portanto não estou qualificado para tentar ensiná-la a outrem. Não tenho a humildade elementar para respeitar a integridade pessoal dele, sua singularidade, suas diferenças, sua própria necessidade singular e pessoal.

---

1. Regra de São Bento, palavras do *Prólogo* e condição para ser aceito na comunidade [N.T.].

Em poucas palavras, quer isto dizer que o Espírito Santo fala de muitas maneiras e uma delas é, precisamente, através da necessidade, da pobreza e da limitação de nosso próximo.

Uma prática meramente externa do silêncio e da clausura jamais há de garantir, por si só, a transformação interior da percepção atenta requerida pela vida contemplativa. Temos de tornar a examinar todas as nossas práticas. E isso, com a vontade séria de admitir que nossas presentes concepções são, talvez, simplesmente inadequadas. Necessitam elas ser muito mais aprofundadas e vivificadas – e, possivelmente, receber uma perspectiva inteiramente nova. Assim, mostrar-nos-emos, de fato, alertas frente às novas necessidades de uma nova geração, conscientes de que, nessa atenção, abrir-nos-emos à graça, obedecendo ao amor do Espírito Santo e, afinal, seremos mais autenticamente monges do que simplesmente insistindo em fazer duas fatais suposições: *1)* a ideia do monaquismo que acontece ser a nossa e, no momento, assume aparência quase oficial, é a única perspectiva certa e é, portanto, da essência da vida monástica e imutável; *2)* porque estamos certos neste caso, estaremos automaticamente certos em qualquer outro também. E podemos então seguramente supor que quem ingressa no mosteiro, proveniente do mundo, se acha contaminado por todo tipo de erro, e se não procura assimilar a concepção do monaquismo que nós preferimos, é prova de que ele não é bom material, é madeira imprestável, árvore estéril, que deve ser arrancada e lançada ao fogo. Insistir nessas duas suposições tão arrogantes há de garantir o fim próximo da vida monástica em qualquer comunidade que a elas se apegar com perseverança.

V
Renovação e disciplina[1]

A vida monástica pode ser considerada como uma dialética de liberdade e disciplina se nos lembrarmos de que, por sua própria natureza, implica numa certa medida de distância (de um modo ou de outro) e de transcendência em relação à vida ordinária social e cultural. O monge está situado "fora deste mundo" na medida de sua libertação frente às exigências do mecanismo de uma vida "mundana". Esta libertação, entretanto, o torna capaz de oferecer ao mundo algo de que precisa: uma capacidade de celebração criativa e espontânea, uma compreensão mais profunda, uma resposta mais livre ao desafio existencial básico que nos convoca para a tarefa de dar sentido à nossa vida – de dar o nosso próprio sentido à vida. Não temos simplesmente que aceitar as respostas de outros ou de alguém, mas sim de descobrir pela experiência pessoal e verificar existencialmente o sentido interior e o valor da vida humana. Notem que estou falando do ideal monástico, não da realidade que pode facilmente vir a ser exatamente o oposto desse ideal.

---

1. O autor declarou que as observações informais e considerações destas páginas pretendiam, em parte, esclarecer algumas interrogações surgidas por ocasião da *viva* troca de ideias sobre o "declínio dos Trapistas" publicadas no *National Catholic Reporter,* de 11 de janeiro de 1968.
"Numa carta que escrevi, estampada naquela publicação, insisti na presença do elemento de liberdade essencial à vida monástica, mas comentei também a importância da disciplina" [Nota de N. Burton].

O elemento de "distância" em relação ao Gênero de vida ordinária onde não há lugar para o pensamento – o elemento de solitude, de retiro no "deserto", de silêncio, de ascese, de pobreza, humildade e obediência – tudo isso é necessário ao monge. Mas por quê? Simplesmente porque "a tradição monástica" o diz? Ou apenas para dar ao monge "algo a fazer, ou para torná-lo mais virtuoso?" As ideias tradicionais de "mundanismo" e ascetismo, disciplina, renúncia, abnegação, oração, tornaram-se sujeitas às críticas, em razão da maneira como foram apresentadas. Isto, ora em termos de perfeccionismo arbitrário e obrigatório, ora em termos de institucionalismo formalista. Evidentemente não tem sentido o argumento círculo vicioso que postula uma imagem monástica austera, e pratica, em seguida, austeridades a fim de apresentar uma imagem autêntica. Não se trata de uma questão de "imagem". Não se trata de construir uma fachada ou mesmo de fazer um contrato (de viver austeramente) e ser-lhe fiel. A motivação da disciplina encontra-se em nível mais profundo.

Há muito São Paulo demonstrou a analogia entre o treinamento dos atletas e a disciplina cristã da abnegação.

Através de séculos de rotineira compreensão, a analogia de Paulo foi um tanto materializada e a abnegação que pregou, conforme o Evangelho, veio a ser considerada pelos que pensavam em termos superficiais questão de "pagamento" para uma comodidade final: a beatitude. Esta visão materialista de sacrifícios impostos como um *quid pro quo*, em que podia alguém "cobrar" na vida futura, influenciou o ponto de vista em relação ao ascetismo cristão nos mosteiros no século XIX. Mas existe, em realidade, mais do que isso. Se alguém empreende o treinamento disciplinar das suas faculdades e de todo o seu ser, é para aprofundar e expandir sua capacidade de experiência, de percepção, de compreensão em relação a uma vida de nível espiritual mais elevado, de uma mais profunda e autêntica vida "em Cristo" e "no Espírito". O que a disciplina se propõe não é apenas a perfeição moral (o desenvolvimento da virtude por amor à virtude) e sim a autotranscendência, a transformação em Cristo, "de claridade em claridade, pelo Espírito do Senhor" (São Paulo). A morte e crucifixão do homem da rotina, de vida social egoísta e convencional, isto é, do "homem velho", leva à Ressurreição, em Cristo, de um "homem novo", totalmente novo, que é "um só Espírito" com Cristo. Este homem novo não é apenas o homem velho possuidor de um certificado legal que lhe dá direito a um prêmio. Ele não é mais o mesmo e sua recompensa é, precisamente, essa transformação que faz com que ele seja não mais o sujeito isolado de um prêmio limitado mas, sim, "um com Cristo" e, em Cristo, um com todos os homens. O que se propõe a disciplina, portanto, não é somente auxiliar-nos a entender as dimensões interiores da existência, mas transformar-nos em Cristo de tal modo que transcendamos inteiramente nossa existência comum. (No entanto, ao transcendê-la, redescobrimos seu valor existencial e sua solidez. A transformação não é o repúdio da vida ordinária, comum, cotidiana, rotineira, mas sua redescoberta em Cristo.)

Disciplina monástica e liberdade são correlativas. Em linguagem ascética tradicional, nossas paixões, apetites, necessidades e emoções criam certas limitações que obstaculizam e frustram uma determinada espécie de desenvolvimento, se nos permitimos permanecer demasiadamente dependentes para com elas. Elas nos cegam, nos enfraquecem, nos desfibram e nos tornam covardes, conformistas e hipócritas. São raízes de má-fé. A ânsia por certa espécie de confortos, consolações, segurança e diversão, só pode ser satisfeita se estamos prontos a desempenhar um papel, a ocupar determinado lugar na sociedade, a viver em conformidade com normas sociais aceitáveis. Se preenchemos o papel a nós imposto por outros, seremos recompensados pela aprovação deles. Esses papéis impõem limitações definidas mas, em compensação, porque aceitamos suas limitações, desfrutamos a consolação de nos sentirmos acompanhados, compreendidos, sustentados etc. É-nos dado sentir que "somos do grupo" e, portanto, somos "corretos". Originariamente, o monaquismo se propunha explorar as possibilidades que se apresentavam como campo aberto, uma vez removidas essas limitações, isto é, uma vez "abandonado o mundo". Os confortos e alegrias da vida social comum, o amor conjugal, as conversas entre amigos, as diversões em companhia de outros, os negócios, um lugar na cidade e na nação, tudo isso, de certo modo, era objeto de renúncia. Por vezes essa renúncia se fazia de maneira crua como se a vida social comum fosse um "mal". Não deve isso enganar-nos. Tratava-se simplesmente de uma maneira de entender confusa, como se, de algum modo, as limitações impostas pela vida social fossem obstáculo para algo mais, e o monge fosse alguém que quisesse investigar esse "algo mais".

A vida monástica teve sempre algo desse elemento de "exploração", de "aventura" (pelo menos nas épocas em que esteve bem *viva*). O monge é alguém que, de um modo ou de outro, avança até as últimas fronteiras da experiência humana e se esforça por passar além, a fim de descobrir o que transcende o nível comum da existência. Consciente de que o homem é, de algum modo, sustentado por um profundo mistério de silêncio, de incompreensibilidade – em frente à vontade e ao amor de Deus – o monge sente ser chamado de maneira pessoal a viver em mais íntima comunicação com este mistério. Sente também que, se não responder a esse apelo, não poderá ser feliz, pois não terá condições para ser plenamente sincero consigo mesmo. Fugir desse fato seria rejeitar uma certa forma da verdade, uma certa realidade interior e, por fim, perder o respeito a si próprio como ser humano.

Estou simplesmente tentando traduzir, em termos mais modernos de nossa sociedade contemporânea, o conceito com o qual estamos familiarizados e que até agora tem sido expresso na frase "a vocação monástica", ou "a vocação contemplativa". O conceito desta vocação não está forçosamente confinado a uma espécie particular de disciplina. Pode haver vários caminhos diferentes. Diferentes aspectos do treinamento podem ser enfatizados. Apoiará, ora a vida comunitária, ora a solidão, ora a ascese ou o trabalho; aqui, a *lectio*[2] ali, a oração silenciosa, ou ainda, a liturgia ou a meditação, ou uma piedade inteiramente sacramentalista – ou então, o risco espiritual de uma vida fora dos quadros da instituição e do ritual. Entretanto, todos esses elementos, uns mais, outros menos, estão orientados para uma espécie de exploração para "além das fronteiras". O argumento

---

2. *Lectio*, leitura meditada da Bíblia, dos comentadores da Sagrada Escritura, dos primeiros escritores cristãos de valor, dos teólogos modernos. É o sentido do termo, aqui [N.T.].

apresentado pelo monaquismo cenobítico e litúrgico é que ele é mais seguro e universal, pois não avança demasiadamente as fronteiras e mantém uma medida humana (social) mais normal. No entanto o próprio cenóbio (mosteiro) é uma pequena Igreja, uma comunidade sagrada, onde o Senhor está presente ao partir Ele próprio o pão. As fronteiras são eliminadas, não do nosso lado, mas do lado d'Ele. E, evidentemente, temos aqui uma verdade universal subjacente a todos os paradoxos sobre a "exploração do monaquismo". E, afinal, não existem fronteiras. Não estaríamos à procura de Deus se Ele não estivesse realmente "em nós". E avançar para "além de nós próprios" é, simplesmente, encontrar a base interior, íntima, de nosso próprio ser, onde Deus está presente a nós como a fonte de nossa criatividade, como a nascente da luz e da graça redentoras. Seja na vida eremítica ou na comunitária, seja como peregrino ou trabalhador, como hesicasta[3] ou liturgista, o monge procura, de algum modo, responder ao convite: "Eis que o esposo se aproxima; ide a seu encontro!" A necessidade de disciplina é a mesma que a necessidade de vigilância, de prontidão e disponibilidade desta parábola do Evangelho de São Mateus (25,6). Aqueles que se mantêm na espera do Senhor precisam estar com suas lâmpadas acesas e bem preparadas. Aí está todo o sentido da disciplina monástica. *Implica no cultivo de certas condições interiores* de percepção, de abertura, de prontidão e disponibilidade

---

3. *Hesicasta* (de *Hesechya*, em grego contemplar). Monges cristãos da Igreja ortodoxa, dos mosteiros do Monte Atos, na Grécia. Meditar em profunda concentração silenciosa, fixando um ponto determinado do corpo (geralmente o umbigo), com respiração rítmica, repetindo o nome de Jesus ao inspirar e expirar. É a prática da escola hesicasta. Espalhou-se rapidamente pela Rússia. (Cf. *Le Livre du Pèlerin russe*) [N.T.].

em frente ao inesperado e à "novidade". Especificamente, isso implica uma abertura e uma prontidão para com o que, normalmente, não é encontrado numa existência em que nossa atenção é distraída pela dissipação, e se estafa na multiplicidade das ocupações. É verdade que, na atual renovação monástica, uma nova e importante intuição é a consciência de que "o mundo" não pode ser sumariamente rejeitado como irrelevante à vida cristã. Mas isto, acima de tudo, é uma salutar bênção em frente a uma espécie de esclerosada, artificial e automática maneira de pensar rotineira e "piedosa". Isto é, a mecânica suposição de que revestir-se de um hábito religioso, retirar-se a um claustro e abraçar um conjunto de determinadas observâncias, garante, de qualquer modo, um aprofundamento da vida e dá à nossa existência seu verdadeiro sentido. Como se alguém pudesse tornar-se iluminado e libertar-se somente pela aprendizagem maquinal de uma ideologia enclausurada.

Podemos, talvez, fazer aqui uma pausa para considerar algo que, tanto quanto eu saiba, jamais foi estudado. Trata-se da influência da ciência e do método científico sobre a mentalidade monástica e o conceito monástico de disciplina. Quem conhece a literatura monástica e patrística dos primórdios sabe que, para os antigos, a disciplina e a ascese cristãs não eram simplesmente métodos de segurança contra incêndios, que davam resultados compensadores, caso todas as instruções fossem bem seguidas e todas as medidas certas executadas em boa ordem. Esse conceito de disciplina na vida de oração surgiu, entretanto, nos séculos XV e XVI, na mesma época, mais ou menos, em que o conceito do método científico se desenvolveu (Bacon e Descartes). Este conceito influenciou, com muita evidência, os jesuítas – não tanto, talvez, o próprio Inácio que era mais sutil e experimentado – porém, sem dúvida, a escola inaciana. O conceito era que, se estabelecêssemos as condições certas, uma espécie de laboratório de oração, e se realizássemos a tentativa de acordo com as instruções, teríamos os resultados desejados. Podia-se organizar as coisas eficientemente de maneira a se obter a espécie precisa de graça que estávamos procurando. Este conceito evoluiu a ponto de termos agora uma simples farmacologia da contemplação: toma-se a pílula indicada e aparecem os efeitos. Daí ter sido o conceito de disciplina corrompido, tornando-se uma espécie de metodologia. E, como no caso das ciências sociais, por exemplo (onde o mesmo tipo de transposição teve lugar), em vez de, realmente, orar e meditar, os cristãos ficaram obsecados por seu "método" e passavam o tempo observando-se em oração, examinando o método e se perguntando por que motivo não estariam obtendo os resultados desejados. Sem me alongar nesta importante questão, deve ser dito, aqui e agora, que esta transformação de uma disciplina, entendida em nível amplo e humano e num clima teologal de amor e de graça, numa metodologia de vontade e concentração tem sido fatal à contemplação católica. Felizmente, alguns raros mestres, como Caussade[4], persistente e tranquilamente contrariaram este erro, guiados por uma espécie de bom-senso, sanidade e tato que enfatizaram a abertura à graça, a passividade e uma atitude atenta mais profunda, menos racionalista. Pois a disciplina na ora-

---

4. O Pe. Caussade, S.J., autor do livro muito apreciado nas primeiras décadas do século XX *"L'abandon à la Providence Divine"*, que suscitou vários pequenos tratados, comentários na mesma linha, e inspirou outros orientadores espirituais [N.T.].

ção (sobretudo na antiga tradição monástica) não é uma questão de forçar o fim em vista para conseguir o que se quer, e sim uma aprendizagem dos caminhos do espírito e da graça, e de estar disponível e aberto para responder à imprevisível atuação de Deus, cujos "caminhos não são os nossos".

Pode ser constatado como, durante os longos séculos em que a ordem monástica esteve encravada na estrutura da civilização cristã, embora fosse isso algo de muito fecundo e rico em desenvolvimento, tanto para o monaquismo como para a cultura europeia, acabou por produzir uma espécie de rotina que só pode ser superada por uma volta integral às fontes. Toda a problemática da disciplina monástica tem sido causa de confusão – especialmente para os americanos – pelo fato de ter sido, na prática, reduzida a uma cega submissão a um esquema de costumes do século XIX. A fidelidade à vocação monástica tem sido, com demasiada frequência, confundida com a capacidade de engolir, sem críticas ou questionamento, uma mistura agridoce e um tanto desagradável ao paladar, de rigorismo quase jansenista, pietismo formalístico, teologia e antropologia míopes que não vão além da "letra" e, mais, uma certa autocomplacência em admitir que se era, de fato, o sal da terra e que nossas orações estavam realmente impedindo o cosmos de se desintegrar. À custa de teimosa insistência na necessidade de devota observância e uma cabeça tão dura que impedisse um esgotamento nervoso de ano a ano, podia alguém racionalizar sua existência como sendo integralmente monástica, agradável a Deus e, portanto, em algum sentido, "contemplativa". Afinal, nunca se ia a lugar algum e nunca se sabia de nada. Havia-se, quase totalmente, esquecido o mundo mau. Apresentada nesta perspectiva, a disciplina monástica trouxe sobre si o descrédito. Os que romperam com os quadros monásticos aceitos e tentaram abrir novas perspectivas deixaram, naturalmente, de lado, antes de mais nada, esta noção de disciplina. Com razão.

A esta altura temos de considerar de frente um dos maiores dilemas da "ordem monástica", ou do monaquismo como instituição. A vocação monástica é uma convocação à *metanoia,* à *conversatio morum.* É uma vida inteiramente nova. Se essa vida nova nada mais é do que uma mudança em nível religioso e cultural, deixará de satisfazer as exigências mais profundas e autênticas da vocação monástica. Em outras palavras, o candidato que se sente chamado a se tornar um homem novo, uma pessoa mais autêntica, mais conscientemente fiel à sua vocação cristã e ao Evangelho, sente uma obscura insatisfação com sua atitude de vida "no mundo". Ele se entrega à comunidade monástica, acreditando que ela há de indicar-lhe o caminho que o levará a aprofundar e desenvolver sua percepção à maneira de um cristão. Isto pelo crescimento de todo o seu ser "em Cristo". O que acontece, no entanto, é coisa diversa. O candidato encontra um sistema de observância e a ideologia de um gênero de vida em clausura, muito especializada. A "formação" especial tem em vista adaptar o jovem à vida, em concordância com um quadro cultural e religioso particular. Essa cultura monástica e religiosa, transmitida desde a idade média entranhadamente cristã, tem, sem dúvida alguma, uma validade verdadeira que lhe é própria. Não é ela, tampouco, totalmente irrelevante em relação a *todos* os homens modernos. Muitos, especialmente na Europa, puderam usufruir plenamente das vantagens desses meios culturais e religiosos, deles se beneficiando do mesmo modo que os pais do monaquismo no passado. Estes constataram que o canto gregoriano, a leitura dos primeiros padres e monges, a ascese monástica, entendida na mentalidade do beneditismo primitivo e dos cistercienses do século XII, e também, da Bíblia auxiliou-nos a encontrar o caminho para uma verdadeira auto-transcendência, uma transformação interior que veio ao encontro das necessidades do chamamento interior que de Deus receberam. No quadro da estrutura monástica, mas não por ela escravizados no que concerne às coisas externas, puderam eles desenvolver-se interiormente e adquirir uma espécie de plenitude, certeza e paz. Trata-se de cristãos e monges plenamente maduros, pois puderam utilizar esses meios culturais e, ao mesmo tempo, ultrapassá-los de maneira pessoal e própria. Mas muitos da geração mais jovem, embora abraçando a observância e "cultura" monásticas com total generosidade, não conseguiram encontrar nelas o mesmo sentido. No passado havia a tendência de culpar os jovens por esse insucesso. Agora estamos mais preparados para entender que não é "culpa" de ninguém. Esses jovens monges sentiram, talvez com maior razão do que percebemos, que o ingresso no mosteiro pouco mais significou para eles do que deixar um tipo de cultura e de sociedade, para vir aprender as complexas rubricas e complicadas funções de outra. Têm eles sentido que, afinal, isso pouco mais é do que uma mudança externa e que a racionalização religiosa e a purificação da intenção em nada concorrem para tornar a vida monástica interior e profunda. Esses jovens aprenderam a desempenhar uma função inteiramente nova, um sistema inteiramente novo de atitudes e ideias que lhes é apresentado. Entretanto, permanecem interiormente insatisfeitos, desorientados, vazios e, por fim, sentem, não somente que, de qualquer modo, foram enganados, mas que, se continuarem a desempenhar essas funções cumprindo observâncias exteriores, eles próprios estarão enganando. Por uma razão ou outra, a atuação exterior não representa – e ainda menos não consegue realizar – qualquer renovação interior em verdadeira profundidade. Levar vida simplesmente bem abrigada e mais ou menos sem pecado – não é o que podem aceitar como válida transformação em Cristo. (Talvez a esse respeito a geração anterior foi mais paciente e menos exigente. Os jovens não se satisfazem tão facilmente.)

Em todo caso o que acontece é que a aprendizagem e a prática de observâncias monásticas e de ritos não constitui uma verdadeira disciplina. Podem, entretanto, sem dúvida, prover um quadro apropriado ao aprendizado e à prática dessa disciplina. A verdadeira disciplina é *interior* e *pessoal*. É algo mais do que aprender certo tipo de conduta e possuir justificativas coerentes em relação a ela. Uma coisa é dizer que numa profunda inclinação de cabeça e ombros pretendo expressar amor e adoração a Deus, mas outra é crescer realmente nesse amor e nessa adoração. Para alguns, a inclinação e sua explicação podem tornar-se mais um obstáculo do que um auxílio. Em outras palavras, pode vir um dia em que o jovem monge compreenda ser necessário, para responder ao verdadeiro e profundo apelo que o trouxe ao mosteiro, retirar-se do claustro. A engrenagem da vida claustral impõe, atualmente, limites que impedem um autêntico desenvolvimento da pessoa. A tragédia pode bem ser que, ao deixar o mosteiro, o candidato se veja envolvido numa situação ainda menos favorável e perca mesmo aquilo que, embora pouco, recebia na vida monástica.

O monaquismo, depois do Vaticano II[5], passará evidentemente por uma transição em que haverá grande permissividade, uma vez que as pessoas estarão, de fato, tentando toda espécie de experiências e novas fórmulas. Essa permissividade há de variar (e, de fato, varia) de comunidade a comunidade. Por outro lado, haverá comunidades que, por um ou outro motivo, tentarão solucionar eficazmente os problemas da renovação dentro do quadro, já familiarizado, institucional, da grande comunidade com seus múltiplos projetos, de grande empresa e variados compromissos e sua fidelidade aos esquemas culturais estabelecidos. Na Europa isso significará uma certa continuidade evidente com o passado milenar. Na América, há de significar uma continuidade mais ou menos na linha do século XIX, em frente à qual nos sentimos um tanto hesitantes e envergonhados. Trata-se, afinal, de um monumento notável na área religiosa. E, ao mesmo tempo, é tudo o que temos em matéria de "tradição". A tendência será de modernizar, no sentido de "americanizar", e tender cada vez mais a "protestantizar" nossa vida, liberalizá-la com empréstimos feitos à sociologia, à psicologia etc. Em uma palavra, tratar-se-á de aburguezar um pouco a vida monástica. E isso, afinal, porque as pessoas precisam ter algo que lhes sirva de ponto de referência para poderem identificar-se. Ora, havendo renunciado à mentalidade simplista e alienada do imigrante do século XIX e do catolicismo étnico, os monges da América se estão situando, de maneira bastante natural, ali onde estão: na América do século XX.

---

5. O autor escrevia em fevereiro de 1968.

Porém, se um mosteiro trapista se tornar afinal indistinguível em relação a qualquer outro grupo marginal do tipo seminário, na *Great Society*, terá perdido sua razão de existir. Assim, enquanto devemos certamente ser flexíveis, permitir experiências, ser tolerantes, de mentalidade aberta e experimentar novos esquemas, temos, entretanto, de estar conscientes de nossa identidade de monges. Esta identidade não pode ser preservada sem uma disciplina orientada a uma verdadeira transformação interior, ao desenvolvimento do "homem novo".

Nesse sentido, creio que devemos estar mais conscientes e atentos à espécie de paramonaquismo que está muito vivo na América. Refiro-me, francamente, a movimentos como os dos hippies, dos *beats* antes deles e todos os que se interessam pelo ioga e o zen (e, sob outros aspectos), o movimento pela paz, o movimento pelos direitos civis. Todos esses possuem elementos que se podem denominar monásticos, no sentido de que implicam uma ruptura muito radical e crítica com os quadros sociais comuns. Têm seu ascetismo, sua "disciplina" nos diversos tipos de sacrifícios que exigem, a fim de "romper" com o passado de cada um, com seu meio ambiente normal, com a sociedade de seus pais, ou com uma ordem social de que discordam violentamente. É do saber de todos que, enquanto os monges em grande parte desistiram de jejuar, acontece aos garotos e às garotas, envolvidos no movimento pró-paz, passar vários dias jejuando (sem *nenhum* alimento) e com uma vigília pela paz que pode também ser uma vigília de oração. Concorde-se ou não com os que queimam fichas de convocação militar, estas pessoas certamente estão efetuando um "rompimento com o mundo", nessa área particular, de modo mais radical do que o candidato que, ao entrar no mosteiro, automaticamente se isenta de toda futura preocupação em matéria de convocação, e é plenamente aprovado pela sociedade. Não quero com isso dizer que todas essas coisas sejam forçosamente "certas" e que os monges estejam "errados". Estou apenas dizendo que os monges não podem dar-se ao luxo de ignorar a existência e a situação desses "parentes pobres". Esses grupos representam uma atitude em relação ao mundo, análoga à do monge. Eles também, em muitos casos, procuram explorar as fronteiras da experiência e da percepção, de modos, ao mesmo tempo, mais sérios e perigosos do que costumam fazer os monges. Seja qual for a opinião que se possa ter em relação às drogas psicodélicas, como fato sociológico, essas drogas indicam nitidamente que o desejo de experiência interior não é algo sepultado no passado medieval.

O fato de que os Beatles tomaram LSD e, em seguida, procuraram um monge hindu, um *guru* para orientá-los, abandonando o LSD quando o mestre o ordenou – e ainda, praticaram a meditação sob sua instrução, é certamente algo de salutar para os assim chamados monges contemplativos. E é uma simples ilustração daquilo que quero dizer ao falar de disciplina. Este panorama edificante tem especial interesse porque vem lembrar-nos uma coisa que, na prática, deixamos de lado. A ascese monástica tem demonstrado um pendor para o que poderíamos denominar a ascese da virgindade. Assim, pressupõe haver uma especial excelência numa vida em que a paixão jamais alcançou a expressão plena e a satisfação, mas foi sublimada, desde o início, em amor divino. Essa excelência é, sem dúvida alguma, real. Mas é um carisma especial. Não é a única fórmula da ascese monástica e da perfeita realização do ser. Recordamos, por exemplo, que na tradição religiosa hinduísta é considerado normal um homem (ou uma mulher) entregar-se à vida de oração, ascética e solitária depois de uma vida conjugal e da educação dos filhos. A vida carismática de virgindade mantém seu valor próprio. Entretanto, temos de enfatizar o fato de que, para a geração moderna, uma vida monástica abraçada quando não houve desenvolvimento sexual plenamente normal e maduro pode permanecer ambígua e problemática. Paradoxalmente, observamos como muitas vezes os jovens vêm ao mosteiro a fim de descobrir, finalmente, com mais certeza e segurança, que sua vocação é para o casamento. Há vários casos de pessoas casadas que, depois de dez ou quinze anos (ou mais tempo se têm filhos a educar) desejariam separar-se e adotar um gênero de vida diferente, mais solitária e disciplinada e, talvez, em certo sentido, monástica. Nossos costumes e mesmo as leis da Igreja lhes oferecem pouco e nenhum estímulo. Provavelmente essas pessoas dariam muito bons "monges". Muito melhores, talvez, do que seus filhos.

A ideia de disciplina implica um nítido reconhecimento de um fato humano elementar: a permissividade é *lícita* se alguém se contenta em deixar-se levar pela corrente que o carrega, mais ou menos seguramente, por seu próprio movimento. Podemos, em larga medida, confiar em nossa natureza e cultura para guiar-nos, uma vez que aprendemos as normas relativamente fáceis e habituais que elas nos impõem. Porém essa fácil existência do deixar-se levar pela corrente no que é lícito é adquirida por um preço: exclui outras determinadas dimensões da vida, que não podem ser encontradas a não ser que nos esforcemos, até certa medida, para descobri-las. É claro que é sempre preciso admitir exceções. Pode haver pessoas que, levadas pela corrente do que é lícito, adquirem um raro grau de sabedoria. Mas geralmente descobrimos que mesmo sua aparente maneira de viver, adotando o que é lícito, é o resultado de uma ruptura: o sacrifício de certos ajustes fáceis e de um papel convencional na sociedade. A pessoa que quer aprofundar sua percepção existencial tem de operar uma ruptura em relação a uma existência ordinária – e esse corte é penoso. Isso não pode ser feito sem angústia e sofrimento. Implica solidão e desorientação de quem reconhece que os antigos postes de sinalização não lhe indicam o caminho a seguir e como, em realidade, lhe cabe descobrir o caminho, por si próprio, sem mapa. É verdade que a vida monástica oferece outros postes de sinalização e outros mapas. Contudo, existe o problema de que, com demasiada frequência, esses sinais levam apenas a um beco sem saída – e os mapas se assemelham a esses curiosos produtos dos cartógrafos do século XIV, que nos informam que "há aqui muitos dragões". A verdadeira função da disciplina não é prover-nos de mapas, mas dar maior acuidade ao nosso sentido de direção. Isso para que, ao nos empenhar realmente na caminhada, possamos viajar sem mapas.

A disciplina monástica não é, portanto, de modo algum, questão de treinamento em relação a um comportamento piedoso e moderado, a um sistema de modéstia, prudência, autocontrole, que garante certa capacidade de recolhimento e resulta na recompensa de paz interior. Uma disciplina deste gênero nada mais é do que conformar-se a manter um estilo específico de vida. É simples questão de aprender a desempenhar seu papel, suponho, de "edificar". A verdadeira disciplina monástica só se inicia quando esse "papel" deixou de existir. E, presumivelmente, é possível começar a disciplinar-se, sem passar por qualquer educação formal em relação à "etiqueta monástica". Essa educação pode ser, ou não, útil, mas evidentemente não é disso que estou falando e não posso acreditar que seja essencial a uma renovação monástica séria. Poderá ajudar aqueles que por isto se interessam. Por outro lado, parece, de fato, haver real perigo em que aqueles que perderam a paciência com a disciplina – como etiqueta e recolhimento – possam, ao desfazer-se dela, afastar toda e qualquer disciplina. O resultado será então um monaquismo inteiramente fortuito, sem estrutura, sem formas nem feições reconhecíveis – e talvez mesmo sem nenhuma motivação séria ou propósito real. Mesmo isso pode ter suas vantagens, temporariamente, mas só temporariamente um período para tomar novo alento, em que a experiência possa descobrir qual seja sua motivação e sua identidade. Durante esse intervalo, poder-se-á esperar que uma situação, onde tudo o que for lícito e carente de estruturas é permitido, venha a ser um auxílio, contanto que haja, nas pessoas que vivem essa experiência, verdadeiro conteúdo evangélico. Por outro lado, se um grupo de "reformadores" se junta em torno de uma ideia nebulosa, sem coesão alguma, a não ser a de aspirações semiconscientes, temores e ressentimentos mais ou menos comuns a todos, a mera liceidade dos meios e a displicência, jamais serão suficientes.

O perigo de atuar sob o impulso de sentimentos neuróticos nunca será demasiadamente grande. A iniciativa terá como resultado apenas a desintegração do grupo e dos indivíduos. Será uma regressão. A questão da disciplina faz naturalmente surgir outro problema. É a questão ainda mais crítica da autoridade. De fato, o descrédito em que caiu a disciplina, as suspeitas a esse tema são, em larga medida, o resultado de um rude autoritarismo. Os que desconfiam da autoridade desconfiam da disciplina e vice-versa. Geralmente existem ao menos algumas razões plausíveis que justificam essas suspeitas. Mas temos afinal de admitir que o treinamento na vida monástica exige algum tipo de disciplina. Evidentemente, o conceito do Senhor Abade, revestido de suas vestes pontificais e oferecendo com gentileza seu anel a beijar, para que se lucrem trinta dias de indulgências – ou, quem sabe, proibindo os que lhe estão sujeitos de ler, "em virtude do voto de obediência", a revista *The new yorker* – é uma atitude superada. Mas esse gênero de autoridade nunca teve qualquer força interior real. Mantinha-se de pé, apoiada externamente em sanções legais. O que é necessário haver nos mosteiros é o reconhecimento de uma autoridade forte no amor e na verdade do Evangelho. Esta autoridade poderá ser vista, talvez, no mestre carismático raramente encontrado, mas seremos mais práticos se a procuramos na comunidade que crê, unida em Cristo, na humildade do amor cristão e do espírito, no serviço mútuo, na obediência de fé e reunidos em torno de um irmão por eles escolhido para tomar as decisões finais, práticas, no andamento da comunidade. A disciplina, num quadro como esse (evangélico), é menos uma questão de austeridade pessoal e de vontade ("formação do caráter"), do que uma abertura aos apelos e às exigências do Espírito de Amor, às necessidades de nossos irmãos e da comunidade.

No entanto, não podemos negligenciar a importância do treinamento ascético pessoal como também da paternidade espiritual (onde pode ser encontrada). A vida de oração interior, "contemplativa", é algo que tem de ser aprendido, à custa de provações e erros, sob algum gênero de orientação e experiência de outro. Um dos maiores problemas da "vida contemplativa" é que, em geral, essa orientação tem sido demasiadamente rudimentar, superficial, improvisada e frouxa – ou por demais arbitrária, forçada, legalista e excessivamente insensível às necessidades reais de cada vocação individual. Daí as pessoas nunca aprenderem realmente a orar, a meditar, a fazer o "discernimento dos espíritos" e a encontrar seu caminho num território sem demarcações que vieram expressamente explorar. Essa metáfora espacial não nos deve enganar. Evidentemente, não existe "dentro de nós" nenhum "território" e nós não "viajamos". Contudo, a ideia de desenvolvimento é algo que temos naturalmente tendência a visualizar em termos espaciais (por exemplo em gráficos). O propósito da disciplina é, no entanto, de dar-nos a percepção crítica em relação às limitações da própria linguagem da vida espiritual e das ideias referentes a essa vida.

Se em nível elementar a disciplina torna-nos críticos em relação aos falsos valores existentes na vida social (faz-nos, por exemplo, entender experimentalmente que a felicidade não se encontra nos habituais ritos de consumo de uma sociedade abastada), num nível mais elevado, ela nos revela as limitações das ideias espirituais formalistas e toscas. A disciplina desenvolve nossa percepção crítica e nos mostra como é inadequado o que antes aceitávamos como válido em nossa vida religiosa e espiritual. A disciplina nos habilita a nos desembaraçar-nos e abandonarmos como irrelevantes certos tipos de experiência que, no passado, tinham grande significado para nós. Ela nos faz ver como aquilo que antes servia de verdadeira "inspiração" tornou-se agora rotina gasta, e que devemos ir além em busca de algo diferente. A disciplina nos dá a coragem de enfrentarmos o risco e a angústia da ruptura com nosso nível anterior de experiência. Ela nos torna capazes, na linguagem de São João da Cruz, de enfrentarmos a Noite Escura em plena consciência da necessidade de sermos despojados daquilo que anteriormente nos dava satisfação e nos auxiliava. Ajustar-se a novo nível de experiência é, no início, coisa difícil e mesmo assustadora. E temos de colocar-nos diante do fato de que a crise do verdadeiro crescimento na vida "contemplativa" pode aproximar-nos perigosamente de um total esgotamento mental. Por isso é que é um auxílio muito valioso ter alguém com grande experiência dessas coisas para apoiar-nos.

Crescimento na experiência implica séria desconfiança de si próprio e questionamento em relação a nós mesmos. Nessa situação, valores anteriormente tidos como certos parecem explodir totalmente, e nenhuma outra categoria de valores tangíveis vem substituí-los. Pode mesmo acontecer que isso se processe sob a forma de uma crise de fé religiosa em que todo o nosso conceito de Deus e nosso relacionamento com Ele sofram uma reviravolta. Mesmo a noção de que "Deus não existe" pode surgir, ou então, nosso relacionamento com Ele parece ser tão desesperador, que temos em nossos momentos de maior treva, a sensação de estarmos condenados. Isso, como demonstra São João da Cruz, determina o início de uma experiência de fé inteiramente nova, em nível completamente diverso. A passagem de um estado em que amamos e cultuamos Deus como um maravilhoso objeto que satisfaz nosso desejo, ao nível em que Ele deixa de ser um objeto e perde todas as limitações que o definem em nosso pensamento, é algo que não pode ser facilmente descrito. Mas é uma experiência perigosa, embora necessária. A disciplina prepara-nos para isso. Porém a passagem de um nível ao outro não é uma questão de disciplina. Isso sucede "misticamente" pela ação secreta de Deus, de um modo que permanece misterioso e do qual não temos plenamente consciência. Evidentemente, surgirão problemas sérios frente a qualquer espécie de "disciplina" que procure simplesmente manter a pessoa em um único nível satisfatório de experiência (a de um fervoroso noviço), e considera qualquer "passar além" uma ilusão ou uma infidelidade. Uma disciplina que, de fato, *bloqueia e proíbe o* desenvolvimento só pode produzir uma trágica inércia. Numa tal circunstância, a crise e a perturbação explosiva são reações desejáveis! Elas nos mantêm em contato com a realidade. Se, de fato, vários monges têm (em silencioso desespero) procurado o auxílio de psiquiatras em lugar de orientação espiritual, não é para causar espanto. A psiquiatria tem apresentado afirmações mais válidas em relação à seriedade de suas pesquisas, do que, na maioria dos casos, a "direção espiritual" contemporânea. As duas coisas são totalmente distintas. Basta-nos considerar o fato evidente de que alguma ajuda da psiquiatria pode ser absolutamente necessária preliminarmente a uma vida espiritual séria. E a psiquiatria pode (com importantes reservas, no entanto) intervir utilmente nas graves crises a que está sujeito o maduro desenvolvimento de uma vida contemplativa. (É óbvio que o psiquiatra deve ser alguém com competência para entender o gênero de vida monástica!) Mas a disciplina espiritual, mais uma vez, é algo diverso. E não devemos levianamente afastar a possibilidade da existência da oração mística e da evolução carismática no curso da vida monástica. O propósito da disciplina é favorecer tais desenvolvimentos. Uma das falhas da antiga espiritualidade estreita e rígida do século XIX foi o fato de ter ela excluído tudo isso *a priori* (enquanto venerava os mais ingênuos relatos dessas experiências nas vidas dos santos). A moderna abordagem ativista também assume posição categoricamente antimística. E ela o faz, se possível, ainda mais violentamente do que nossos antecessores. Às religiosas, chamadas à vida contemplativa, repetidamente afirma-se que, se lhes agrada passar longos períodos de oração silenciosa sem raciocínios, é apenas por serem neuróticas. Não se faz nenhuma distinção entre a absorção narcisista e a genuína, intuitiva, oração de simplicidade.

A exagerada importância dada à lógica e à racionalização, que resulta na exclusão de tudo o que é intuitivo, no repúdio da estética na vida contemplativa, perverteu a ideia de disciplina monástica, nela inoculando uma espécie de árido racionalismo. Descartes lançou uma praga sobre a vida de oração dos católicos. O que deve ser redescoberto é a íntima disciplina "do coração". Isto é, do "homem total". É uma disciplina que penetra até as mais recônditas profundezas e se abre, à invisível, intangível mas misteriosamente sensível realidade da presença de Deus, do seu amor, de sua atuação em nossos corações. A antiga literatura sobre este assunto, que nos é conhecida (os debates de estudiosos da espiritualidade como Saudreau, Poulain, Garrigou-Lagrange), pode ter perdido para nós todo o sentido e sabor – e não existe muita literatura nova de qualquer real valor sobre a vida mística. Entretanto, os autores clássicos do monaquismo e da contemplação aí estão para ser reinterpretados e colocados à disposição dos modernos leitores. Cremos que sobretudo a tradição da Grécia e da Rússia (hesicasta) pode infundir nova vida em nossas mentes ocidentais racionalistas. Os caminhos da contemplação na tradição oriental (zen, ioga, taoísmo) não podem mais ser inteiramente postos de lado por nós. O sufismo e o hassidismo muito têm a nos dizer. Isso, por motivo de seu conteúdo bíblico explícito ou implícito, e porque se acham tão intimamente relacionados com um tipo de espiritualidade monástica. (As comunidades sufistas e hassídicas não são estritamente monásticas no sentido que damos ao monaquismo. Elas oferecem, no entanto, de maneira muito interessante, um monaquismo para pessoas que vivem "no mundo, mas não são do mundo"). As modernas ciências como psicanálise, antropologia social, religiões comparadas e algumas escolas filosóficas têm, igualmente, muito a contribuir para um monaquismo empenhado em repensar sua disciplina. Os contatos e a comunicação entre comunidades monásticas e diálogo aberto a outros grupos de intelectuais, psicanalistas, discípulos do zen, hippies etc., pode ser de grande importância para os monges, hoje. Um conceito de disciplina monástica (ou cristã) que se contenta em excluir e rejeitar tudo o que não ocorre dentro dos muros do mosteiro não pertence, definitivamente, à nossa época. (Excetua-se o caso individual de um religioso (ou de uma religiosa) maduro – ou talvez idoso – que possa ter encontrado seu "caminho" nesse gênero de isolamento.)

Poder-se-ia dizer muito mais em relação a esse assunto. Meu propósito aqui é simplesmente reafirmar que, sem disciplina, a procura de Deus na vida monástica – tipicamente uma busca no intuito de explorar as regiões da fé, do amor, da experiência e da existência que se situam para além do regime comum da vida de um católico – não pode levar a nada de sério. Digamos com clareza que, embora possa haver uma verdadeira necessidade de atitudes novas e de novas abordagens e conquanto todo o problema de *como* a disciplina monástica deva ser repensada, não há mudança alguma quanto à necessidade da disciplina em si. Isso significa antes de mais nada a necessidade de controle e libertação no nível do apetite e das necessidades físicas. Não pode alguém, com seriedade, pretender "explorar" áreas incomuns de experiência, se está escravizado pela necessidade de se livrar daquilo que o incomoda no nível da sensualidade. Nem tampouco há necessidade de mudança em relação aos valores tradicionalmente descritos como humildade, desapego, pobreza, obediência etc. É bem verdade que a noção, toda, que se tem da humildade, precisa ser repensada em termos que a tornem uma realidade para nossos contemporâneos. É igualmente verdade que a obediência tem de ser redescoberta – não como submissão à autoridade legalista, mas como abertura à verdade de Deus. Basicamente, a disciplina, de que se trata aqui, outra coisa não é do que a crucificação que elimina um tipo de experiências superficial e egoísta. Essa disciplina (crucifixão) nos introduz na liberdade de uma vida não mais dominada por egoísmo, vaidade, paixão, agressividade, inveja, avareza e vontade de domínio. Enfim, disciplina significa algum tipo de solidão. Não é uma solidão no sentido de uma fuga egoísta, mas sim no de um vazio que não mais acalenta a sensação de conforto oferecida pelos diversos "ídolos" sociais. É uma solidão que não mais depende, de maneira escravizante, da aprovação de outros. Numa solidão nesse nível, aprende-se a não procurar o amor, mas a *dá-lo*. Agora, a grande necessidade que se tem não é a de *ser* amado, compreendido, aceito, perdoado. Agora tem-se a grande necessidade de compreender, de amar, de perdoar e de aceitar os outros tais como são. Isso, para ajudá-los a se ultrapassar-se no amor. Alguém que empreenda a obra de se tornar monge sabe que, pelo simples fato de sua vocação, está convocado por Deus, que lhe propõe uma difícil tarefa que dura a vida inteira. Ele sabe que terá de enfrentar, sempre, angústia e grande risco. Se o monge procura esquivar-se dessa obra, sob qualquer pretexto (mesmo sob o pretexto de conformar-se a um ritual exterior, ou a uma observância ascética que, na realidade, não convém às necessidades de seu ser), deverá saber que não terá paz alguma. E isso, nem consigo mesmo nem com Deus, pois estará tentando silenciar o mais profundo imperativo de seu coração.

Não devemos (romântica e emocionalmente) tornar a disciplina um bem em si, um absoluto. A disciplina tem sua utilidade. O que queremos é redescobrir a reta utilização da disciplina. Isso implica o reconhecimento de que pode ser utilizada de maneira errada. Por exemplo: suponhamos que tenha alguém certos objetivos em sua vida de oração e está determinado a obtê-los. A disciplina que aparenta ser "boa" é a que parece colocá-lo mais próximo de seu objetivo. Entretanto, se agirmos desta maneira, poderemos utilizar a disciplina com grande desvantagem nossa (e da comunidade). E isso acontecerá se os objetivos em vista derem provas de ser irracionais ou irreais, improdutivos ou contraditórios, ou ainda, simplesmente, não viáveis. Esse seria o caso de disciplinas cujo efeito haveria apenas de criar, rápida e convincentemente, uma ilusão de santidade, de oração, de união a Deus. Em outras palavras, uma disciplina cujo efeito principal seria possibilitar a alguém "engrenar" com um mínimo de espera e incômodo. É a problemática dos psicodélicos. É também um problema dos métodos ascéticos. Portanto, sem entrar em pormenores eu gostaria de sugerir que precisamos aplicar a lâmina da disciplina um tanto mais perto da raiz e utilizá-la em primeiro lugar para questionar nossos objetivos.

A disciplina monástica deve, hoje, questionar os "fins" que têm em vista. E, antes de mais nada, descobrir se se trata de obter algo, idealmente "monástico" ou se os objetivos são ou possuem, ou podem possuir, de fato, alguma realidade. Nesse sentido é-nos vantajoso aceitar, pelo menos provisoriamente, as críticas um tanto severas dirigidas à vida contemplativa. Em lugar de tentar simplesmente repelir todos os argumentos hostis e procurar forçar o problema tornando a disciplina mais rígida a fim de provar que somos sérios e que portanto as metas que temos em vista devem ser sérias também (isso não é lógico – nem pode ser justificado como linha a seguir), seria proveitoso admitir que, muito daquilo que passa por "contemplação" é apenas narcisismo e amor a si próprio. É uma contemplação colocada em conveniente posição de subjetivismo e de mistério onde não pode ser atingida pelas críticas. ("Oh, você não compreende. É preciso experimentar essas coisas para poder entendê-las".) Disciplina e a experiência devem, pelo contrário, penetrar nessa área e fazer a crítica do que ali se passa. O problema, portanto, é não entrincheirar-se num subjetivismo enclausurado e num silêncio do qual se exclui a crítica. É preciso aprender a fazer do "silêncio", do "deserto", da "solidão" etc., zonas expostas à crítica mais exigente. A disciplina efetiva, então, não há de confirmar-nos no erro. (Como seria o caso se apenas a utilizássemos para conseguir "o que nossa vontade quer".) Bem entendida, a disciplina nos ajudará a desmascarar e corrigir nossos erros. Pode isso parecer óbvio. Na realidade porém não é na prática, de modo algum evidente. A disciplina pode muito bem ser utilizada a serviço da má-fé e da fraude religiosa ao presumir-se, emocionalmente, que a intensidade de nossa convicção é a prova de sua autenticidade. (A disciplina é então empregada para intensificar nossas convicções.) Assim, por exemplo, o asceta que se aplica a castigar sua natureza e recebe em recompensa uma gostosa sensação no plexo solar, torna-se mecanicamente convencido de estar certo – confirmando assim sua ilusão.

Nossa disciplina precisa em primeiro lugar questionar e, se necessário, desacreditar alguns desses "bons" sentimentos de autojustificação e algumas dessas nossas convicções. Nossa disciplina deve levar-nos a descobrir não até que ponto temos razão, mas o quanto estamos errados. Se no decurso dessa descoberta, desistimos totalmente de nosso empreendimento na vida monástica, bem, talvez nosso propósito não fosse mesmo algo de real. Se, por outro lado, fazemos uma completa revisão sobre a motivação que nos trouxe à vida monástica, e continuamos a procurar aquilo que viemos buscar, – porém de modo diverso e com uma compreensão totalmente diferente (e mais humildé) – nossa disciplina estará sendo útil e bem empregada.

VI
Como situar a obediência

O projeto para o esquema sobre os Religiosos divulgado na terceira Sessão do Concílio Vaticano II foi severamente criticado por nada ter apresentado para satisfazer a extrema necessidade de uma teologia renovada da vida religiosa. Essa teologia é uma exigência óbvia para que a vida religiosa possa ser atualizada de acordo com a *Constituição sobre a Igreja*.

O que nesta *Constituição* é notável é a nova colocação e a ênfase que, ao invés de considerar a Igreja primordial e principalmente como uma sociedade hierárquica e uma instituição rigorosamente organizada, afirma ser a Igreja a comunidade dos fiéis, o Corpo Místico de Cristo, o povo de Deus. Assim é afirmada a primazia da vida espiritual e sua fecundidade acima da rigidez organizada, da exatidão jurídica e do poder temporal. É certo que a Igreja é uma sociedade com leis, uma instituição organizada, mas as leis e a organização existem a serviço do amor e da vida. Existem para *salvaguardar a liberdade do Espírito dentro da estrutura da sociedade terrena*. Deste modo, a instituição, seu poder e sua influência *não se tornam finalidades que cada cristão deve servir*, mesmo ao preço de sua própria fecundidade e crescimento espiritual interior. A meta é a transformação e a consagração a Deus de tudo o que é vida, pelo fermento da santidade, isto é, pela vitalidade espiritual e a fecundidade dos membros de Cristo. Deste modo, um conceito estático da Igreja como organização é substituído pelo conceito dinâmico de uma Igreja corpo vivo, movido pelo Espírito, invisível e divino, da Verdade e do Amor a ela outorgados pelo Cristo Ressuscitado.

É por isso que não falamos, hoje em dia, em *reforma* da vida religiosa e sim em *renovação*. Renovação é algo de mais profundo, mais vivo e mais total do que reforma. A Reforma convinha às necessidades da Igreja na época do Concílio de Trento, quando toda a estrutura da vida religiosa tinha desmoronado, embora ainda houvesse muita vitalidade entre os religiosos. Atualmente a estrutura e a organização estão firmes e intactas: o que falta é uma compreensão profunda e fecunda do verdadeiro significado da vida religiosa. Imitar simplesmente a reforma Tridentina e tornar mais rigorosas as leis da disciplina dentro da estrutura que já é conhecida seria ignorar o verdadeiro problema dos religiosos, e o que não seria o menos deles, o da obediência e da autoridade no contexto moderno.

A obediência que é voto do religioso não é a obediência da criança para com os seus pais, nem a obediência de um cidadão para com a autoridade civil, nem está sendo bem-compreendida se é encarada meramente como a obediência de um sujeito para com a autoridade juridicamente constituída, mesmo podendo tudo isto se enquadrar dentro de uma estrutura religiosa. Portanto, a renovação da obediência religiosa não se efetuará simplesmente aumentando a prontidão e a exatidão, apesar de que certamente estas coisas não devem ser negligenciadas. O religioso, em particular o monge, deseja o *bonum obedientiae* (poder-se-ia quase traduzir a frase de São Bento por a "vantagem da obediência") porque é um meio de uma união mais íntima com Deus. É, de fato, a maneira principal pela qual o monge volta a Deus, como diz São Bento nas frases iniciais de seu Prólogo. No entanto uma obediência meramente externa e jurídica, por mais exata que seja, dificilmente poderá ser apreciada como um modo especialmente eficaz de união com Deus. A obediência do monge deve portanto ser a obediência da fé, profundamente enraizada na sua fé em Cristo como seu Senhor e Salvador, no seu desejo de viver como autêntico discípulo de Cristo, por amor ao Cristo que, por nós, se tornou "obediente até a morte" (Fl 2,8).

A obediência monástica é para o monge um meio de imitar a obediência e o amor de Cristo seu Mestre. Desde que Jesus "se esvaziou tomando a atitude de quem serve" (Fl 2,7), o monge há de procurar esvaziar-se também de toda vontade egoísta, tornando-se servo. Isso, sobretudo por ser este o "novo mandamento" de Cristo.

"O Filho do homem veio, não para ser servido, mas para servir" (Mt 20,28). Na última Ceia Jesus demonstrou claramente o sentido de suas palavras, ao lavar os pés dos discípulos. "Também vós deveis lavar os pés uns dos outros. Dei-vos o exemplo para que façais o mesmo" (Jo 14,14-15). O monge que deseja viver como verdadeiro discípulo de Cristo terá, portanto, uma atitude de humildade diante de seus irmãos. Procurará servir todos os seus irmãos e não apenas seus superiores – pois se não o fizer, ele se estará colocando "acima de seu Mestre" (Jo 14,16-17).

A obediência religiosa deve ser considerada antes de mais nada neste contexto de amor e discipulado. Somente assim os aspectos jurídicos e formais da obediência encontram as perspectivas certas. O monge obedece, não porque se tornou súdito do abade que tem poderes iguais ao do *pater familias* da época romana, mas porque é um discípulo de Cristo e, porque, na fé e na humildade, deseja considerar a função que lhe compete como um serviço a ser prestado com humildade e amor. O abade, por sua vez, não deseja apenas ver sua vontade executada ou a Regra rigidamente imposta, ou ainda, garantir a boa disciplina e a prosperidade da comunidade. O desejo primordial do abade é ajudar seus monges a buscarem e a encontrarem com mais verdade, mais sinceridade, de maneira mais inteligente e eficaz.

É normal que esta crise da obediência tome grandes proporções aos olhos dos superiores. Porém este fato pode, precisamente, tender a perpetuar certas lamentáveis confusões caso os superiores continuem a considerar a obediência, consciente ou inconscientemente, como ordenada em primeiro lugar à boa ordem e ao eficiente funcionamento do instituto religioso. Qualquer "renovação" da obediência, a partir deste ponto de vista, pouco mais será do que a consolidação do que, em realidade, consiste numa desordem espiritual. Essa desordem é o resultado da atitude que considera o monge como existindo para a instituição a que pertence a fim de garantir-lhe a continuidade e que o bem e a plenificação (santificação) do monge devem ser encontrados, acima de tudo, na obediência que o coloca totalmente a serviço de seus superiores nos interesses – e, podemos acrescentar, em vista da prosperidade e do prestígio da comunidade. Ora, enquanto esta atitude possa, talvez, ser mais justificável nas congregações que surgiram depois do século XVI (embora, mesmo aí, levasse facilmente a abusos) *não tem qualquer justificativa no contexto monástico.*

Todo o escopo da obediência monástica, da *disciplina* da vida regular e das normas tradicionais, é o pleno desabrochar (santificação) do monge. É, de fato, sua libertação frente às agitações e preocupações, para que possa ele aprender a escutar a Palavra de Deus em seu coração e obedecer-lhe.

A infeliz tendência a considerar a problemática da obediência e da autoridade como, primeiramente, uma questão de *ordem*, obscurece implicações teológicas muito mais profundas. Os religiosos, especialmente nos Estados Unidos, tendem a procurar soluções práticas imediatas e ajustes para que sua vida corra mais suave e eficazmente aqui e agora. Daí o interesse considerável pela psicologia e a psiquiatria e a grande confiança nas técnicas utilizadas pelas ciências sociais. Certamente é bom saber quais possam ser as motivações menos evidentes e as forças em movimento que geram nossos problemas comuns. Contudo, basicamente, o problema da obediência é inseparável da teologia da vida religiosa. Assim, soluções no plano da psicologia, da sociologia ou, mesmo, do direito canônico e da reforma disciplinar serão inúteis se faltarem as novas perspectivas teológicas. Entretanto, consideramos antes de mais nada as dimensões concretas e psicológicas do caso.

É bem possível que a Igreja toda esteja enfrentando uma crise de autoridade – uma crise de ordem. Se assim for, esta crise será, sem dúvida, especialmente aguda para clérigos e religiosos. Mas será provavelmente uma crise do *entender* mais do que crise da *vontade*. As hesitações, dúvidas, perguntas, absolutamente francas, levantadas por tantos religiosos (sobre este assunto de obediência e autoridade) que brotam, não de uma simples recusa de se submeter ou de rebelde afirmação da vontade própria – conquanto sejam frequentemente consideradas nessa ótica, somente. Na maioria dos casos esses conflitos surgem de uma falta de compreensão e de um acordo fundamental em relação ao verdadeiro sentido da vocação religiosa.

Não nos devemos esquecer de que o homem moderno – ou a mulher moderna –, pelo menos nos "países avançados", está desesperadamente preocupado com o problema de dar sentido a uma vida tão facilmente reduzida a mera rotina vazia pelas pressões alienantes da organização comercial e tecnológica. Temos, com frequência, a percepção muito aguda do perigo de nos tornarmos "pessoas massificadas" (*mass men*). Criaturas frustradas, peças não identificadas numa imensa máquina impessoal.

Daí o fato de o religioso desenvolver frequentemente as mesmas objeções, não formuladas, e os mesmos ressentimentos que caracterizam os *mass men*. A pessoa que se consagra a Deus na vida religiosa acha-se profundamente envolvida na própria alienação e na inútil agitação a que procurou escapar ao entrar para o mosteiro. (Nesse caso, o desejo de "escapar" de uma existência sem sentido é, sem dúvida, legítimo.)

A percepção de que seu voto de obediência significa mais do que um compromisso de trabalhar pelo êxito da organização e pelo prestígio da Ordem é basicamente sólida. No entanto, o religioso não sabe como a deve formular. E, de fato, está colocado em face de uma teologia que se desenvolveu como uma justificativa inconsciente do estado de coisas em que a pessoa consagrada se acha.

A intimação de oferecer-se como vítima de holocausto sobre o altar da perfeição religiosa – sem mesmo uma razoável esperança de que o sacrifício terá sentido ou alguma verdadeira utilidade para pessoas humanas mas servirá apenas ao impessoal "Instituto", deixa o religioso em estado de sérias dúvidas quanto ao valor da própria vida religiosa. Diagnosticar esta atitude como covardia ou "falta de generosidade" é, na maioria dos casos, *equivocation*[1]. Esses mesmos religiosos, numa situação que lhes é possível compreender melhor, são capazes de dar muito de si mesmo com a maior generosidade. Certos clichês sobre "obediência cega" dão ao moderno religioso e, não sem razão, a impressão de que suas objeções estão simplesmente sendo postas de lado sem mesmo qualquer exame.

A teologia – até recentemente – considerou a vida religiosa quase exclusivamente em termos de sacrifício e imolação (ponto de vista que correspondia à modalidade da liturgia medieval, sendo a Hóstia, antes de mais nada, a Vítima imolada, no distante e invisível santuário, em meio a misteriosos ritos e fórmulas incompreensíveis, observados pelos fiéis devotos num silêncio de pessoas não iniciadas). Sem dúvida, a vida religiosa é um sacrifício e a Missa também o é. Mas assim como a teologia, atualmente, enfatiza na Eucaristia o aspecto de *unidade fraterna e exige participação ativa e inteligente no ato comunitário* de culto e louvor – assim, também, a teologia pré-conciliar da vida religiosa precisa ser completada e enriquecida de nova perspectiva em que a obediência, brotando do amor enraizado na fé, se torna ao mesmo tempo sinal e princípio de unidade vivificante em Cristo, caminho de "volta ao Pai" em Cristo e com a obediência, que é amor, de Cristo. Este conceito "euca-

---

1. Falta de sinceridade, distorção, tapeação [N.T.].

rístico" da obediência visa, não um abstrato e impessoal "bem comum" mas uma união concreta, pessoal, e mesmo, mística de amor em Cristo.

Em lugar de um "bem comum" que permanece externo ao religioso e só afeta superficialmente sua vida, o fruto da obediência e o Espírito vivo e vivificador que é, ao mesmo tempo, o dom de Deus a todos e o vínculo que a todos une.

Nesta perspectiva, o homem que se consagra a Deus, em lugar de ser forçado a viver retirado no isolamento de sua vontade individual exercitada de maneira a obter uma recompensa abstrata e jurídica, é atraído ao dinamismo vivo, de fervor e amor, que dá sentido à sua vida e a habilita a contribuir pessoalmente ao desenvolvimento de uma vida plena de sentido para seus irmãos em Cristo.

Assim, torna-se a obediência uma expressão da vida nova e da nova criação que restabelece a simplicidade e a paz do paraíso (*paradisus claustralis*). E uma vida na qual cada um é o servo de todos e onde cada um encontra plenitude num serviço pleno de sentido num amor inspirado e vivificado pela presença de Cristo em seu Espírito.

A meta da obediência cristã não é, então, apenas ordem e organização, o bem comum abstrato, mas sim o próprio Deus. É a epifania de Deus em sua Igreja e no microcosmo da nova criação que é a comunidade monástica.

Uma vez entendida esta realidade, a totalidade da exigência de obediência se torna óbvia por si própria. Evidentemente, o indivíduo deve renunciar à sua vontade egoísta em tudo e pôr-se de acordo (na obediência) com o seu Deus a *Ele* obedecendo. Esta obediência *a Deus* não tem limites. Isso porque é simplesmente uma realização de sua orientação básica para Deus desde o batismo, tornada mais específica e concreta pelos votos religiosos.

Ora, *de modo algum* isso significaria completa abdicação dos direitos humanos básicos do indivíduo e de sua dignidade de maneira a se tornar um utensílio nas mãos de um superior religioso. Significa a dedicação e consagração da liberdade e nisso o superior deve antes de mais nada ver que está obrigado a servir e preservar a liberdade espiritual e a dignidade de seus irmãos. O superior não pode exigir cega e total sujeição à sua autoridade de maneira a utilizar arbitrariamente seus irmãos para seus próprios fins – ou para os da instituição considerada como uma organização (por exemplo para ganhar mais dinheiro). O responsável deve garantir a liberdade de seus irmãos para o serviço de Deus e do amor. Tem de estar consciente de que todos os demais fins estão subordinados ao bem espiritual dos irmãos como pessoas e como comunidade – e ao bem daqueles que eles servem.

Isso também não elimina de modo algum o elemento de sacrifício, de obediência heroicamente difícil ou de imolação total. Mas essa mentalidade o apresenta numa luz inteiramente diversa. O homem consagrado se dedica e se dá à obra de Deus em Cristo com boa vontade e com energia tanto maiores quanto lhe é possibilitado ver como está de fato realizando sua vocação e respondendo às suas mais profundas exigências de amor e de entrega à verdade de Cristo. O trabalho, o serviço do homem consagrado a Deus não é um ato de submissão incompreendido e cego aos decretos de uma autoridade imprescrutável – decretos nos quais não têm interesse fundamental qualquer, uma vez que não se acham vitalmente relacionados à sua vocação ou ao verdadeiro bem espiritual de outros.

A obra da obediência implica colaboração leal entre superior e irmão. Nessa colaboração *ambos* se esforçam – cada qual segundo sua função – por conhecer e pôr em ação a vontade de Deus. Não se trata de o superior arbitrariamente fazer de sua vontade a vontade de Deus ao dar uma ordem. Trata-se de o superior, objetivamente e no temor de Deus, procurar conhecer a vontade de Deus e, ao fazê-lo, não negligencia considerar antes de mais nada o bem espiritual de seus irmãos. O irmão, por sua vez, deve lembrar-se de que não está num nível de igualdade democrática com seu superior e que a colaboração com ele deve significar mais do que um diálogo informal no qual pode decidir, se assim lhe agrada, não estar obrigado a fazer o que o superior exige mesmo quando a ordem é objetivamente legítima.

Contudo, a obediência é, na verdade, um diálogo entre duas responsabilidades – a do irmão e a do superior – e ao executar a ordem não pode o que deve obedecer permitir-se abdicar à responsabilidade moral e agir como mero utensílio. É também um diálogo entre duas formas de *serviço*. O superiorado é um serviço como o é também a obediência do irmão. O superior serve a Deus e a seus irmãos assumindo a responsabilidade da decisão e da ordem. O irmão serve a Deus no quadro da lei e da ordem, mas sem deixar de tomar suas próprias e maduras decisões. O homem consagrado a Deus que tem um superior, ao obedecer, não abdica à liberdade mas põe em ação, de modo maduro, sua liberdade. O superior tem, para com seu irmão, o *dever* da informação e da confiança que tornarão a obediência madura possível e o irmão tem para com ele o dever de inteligente e leal cooperação.

Se isso é verdade na vida religiosa cotidiana, é verdade também na tarefa especial do *aggiornamento* e da *renovação* da vida religiosa hoje empreendida pela Igreja. Os superiores de cúpula e os competentes conselhos, as comissões e os capítulos gerais devem, é claro, ter a última decisão na problemática das adaptações, conforme o espírito da Regra e das Constituições. No entanto, é realmente essencial que todos os membros participem ativamente na *renovação* da vida religiosa e na avaliação do sentido e do valor de sua vocação, esclarecendo qual a relevância do ideal religioso que lhes é particular, tanto para eles como para seu tempo. Devem também participar na avaliação da contribuição que poderiam dar no sentido de compreender e auxiliar o mundo contemporâneo. Devem, ainda, definir a relevância no contexto da época atual, de certas observâncias ligadas a uma era passada e trazer ao conhecimento dos superiores responsáveis as necessidades reais, cotidianas e os problemas dos membros da comunidade monástica.

O verdadeiro monge é alguém que, plenamente consciente de suas limitações, entregou-se totalmente ao amor de Cristo. Isso, em louvor à misericórdia de Deus e para servi-lo com alegria na comunidade dos irmãos que fizeram a mesma entrega. Trata-se simplesmente de uma modalidade especial da vida cristã de qualquer um na qual os votos devem ser vistos não apenas como peculiares e difíceis obrigações, mas como meios para garantir a autêntica pureza do Evangelho nas comunidades religiosas. É nesse ponto, acima de tudo o mais, que a *renovação* é exigida porque os votos, como observam com crescente frequência os teólogos, têm sido muitas vezes utilizados como evasão e pretexto. Por exemplo, a pobreza se torna uma formalidade puramente abstrata em virtude da qual um homem que se consagra a Deus desfruta de todos os confortos da vida "com permissão", e sem, contudo, o exercício jurídico de propriedade – ou o fardo da responsabilidade, em muitos casos.

É a autenticidade do compromisso de quem se consagra a Deus que torna toda a vida religiosa (mesmo a de modalidade contemplativa, no claustro) apostólica. Assim, a contribuição apostólica das comunidades religiosas não deve ser procurada, pura e simplesmente, na quantidade de trabalho ativo que empreendem, mas na pureza de sua fé, expressa na autêntica simplicidade de uma vida cristã verdadeiramente humilde e aberta.

Seria, portanto, uma ilusão se as comunidades monásticas aumentassem seus compromissos com a vida ativa à *custa da "conversatio" monástica*. Isso não se refere evidentemente às congregações monásticas que atuam em colégios ou assumem paróquias. A problemática dessas comunidades se enquadram num sistema um tanto diferente e especial uma vez que se comprometeram a prestar serviço ativo e apostólico. Os mosteiros integralmente "contemplativos" têm função bem diversa. Consiste em preservar a pureza da tradição monástica e contemplativa num mundo em que essa tradição é, cada vez mais, incompreendida e ameaçada, não apenas por pessoas que vivem fora do mosteiro, mas, em alguns casos, até pelos próprios monges.

Um espírito de *abertura* é de importância primordial em qualquer *renovação* da vida consagrada a Deus no monaquismo. As observâncias (costumes e regras) "fechadas", incompreensíveis na época atual até para os próprios membros da comunidade, hão de gerar, quase inevitavelmente, um espírito pretencioso e artificial incompatível com a verdadeira simplicidade do Evangelho e do monaquismo. Tais observâncias devem ser repensadas de maneira a poder recuperar um sentido vivo, ou devem ser postas de lado e, se necessário, substituídas por outras que preencham a função que elas deixaram de realizar.

Em todo caso, é claro que uma das preocupações centrais da Igreja em relação à vida monástica, na liturgia e em tudo o mais, é efetivar uma *renovação*. Isto é, não se trata de apenas enrijecer a exatidão de uma observância rubricista ou jurídica. É mais. Na vida monástica, como na liturgia, *renovação* significa a *restauração* do sentido autêntico de formas e atos que devem reencontrar seu pleno valor como sinais sagrados. Esses sinais, seja na observância religiosa, no testemunho monástico, na solidão contemplativa ou no culto litúrgico devem ser sempre claros e evidentes não somente para os que lhe dão forma e feições vivenciando-os mas, também, para qualquer pessoa que os vê. A *renovação* da vida consagrada a Deus no monaquismo deve ser, antes de tudo, a renovação de um autêntico sentido e de uma autêntica compreensão. Somente depois deste aprofundamento cabe a renovação do zelo em assumir o que foi entendido.

Ao considerar a renovação do "significado e da importância dos sinais" na vida consagrada a Deus no monaquismo, devemos lembrar-nos de que o sinal e a coisa significada são inseparáveis. Por mais que se tente renovar o sentido do sinal, esse sentido não mudará, de maneira real, efetiva, se a coisa significada não mudar. Assim, se as ações e cerimônias da liturgia monástica estão informadas por um espírito de ambição institucional ou se brotam da caridade e do desejo de viver segundo o Evangelho de Cristo, por mais que se procure modificar o "sinal" ele ainda há de proclamar a coisa que é realmente significada. Daí não ser possível renovar em profundidade a vida religiosa modificando, apenas superficialmente, algumas cerimônias e alguns ritos cuja finalidade é testemunhar o valor do espírito que os informa. Contudo, uma vez iniciada com seriedade a transformação do espírito interior, uma renovação, no que toca à clareza e ao significado dos sinais sagrados, será de grande auxílio para conseguir de todos maior apreço e compreensão da obra da *renovação*.

O sentido da vida comunitária, dos votos, do trabalho monástico, do culto, da meditação e da oração não pode, portanto, de modo algum permanecer arbitrário ou abstrato. Tudo deve convergir para o mistério central, vivo, da unidade em Cristo, deve ser iluminado – ou melhor, transmitir e espalhar a iluminação que recebe. A função da comunidade monástica é manifestar este mistério. De fato, o "espírito" dc cada ordcm monástica é simplesmente a maneira como determinada ordem interpreta sua vocação para compreender e viver algum aspecto particular do mistério de Cristo. Habitualmente este "espírito" foi manifestado ao Fundador e tornou-se bastante claro nas primeiras gerações da história da Ordem. Assim, por exemplo, os discípulos de São Bento rezam, na liturgia de sua festa: "possa o Senhor *renovar* em sua Igreja o Espírito que animou o serviço prestado por São Bento, para que nós, plenos do mesmo Espírito, procuremos amar o que ele amou e realizar em nossas obras o que ele empreendeu". Portanto, na vida monástica, a *renovação* consiste em *redescobrir* o sentido e o espírito do monaquismo como foi entendido pelas gerações de monges *mais próximos do fundador.* Evidentemente, "a volta às fontes" tem sido importante elemento no movimento monástico nos últimos cem anos.

A Igreja recentemente tem insistido sobre dois aspectos essenciais da vida contemplativa. Em primeiro lugar deve ser e permanecer o que, tradicionalmente, sempre foi: uma vida orientada diretamente a Deus só (*si revera Deum quaerit!*), numa separação física dos negócios do mundo, isto é, em solidão. Mas, ao mesmo tempo, insiste a Igreja em que a vida contemplativa é e deve ser plena e totalmente apostólica. Meu propósito não é definir o "apostolado dos contemplativos", ou introduzir matizes na ideia, um tanto tosca de ser o mosteiro como um "dínamo de oração" em que monges agiriam como geradores de força espiritual para os que trabalham no ministério ativo. Se o apostolado ativo não brotar da união do próprio apóstolo com Deus, esta carência não pode ser cumprida pela santidade de um outro. A oração de petição do monge e sua consagração interior atraem sem dúvida a graça de Deus sobre o mundo. Mas a antiga noção da vida monástica como sendo *vita apostólica* – fonte da tradicional maneira de compreender nossa "vida apostólica" – está centrada no testemunho de uma completa rendição em *obediência ao Evangelho.* É o que os primeiros monges cistercienses denominavam *formula perfectae paenitentiae*; a vida de obediência ao Evangelho na pobreza, no amor, na humildade.

É por este espírito de renúncia (ou de rendição) "apostólica" a Deus que o monge, apesar de sua essencial solidão, pode permanecer aberto às necessidades e às angústias do mundo. E, então, exercer seu apostolado que é, antes de mais nada, o apostolado da compreensão e da compaixão.

Aqui, mais uma vez, o que se exige do monge não é a fria e, talvez, estultificada "alienação do mundo"[2] que, no fundo, pode não ser mais do que egoísmo. O que é exigido do monge é o esquecimento de si, o despojamento de si e a pureza de coração que pode assumir os pecados e os conflitos do mundo e "batizá-los" com as lágrimas do arrependimento.

---

2. *Unworldliness* [N.T.].

VII
Abertura e clausura

A tarefa de renovação religiosa é, naturalmente, empreendida conforme o ritmo da maioria que se acha na vida apostólica ativa. Os termos em que são articulados os programas de renovação serão, portanto, dinâmicos, avançados, agressivos, até em certo sentido "profanos". Uma vez que as Ordens contemplativas (especialmente as comunidades femininas de vida em clausura) chegaram, infelizmente, a depender de outros para formular e também resolver os seus problemas, isto talvez as ponha em situação bem difícil.

Falando como membro de uma Ordem contemplativa, julgo que isto nos pode ensinar alguma coisa. Já não é sem tempo que nós, contemplativos (e incluo aqui as monjas), aprendamos a andar por nossos próprios pés e a resolver nossos problemas em nossos próprios termos. Temos de pensar por nós mesmos e ajudar-nos uns aos outros. Muito nos enganaríamos se tentássemos aplicar as normas e soluções dos Religiosos de vida ativa aos problemas bem diversos da vida contemplativa.

Muitas comunidades de clausura foram tomadas de pânico e confusão quando se defrontaram com as exigências da renovação, simplesmente porque tais exigências foram formuladas em termos que não se aplicam realmente aos contemplativos. Ao invés de estudá-las à luz de nossa própria vocação especial, e aprender a traduzi-las em termos viáveis para a renovação de que nós mesmos precisamos tanto como quaisquer outros, alguns de nós tivemos a tendência de rejeitá-las *em bloco* e de apegar-se desesperadamente só às soluções cuja validade poderíamos atestar pela experiência. Em muitos casos, isto simplesmente significa apegar-se ao passado.

Mas nossos religiosos mais jovens encontram problemas muito sérios com o legado do passado, por mais válido que possa um dia ter sido. Mostrou-nos a experiência que se nós simplesmente recusarmos o desafio da renovação, e não fizermos mais do que manter os valores arcaicos, então a vida claustral não terá futuro. A época das grades, cadeados duplos, conversas através de véus e cortinas, cochichos misteriosos através da cortina da roda e missas ainda mais misteriosas celebradas fora da vista, atrás de uma parede. Essa época está ultrapassada.

O que quer dizer *ajornamento* para os contemplativos? Naturalmente, esta é uma pergunta importante, e divide radicalmente comunidades inteiras – geralmente isso se faz sentir entre os de mais idade. Os jovens são um pouco mais inclinados à impaciência e ao desespero. Talvez desejem mudança a todo o custo, e exijam a introdução de novas ideias que se mostrem eficientes na vida ativa, na suposição de que estas devem ser válidas para todos. Os velhos, por outro lado, têm um julgamento existencial a respeito de certos valores, bem conhecidos somente daqueles que viveram sob condições de disciplina e sacrifício, que já não prevalecem. Os mais inteligentes desses religiosos mais antigos têm a percepção de que esses valores podem ser, talvez, preservados numa forma completamente nova; mas outros identificam os valores com a estrutura da regra e disciplina dos "velhos dias".

Apegam-se às exterioridades da observância que a nova geração não pode entender nem aceitar. Isso é particularmente verdade no campo da "abertura" e do "diálogo".

Devem os contemplativos ser "abertos para o mundo?" Esta é uma pergunta que mergulhou algumas comunidades em algo que importa numa crise de identidade, porque foi formulada em termos errados. É interpretada como querendo dizer: devem os carmelitas deixar o claustro e ensinar nas escolas? Devem os trapistas trabalhar nas paróquias? Noutras palavras, deverão agora os religiosos de clausura ser arregimentados para serviços bem determinados, organizados, para os quais não se sentem qualificados e, para os quais, de fato, não têm vocação? Posta nestes termos, a questão é simplesmente tola.

A Igreja não intenciona abolir as ordens contemplativas, e espera que estas terão o bom-senso de não se abolirem a si próprios. O que a Igreja deseja não é a destruição da vida contemplativa, mas sua renovação. Ora, a renovação das ordens contemplativas realmente se entrosa no programa global de renovação na Igreja inteira. Um importante elemento nesse programa, formulado pelo Vaticano II, é "a abertura para o mundo". Dela não se acham isentos os contemplativos, mas têm que entendê-la em seus próprios termos. Noutras palavras, devem considerar como, e em que medida, podem ser "abertos para o mundo", sem perderem a própria identidade como contemplativos.

Para alguns contemplativos a ideia de "abertura para o mundo" é incompreensível. Ela contradiz o que eles creem fundamental à sua vocação. A essência da vida claustral consiste no "ser enclausurada". Objetam que a vida claustral não pode ser aberta em nenhum sentido verdadeiro, sem deixar de ser claustral. Isto lhes parece assunto de simples lógica. Quando alguém abraça a vida contemplativa, claustral, volta as costas ao mundo, renuncia ao mundo, esquece os problemas e as preocupações, reza por ele sem precisar conhecer aquilo por que está rezando.

Uma pessoa se afasta do mundo e se volta para Deus, porque o mundo é oposto a Deus. O ideal claustral torna-se então um ideal de "contemplação pura", em que tudo é organizado com vistas a um estado de perfeito recolhimento: tudo é disposto para que a pessoa seja inteiramente purificada, não apenas do apego ao mundo, mas até de todo o interesse por ele, qualquer preocupação por ele, toda a lembrança dele.

Mas "abertura" para o mundo significa envolver-se nos negócios das pessoas que vivem fora do claustro, identificação com eles em seus desejos, problemas, lutas, perigos: significa preocupar-se vitalmente com um mundo de guerra total, genocídio, conflitos raciais, injustiça social, miséria, pobreza, violência, cobiça, todo o tipo de desordem. Tudo isso é perverso e ímpio. Bem longe de ser divino, é diabólico. Como poderá alguém pensar em semelhantes coisas e manter a paz interior, a pureza do recolhimento, a serenidade de espírito em que ouvirá o doce e inefável apelo à união com Deus?

O repúdio do mundo, o "desprezo pelo mundo" vem a tornar-se assim uma polarização cruelmente automática: tudo o que acontece fora da clausura é considerado odioso, ridículo, errôneo, ímpio, ou no mínimo frívolo. Tudo o que acontece no claustro e de acordo com as sacrossantas regras da vida claustral é sábio, agradável a Deus, cheio de poder redentor e sumamente significativo. O Deus, que se acha horrorizado pelas ações dos pobres mundanos fora do claustro, é no entanto consolado e se encanta com ações dos religiosos observantes dentro da clausura.

Essa deturpada interpretação dos textos evangélicos, a respeito da renúncia ao mundo em nossos corações, torna-se uma escusa para a complacência farisaica. Os contemplativos desprezam o mundo porque se imaginam superiores a ele em todos os sentidos. A clausura é a garantia dessa superioridade. Se retomarem o contato com o mundo, perderão sua superioridade e se tornarão semelhantes a qualquer um. Torna-se embaciada a linda imagem. Já não se sentem seguros ao pensar que são por Deus amados de preferência a qualquer outro.

Obviamente, isto é caricatura. Mas essa deturpação torna-se um fato devido a um conceito tradicional válido da vida contemplativa, aceito durante dezesseis séculos! No entanto, muitas coisas há, aceitas por muito mais tempo, e que a Igreja agora está pondo em questão.

Deverá a vida contemplativa ser encarada como um estado de recolhimento interior e efetiva absorção em Deus, considerado como Amor Infinito, ou será uma resposta à *Palavra de Deus*, concreta, manifestando-nos Sua vontade e Seu amor, não apenas por nós mesmos como indivíduos, mas por toda a família humana remida pela Cruz de Cristo? Deverá nosso amor a Deus tomar a forma de delicioso descanso na consolação e na paz interior, ou será uma resposta total que nos arrasta para fora de nós mesmos, para além de toda a preocupação com o que porventura *sentimos*? Será a vida claustral um mero culto da serenidade ordenada, ou será um completo esquecimento de si em obediência a Deus? Consistirá a vida claustral num simples escapar às perturbações e conflitos do mundo para uma condição de segurança e de paz, em que "descansamos" e "saboreamos" as consolações da intimidade com Deus? Ou significará participar da angústia e da esperança de um mundo em crise, no qual milhões lutam pelo que é simplesmente mais essencial à existência humana?

Não deveria a vida contemplativa ser vista em termos de *acontecimento* e de *encontro* mais do que simplesmente como um "ver" e "saborear" o amor essencial? Será o amor um *objeto* ou um *acontecimento*? Deus presente a nós *em ideia* ou *em ato*? Estará a vida contemplativa edificada sobre uma dinâmica de palavra e obediência, apelo e resposta, ou será um projeto estático em que a mente e o coração procuram impregnar-se com a essência espiritual do amor?

Se o amor contemplativo é *uma coisa* que alguém adquire ou recebe em segredo e ciumentamente preserva de contaminação, nesse caso podem construir-se paredes ao redor para o manter a salvo. Mas se o amor contemplativo é uma resposta a *alguém* que é infinitamente livre e cujos "pensamentos não são os nossos pensamentos, e cujos caminhos não são os nossos caminhos", então não podemos de fato imobilizá-lo num relacionamento puramente previsível. Temos de ser "abertos" no sentido de nos acharmos prontos e disponíveis em todas as situações possíveis, inclusive os do encontro e intercâmbio humanos. O amor cristão, mesmo o amor contemplativo, parte da percepção fundamental de que os incapazes de se relacionarem com o próximo, num encontro humano válido, são igualmente obstaculizados em suas relações no encontro com Deus.

Os atuais problemas da vida contemplativa brotam em boa parte, da maneira como foram respondidos no passado. Tudo agora depende de nossa capacidade de reconsiderá-los à luz do Evangelho e dos problemas humanos contemporâneos.

A maioria dos pronunciamentos sobre a vida contemplativa como vida de afastamento e de "perfeito recolhimento", acentuando a parte negativa, sublinhando a necessidade de não se deixar "distrair" etc., tendem a apresentar uma ênfase mais platônica do que cristã. Tais concepções foram válidas enquanto se ajustaram à estrutura de uma civilização conscientemente religiosa.

Toda a perspectiva da civilização medieval achava-se estruturada sobre ideias da eternidade e transcendência divinas. A própria vida profana era concebida nesse quadro de sacralidade. Ao mesmo tempo, nos esquecemos de que modo se achavam os monges da Idade Média integrados na vida profana de seu tempo. Os cistercienses da Inglaterra setentrional desempenharam na sociedade do século XII um papel de certa forma igual ao da *General Motors* na sociedade americana de hoje. A lã das granjas cistercienses representou um dos mais importantes fatores na economia da Inglaterra medieval. A renúncia ao mundo, praticada pelos cistercienses da Idade Média, deu-lhes, paradoxalmente, um posto-chave no mundo de então, e sua ascese, sua vida mística, foram vistas como uma contribuição essencial à cultura religiosa em que todos participavam. O mesmo é verdade, de outra maneira, com relação à reforma carmelitana na Espanha do século XVI. Mas, hoje, a dramatização simbólica do testemunho contemplativo, própria a outro gênero de cultura, adquiriu um significado diferente numa cultura especificamente irreligiosa.

Temos agora a aprender a distinguir entre "religiosidade" e "seguimento de Cristo". A "religião" foi parte essencial da cultura medieval. A "irreligião" constitui parte essencial da cultura moderna. O que importa hoje não é levar o homem moderno a aceitar a *religião* como um valor humano ou cultural (talvez ele o faça, talvez não), mas sim levá-lo a ver que nós somos testemunhas de Cristo, da nova criação, da ressurreição, do Deus vivo: e isto é algo que vai muito além do fenômeno cultural da religião.

A vida contemplativa, portanto, há de ser entendida não em termos de práticas religiosas que dramatizam as mais devotas atitudes de uma sociedade extinta, mas em termos de experiência viva e de testemunho, isto é, em termos de completa autenticidade cristã. O que agora importa não é tanto preservar a ordem e a regularidade na observância, mas *verdadeiros contemplativos*, discípulos que encontraram e conheceram Aquele que o Pai enviou ao mundo, capazes de dar testemunho da realidade de Cristo por seu caráter, suas vidas e pela transformação de suas mentalidades.

Hoje se requer uma compreensão nova e mais bíblica da vida contemplativa: devemos encará-la como resposta à palavra dinâmica de Deus na história, devemos considerá-la à luz da escatologia bíblica. O contemplativo encontra Deus não só na reunião do "puro amor", mas ainda no ardor profético da resposta à "palavra do Senhor"; não no amor considerado como bem essencial, mas no amor que irrompe no mundo dos homens pecadores, no fogo do juízo e da misericórdia. Os contemplativos devem considerar o amor, não apenas como a mais sublime e pura experiência do coração humano transformado pela graça, mas como a inabalável fidelidade divina para com o homem infiel. A vida contemplativa é não apenas *Eros* (anseio do coração humano pela visão da beleza), é também *Ágape* (entrega à inexplicável misericórdia que nos vem de Deus, entrega incondicional no contexto de nossa história pessoal e social). Dito isto, não se pode excluir o *Eros*; contudo, seu papel é sempre secundário.

Deus nos fala não somente na Bíblia, não apenas nas inspirações secretas de nossos corações, mas também através dos acontecimentos públicos e manifestos de nossa própria época e, acima de tudo, através da Igreja. A mudança radical na atitude da Igreja em face do mundo moderno foi um dos acontecimentos significativos que assinalaram o Vaticano II. À luz do Concílio já não é possível olhar o mundo moderno com olhos totalmente negativos. Já não é possível, mesmo para os contemplativos, simplesmente banir o mundo, ignorá-lo, esquecê-lo, a fim de saborear alegrias pessoais privativas numa contemplação de tipo Eros. Insistir no cultivo do recolhimento absoluto em razão do *Eros* e suas consolações seria pura e simplesmente egoísmo. Significaria também fugir a um verdadeiro aprofundamento das dimensões cristãs do *Ágape* que são as verdadeiras dimensões da vida contemplativa. Aqui é que surge muita confusão.

A falta de conhecimento teológico, a ignorância das verdadeiras riquezas da tradição cristã e da sabedoria da Igreja fizeram com que os contemplativos adotassem uma visão estreita de sua vocação, visão quase "materialista" (acentuando elementos secundários: grades, véus, roda, afastamento, mutismo). Mas idêntica ignorância bem poderia levá-los ao extremo oposto. Alguns aparentemente imaginam que desfazer-se do véu, perambular para cá e para lá falando com qualquer um, e envolvendo-se em todo tipo de tarefa oficial ativa podem justificar a própria existência aos olhos do mundo. Para agradar ao "mundo" repudiam à própria vocação contemplativa. Temos de tomar cuidado para não desacreditar uma ideia falsa de contemplação de tal sorte que ao mesmo tempo desacreditemos a verdadeira contemplação. Não se trata de abolir a vida contemplativa e desfazer-se da clausura para que cada um possa mergulhar na ação, mas de renovar a verdadeira vida contemplativa como um carisma da Igreja, autêntico e raro, mas vitalmente necessário.

Ora, o apelo da Igreja para a "abertura" é essencial para a própria renovação, mesmo para os contemplativos. Por isso a "abertura" é também *necessária* para os contemplativos. Isto não quer dizer uma simples concessão, algo permitido às pessoas modernas que, de outra forma, se tornariam tensas devido à demasiada concentração e afastamento. Noutras palavras: *não se considera a abertura simplesmente como não oposta à contemplação do claustro, mas até como necessária para seu próprio aprofundamento e renovação.*

Mas por que será este o caso? Ainda outra vez, a única maneira de tornar válida tal exigência não é apelar à psicologia, nem às necessidades pragmáticas do momento, mas à própria teologia. Requer-se a abertura para o mundo por causa da percepção de que o mundo de nossos dias, onde atualmente todo o futuro do homem para o bem ou para o mal lhe está nas próprias mãos, é para todos os homens o lugar da epifania de Deus como Juiz e Salvador, como Senhor da História.

Por outro lado, como todos muito bem sabemos, aqueles que se acham completamente mergulhados no mundo, com sua violência e confusão, podem decerto possuir uma experiência muito real de seus problemas, mas pode ocorrer também que os vejam de tão perto que lhes percam a perspectiva. O modo de encararem as coisas precisa ser completada pela perspectiva daqueles que veem a vida sob outro ângulo. Para se ver o mundo sob esse "outro ângulo", deve necessariamente haver lugares onde as pessoas vivam, em condições especiais, devotadas à meditação, ao estudo, à oração e ao culto divino, não por causa de si mesmas, mas a *serviço de toda a Igreja*.

E é tal serviço que agora necessita ser bem entendido e definido. Neste ponto é que a "abertura" se torna importante. Se o contemplativo se encontra completamente desligado de contato com as realidades e crises de seu tempo, perde todo o direito àquela particular perfeição e maturidade de sabedoria que lhe devia ser própria. A Igreja sempre esperou que seus contemplativos fossem homens e mulheres que houvessem atingido uma *maior profundidade de sabedoria profética*, uma compreensão mais profunda da palavra e do amor de Deus, a fim de que se tornassem testemunhas mais perfeitas do Reino e da nova criação. Por isso é que João Batista – "a voz do que clama no deserto" – foi tradicionalmente o modelo dos monges: não só porque jejuou e viveu no deserto, mas porque foi ele o primeiro que soube reconhecer o Messias.

Não é preciso mencionar o fato de que nossos contemplativos nem sempre se distinguiram por sua superior sabedoria, e infelizmente o carisma da sabedoria profética foi muitas vezes deturpado por excentricidades e iluminismo. (Não é necessário recordar aqui o gosto por estranhas devoções, por curiosos sentimentos íntimos, por apocalípticas conjunturas ou por acontecimentos preternaturais, que floresceram nos claustros por causa da excessiva rigidez e demasiado enclausuramento.)

Há, portanto, uma dupla necessidade de "abertura" nas comunidades contemplativas. Os contemplativos precisam ser mais "abertos", para seu próprio bem e para a renovação da vida contemplativa, através de um mais sadio contato com a realidade contemporânea. Mas também, supondo que a própria vida contemplativa seja autêntica, outros precisam participar dos seus benefícios. A abertura opera de duas maneiras. De ambos os lados existe um dar e um receber. Daí resulta, ou deveria resultar, um real aumento de caridade, um maior amor dos contemplativos para com o mundo criado e remido por Deus, um maior amor das pessoas que vivem fora do claustro para com o Deus encontrado e experimentado mais profundamente no contato temporário com o claustro. Evidentemente, aqueles que foram deputados pela Igreja não apenas para rezarem pelo mundo, mas também para alcançarem um mais profundo nível de experiência e compreensão, deveriam ainda, ao menos em certos casos, saber *ensinar os caminhos da oração a outros que vivem fora do claustro*, além de lhes proporcionar um lugar de quietude, de calma e renovação interior.

Não resta dúvida de que a Igreja não irá pedir aos contemplativos que se empenhem nas tarefas para as quais não se acham qualificados, tarefas que outros poderiam fazer muito melhor do que eles. Não é preciso que as carmelitas de vida contemplativa ensinem aritmética para a terceira série. Nem é preciso que os cistercienses saiam para as paróquias e se ponham a pregar. Mas a Igreja necessita de que os contemplativos compartilhem com outros o seu privilégio do silêncio, do culto divino e da meditação, sua capacidade de mais profundamente e com maior penetração ouvirem a Palavra de Deus, sua compreensão do sacrifício, sua visão interior.

Todo aquele que foi chamado a repartir com outros os frutos da contemplação sabe muito bem que esse compartilhar não constitui uma distração nem uma ameaça à vida contemplativa. Pelo contrário, necessárias se fazem muita disciplina e humildade para quem tenta, com toda a honestidade, compartilhar com outros uma visão não deturpada da verdade. A tarefa de transmitir a outrem, clara e sinceramente, o que sabe dos problemas da vida cristã, sem dizer *mais do que sabe* e sem lançar mão apenas de frases tiradas de livros, representa grande auxílio para a própria vida em Cristo. Naturalmente, nem todos são chamados a desempenhar habitualmente tal atividade, e muitos membros de comunidades contemplativas não terão motivos para se preocuparem com isto.

Agora, uma pergunta importante: – O que se pretende dizer com "abertura?" Em realidade, ainda não é definitivamente certo o que a abertura há de significar na prática para os contemplativos; trata-se de algo que temos de descobrir por experiência. Gostaria de sugerir o seguinte como uma descrição útil daquilo que a abertura poderia implicar para as ordens de vida claustral. Não estou aqui fazendo distinções específicas, quanto a homens ou mulheres, mas apenas considerando a vida contemplativa em geral.

a) Em primeiro lugar, ser "aberto para o mundo" significa ter consciência e sentir-se responsável diante da real situação das pessoas no mundo, dos problemas críticos do mundo. *Tais problemas são questões basicamente espirituais.* O mundo encontra-se num estado de crise espiritual. De fato vivemos agora um dos mais cruciais períodos de desenvolvimento em toda a evolução da humanidade. Estamos literalmente na encruzilhada de nosso destino.

Muitas pessoas ou ignoram as dimensões espirituais da crise, ou são totalmente incapazes de compreender o que em realidade está em foco. O contemplativo, por meio de uma informação *seletiva* e de contatos *bem escolhidos*, ainda que com risco, à crítica e ao comentário sadios, deveria ser capaz de identificar-se inteligentemente e com espírito compassivo ao homem moderno em crise. Simplesmente isolar-se, afastar-se e fugir das preocupações, haveria de fazer do contemplativo um escândalo para seu irmão no mundo.

Entre parênteses: existe um outro caso em que a falta de originalidade e de iniciativa constituem graves obstáculos na vida contemplativa. Existe evidentemente um risco no uso dos meios modernos onde não haja sadio espírito crítico. E temos de considerar o fato de que, muito do que passa por notícia, tantas vezes nada mais é do que a repetição de pseudoacontecimentos. O que passa por "distração" é o objeto de protesto eloquente e constante, da parte das pessoas inteligentes. Absurdo que contemplativos ingênuos se entusiasmassem com aquilo que os que vivem no século olham como detrito cultural; e há real perigo de assim procederem, uma vez que perderam o senso crítico para, discernir entre o que tem e o que não tem valor.

Necessita-se de pessoas qualificadas para selecionarem e distribuírem informação que seja de fato pertinente à vida contemplativa, e para fornecer um mínimo de comentário inteligente, mostrando a sua relevância para a nossa vida em Cristo. Alguém deveria fazer um noticiário mimeografado semanal para os contemplativos: seria um real serviço. Pouparia aos religiosos o tédio de uma laboriosa procura nos jornais e revistas de algo aproveitável na confusão dos pseudoacontecimentos e "novidades" religiosas. Este noticiário mimeografado poderia também incluir uma lista de referências a artigos em fontes úteis como *Herder Correspondence, Informations Catholiques Internationales* etc.

b) Ser "aberto para o mundo" significa ser mais acessível às pessoas de carne e osso que Deus, desta ou daquela forma, traz à nossa porta: os pobres, material ou espiritualmente; nossos parentes e amigos; homens ou mulheres à procura de que precisam, sem poder identificá-lo precisamente, e vêm ao claustro para descansar, refletir e recolher-se. Aqui também deve haver certos limites, e os contatos com as pessoas do mundo devem ser *seletivos*. Não se trata de simplesmente transformar o mosteiro numa atarefada casa de retiros.

Em qualquer caso, parece que os "movimentos de retiro" e "retiros fechados" estão perdendo o significado. O que as pessoas hoje procuram não é tanto a rotina organizada, predigerida de conferências e exercícios, mas uma oportunidade de ficarem tranquilas, refletirem e discutirem em contatos informais, espontâneos e amigáveis o que as preocupa.

Nesta altura, podemos acrescentar que há hoje um interesse bem maior pela contemplação entre os não cristãos, e mesmo não crentes, do que entre os cristãos comuns. As comunidades contemplativas podem constatar quanto têm a dizer às pessoas que procuram discernimento espiritual, mas que, falando de modo geral, já estão mortalmente saturadas de pregadores e absolutamente surdas à apologética cristã. As únicas comunidades cristãs que para elas ainda apresentam algum significado são as comunidades contemplativas.

c) Será que a abertura para o mundo implica poder sair da clausura com maior liberdade? A vida contemplativa perderia o seu significado se não preservasse determinada dose de solidão e silêncio. Mas devemos admitir que conservar simplesmente todo o mundo trancafiado não é garantia de uma vida contemplativa autêntica. Há ocasiões em que um contemplativo deve sair da clausura. Naturalmente, não é o caso de um contemplativo sair somente com um fim "social" e desperdiçar tempo em ociosa conversação, ou ainda para "divertir-se". Mas poderá haver motivos que justifiquem ao contemplativo sair de seu convento a fim de obter informação ou experiência valiosa para ele e para a comunidade.

É claro que também neste ponto deverá haver atenciosa seleção. Mas deveria ser absolutamente normal sair para ir a outros mosteiros a fim de cursar teologia, escritura, liturgia e assim por diante. Também às monjas isto deveria ser possível. As Irmãs de clausura podem e devem ser abertas a ponto de assistir a determinados e importantes encontros e conferências (para superioras, mestras de noviças etc.).

Poderiam os monges, em casos especiais, viajar para participar de diálogos ecumênicos ou de discussões em que sua presença fosse de real proveito. Os contemplativos têm uma inclinação especial para penetrar nos problemas teológicos e espirituais da Igreja e do mundo. Deveriam poder trazer a própria contribuição para a discussão de tais problemas e, juntamente com outros peritos qualificados, participar na solicitude pelo bem de toda a Igreja.

Acima de tudo, deveriam ter parte mais ativa na solução dos problemas das próprias comunidades contemplativas, e levar o seu auxílio aonde fosse realmente preciso. Por outro lado, se um religioso contemplativo se vê de tal modo envolvido nessas atividades e não lhe é mais possível levar vida contemplativa, cessa de existir a razão para seus "serviços". Não está qualificado para ajudar a outrem, a não ser na medida em que for o que se supõe: um contemplativo.

Seja qual for a necessidade de ação e de serviço da parte do contemplativo, deve ela ceder às exigências mínimas da vida contemplativa. A ação na vida contemplativa existe por causa da contemplação e vice-versa. A abertura do contemplativo é justificada na medida em que o habilita a tornar-se um melhor contemplativo e a compartilhar com outros o fruto de sua contemplação.

Finalmente, um ponto muito importante. No passado, as estruturas da vida contemplativa adquiriram demasiada rigidez e uniformidade. A ênfase na regularidade exterior e na observância uniforme teve a tendência a sufocar o desenvolvimento pessoal e levou pouco em conta, ou mesmo não levou em conta, as necessidades particulares ou as vocações pessoais, por exemplo, para uma maior solidão.

A "abertura" contemplativa deve desenvolver-se não apenas em relação ao mundo exterior mas também, e acima de tudo, dentro da própria comunidade. Tornam-se absolutamente necessários os contatos livres e espontâneos entre os próprios religiosos. Os religiosos devem ter a liberdade de poder comunicar-se uns com os outros de maneira franca, sincera e pessoal e não apenas no esquema de relações formais favorecidas no passado. A estrutura do relacionamento comunitário, na vida contemplativa, tem sido demasiadamente inflexível, impessoal e, em muitos casos, artificial ao ponto de se tornar estultificação.

As relações devem ainda tornar-se mais "naturais" e humanas no melhor sentido da palavra. Isto significa inevitavelmente maior liberdade e tolerância em matéria de comunicação. Noutros termos, significa, materialmente, menos silêncio. Por outro lado, para contrabalançar essa liberdade de comunicação, devem ser igualmente respeitadas as legítimas necessidades individuais do religioso em matéria de maior solidão e silêncio.

A comunidade que cresce na caridade e na compreensão mútua há de, espontaneamente, reconhecer essas necessidades particulares – e favorecê-las em espírito de real amor – reconhecendo que elas não significam abolição da vida em comum. O contemplativo ou a contemplativa amadurecido (que nem sempre precisa ser alguém muito brilhante ou muito dotado) pode trazer grande contribuição à vida comum pelo seu silêncio e pela oração solitária. Mesmo os que ainda não estão completamente formados precisam da experiência de períodos de solidão e silêncio para crescer na vida de oração. As comunidades contemplativas deveriam reconhecer o valor dessas aspirações pessoais e incentivá-las.

A "abertura" que a Igreja exige dos contemplativos não é, portanto, um caso de relaxamento, nem tampouco um expediente para tornar a vida mais fácil de ser vivida. O verdadeiro propósito da abertura é renovar a vida no Espírito, a vida no amor. Mais amor e melhor compreensão das pessoas não constituem obstáculo ao verdadeiro crescimento na contemplação, pois a contemplação é radicada e fundada na caridade. Compartilhar, com mais generosidade, os valores da vida contemplativa há de aumentar nosso amor ao invés de diminuí-lo. E fará também crescer nossa compreensão da vocação contemplativa, valorizando-a ainda mais.

Evidentemente se requer muita prudência, mas não devemos ter tanto receio do fracasso que isso nos faça desistir de empreender as mudanças necessárias. Se encararmos a mudança com destemido espírito de fé, o Espírito Santo há de cuidar de tudo.

VIII
O mundo é um problema?[1]

O mundo é um problema? Escrevo a pergunta à máquina. Sinto-me tentado a escrevê-la novamente, com asteriscos entre cada letra, como H*Y*M*A*N*K*A*P*L*A*N* costumava escrever o seu nome no *The New Yorker*, muitos anos atrás. E, quanto a mim, estaria resolvido o problema. Mas o assunto é sem dúvida "sério" demais para ter como título em plena primeira página "O mundo é um problema?" cheio de asteriscos. Devo, então, tornar-me sério também e desenvolvê-lo.

Talvez eu possa elucidar esta pergunta diplomaticamente, admitindo que ainda existem razões convincentes para que ela seja feita e respondida. Talvez, também, esteja eu envolvido no contrassenso da pergunta. Devido a um livro que escrevi há muitos anos, eu próprio tornei-me uma espécie do estereótipo do contemplativo que renega o mundo – o homem que desenhou Nova York, cuspiu em Chicago e não ligou para Louisville, embrenhando-se na floresta com Thoreau num bolso, João da Cruz no outro e com a Bíblia na mão, aberta no Apocalipse. O provável culpado sou eu (por esse estereótipo pessoal), e é algo que devo tentar demolir à medida que a ocasião se apresenta.

---

1. Na primeira página do original o autor tinha escrito:
Et quand donc suis-je plus vrai
que lorsque je suis le monde?
Camus.

Agora estamos todos preocupados com a Igreja e o Mundo, com a Cidade Secular, e com os valores da sociedade secular, era de se esperar que alguém se voltasse para mim perguntando com ironia: "E o senhor, Padre Merton? Que pensa o senhor?" – e logo se escondesse como se eu fosse São Jerônimo com uma grande pedra na mão.

Em primeiro lugar toda a questão do mundo, do mundo secular, tornou-se extremamente ambígua. Torna-se ainda mais ambígua quando é situada em oposição a outra entidade, o mundo do sagrado. A velha dualidade tempo-eternidade, matéria-espírito, natural-sobrenatural e assim por diante (que tem sentido num determinado contexto, muito limitado) é subitamente transposta para um contexto inteiramente diferente em que cria apenas confusão. Esta confusão é certamente um problema. Quer seja "o mundo" um problema ou não, uma ideia confusa do que o mundo possivelmente é tornar-se definitivamente um problema. É sobre esta confusão que quero falar. Quero deixar bem claro que não estou falando como autor de *A montanha dos sete patamares* que foi lido, ao que parece, por muitas pessoas, mas como autor de ensaios e poemas mais recentes que foram lidos, creio eu, por muito poucos. Esta não é a voz oficial do silêncio trapista, o monge de capuz levantado e de costas para a câmera, meditando à beira das águas de um lago artificial. Este não é o moderno Jerônimo, petulante e incanonizável que nunca se refez do fato de ter conseguido renunciar à cerveja. (Bebo cerveja sempre que posso. Gosto de cerveja e, por isso mesmo, amo o mundo.)

Esta é simplesmente a voz de uma pessoa humana que se questiona, que, como todos os seus irmãos, luta para elucidar uma existência turbulenta, misteriosa, exigente, excitante, frustrante, e confusa em que, pratica-mente, nada é realmente previsível, em que a maioria das definições, explicações e justificações tornam-se ina-creditáveis até mesmo antes de serem proferidas, na qual pessoas sofrem juntas e são, às vezes, de uma beleza sem par e outras, terrivelmente patéticas. Uma existência em que há muita coisa assustadora, em que quase tudo o que é público é, obviamente, falso e na qual há, ao mesmo tempo, uma base imensa de autenticidade pessoal que está tão patente e tão óbvia que ninguém consegue falar sobre ela e a maioria nem consegue acreditar que exista.

Sou, em outras palavras, um homem no mundo moderno. Na realidade, eu sou o mundo tanto quanto você o é! Em primeiro lugar, onde irei procurar o mun-do a não ser dentro de mim mesmo?

Enquanto eu presumir que o mundo é algo que des-cubro ao ligar o rádio, ou ao olhar pela janela, já estou errado de saída. Enquanto eu imaginar que o mundo é algo do qual devo "escapar" entrando num mosteiro — que o fato de usar um hábito especial e de seguir costu-mes um tanto originais me situe "fora do mundo", esta-rei dedicando minha vida a uma ilusão. Mas apresso-me em esclarecer isto imediatamente.

Eu disse, anteriormente, que, dentro de um certo contexto histórico de pensamento e de vida, este tipo de pensamento e de ação já foi perfeitamente válido. Tinha sentido.

Mas do momento que o contexto é mudado, tudo tem que ser completamente transposto. Senão a pessoa se encontra na mesma situação que a orquestra em "*Uma noite na Ópera*" dos Irmãos Marx quando Harpo inseriu "Take Me Out to the Ball Game" na partitura.

A confusão está no seguinte: por um lado, há um conceito primitivo cristão do mundo como objeto de escolha. Por outro, lá o fato óbvio de que o mundo é, também, algo a respeito do qual não há nem pode haver escolha. E, historicamente, estes conceitos às vezes se confundiram. Assim, aquilo que é simplesmente "dado" parece ter sido escolhido, e o que pode ser escolhido, decidido a favor ou contra, é simplesmente evitado como se nenhuma decisão fosse lícita nem mesmo possível.

O fato de ter nascido em 1915, ter sido contemporâneo de Auschwitz, de Hirosxima, do Vietnã e dos motins de Watts, são coisas sobre as quais não fui previamente consultado. No entanto, há também acontecimentos nos quais, quer queira quer não, estou profunda e pessoalmente envolvido. O "mundo" não é só um espaço físico atravessado por aviões a jato e cheio de pessoas correndo em todas as direções. É um complexo de responsabilidades e de opções feitas por amores, ódios, medos, alegrias, esperanças, inveja, crueldade, bondade, fé, confiança e de desconfiança de tudo. Em última análise, se a guerra existe porque ninguém confia em ninguém, isto se deve em parte às minhas próprias defesas, suspeitas, desconfianças, e intenções de fazer com que os outros se amoldem ao meu tipo específico de desejo de morte.

Apresentado desta forma, o mundo é e não é um problema. O mundo é um "problema" na medida em que cada um é um problema para si. O mundo é um problema na medida em que a soma de todos nós resulta numa grande interrogação coletiva. Partindo, então, deste conceito de um mundo essencialmente problemático porque cheio de liberdades problemáticas e em dúvida sobre si mesmas, várias sugestões foram apresentadas sobre o que fazer de tudo isto.

No momento a Igreja está ultrapassando o que se poderia chamar a sugestão carolíngia: Uma visão do mundo enraizada na aceitação oficial da Igreja no mundo do Império Romano, de Constantino e de Agostinho, de Carlos Magno no Ocidente e de Bizâncio no Oriente.

Com traços simples, toscos, esta visão do mundo pode ser esboçada da seguinte forma: estamos vivendo na última era da história da salvação; um mundo radicalmente mau e condenado ao inferno foi resgatado do poder do demônio pela Cruz de Cristo e está, agora, simplesmente esperando que a mensagem da salvação possa ser pregada a todos. Então virá o julgamento. Entretanto, sendo os homens maus e com tendência a pecar a todo momento, devem ser impedidos pela autoridade de seguir seus instintos baixos e de se perder.

Não se pode deixá-los entregues à sua própria liberdade nem mesmo à graça amorosa de Deus. Sua liberdade deve ser-lhes tirada porque ela representa o seu maior perigo. A cada passo é preciso que se diga o que devem fazer, e será melhor se aquilo que lhes é ordenado fazer desagradar a sua natureza corrupta, pois isso os impedirá de cair em outras formas mais sutis do mal. Entretanto, pelo menos provisoriamente, o império tornou-se santo. Como figura do reino escatológico, o poder do mundo consagrado a Cristo torna-se o reino de Cristo na terra. Apesar de suas limitações humanas, a autoridade do príncipe cristão é uma garantia contra o caos e a desordem completa e deve ser acatada – resistir à autoridade estabelecida equivale a resistir a Cristo. – Desta maneira temos uma ordem rígida e estável na qual todos os valores são fixos e devem ser preservados, protegidos, e defendidos contra as forças obscuras do impulso e da paixão violenta. A guerra a favor do príncipe cristão e do seu poder torna-se uma guerra santa em prol de Cristo e contra o demônio. A guerra, também, torna-se um dever sagrado.

Os traços negros neste quadro têm sua explicação histórica nas invasões dos bárbaros. Mas há também traços mais claros, e encontramos no pensamento de Tomás de Aquino, Escoto, Boaventura e Dante, um ponto de vista que afirma o mundo e é basicamente otimista quanto ao homem, o seu mundo e o seu trabalho, dentro da perspectiva da redenção cristã. Aqui, nos anos de maior paz e prosperidade dos séculos XII e XIII, vemos a harmoniosa síntese da natureza e da graça na qual o próprio mundo criado é uma epifania de sabedoria divina e de amor, e redimido em Cristo e através de Cristo, há de retornar a Deus com toda a sua beleza restaurada pelo poder transformador da graça que atinge a matéria criada através do homem e do seu trabalho. Já em Santo Tomás encontramos a base para uma afirmação cristã otimista dos valores naturais e mundanos dentro da perspectiva de um amor escatológico. No entanto, também esta visão é mais estática que dinâmica, é hierárquica e estratificada mais do que progressiva e autocriadora, é a realização de um plano intelectual predeterminado, mais do que o projeto criativo de um amor livre e autocriador.

Aconteceu que na visão carolíngia do mundo a ideia do mundo como objeto de escolha esteve propensa a desaparecer. O "mundo" foi simplesmente identificado com os pecadores, o perigo, o imprevisível (portanto, em muito casos, com o que é novo e, ainda pior, livre) e isto era o que automaticamente devia ser rejeitado. Ou se alguém, por desgraça, o escolhesse ia imediatamente ao confessionário. O mundo era, portanto, aquilo que não se escolhia. Já que a própria sociedade estava construída sobre este conceito do mundo, a sociedade cristã ("a Cristandade") se considerava uma sociedade que, no meio do mundo, renegava o mundo. Uma sociedade peregrina a caminho de um outro mundo. No meio desta sociedade era conveniente que houvesse numa situação de especial escolha e destaque algumas pessoas que renegassem o mundo "profissionalmente", cuja própria existência fosse um sinal de *contemptus mundi* e de aspirações pelo outro mundo. Assim, de certo ponto de vista, a renúncia e o desapego do mundo por parte dos monges tornou-se uma justificativa do poder mundano e das estruturas sociais e econômicas estabelecidas. A sociedade que, por seu respeito pelo desprezo do mundo por parte dos consagrados, confessava as suas próprias aspirações celestes e era, certamente, o reino de Cristo na terra; seus reis e seus poderosos eram, todos, igualmente peregrinos com os pobres e os humildes. Se todos ficassem no seu próprio lugar, na procissão, a peregrinação continuaria a ir bem. Isso tudo é óbvio para qualquer pessoa que tenha lido uma linha que seja sobre a Idade Média, e, no momento, o fato de que é óbvio está sendo acentuado pelos críticos do monaquismo. O que esses críticos deixam de ver é que, apesar de ser a teoria austera e negativa, na prática, a cristandade "sagrada" e basicamente "clerical" e "monástica" produziu uma cultura de afirmação do mundo, de respeito à natureza, de amor à vida, orientada para o amor, rica e fecunda. Tinha as suas limitações e faltas graves. Mas o ideal monástico e contemplativo da Idade Média, baseado numa rejeição ideológica do mundo, na realidade reconquistou e redescobriu os valores do mundo num nível mais profundo e perdurável. Isso não meramente em algum lugar no além, num fichário de ideias platônicas, mas no próprio mundo, na sua vida, no seu povo, nos seus esforços, nas suas esperanças e na sua realidade existencial do dia a dia. O ethos monástico de renúncia ao mundo viu-se apesar de tudo incorporado no clima humanístico de afirmação da vida. Ninguém que tenha realmente lido Anselmo, Tomás, John de Salisbury, Escoto, Boaventura, Eckhart e os outros, pode seriamente ter dúvidas sobre isto.

No entanto, esta ideia estereotipada da estrutura hierárquica do mundo, por fim, cessou de ser realmente produtiva e fecunda. Já se tinha tornado estéril e irreal desde o século XV. E o fato de a Igreja do Concílio Vaticano II finalmente admitir não mais servir o velho imobilismo, na verdade chega um pouco atrasado demais para ser considerado um triunfo monumental. A Constituição sobre a Igreja no Mundo Moderno está permeada de frases que sugerem que os padres estavam, pelo menos alguns deles, plenamente conscientes disto.

De qualquer maneira, uma das tarefas essenciais do ajornamento é a de renovar toda a perspectiva da teologia de tal modo que nossas ideias sobre Deus, o homem e o mundo não sejam mais dominados pelo simbolismo medieval carolíngio do cosmos sagrado e hierárquico, onde tudo é predeterminado e onde só há uma opção, a de aceitar alegremente o que é imposto como fazendo parte de uma estrutura social estabelecida e imóvel.

Ao "voltar-se para o mundo" a Igreja contemporânea está em primeiro lugar admitindo que o mundo pode, mais uma vez, tornar-se objeto de opção. Não só pode ela ser escolhida, mas deve de fato ser escolhida. Como?

Se eu não tive a oportunidade de escolher a época em que deveria viver tenho, no entanto, uma opção quanto à atitude que tomo e em relação à maneira e à medida de minha participação nos acontecimentos da vida que se sucedem. Optar em favor do mundo não é portanto uma admissão piedosa, pura e simples de que o mundo é aceitável porque vem da mão de Deus. É em primeiro lugar assumir uma tarefa e uma vocação no mundo, na história e no tempo. O meu tempo, que é o presente. Optar pelo mundo é optar por realizar o trabalho que sou capaz de fazer em colaboração com meu irmão para tornar o mundo melhor, mais livre, mais justo, mais habitável e mais humano. E agora tornou-se transparentemente óbvio de que mera automática "rejeição do mundo" é "desprezo do mundo" é, na realidade, não uma opção mas fuga em frente a uma opção. Quem pretende poder voltar as costas a Auschwitz ou o Vietná etc. e age como se esses fatos não existissem está simplesmente blefando. Creio que isto está sendo geralmente admitido, mesmo pelos monges.

Por outro lado, a atitude estereotipada de rejeição do mundo está agora firmemente substituída por uma coleção de afirmações igualmente vazias e estereotipadas em favor do mundo nas quais eu, entre outros, bem pouco confiamos. Muitas vezes essas afirmações têm a aparência de charadas, mímica, gestos destinados a dar um sentimento de segurança aos que neles participam. Visam precisamente dar-lhes a impressão de que é "como se estivessem participando e realmente atuando de algum modo". Assim, exatamente no momento em que se torna de importância vital para o destino do homem que ele aprenda a fazer sua opção em favor de um mundo onde haja paz, equidade, sanidade e seja verdadeiramente humano, toda a questão da opção se torna algo de rígido e terrível. Falamos em opção, entretanto tudo parece mais rigidamente determinado do que jamais aconteceu. Estamos presos numa enorme rede de consequências, uma rede de efeitos errôneos e mesmo patológicos provindos de decisões de outros. Depois de Hitler, como poderia a Alemanha optar por outro caminho senão o de pôr em perigo a paz mundial? Optar pelo mundo, portanto, é optar pela angústia de ser obstaculizado e frustrado numa situação eriçada de pavorosas dificuldades. Podemos afirmar o mundo e seus valores se quisermos, mas a complexidade dos acontecimentos com demasiada frequência responde com uma fria negação de nossas esperanças.

Em tempos passados, quando todos nós obrigatoriamente rejeitávamos o mundo não era, de fato, de modo algum difícil fazer secretamente umas poucas afirmações sadias e positivas em favor de uma existência mundana no melhor sentido da palavra em louvor a Deus e para o bem de todos os homens. Atualmente quando falamos tanto em liberdade, engajamento, "assumir" e aí por diante, torna-se imperativo questionar sobre se as opções que fazemos têm qualquer sentido. Será que elas mudam alguma coisa? Levam elas a que realizemos algo de bom? Será que realmente optamos por corrigir a direção de nossa vida ou simplesmente nos consolamos com o reconforto de optarmos por mais uma opção? Podemos realmente decidir eficazmente por um mundo melhor?

A "sugestão" que obviamente substituiu a dos carolíngios foi a de Karl Marx. Nesta perspectiva, a história não está terminada, apenas atingiu o ponto onde poderá, se formos espertos, ter início. Não existe um predeterminado plano divino (embora, falando francamente, o messianismo de Marx seja basicamente bíblico e escatológico). Após longa e precária evolução, a matéria atingiu o ponto, no homem, em que lhe é possível se tornar plenamente perceptiva em relação a si própria, autodeterminar-se, controlar seu destino. E, agora, enfim, a grande e borbulhante massa de forças materiais, o mundo, vai iniciar seu verdadeiro destino sendo elevada a um nível humano. Os instrumentos pelos quais pode isso ser obtido – a técnica, a cibernética – estão agora em nosso poder. Mas estamos nós em nosso próprio poder? Não. Estamos ainda submetidos às ilusões dos pensamentos padronizados que determinam nossa conduta, às superestruturas inventadas para justificar sistemas econômicos antiquados e destrutivos. Daí, para que o homem possa optar pela autodeterminação, para que possa enfim tornar-se livre, seu dever há de reduzir-se a uma única e simples opção, um engajamento básico: o compromisso de lutar contra o mundo (imperialista).

Com certo impacto vemos que nos defrontamos com um esquema que nos é familiar: uma luta predeterminada contra o mal em que a liberdade pessoal é considerada com intolerância e desconfiança. O mundo tem de ser mudado porque como está é inaceitável. Mas a mudança deve ser orientada pela autoridade e o poder político. As forças do bem estão encarnadas na autoridade. As forças do mal estão, pelo contrário, encarnadas no poder do sistema inimigo. Não pode o homem ser entregue a si próprio. Tem de submeter-se totalmente ao controle da coletividade para a qual ela existe. O "homem" não é uma pessoa e sim um animal coletivo. Conquanto possa ele eventualmente tornar-se livre, não é agora o momento da liberdade, mas da obediência, da autoridade, do poder, do controle. O homem não opta pela sua própria realização exceto no sentido de que ele se submete a uma opção que lhe é ditada pela autoridade da ciência e da coletividade messiânica – o partido que representa a classe escatológica escolhida. Assim, conquanto, em teoria, existir toda sorte de opções, na realidade, a única opção básica será a da rejeição e destruição do "mundo" mau – isto é, o imperialismo capitalista e, na presente conjuntura, os Estados Unidos. Daí as ambiguidades do dogma comunista quando opta pela paz que nada mais é do que a guerra contra os Estados Unidos. Em outras palavras, a partitura não é mais *Aída*, viramos a página e agora tocamos *"Take Me Out to the Bali Game"*. Mas é, afinal, a mesma absurda opereta dos Irmãos Marx. Liberdade, humanismo, paz, abastança e alegria são entusiasticamente invocadas. No entanto, ao serem examinados mais de perto, verifica-se que se trata de seus opostos. Há uma opção apenas: submeter-se à decisão transmitida da cúpula por meio de um poder autoritário que define o bem e o mal em termos de política.

Isso, a meu ver, é a situação atual da questão. A Igreja reconheceu enfim, oficialmente, com a clássica perspectiva do mundo que começou a desenvolver sérias falhas há 500 anos, não é mais, de maneira alguma, viável. Há uma espécie de corrida em pânico à procura de segurança nesta nova perspectiva do mundo.

Neste esforço, o diálogo com o marxismo será de importância decisiva não só para os cristãos, mas também para os marxistas. Pois se for um verdadeiro diálogo possivelmente envolverá certa quebra de rigidez e certo ajuste nas posições doutrinárias. Isso há de incluir uma abertura a novas perspectivas e possibilidades de colaboração. Contudo, é evidente, o diálogo com o marxismo oficialmente instituído – os soviéticos ou a China Vermelha – não deve ser considerado, ainda, como uma significativa possibilidade. Mas as conversações já iniciadas com o tipo de marxismo revisionista representado pelo pensador francês Roger Garaudy certamente terão a oportunidade de apresentar alguns resultados. Mas que resultados? Bons ou maus. É muito fácil para os católicos cheios de entusiasmo que já provaram um pouco do vinho novo convencerem-se de que "voltar-se para o mundo" e "optar pelo mundo" significa simplesmente voltar-se para Marx e escolher alguma variante – maoísta, soviética, castrista – da linha política comunista. Não há dúvida de que desde o Concílio, alguns pensadores e publicistas católicos na Europa e na América do Sul mostram tendências nesta direção. Esta atitude é compreensível, mas não me parece, em suma, uma esperança.

No entanto, a maioria dos pensadores católicos se empenham, atualmente, na direção de uma perspectiva moderna do mundo em que as exigências do novo humanismo de Marx, Freud, Teilhard, Bonhoeffer e outros, são plenamente respeitadas e, por vezes, calorosamente endossadas. Para eles, a tendência não é mais considerar Deus como entronizado "lá fora" nos cimos do cosmos, e sim como o "futuro absoluto" que há de manifestar-se no homem e através do homem, pela transformação do homem e do mundo pela ciência orientada para Cristo. Embora não seja esta uma perspectiva confortadora para os teólogos conservadores, representa uma tentativa séria para reexpressar as verdades cristãs em termos com os quais o homem moderno se acha mais familiarizado.

Isto exige de nós uma visão mais dinâmica em relação ao homem e à sociedade. Essa atitude requer abertura, liberdade, a disponibilidade para enfrentar riscos. Postula também respeito pela pessoa humana na comunidade humana. Ao mesmo tempo, entretanto, a meu ver, pode conter sérias deficiências na medida em que não tomar em consideração os problemas verdadeiramente profundos da sociedade coletiva tecnológica e cibernética. Pressupor, por exemplo, que pelo fato de o humanismo científico e tecnológico poderem ser teoricamente considerados "perfeitamente bíblicos" (nada é mais bíblico do que a tecnologia", disse o Padre Daniélou S.J.), não altera a profunda desumanização que, na realidade, acontece na sociedade tecnológica (como Daniélou o vê com nitidez). O fato de o homem ser agora capaz de, teoricamente, controlar e dirigir seu próprio destino em nada diminui o terrível determinismo que, na prática, ridiculariza os planos mais realistas e volta todos os projetos do homem diametralmente contra as metas que professam ser humanistas. O abismo demoníaco entre os fins expressos e as realizações concretas na conduta, por exemplo, da Guerra do Vietnã, devem ser objeto de uma lição sobre a impotência da tecnologia em vir ao encontro das necessidades e realidades humanas de nosso tempo.

Tenho uma profunda desconfiança de todas as respostas obrigatórias. O grande problema de nosso tempo não é formular respostas claras para questões teóricas bem apresentadas e sim enfrentar a autodestruidora alienação do homem numa sociedade dedicada, em teoria, aos valores humanos e, na prática, à corrida atrás do poder em benefício próprio. Todas as respostas novas que surgem no mundo, todo o otimismo oficial vibrante de confiança na coletividade da cidade secular, nada farão para modificar a realidade dessa alienação. A perspectiva marxista sobre o mundo é a única realmente coerente e sistemática a se apresentar para substituir a velha e clássica síntese cristã medieval. De fato, tal teoria conseguiu ser aceita, por bem ou por mal, por mais da metade da raça humana. E, contudo, enquanto afirma oferecer ao homem a esperança de libertá-lo da alienação, tem exigido uma obediência sempre mais irracional, mais submissa e sem qualquer questionamento, às suas respostas obrigatórias. Isso mesmo quando essas respostas são manifestamente autocontraditórias e destruidoras dos próprios valores que declaram defender.

O diálogo com o marxismo é uma evidente necessidade. Mas se ao processar-se este criamos uma insípida mistura de neomodernismo e otimismo pseudocientífico, não vejo o que se terá ganho, especialmente se deixa os indivíduos passivos e desamparados na presença de forças desumanizantes que ninguém parece ter suficiente capacidade para identificar com exatidão e coordenar eficazmente. Nesse sentido, o mundo é certamente um problema. A ideia que tem de si é extremamente ambígua. O mundo, quando declara detectar e solucionar seus maiores problemas não é, na minha opinião, muito convincente. As respostas obrigatórias que o mundo tem não parecem aceitáveis. Não me entusiasmo por elas!

Quando o mundo se acha hipostasiado (e inevitavelmente o está) torna-se mais uma daquelas perigosas e destruidoras ficções com que tentamos em vão lutar. E para alguém que tenha penetrado seriamente nas concepções do cristianismo medieval, do hinduísmo ou do budismo no que toca ao *contemptus mundi*, *Mara* e "vazio do mundo", será evidente que isto significa, não a rejeição de uma realidade mas o desmascaramento de uma ilusão. O mundo como puro objeto é algo que não existe. O mundo não é uma realidade situada fora de nós, para a qual existimos. Não é uma estrutura objetiva firme e absoluta que tem de ser aceita nas inexoráveis condições com que se apresenta. O mundo não tem condições próprias. Ele não dita condições ao homem. Nós e o nosso mundo nos interpenetramos. Em realidade, o mundo existe para nós e nós existimos para nós próprios. É somente ao assumir plena responsabilidade pelo nosso mundo, pela nossa vida e por nós próprios que é possível dizer que vivemos realmente para Deus. Toda a realidade humana que, evidentemente, nos transcende como indivíduos e como coletividade interpenetra, apesar disso, o mundo da natureza (que é obviamente "real") e o mundo da história (também "real" na medida em que ela é o resultado do efeito total de todas as nossas decisões e ações). Mas essa realidade, embora "externa" e "objetiva", não é algo de inteiramente independente de nós, algo que nos domina inexoravelmente, de fora, por meio de certas leis fixas que somente a ciência é capaz de descobrir e utilizar. Não. Essa realidade é uma extensão e uma projeção de nós próprios e de nossas vidas e, se cuidarmos disso com respeito enquanto cuidamos também de nossa liberdade e integridade, teremos de aprender a obedecer às suas exigências e coordenar nossa vida com seus misteriosos movimentos. A maneira de encontrar o verdadeiro "mundo" não está em apenas observar e medir o que se acha fora de nós, mas sim em descobrir o íntimo de nosso ser. Pois é aí que se encontra o mundo em primeiro lugar: no meu mais profundo eu. Mas acontece que descubro ali que o mundo é bem diferente das "respostas obrigatórias". Essas "bases", esse "mundo" onde estou misteriosamente presente ao mesmo tempo a mim mesmo e às liberdades de todos os homens, não é um objetivo visível e uma determinada estrutura com leis fixas e exigências. É um mistério vivo e autocriador do qual sou uma parte, e para o qual sou a única porta de acesso. Quando encontro o mundo no mais profundo do meu ser, é-me impossível ser por ele "alienado". São precisamente as respostas obrigatórias que insistem em mostrar-me o mundo como sendo totalmente outro do que eu e meu irmão e que me tornam alienado em relação a mim mesmo e a meu irmão. Assim, não vejo razão alguma que explique nossa compulsão de fabricar sempre mais novas e mais cintilantes respostas obrigatórias em série.

As perguntas e respostas têm certamente sua finalidade. Somos seres racionais e dialéticos. Mas mesmo as melhores respostas não são a última e decisiva palavra. Elas indicam algo que se situa mais além, que não pode ser encarnado numa base verbal. Indicam a própria vida em sua base inalienável e pessoal. Indicam aquele reino de valores que aos olhos do pensamento científico e positivista não tem sentido. Mas como poderemos assumir o mundo a não ser na medida em que ele for um valor, isto é, na medida em que ele existe para nós?

Há, sem dúvida, uma profunda sabedoria na abordagem cristã tradicional em relação ao mundo como objeto de opção. Mas temos de admitir que as compulsões habituais e mecânicas de certo tipo limitado de pensamento cristão têm falsificado a verdadeira perspectiva de valores em que pode o mundo ser descoberto e escolhido tal como é. Tratar o mundo apenas como uma aglomeração de bens materiais e de objetos externos a nós, e rejeitar esses bens e objetos de maneira a procurar outros que sejam "interiores" e "espirituais" é, de fato, deixar escapar todo o sentido do desafio que nos é proposto ao confrontar o mundo e Cristo. Escolhemos mesmo entre o mundo e Cristo, como entre duas realidades conflitantes, absolutamente opostas? Ou optamos por Cristo escolhendo o mundo tal como é nele, isto é, criado e remido por Ele e podendo ser encontrado nas profundezas do nosso ser pessoal livre e o do nosso amor? Renunciamos realmente a nós mesmos e ao mundo a fim de encontrar a Cristo, ou renunciamos ao nosso falso e alienado ego para optar pela nossa verdade mais profunda ao escolher ambos, o mundo e Cristo ao mesmo tempo? Se a profundeza mais íntima do meu ser é o amor, então, neste mesmo amor, e em nenhum outro lugar, encontrarei a mim mesmo, o mundo, meu irmão e Cristo. Não é uma questão de "ou, ou", mas de tudo numa só unidade. Não é uma questão de exclusivismo e de "pureza" mas de inteireza e total dedicação. É unidade, é o *Gleichheit* (igualdade) segundo o Mestre Eckhart que em tudo encontra a mesma base de amor.

O mundo não pode ser um problema para alguém que vê como, afinal. Cristo, o mundo, seu irmão e a sua própria e mais íntima profundeza se tornam uma *unidade* na graça e no amor redentor. Se todas as opiniões ventiladas sobre o mundo ajudam as pessoas a descobrir esta realidade, muito bem. Mas se servem apenas para produzir mais uma nova escala divisória de posições obrigatórias e "respostas de atualidade", bem faríamos se as esquecêssemos. O mundo, em si, não é um problema. Nós somos um problema para nós próprios, porque estamos alienados de nós mesmos. E essa alienação se deve precisamente a um inveterado costume de divisão pelo qual quebramos a realidade em frangalhos e, em seguida, nos perguntamos *por que*, após haver manipulado os pedaços até que se separassem. Assim, perdemos contato com a vida, com a realidade, com o mundo e, mais ainda, com nós próprios.

IX
Contemplação num mundo de ação

A intenção não é de apresentar apenas mais uma apologia da vida oficial de oração dentro do quadro institucional. Nem tampouco de ganhar pontos numa polêmica desatualizada. O meu propósito é, antes, examinar algumas questões básicas em relação ao sentido. Que significa a vida contemplativa, ou a vida de oração, solidão, silêncio e de meditação para o homem da era atômica? Qual será o seu significado? Terá perdido todo e qualquer sentido?

Quando falo da vida contemplativa, não me refiro à vida institucionalizada do claustro, à vida de oração organizada. Esta tem problemas que lhe são específicos. Muitos católicos já estão dizendo abertamente que a *instituição* contemplativa enclausurada é indefensível, que é um anacronismo sem sentido no mundo moderno. Não é este assunto que estou discutindo – minha única observação é que não estou de acordo. Afastando qualquer ideia de instituição, ou mesmo de organização religiosa, estou me referindo a uma dimensão especial de disciplina e de experiência interior, a uma certa integridade e plenitude de desenvolvimento pessoal, que não são compatíveis com uma existência unicamente exteriorizada, alienada, de corre-corre. Isto não quer dizer que sejam incompatíveis com a ação, o trabalho criativo, o amor dedicado. Pelo contrário, tudo isto combina. Uma certa profundidade de experiência disciplinada é basicamente para que a ação seja frutuosa. O amor tenderá a ser superficial e ilusório se não houver uma compreensão humana mais profunda baseada numa análise do interior da própria existência humana. Tradicionalmente, as ideias de oração, de meditação e de contemplação sempre estiveram associadas a esta interiorização de nossa vida pessoal e ao desenvolvimento da capacidade de compreender e servir os outros.

Vamos começar por um fato concreto: se houve um tempo em que a oração, a meditação e a contemplação eram consideradas, por toda parte, normalmente, realidades primordiais da vida humana, isto já não acontece hoje em dia. Acontece serem elas consideradas, mesmo pelos cristãos, como um tanto quanto marginais e secundárias, o que importa é realizar coisas. A oração parece não ser nada mais do que *proferir palavras* e a meditação é um processo misterioso e incompreendido se, por acaso, tem alguma utilidade, crê-se que esta utilidade é algo de inteiramente alienado em relação à vida dos homens em geral. Quanto à contemplação, mesmo dentro da assim chamada "vida contemplativa", é considerada suspeita! E, se os próprios "contemplativos" a temem, o que pensará o leigo? De fato, a própria palavra "contemplação" tem uma ressonância desagradável – a do elitismo filosófico de Platão e de Plotino.

Um fato curioso é que, na tradicional polêmica entre ação e contemplação, os modernos apologistas da vida "contemplativa" têm tentado defendê-la apoiados numa base pragmática – em termos de ação e de eficácia. Em outras palavras, os monges e as monjas nos claustros não são "inúteis" porque estão engajados num tipo de atividade espiritual muito eficaz. Não são ociosos, preguiçosos, omissos: Eles estão "realizando coisas", mas de uma maneira misteriosa e esotérica, de um modo invisível e espiritual, por meio de suas orações. Em lugar de atuarem sobre as coisas e as pessoas no mundo, agem, diretamente, sobre Deus, pela oração. Isto é, de fato, um "tipo de ação superior", uma "suprema eficácia", mas isso não se vê. Tem-se que acreditar.

Não estou interessado, no momento, em tentar provar coisa alguma com este argumento. Só estou preocupado com o que ele pode significar para o homem moderno. Obviamente, há muitos que *acreditam* nisto, no sentido de o aceitarem baseados "na fé", sem compreender muito bem como é possível. Aceitam, baseados na autoridade, sem que eles próprios o entendam nem tampouco tentem entender. Este debate não os atrai. Cria um estranho mal-estar, mas ficam sem saber como reagir. Acabam relegando-o ao fundo de uma gaveta mental juntamente com outras coisas que eles não têm tempo para examinar.

Esta visão da vida contemplativa, que, até certo ponto, não deixa de ser legítima, insiste fortemente na importância da oração de petição, da intercessão, do sacrifício e do sofrimento em intenção de outros, é considerado como um trabalho, como uma ação, como "algo realizado" nos mosteiros. E insiste-se na ideia de que as orações e os sacrifícios dos contemplativos produzem certos efeitos eficazes embora de maneira oculta. Dizem que "produzem graça" e também que, de um certo modo, "causam" a intervenção divina. Acontece, então, que uma quantidade considerável de cartas chega ao mosteiro, ou à caixa postal da comunidade, pedindo orações às vésperas de uma grave operação, por ocasião de um processo judicial, de problemas pessoais ou de família, em casos de doença e de todos os tipos de tribulações. É certo que os católicos acreditam que Deus ouve e atende as orações de petição. Mas é uma distorção da vida contemplativa tratá-la como se o contemplativo concentrasse todos os seus esforços em conseguir graças e favores de Deus para os outros e para si próprio.

Este é um conceito de Deus e da oração que se insere, com toda a naturalidade, no contexto de uma visão especial do universo, um mecanismo de causa e efeito com um Deus transcendente situado no "além" e nas "alturas", que age como Causa Absolutamente Primeira e como Suprema e Primeira Ação Motora. Ele é a Causa Não Causada que guia, planeja e quer cada efeito até nos mínimos detalhes. Ele é considerado como o Supremo Arquiteto, podendo os homens entrar em comunicação com Ele, participar dos seus planos e de sua causação, através da fé e da oração. Ele delega aos homens uma parte, secreta e limitada, de sua atividade na medida em que estes com Ele estão unidos.

Não estou dizendo que há algo de "errado" nisto. Eu me expressei de maneira crua, mas que não deixa de ser perfeitamente lógica e se insere naturalmente dentro de certas premissas. No entanto, o problema está em que isto supõe uma imagem do universo que não corresponde ao mundo das descobertas físicas pós-newtorianas. Ora, no século XIX e na crise modernista do princípio do século XX havia uma resposta para isto: "Se nossa visão do universo não corresponde ao da ciência moderna, então a ciência que vá para o inferno. Nós estamos certos e basta". Mas, a partir de então, chegou-se à conclusão de que Deus é, não somente transcendente, como imanente, e que a fé não exige nenhuma capacidade especial para se imaginar Deus "lá fora", nem tampouco para considerá-lo espacialmente distante de Sua criação, como se esta gigantesca máquina por ele dirigida o fosse por controle remoto. Pessoas cuja noção de continuidade espaço-tempo é radicalmente diversa julgaram o recurso a estas imagens espaciais confuso e irrelevante. Teilhard de Chardin é uma testemunha entre muitas outras – sem dúvida a mais conhecida – de um conceito totalmente novo, dinâmico e imanente, de Deus e do mundo. Deus opera no homem e através dele, aperfeiçoando uma criação que não é estática. Isto também, até certo ponto, é questão de apresentar uma imagem aceitável, uma perspectiva que podemos entender, que não está totalmente alienada de nossa compreensão atual e que, sem dúvida, será substituída por outras imagens em épocas vindouras. A verdade subjacente não é alterada pelo simples fato de ser expressa de maneiras diferentes, de pontos de vista diferentes, desde que estes pontos de vista não a deformem nem a falsifiquem.

Ora, acontece que o ponto de vista imanentista que vê Deus direta e intimamente presente na própria essência do nosso ser (apesar de ser ele, ao mesmo tempo, infinitamente transcendente) está, em realidade, muito mais próximo da tradição contemplativa. O ponto verdadeiramente central da vida contemplativa foi sempre um aprofundamento da fé e das dimensões pessoais da liberdade e da percepção até o ponto em que a nossa união direta com Deus se realiza tornando-se uma "experiência". Temos, assim, não só a consciência e a compreensão da imensidão e da majestade de Deus "no além", como Rei e Soberano do universo (como de fato é), mas também a percepção mais íntima e maravilhosa de Deus presente, direta e pessoalmente, em nosso próprio ser. No entanto, isto não é uma fusão ou confusão panteísta de nosso ser com o de Deus. Pelo contrário, há um conflito real na percepção de que, apesar de, em certo sentido, Ele ser mais verdadeiramente nós do que nós próprios, não nos identificamos a Ele e, embora Ele nos ame mais do que nós podemos nos amar a nós mesmos, nos opomos a Ele e, nesta oposição, estamos nos opondo ao mais profundo do nosso próprio ser. Se nos preocupamos somente com a nossa existência superficial, com coisas exteriores, com os interesses insignificantes do nosso ego, estamos sendo infiéis para com Ele e para nós mesmos. Para alcançarmos uma verdadeira percepção, não só de Deus como de nós mesmos, temos de renunciar ao nosso ser limitado e egoísta e penetrar numa existência inteiramente nova descobrindo um foco central interior de motivação e de amor que nos dê uma visão inteiramente nova de nós mesmos e de tudo o mais. Quer o chamemos fé, quer (num estado mais adiantado) iluminação contemplativa, quer lhe demos o nome de "sentido de Deus", ou mesmo de união mística, tudo isto não passa de diferentes níveis e aspectos do mesmo tipo de percepção: o despertar de uma nova consciência de nós mesmos em Cristo, por Ele criados e redimidos, e em vias de sermos transformados e glorificados nele e com Ele. Segundo Blake[1], abrem-se as "portas da percepção" e toda a nossa vida adquire um significado inteiramente novo. O verdadeiro sentido de nossa própria existência, que normalmente está oculto e deformado pelas distrações rotineiras de uma vida alie-

---

1. Poeta espiritualista inglês, profundo, de grande influência. Viveu no século XVIII [N.T.].

nada, nos é agora revelada por uma intuição central. O que estava perdido e disperso na relativa insignificância e falta de sentido de um comportamento sem motivação (vivendo como uma máquina levada por instigações e sugestões de outros) é novamente integrado dentro de um significado plenamente unificado e consciente. Esta nova focalização peculiar e brilhante é, segundo a tradição cristã, obra do Amor e do Espírito Santo. Este "conhecimento amoroso", que tudo vê transfigurado "em Deus", que vem de Deus e atua com o amor criador e redentor de Deus e tende à plenitude na glória de Deus, é um conhecimento contemplativo, fruto de uma fé viva e realizadora, é um dom do Espírito.

A popularidade, hoje em dia, das drogas psicodélicas já por si só demonstra que há uma busca deste tipo de conhecimento e de integração interior. O único problema das drogas é que imitam, de modo passageiro e superficial, a integração do amor sem, no entanto, produzi-lo. (Não discutirei aqui o problema de poderem ou não as drogas, acidentalmente, auxiliar nesta integração, pois não tenho competência para tanto.)

Apesar de esta "visão" interior ser um dom e não diretamente o resultado de uma técnica, ainda assim é necessária uma certa disciplina que nos prepara para recebê-lo. *A meditação é uma das formas características mais importantes desta disciplina.* A oração é outra forma não menos importante. A oração, dentro do contexto desta percepção interior da presença direta de Deus, torna-se, não tanto uma questão de causa e efeito, senão muito mais *uma celebração do amor.* À luz desta celebração, o que conta mais é o próprio amor, a gratidão, a aceitação da bondade ilimitada e transbordante do amor que vem de Deus e o revela ao seu mundo.

Esta percepção interior, esta experiência do amor como presença direta e dinâmica, tende a alterar nossa perspectiva. Encaramos, assim, a oração de petição de um modo um tanto diferente. A celebração e o louvor, a atenção cheia de amor, voltada para a presença de Deus, tornam-se mais importantes do que "pedir" e "conseguir" coisas. Isto, porque compreendemos que em Deus e com Ele todo o bem está à nossa disposição e à da humanidade. Se buscarmos em primeiro lugar o Reino do Céu, tudo o mais virá por acréscimo. Daí, nos preocuparmos bem menos com os pormenores de nossas necessidades quotidianas e confiarmos em Deus para cuidar dos nossos problemas, mesmo se não estamos, a cada minuto, pedindo-lhe com insistência que o faça. O mesmo acontece com os problemas do mundo. Mas, por outro lado, esta percepção e abertura interiores nos tornam especialmente sensíveis às necessidades urgentes da nossa era e a graça pode, às vezes, compelir-nos a rezar por alguma necessidade especial. A vida contemplativa não ignora a oração de petição, mas tampouco lhe dá muita ênfase. O contemplativo reza por intenções particulares quando ele se sente forte e espontaneamente inspirado a fazê-lo, mas não considera sua razão de ser ficar pedindo por isto ou aquilo o dia inteiro.

Ora, a oração deve ser também examinada à luz de outra experiência fundamental, a da "ausência" de Deus. Pois se Deus está presente de modo imanente, Ele é também transcendente. Isto significa que Ele está totalmente fora do alcance da nossa compreensão. As duas coisas ("ausência" e "presença") se fundem no conhecimento amoroso que "conhece desconhecendo" (um termo tradicional do misticismo). Acontece, com cada vez maior frequência, ao homem moderno sofrer uma sensação de ausência, de desolação e de incapacidade até de "querer" rezar ou de pensar em Deus. Colocar tudo isto de lado, superficialmente, como sendo experiência "da morte de Deus" – como se Deus, daqui por diante, não tivesse a menor importância – é desprezar um fato muito significativo: que esta sensação de ausência não é uma coisa unilateral, é dialética, inclui o seu oposto, isto é, a *presença*. E, se por um lado, o aflige a dúvida, por outro, teme uma profunda necessidade de crer.

O ponto ao qual quero chegar é o seguinte: a experiência da vida contemplativa no mundo moderno demonstra que o foco mais doloroso na disciplina contemplativa e de meditação e na vida de oração é, para o homem da nossa época, justamente esta sensação, por assim dizer, de ausência, de abandono e até de aparente "incapacidade de crer". Quero sublinhar a palavra "aparente" porque apesar de esta experiência ser, para alguns, extremamente dolorosa e confusa, além de suscitar todos os tipos de "problemas religiosos" traumatizantes, ela pode muito bem ser um sinal de crescimento cristão autêntico e um fator de desenvolvimento decisivo na fé, se eles conseguem enfrentá-lo. Para sair da dificuldade, não se deve regredir a uma etapa anterior e imatura da fé, nem tampouco, obstinadamente, reafirmar e "reforçar" sentimentos, aspirações e imagens adequadas à nossa infância e primeira comunhão. Devemos, já num nível diferente de meditação e de oração, atravessar esta crise da fé e alcançar, através da experiência, uma integração mais completa, tanto pessoal como cristã.

Esta experiência de luta, de autoesvaziamento, "autoanulação", de rendição e, em seguida, a recuperação, na paz e na graça, já num outro nível, é uma das maneiras pelas quais a *Pascha Christi* (a morte e ressurreição de Cristo) toma posse de nossas vidas e as transforma. Este é o aspecto *psicológico* da obra da graça que também opera num plano que ultrapassa o da experiência e da psicologia, atuando através dos sacramentos e de nossa participação objetiva na vida da Igreja.

Não estou, evidentemente, falando de "experiência mística", nem de algo novo e estranho, mas simplesmente da plenitude da percepção pessoal que é alcançada através da total renúncia de si próprio, seguida de um engajamento pessoal no mais alto nível, muito além de um mero consentimento intelectual e de uma obediência exterior.

A vivência cristã autêntica se vê atrofiada e frustrada uma vez que se contenta apenas com os fatores externos do culto: "dizer as orações", "ir à Igreja", cumprir seus deveres exteriores, ser meramente "correto". A verdadeira finalidade da oração (tanto no sentido mais pessoal como no da assembleia cristã) é o aprofundamento da realização pessoal no amor, a percepção de Deus (mesmo se, às vezes, esta percepção possa não passar de um fator negativo, uma aparente ausência). A verdadeira finalidade da meditação – ou pelo menos daquilo que é certamente o mais importante para o homem moderno – é a exploração e a descoberta de novas dimensões em relação à liberdade, à iluminação e ao amor, através do aprofundamento de nossa percepção de nossa vida em Cristo.

Qual a relação de tudo isso com a ação? Simplesmente a seguinte: Aquele que tenta agir e realizar coisas para os outros ou para o mundo, sem aprofundar a própria compreensão de si mesmo, sua liberdade, sua integridade e sua capacidade de amar, nada terá para dar aos outros. Comunicará aos outros nada mais do que o contágio de suas próprias obsessões, agressividade, ambições egocêntricas, de suas ilusões em relação a meios e fins, e ainda seus preconceitos e ideias doutrinárias. Não há nada de mais trágico no mundo moderno do que a má utilização do poder e da ação a que os homens são impelidos por suas próprias incompreensões e falsas interpretações faustianas. Temos mais poder ao nosso dispor hoje em dia do que jamais tivemos e, no entanto, vivemos mais alienados e afastados do próprio cerne do significado das coisas e do amor, do que nunca antes. O resultado é evidente. Estamos atravessando a maior crise da história do homem. E esta crise se situa, sobretudo, justamente no país que fez da ação um ídolo e que perdeu (ou talvez nunca tenha tido) o sentido da contemplação. Longe de serem inúteis, a oração, a meditação e a contemplação têm suma importância, hoje, nos Estados Unidos. Infelizmente, deve admitir-se que a vida contemplativa "oficial" como é vivida em nossos mosteiros precisa ser seriamente repensada, pois ele se identifica muito estreitamente ainda com os padrões de pensamento aceitos há 500 anos, mas totalmente alheios ao homem moderno.

Ora, a oração e a meditação têm um papel importante na abertura de novos caminhos e novos horizontes. Se a nossa oração é a expressão de um desejo profundo, inspirado pela graça de uma renovação da vida – e não simplesmente um cego apego àquilo que sempre nos foi familiar e "seguro" – Deus atuará, em nós e por nós, para renovar a Igreja, preparando, na oração, aquilo que não podemos ainda nem imaginar nem compreender. Desta maneira a nossa oração e nossa fé hoje serão orientadas para o futuro que nós mesmos, talvez, não cheguemos a ver plenamente concretizada na Terra.

X
O contemplativo e o ateu

Em todas as grandes tradições religiosas homens e mulheres dedicaram-se à vida contemplativa. E assim, em condições especiais de silêncio, austeridade, solidão, meditação e culto, conseguiram aprofundar e ampliar sua percepção espiritual. Desta forma conseguiram explorar áreas da experiência que, apesar de fora do comum, têm implicações profundas sobre a vida que em geral levam os homens, seus irmãos. Quer seja do ponto de vista da psicologia, da ética, da arte, da religião, ou simplesmente no desenvolvimento das mais profundas capacidades do homem, a experiência contemplativa está ligada ao que há de mais básico na existência humana.

Dentro das culturas religiosas esses contemplativos tiveram a tendência de formar elites reconhecidas em instituições monásticas especiais. Mas não é necessário que esta tendência pela descoberta espiritual seja socialmente organizada: pode vir a existir espontaneamente fora do claustro ou do eremitério, até nas condições mais favoráveis. Pois a vida contemplativa não é meramente uma questão de fugir do mundo, cantar salmos ou aprender técnicas tradicionais de meditação: é também e antes de mais nada um carisma pessoal.

Portanto há contemplativos não só em mosteiros, mas em plena vida secular. Mas em todas as tradições contemplativas chegou-se à conclusão de que era necessário que aqueles que houvessem atingido uma certa profundidade de visão religiosa conduzissem, até um certo ponto, os outros que procuram alcançar a mesma experiência de verdade em suas vidas. Então, apesar de o contemplativo viver em silêncio e procurar manter-se livre do envolvimento numa atividade frenética e sem sentido, ele não vira as costas simplesmente ao mundo dos outros homens. Tal como eles, permanece enraizado neste mundo. Ele permanece aberto ao mundo e está pronto, quando necessário, a compartilhar com os outros parte de sua própria experiência, à medida que isto for possível ou desejável. Também compreende a sua necessidade de ouvir outros homens e de aprender com eles. Mas acima de tudo ele procura aprofundar-se na fonte divina de onde surge toda a vida, e compreender os destinos do homem à luz de Deus.

Numa época em que a própria Igreja Católica encetou um diálogo espontâneo e vivo com o homem moderno em todos os níveis de sua existência, não deveriam também os contemplativos católicos falar ao homem moderno, escutá-lo, questioná-lo e ser por ele questionados?

A "Mensagem dos contemplativos", apresentada ao Sínodo dos Bispos no outono de 1967, mostrou uma profunda preocupação da parte de homens que, apesar de se terem dedicado à vida de silêncio e solidão, sentiam também ser do seu dever compartilhar o fruto de sua experiência com os homens seus irmãos que se debatem na "crise de fé" do mundo moderno. A vida de solidão e de contemplação, vida na qual homens escutam mais atentamente a Palavra de Deus, mergulham na meditação da Bíblia, cantam o louvor de Deus na liturgia e dedicam-se ao trabalho, ao estudo e à oração silenciosa, não é uma vida afastada da realidade contemporânea. O contemplativo não está tampouco livre dos problemas e das dificuldades do homem contemporâneo. A vida de contemplação cristã não é uma vida de concentração voluntária sobre algumas ideias claras e reconfortantes, mas uma vida de luta interior na qual o monge, como o próprio Cristo no deserto, é posto à prova. Num certo sentido o monge, a sós com Deus, totalmente consciente de sua própria pobreza, falibilidade e cegueira, sofre a mesma provação da fé que os outros cristãos, e ele a sofre de um modo mais agudo e penetrante. Pode-se dizer que muitas vezes o contemplativo é antes um profissional da crise e do sofrimento intelectual do que um "profissional da visão". O que ele aprende não é um conceito mais claro de Deus e sim uma confiança mais profunda, um amor mais puro e um abandono mais completo àquele que ele sabe situa-se para além de toda compreensão. No entanto no seu silêncio, na sua vida simples e na paz do claustro, o contemplativo tem certamente acesso a valores que a vida moderna tende cada vez mais a esquecer, a subestimar ou a ignorar. Ele deseja compartilhar a experiência destes valores com outros homens que estão cansados da pressão, da confusão e da agitação da vida moderna. Ele reconhece o seu dever para com o homem, seu irmão: o dever de preservar-lhe uma área que é a mais ameaçada na existência turbulenta de um mundo em crise de crescimento e de transformação. Os pensamentos que se seguem podem ser considerados de uma certa forma como uma extensão da "Mensagem dos contemplativos" que foi entregue ao Sínodo dos Bispos.

Nós contemplativos estamos plenamente conscientes não só dos problemas gerais que desafiam o cristão que tem fé, mas também mais especialmente do problema particular da própria vida contemplativa. Muitos cristãos, inclusive padres e talvez até alguns bispos, perturbados pelas grandes necessidades da Igreja no mundo de hoje, se perguntam como os contemplativos podem continuar a viver aparentemente alheios aos conflitos ativos nos quais está engajada a Igreja. Não deveriam os contemplativos abandonar o seu silêncio e a sua solidão para ingressar no exército ativo dos trabalhadores apostólicos?

Nós contemplativos achamos que esta questão é, tanto para nós como para o resto da Igreja, simplesmente mais um aspecto da crise geral de fé. Isto nós sabemos porque muitas vezes procuramos analisar o nosso íntimo e resolver por si mesmo esta questão, temendo que a nossa vocação à solidão do deserto fosse talvez uma ilusão, e receosos de estarmos utilizando o nosso silêncio como pretexto para recusar aos outros uma ajuda necessária. De fato, compreendemos que não podemos nos contentar com uma rejeição puramente negativa do mundo. Não podemos simplesmente dar as costas ao homem contemporâneo. Esta não é a nossa intenção. Devemos, pelo contrário, compartilhar com outros uma parte dos benefícios da nossa própria vida de oração.

No entanto, bem compreendemos que a nossa contribuição maior e mais especial à Igreja é precisamente a nossa própria vida de contemplação. Nosso silêncio e nossa solidão não são apenas luxos e privilégios que adquirimos às custas da Igreja: são dons necessários de Deus para a Igreja, em nós e através de nós. Fazem parte da herança preciosa de verdade e de experiência cristã que Deus confiou a nossa guarda para que o espírito da oração e da contemplação possam continuar a existir em toda a Igreja e no mundo contemporâneo.

O laicato e o clero, absortos e preocupados com muitas atividades, não podem se entregar à meditação e a um estudo mais aprofundado das coisas divinas e humanas. Achamos que o nosso primeiro dever é preservar a realidade de uma vida de profunda oração, silêncio e experiência das coisas de Deus para que consigam não se desesperar e possam se sentir encorajados a continuar a seu modo a procurar a intimidade com Deus com uma fé amorosa. Também achamos que é a nossa obrigação, pelo menos quando as circunstâncias o permitem, deixar que compartilhem da paz e do silêncio dos nossos retiros. Alguns de nós podem ser chamados a dirigir ou instruir outros nos caminhos da oração quer pela palavra escrita, quer pela orientação oral. Outros, enfim, podem ser chamados a dialogar positivamente com intelectuais, cristãos ou não, e talvez de um modo particular com contemplativos e filósofos de tradições religiosas não cristãs. Falando de um ponto de vista ideal, o mosteiro contemplativo deveria apresentar o ambiente perfeito para o diálogo e o estudo ligados à oração e à experiência espiritual.

No entanto permitam-nos dizer que seria a maior desvantagem possível para a Igreja se os contemplativos fossem arrancados do seu modo de viver no silêncio e na oração e jogados em trabalhos ativos para os quais não estão nem qualificados nem preparados, trabalhos estes que só poderão ser malfeitos. Ao mesmo tempo estamos cada vez mais convencidos de que a própria vida contemplativa está precisando urgentemente de uma renovação interior para que esta experiência de amor místico que, infelizmente, arrefeceu, e esta percepção contemplativa das coisas divinas, que se tornou fraca e vaga, possam recobrar sua força vital.

Para que isto aconteça, é necessário mantermos a pureza da vida monástica em comum, na qual a liberdade do amor fraterno em Cristo, a disciplina da formação monástica e da obediência total de um e de todos ao Espírito Santo conservem viva uma atmosfera de oração na qual a pureza autêntica da contemplação cristã possa ser transmitida de pai espiritual a filhos espirituais. Reconhecemos especialmente a importância do silêncio, da solidão, da pobreza, do trabalho, da humildade, da castidade, do jejum e de todas as formas tradicionais de ascese monástica, para nos conservarmos abertos e atentos ao Espírito de Deus Vivo. Também reconhecemos que, à medida que os contemplativos crescem em sua experiência de intimidade com Deus, terão necessidade de oportunidades especiais para desenvolver suas qualidades pessoais, cada um a seu modo, vivendo talvez alguns deles, por esse motivo, na solidão do eremita. Em resumo, nós somos não somente testemunhas da realidade viva e atual da experiência monástica que nos foi transmitida desde os primeiros tempos do monaquismo egipcíaco e siríaco, como também juramos solenemente preservar esta herança e desenvolvê-la em modalidades relevantes à nossa época.

A vida contemplativa é contestada não só pelo Ocidente ativo e dinâmico como pelo Oriente meditativo. Num certo sentido o dever de dar testemunho dos valores contemplativos e de uma experiência mais elevada é uma questão de interesse universal, comum não somente ao monge cisterciense mas também ao zen-budista e ao estudante de ioga. Chegamos à conclusão de que muitos dos que não compartilham a nossa crença religiosa, homens que pertencem às grandes religiões asiáticas, ou até ocidentais modernos que não têm fé, tendem a apreciar mais a nossa vida do que alguns católicos. Não raro estes homens valorizam profundamente as vantagens da solidão, do silêncio e da meditação. Os apelos de homens como estes nos encorajam a perseverar no nosso propósito de buscar novas fronteiras de percepção e de sentido na existência humana. Eles também nos animam a estudar as maneiras através das quais a experiência religiosa das grandes tradições místicas, tanto cristãs como não cristãs, pode continuar a dialogar com um mundo que já não compreende a linguagem clássica da experiência religiosa. Eles nos encorajam a uma aproximação maior como mistério de Deus naquela solidão do deserto que é o lugar mais propício à revelação, à inspiração e à renovação.

Neste sentido salientamos como um pensador marxista que se destacou no diálogo marxista-cristão, apesar de afirmar claramente que a linguagem teológica cristã lhe parecia irrelevante, admitiu ter encontrado, na experiência mística e no testemunho de uma Santa Teresa D'Ávila, um impacto de significado e de desafio. Baseados em depoimentos como estes, não achamos que nós contemplativos estamos perdendo o nosso tempo dedicando as nossas vidas à exploração de regiões que outros católicos mais ativos consideram uma terra de ninguém?

Como o restante da Igreja Católica, as Ordens contemplativas procuram renovar sua vida de acordo com as necessidades do homem moderno. A maturidade e a realização pessoal procurada pelos que são chamados à vida contemplativa são encontradas na própria contemplação e não fora dela. Mas a disciplina da atenção e da percepção contemplativas têm de se adaptar às necessidades da consciência moderna. A formação contemplativa hoje em dia incluirá um estudo das estruturas da consciência moderna e suas novas formas de experienciar-se a si próprio em relação aos outros homens, ao mundo e a Deus.

Deve-se notar que na vida contemplativa, apesar do estudo e do desenvolvimento intelectual serem de grande importância, há outra coisa ainda mais importante: a área da experiência pessoal que penetra muito além dos limites do pensamento especulativo para "saborear" as realidades últimas e descobrir o significado mais íntimo daquilo que se crê e que, no entanto, permanece obscuro. Portanto, o que importa para o contemplativo não é a discussão especulativa do "problema de Deus" e ainda menos o esforço de demonstrar a existência de Deus de maneira que, muitas vezes, criam ao homem moderno mais problemas em vez de resolvê-los. O contemplativo não tem de lutar contra o ateísmo militante e assim talvez esteja melhor colocado para compreender com mais clareza as confusões que cercam toda a questão do "ateísmo" e do "problema de Deus" no mundo da nossa época.

O contemplativo cristão está consciente de que nas tradições místicas, tanto da Igreja do Oriente como do Ocidente, há um forte elemento que se tem chamado de "teologia apofática". Esta tradição apofática se preocupa com o dado mais fundamental de toda a fé – e que é quase sempre esquecido: o Deus que Se revelou à nós através de seu Verbo revelou-se como uma incógnita quanto à sua íntima essência, pois Ele se situa para além de qualquer visão meramente humana. "Não podeis ver minha face: nenhum homem verá minha face e continuará vivo" (Ex 33,20). "Nenhum homem jamais viu Deus: o Unigênito, que está no coração do Pai, ele o descreveu" (Jo 1,18).

O cerne da experiência cristã mística consiste em experimentar a inefável realidade daquilo que está situado além da experiência. Ela "conhece" a presença de Deus, não através de uma visão clara, mas "como uma incógnita" (*tamquam ignotum*). E, ainda, a fé cristã enquanto, naturalmente, se preocupa com certas verdades reveladas por Deus, não termina na formulação conceitual destas verdades. Vai para além das palavras e das ideias e atinge o próprio Deus. Mas o Deus que em certo sentido é "conhecido" nos artigos de fé é "conhecido como desconhecido" estando além desses artigos. Poderíamos até dizer, com alguns Padres da Igreja, que se, por um lado, os nossos conceitos nos dizem que "Deus é", por outro lado o nosso conhecimento de Deus ultrapassando conceitos é um conhecimento d'Ele "como se Ele não fosse", uma vez que o ser de Deus não nos é acessível através da experiência direta. Estamos persuadidos de que muitos dos que se consideram ateus são, na verdade, pessoas descontentes com uma ideia ingênua de Deus que lhe dá a aparência de um "objeto" ou de uma "coisa", ou de uma pessoa, num sentido meramente finito e humano. Assim, talvez desconfiem das complicações de linguagem que atualmente cercam o "problema de Deus" e acham infrutíferas quaisquer discussões sobre o problema: no entanto ficarão provavelmente muito intrigadas com o testemunho direto e existencial da experiência contemplativa.

Ora, se por um lado o contemplativo cristão deve, sem dúvida, desenvolver através do estudo a compreensão teológica dos conceitos sobre Deus, sua missão principal é penetrar na escuridão sem palavras e na luz apofática de uma experiência que transcende os conceitos. É aí que, aos poucos, ele se torna íntimo a um Deus que está "ausente" e como se fora "não existente" em relação a qualquer experiência humana. Até certo ponto a experiência apofática de Deus confirma a intuição do ateu, de que Deus não é um objeto de conhecimento limitado e preciso e, por conseguinte, não pode ser apreendido como "uma coisa" a ser estudada por delimitação. Como São João da Cruz ousou declarar em linguagem mística, o termo da ascensão do monte da contemplação é "Nada" – *Y en el monte Nada*. Mas a diferença entre o contemplativo apofático e o ateu é que, enquanto a experiência do ateu pode ser puramente negativa, a do contemplativo é, por assim dizer, negativamente positiva. Abandonando toda e qualquer tentativa de apreender a Deus com conceitos humanos limitados, o ato de submissão e de fé do contemplativo atinge a Sua presença como sendo a base de toda experiência humana e à Sua realidade como a base do próprio ser. A "ausência" do Deus transcendente é também, paradoxalmente, a Sua presença como ser imanente. Aqui entramos, obviamente, no plano das contradições aparentes que se subtraem à explanação clara, de modo que o contemplativo prefere não falar de tudo isso. De fato, no passado, as tentativas inadequadas para explicar este mistério deram margem a erros sérios e a graves confusões. A tarefa do contemplativo hoje em dia é fugir desta área levado pelo medo – pois este é o campo mais autêntico de sua exploração e o lugar de sua própria realização prometida e desejada – ele deve aí entrar humilde e resoluto, seguindo o chamado de Deus e obediente ao Espírito divino como

Moisés que, ao aproximar-se da sarça ardente, retirou os "sapatos" da opinião e da racionalização.

Há, no entanto, um novo ateísmo surgido mesmo entre cristãos ansiosos de compartilhar de todas as dimensões da experiência do homem moderno. Estes "ateus cristãos" se têm perguntado, com toda a sinceridade, se pode alguém ser um homem verdadeiramente moderno sem ser em certo sentido um ateu. Em outras palavras, estará a crença religiosa tão essencialmente alienada da experiência e da consciência do homem moderno, que este não possa crer em Deus sem uma regressão psicológica e cultural a modos de pensar apropriados a outras épocas, mas alheios aos nossos tempos? Dado que este "ateísmo cristão" ou "religião sem Deus" se tem beneficiado através de uma divulgação tipicamente sensacionalista dos meios de comunicação de massa, e aqueles que o propõem diferem muito entre si e nem sempre querem dizer a mesma coisa, por isso tem gerado grande confusão no espírito de muitas pessoas. Às vezes, a doutrina da assim chamada "morte de Deus", bem conhecida nos círculos americanos, é reduzida a mero sensacionalismo absurdo. Noutras ocasiões tenta-se levantar uma questão séria de forma paradoxal. O "problema de Deus", dizem, tem hoje novas dimensões, pois não se pode mais tomar como ponto de partida os pressupostos do passado. Por exemplo, no passado reconhecia-se geralmente que cada homem tinha um modo natural, básico, de encarar a realidade, e este modo de ver pré-consciente e espontâneo, incluía a necessidade de um Ser Supremo e pelo menos uma certa aceitação tácita de uma causa primeira. Os homens que negavam o Ser Supremo e a causa primeira, assim faziam contrariando essa maneira natural de ver. Agora, está porém provado que o modo de ver do homem mudou radicalmente. Já não lhe é mais "natural" supor como Santo Anselmo outrora supôs que, se de fato existem seres, é porque deve existir um Ser Supremo. Pelo contrário, o que dizem agora, é que a consciência do homem moderno já não necessita mais de Deus nem supõe que Sua existência, influência e presença sejam a base de uma visão coerente da vida. O que, com verdade, podia ser dito no passado – que a alma humana era "naturalmente Cristã" – não pode mais ser levado em conta. Pelo contrário, de acordo com esta teoria, a consciência do homem é naturalmente ateia. Portanto, argumentam que, no que toca à experiência do homem moderno, "Deus está morto" – ele não está presente espontaneamente como base do sentido da existência humana. Ao contrário, se, por acaso, "Deus" se tornar presente à consciência do homem moderno, assim continua o argumento, sua presença violenta esta consciência moderna no que ela tem de moderno, portanto na sua verdade. O ato de fé através do qual o homem moderno adere, apesar de tudo, à ideia de Deus é um ato em que ele não está sendo verdadeiro para consigo mesmo. Está inspirado pelo medo ou motivado por mn baixo sentimento qualquer e, portanto, inautêntico. A fé para o homem moderno deve, então, ser definida como "má-fé" no sentido dado à palavra por J.-P. Sartre.

Expusemos esta discussão um tanto pormenorizadamente por ter ela consequências bastantes irônicas na vida daqueles que se mostram mais preocupados em serem cristãos "adultos" no mundo de hoje. É óbvio que um dos primeiros indícios de ser alguém um adulto é estar bem seguro de sua identidade e de seus julgamentos quanto às suas experiências estarem baseadas na sua percepção do que vai no seu íntimo. O adulto verdadeiramente moderno certamente não se deixará tratar como um indivíduo alienado e impotente cuja experiência interior lhe é ditada por outros e imposta do exterior. Deixar-se subjugar pelas ideias e pelos ideais dos outros utilizando-os como substitutos da própria experiência pessoal e julgamentos na vida é a prova mais segura de imaturidade. A fé do cristão é uma adesão interior à verdade que não é imposta do exterior. É uma adesão, livre e pessoal, ao amor "no Espírito" e dá força para resistir a qualquer coação externa, tanto no nível do pensamento como da vida. Neste sentido, também, a fé vence o mundo. Esta verdade nos torna verdadeira e autenticamente livres (Jo 8,32). O cristão adulto é perfeitamente capaz de descobrir por si só se o homem moderno pode ou não crer e ter uma experiência de Deus, sem faltar a verdade consigo mesmo. Há uma diferença entre ser verdadeiro consigo mesmo e estar na moda. Afinal, São Paulo nos advertiu para que não confundíssemos a sabedoria e a experiência de Deus com os *slogans* da moda intelectual em curso (1Cor 2,6-9).

De fato, o dom sobrenatural da fé não depende, de maneira alguma, de estar ou não o homem naturalmente disposto a aceitar facilmente um conceito apropriado de Deus. Afinal, é bastante comum para nós, que pertencemos a culturas descristianizadas, encontrar pessoas que nunca pensaram seriamente em Deus e que foram, de um modo ou de outro, de repente tocadas da maneira mais indizível pela luz da fé. As pessoas piedosas, em geral, imaginam que esta experiência é sempre bela e consoladora. Por vezes é assustadora. Feliz aquele que crê!

Pois não conhece a confusão, a desorientação e o sofrimento de um ateu que, de repente, sem nenhuma intervenção humana aparente, foi literalmente esmagado pela realidade de Deus e não sabe o que fazer. Rodeado por amigos que só poderiam zombar dele, se lhes revelasse o seu problema, incapaz de rezar, incapaz de confiar-se à Igreja da qual está extremamente desconfiado, acha-se num estado de angústia dilascerante. Talvez seja verdade não ser ele uma "alma naturalmente cristã". Deus não se apresenta a ele através de um conceito claro e reconfortante, mas como uma realidade completamente desconcertante e inexplicável, exigindo engajamento e confiança totais. Sua angústia é a maior possível, mas nem por isso sua fé é menos real. E ele procura instintivamente os contemplativos que, na sua opinião, são homens de oração e conhecem os caminhos de Deus. Mas quando ele nos procura, profundamente transtornado, nós nos tornamos conscientes da nossa própria insuficiência e pesamos cuidadosamente tudo o que podemos dizer, porque sabemos que não devemos ser sentimentais, nem complacentes nem meramente formais. O escritor destas linhas teve de passar recentemente por uma das muitas experiências deste gênero e ele sabe que é inteiramente falso afirmar que "o homem moderno é incapaz de sentir a necessidade de Deus ou de reagir à Sua presença".

Gostaríamos de perguntar aqui se estas afirmações simplistas sobre o homem moderno e a sua psicologia não são inteiramente gratuitas. Isto seria uma questão a ser decidida por eruditos em psicologia, sociologia e história, baseados em provas. Mas, ainda assim, aqueles que conhecem a fundo a tradição apofática na teologia e na mística estão plenamente conscientes de que a incapacidade temporária, ou permanente, de imaginar Deus, ou de "experimentá-lo como estando presente, ou mesmo de achá-lo convincente, não é algo que foi descoberto pelo homem moderno nem está limitado à nossa época. Esta visão da religião e da consciência religiosa é demasiadamente estreita e limitada, pois, mais uma vez, pressupõe que o ingênuo conceito de Deus como "objeto" é, de certo modo, afirmado como sendo natural ao homem e essencial ao cristianismo.

Sem querermos entrar em polêmica com esta nova escola de pensamento, podemos pelo menos reconhecer que, sem dúvida, já é tempo de a consciência cristã de Deus se expressar em linguagem contemporânea. O conhecimento conceitual de Deus está inevitavelmente associado a uma certa matriz cultural. As ideias medievais sobre Deus estavam naturalmente de acordo com o pensamento medieval em relação ao cosmos, à terra, à física e à estrutura biológica e psicológica do homem. Estas ideias foram revolucionadas. Mas a realidade da experiência que transcende os conceitos (apesar de ser talvez necessária uma nova abordagem, mais de acordo com o novo desenvolvimento psicológico e cultural do homem moderno) não é em si modificada pelas mudanças de cultura. O contemplativo tem, mais uma vez, uma certa vantagem que vem do fato de estar ele menos envolvido que os outros nas estruturas conceituais em mudança e menos dependente das complexidades da linguagem.

Longe de ser mera atitude mental e conceitual para com Deus, longe de ser fruto de especulação intelectual que procura uma percepção de Deus como a mais rarefeita das abstrações, a atitude do contemplativo é muito concreta e existencial. Quando o pensamento abstrato e a existência concreta entram em conflito, a marca do verdadeiro contemplativo está em que ele se situa do lado da existência concreta. Nosso Deus é um Deus vivo que se manifestou de modo extremamente concreto ao homem, não só em palavras e ações através das quais Ele interveio na história humana para a nossa salvação, mas acima de tudo através do seu Filho que os Apóstolos "ouviram, viram e tocaram com suas mãos e reconheceram como sendo o Verbo da Vida" (cf. 1Jo 1,1). O contemplativo cristão não se contenta em explorar as profundezas da psique humana e em expandir as capacidades da consciência natural. O cerne da contemplação cristã é a revelação do Deus invisível. O contemplativo cristão procura participar da maneira mais plena e viva da experiência que nos vem daqueles que conviveram com Cristo na Terra; que o conheceram e o viram ressuscitado e receberam dele o Dom do Espírito.

A vida contemplativa cristã dá testemunho acima de tudo da verdade mais profunda e central de toda a revelação cristã, isto é, da Santíssima Trindade. À primeira vista, nada poderia parecer mais estranho e alheio à consciência moderna a ela do que a noção misteriosa de Um Deus em Três Pessoas. A consciência moderna se impacienta com o mistério e é impermeável à teologia técnica. Poderíamos pensar que o perigo de cair em abstrações e de se ater a uma teologia demasiadamente técnica levasse os contemplativos modernos a se voltarem mais espontaneamente para Deus em sua unidade e simplicidade de preferência a esse mistério de um Deus trino. Mas, pelo contrário, o caráter especial da contemplação cristã não pode ser apreendido se não se dá a importância devida à revelação do Pai, no Filho, pelo

Espírito Santo. Não temos, é óbvio, a intenção de entrar numa discussão técnica sobre a teologia da Trindade, mas somente de mostrar por que esta teologia é importante não só em si mesma, como em relação especial à nossa própria época.

Uma vez que, como acima dissemos. Deus transcende, quanto a sua essência íntima, todo e qualquer conceito humano, a revelação de Deus como Pai, Filho e Espírito é, de fato, a revelação de si mesmo como totalmente outro em relação a qualquer ser cuja existência podemos conceber. Na revelação que Deus faz de si mesmo, não achamos em lugar algum que Ele nos desse uma definição de si. Ele simplesmente revela que Ele é (Ex 3,14). Ou melhor, revela que Ele é *Aquele que é.* Isto é, Ele se revela, não como uma coisa, mas como uma presença, uma identidade ativa, viva e pessoal. E esta identidade, este "Quem" é, a um tempo Pai, Filho ou Logos, e Espírito ou Pneuma. Esta revelação de Deus como Aquele que é (e não como que é) é, portanto, a revelação de Deus como presença viva pessoal, como palavra proferida, comunicação de si próprio, como amor, compaixão, dom, vida e autorrevelação de Deus como Pai, no Filho, através do Espírito; é a autorrevelação do dom infinito e da comunicação dinâmica pessoal. Dizemos com São João que "Deus é amor" (1Jo 4,16), e que o Deus que é amor é desconhecido de todos exceto daquele que ama. Deus é Pai que se dá no amor como Filho; Ele é Filho que se dá como amor no Espírito; Ele é Espírito que nos comunica o imenso amor que nós acreditamos ser o Pai e o Filho, de modo que, nós mesmos, no Espírito, nos tornamos filhos e nos damos, no amor, ao Pai. Esta é a automanifestação de Deus como a base pessoal, infinita, de todo amor e de todo ser, de Deus como Criador amoroso de todas as coisas, não só infinitamente transcendente, como também presente nas profundezas metafísicas e na bondade do próprio ser. Desta forma. Deus não se revela simplesmente como o poder, causa de todos os efeitos, mas como o Ato e a Presença Viva do Amor de quem todos os seres recebem o dom gratuito e amoroso de serem verdadeiramente o que são.

É muito importante entender por que Deus não é concebido pela teologia cristã como numericamente três. As três pessoas divinas não são três coisas que se podem contar nem três seres, nem três naturezas, nem três objetos enfileirados, por assim dizer, lado a lado; elas são (e aqui sentimos as lacunas da linguagem humana, já que temos que usar o plural) a comunicação interior e o dinamismo do amor no qual Deus está presente a Ele próprio no Ser, na Visão e no Amor ou, talvez, pudéssemos dizer, na Realidade, na Realização e no Gozo Extático.

A contemplação cristã não supõe, é evidente, uma visão clara, nem uma compreensão racional da processão das pessoas divinas em nível "técnico" teológico. O que queremos sublinhar aqui é algo bem diferente. A contemplação cristã confere uma certa apreciação intuitiva, ou um sabor, da íntima vida divina, na medida em que for uma participação pessoal, pela graça, nessa vida. Deste modo, o contemplativo cristão, através do amor que lhe é concedido como dom do Espírito, experimenta dentro de si algo do dinamismo do amor que o Deus desconhecido revelou como sendo a sua atualidade, a sua presença, a sua identidade, a sua autocomunicação íntima e pessoal. O conhecimento amoroso de Deus não é, portanto, algo que se adquira através do estudo objetivo, mas sim pela identificação subjetiva (pessoal) (que a teologia tradicional chamou de "conaturalidade"). São Paulo o torna claro ao comparar a consciência que um homem tem de sua própria identidade ao Espírito "que penetra nas profundezas de Deus" (1Cor 2,10). Agora já recebemos o Espírito de Deus e doravante o Espírito em nós contempla o abismo do Pai desconhecido e invisível. Reconhecemos o Pai invisível na medida em que somos filhos, com Cristo e através dele. Em nós o Espírito dá o grito de reconhecimento que nós somos filhos no Filho (Rm 8,15). Este grito de admiração, de amor, de louvor, de eterna alegria é ao mesmo tempo um grito de feliz autodestruição da parte do nosso humano e efêmero ego e um grito exultante de vitória do Homem Novo ressuscitado dentre os mortos em Cristo pelo Espírito que ressuscitou o próprio Cristo dentre os mortos. A contemplação cristã apreende instantaneamente num único clarão brilhante e vivido de amor e de iluminação a realidade de Deus como sendo o que é totalmente outro e desconhecido, como um dinamismo da realidade, como realização e êxtase, como encarnada em Jesus Cristo, como dada a nós integralmente no Espírito, como nos tomando inteiramente a Si na morte e na ressurreição de Cristo. Mas a contemplação cristã não está meramente perdida em Deus, também inclui na sua visão uma compreensão escatológica do mundo redimido em Cristo; vê o mundo transformado na luz divina, e vê todas as coisas recapituladas em Cristo (Ef 1,10). Esta contemplação está consciente da vitória de Cristo e da realidade do seu Reino no mundo, mesmo agora, com toda a confusão, o caos e o risco desta época de crise histórica e revolucionária que chamamos a era atômica.

É aprofundando esta consciência cristã e desenvolvendo a capacidade de compreensão mística e de amor que o contemplativo cristão conserva viva na Igreja aquela experiência imediata e pura sem a qual faltará sempre à teologia uma de suas dimensões mais importantes. O Concílio Vaticano II nos lembrou o seguinte:

> Pois há um crescimento na compreensão das realidades das palavras que nos foram transmitidas. Isto acontece através da contemplação e do estudo feito por pessoas de fé que guardam estas coisas em seus corações (Lc 2,19.51), através da compreensão íntima de coisas espirituais que eles experimentam, e através das pregações daqueles que receberam por sucessão episcopal o puro dom da verdade (Sobre a Revelação, II,8).

O Concílio torna aqui bem clara a importância dos contemplativos na Igreja. Sua tarefa especial não é apenas rezar pelos que se entregam ao apostolado ativo, mas, muito mais, trata-se de conservar viva e aprofundar a "compreensão íntima" e a "experiência" através de que a revelação divina é transmitida não apenas por meio da pregação cristã, mas como realidade experimentada e viva.

XI
Ecumenismo e renovação

O grande êxito da experiência monástica protestante de Taizé fez com que, em pouco tempo, muitos católicos a considerassem como um providencial "sinal dos tempos" e, mesmo, como um paradigma da renovação monástica na Igreja Católica. Não que Taizé seja a única manifestação deste tipo, nem um fato singular no protestantismo. Taizé alia uma forma tradicional de vida cristã monástica e uma flexibilidade bem-vinda e forte ênfase ecumênica. A combinação desses elementos é ainda mais significativa do que a existência de um "mosteiro protestante".

A crise e o desmoronamento da vida de Lutero, ligado por votos religiosos (Lutero não era exatamente um "monge", pois era agostiniano), marcou um ponto decisivo na Reforma protestante. A experiência "monástica" de Lutero foi por assim dizer o centro de toda a sua visão da Igreja e da vida cristã, e seu repúdio aos votos religiosos, um ponto crítico na sua teologia da *fides sola*. Lutero desafiou todo o *ethos* (os costumes) da era medieval, dominado pela ordem monástica, reformada e incorporada à vida política e cultural da Europa desde Carlos Magno.

A reação de defesa da Igreja Católica foi de rejeitar o desafio e reafirmar, sem discussão, tudo o que considerava essencial na estrutura monástica medieval. O Concílio de Trento não cogitou em absoluto de mudança radical na instituição monástica tradicional. O monaquismo depois de Trento procurou somente restabelecer a disciplina e eliminar os abusos através de uma volta, não tanto às fontes originais, como à reforma carolíngia de Bento de Aniane. É significativo que Taizé esteja localizada perto de Cluny, a capital do beneditismo medieval e centro de uma intensa vida cultural, litúrgica, ascética e artística que serviu de modelo no primeiro período da Idade Média. Apesar de Cluny ter sido atacada e severamente criticada, em razão de sua riqueza e seu poder, pelos reformadores cistercienses do século XII, não devemos tomar ao pé da letra nem com muita seriedade as suas condenações, arrasadoras por vezes, do monaquismo de Cluny que, tal como o cisterciense, manteve uma vida autêntica de fervor disciplinado e de misticismo até muito além do século XIII.

Houve dois ciclos principais de reforma monástica desde Trento, mais ou menos nos séculos XVII e no século XIX. Não ocorreu, porém, nenhuma mudança fundamental no monaquismo tradicional da Europa Ocidental apesar de as reformas terem realmente iniciado o trabalho de "volta às fontes" (tanto teológicas como ascéticas) que preparou o caminho para o novo movimento no monaquismo depois do Vaticano II. Deve ser dito que o Concílio Vaticano II não deu início a este movimento que já existia e tinha operado mudanças importantes na década anterior ao Concílio. Mas foi somente depois do Concílio que o problema da renovação monástica assumiu a sua dimensão total.

A imprensa tem dado certa cobertura aos aspectos superficiais da renovação na vida religiosa católica. A questão simbólica dos hábitos das religiosas naturalmente adquiriu importância talvez exagerada. Não é raro, afinal, obter-se uma ou duas colunas de jornal ou revista comentando razoavelmente o fato de as irmãs estarem cada vez mais saindo e realizando coisas caracteristicamente "modernas". Isto tende a obscurecer a verdadeira natureza do problema que é muito mais do que uma simples questão de "tualizar" e de andar por aqui e por ali.

O problema da renovação monástica é, em nível mais profundo, teológico e é neste ponto que os monges estão, finalmente, encarando de frente o desafio de Lutero. Na "volta às fontes", estão simplesmente fazendo, de maneira mais completa e sistemática, o que o próprio Lutero fez quando reexaminou sua vocação à luz do Evangelho e das Epístolas paulinas. Estudando as fontes monásticas originais, compreendidas em seu contexto histórico e cultural, os monges começam a se confrontar com questões bem mais incômodas do que as que tratam simplesmente do sentido das práticas religiosas.

Agora já não se trata apenas de recuperar uma verdadeira compreensão da clausura monástica, do silêncio, do culto, do jejum, e de tentar adaptar estas coisas à situação moderna. O próprio conceito de uma vida enclausurada, subordinada a um voto, dedicada à oração, afastada do mundo, vida de silêncio e de ascetismo, tem de ser reexaminado. Por enquanto esta necessidade é ainda malcompreendida pela maioria dos monges, mas a sua presença inquietante e insistente já se faz sentir. E alguns dos que já perceberam, conscientemente, o fato, entram em ligeiro pânico de modo que se sentem mais dispostos a abandonar o navio do que a examiná-lo cuidadosamente a fim de descobrir se realmente vai afundar.

Os católicos, ansiosos por uma renovação, têm talvez se mostrado demasiadamente gratos pela cobertura da imprensa – qualquer cobertura da imprensa – que dê a impressão de que muita coisa está acontecendo. Sem dúvida, muita coisa está acontecendo. Mas tanto o acontecimento como a cobertura tendem a ser ambíguos. O propósito fundamental de toda vida monástica é (parafraseando uma página brilhante de Claude Lévi-Strauss[1] sobre a iniciação dos índios) liberar o indivíduo e a comunidade carismática do funcionamento automático e maciço de uma máquina social que não dá oportunidade ao talento pessoal, à chance, ou à graça. A vocação monástica chama o homem para as fronteiras do deserto (para além das quais não há polícia), a fim de mergulhar "no oceano de forças inexploradas que circundam uma sociedade bem organizada dele haurindo uma provisão pessoal" de graça e de visão. Mas as circunstâncias históricas do monaquismo fizeram com que ele se tornasse mais organizado e mais policiado do que a própria sociedade secular, e embora continuasse a oferecer promessas de liberdade e de visão carismática, na realidade os seus discípulos estavam sujeitos a todas as monotonias mais banais de uma burocracia eclesiástica totalmente sem imaginação, a todos os temores dos homens de negócio (*businessmen*) monásticos atentos à segurança e ao prestígio da sua instituição, a todas as recusas dos funcionários interessados principalmente na imagem da coletividade. Ora, acontece que, atualmente, o aspecto institucional e de empresa da sociedade monástica pode lucrar muito com uma sólida fusão com as forças da sociedade massificada. Nem todos os "gerentes" têm plena consciência de todas

---

1. Cf. LÉVI-STRAUSS. *Tristes Tropiques.* Paris, 1966.

as implicações que isto acarreta mas, em geral, a ideia de que o monge pode recobrar sua liberdade carismática aliando as suas forças às "do mundo" (quer se trate de Madison Avenue ou da Cidade Secular) é talvez a maior das ilusões.

Uma coisa é admitir que Lutero enfrentou um problema real e outra é concluir não ser possível encontrar outra solução do que a dele. Se um apego ritualístico a práticas religiosas arcaicas é de fato teologicamente fútil, não quer isso dizer que a vida monástica não possa ser vivida num nível mais profundo e mais válido. Em outras palavras, a comunidade monástica tem outras alternativas. Não se trata de perpetuar uma fórmula antiquada ou deixar de existir. Também, nem tudo o que é "antigo" é necessariamente antiquado e obsoleto. De fato uma das coisas mais prometedoras em relação a Taizé tem sido a habilidade em aceitar e utilizar as formas tradicionais quando estas representam um valor real para o presente. Mas é verdade que o desafio de Lutero tem, agora, relevância comprovada para monges católicos ansiosos por renovar sua vida monástica e por testar a seriedade e autenticidade desta renovação.

Antes do Vaticano II ainda era possível aos monges não tomar conhecimento da reforma protestante e da séria acusação de que a vida do monge, subordinada a votos, vivida sob tradicionais disciplinas e dedicada a um sistema complexo de obras piedosas, era de fato uma fuga do chamado básico a ser discípulo. Em vez de responder aos apelos de Cristo na fé, colocando sua inteira confiança na palavra e nas promessas do Salvador Ressuscitado, de procurar salvação, graça e luz na comunidade dos que foram chamados a confiar inteiramente no Redentor compassivo, o monge refugiava-se nos votos e nos ritos que (no contexto do fim da Idade Média) podiam seriamente ser considerados como um sistema de ficções mais ou menos supersticiosas. No modo de pensar da reforma protestante, a obediência monástica tornou-se uma abdicação à responsabilidade madura e uma fuga da liberdade que podia, em casos extremos, transformar o monge num instrumento cego nas mãos dos poderes políticos os mais nefastos. A pobreza tornou-se mera for- malidade hipócrita que proporcionava a fruição dos bens e dos confortos do mundo sem que tivessem de fazer um trabalho honesto para consegui-los. A castidade era uma evasão infrutífera do dever do casamento, corrompida, talvez, pelas mais vergonhosas falhas.

Naturalmente, sempre haviam ocorrido abusos. O monge devia admiti-lo. Mas, por outro lado, ele sabia que a polêmica da Reforma protestante havia deformado a verdadeira imagem. Sabia que sua fé e a de sua comu- nidade eram sinceras. E, como todos os bons católicos, sua intenção era provar a sinceridade da sua fé, com o que ele considerava serem boas obras. E, assim, na sua opinião, nada melhor do que aquilo que, desde tempos imemoriais, inspirava o maior respeito à sua comunida- de: a renúncia total à própria vontade para dedicar-se ao serviço desinteressado de Deus e do homem, a renún- cia à posse de bens materiais , para viver "pobre com o Cristo pobre" e a renúncia a todo prazer sexual a fim de poder responder ao desafio do convite feito aos poucos que podem assumi-lo (Mt 19,11-12).

A tensão assim criada, entre o desejo de uma re- forma interior das estruturas tradicionais monásticas, e o combate exterior (muitas vezes tendenciosos) contra o monaquismo, deu origem a uma grande energia e motivação aos indivíduos e às comunidades. O resultado foi a instauração de uma vida bastante inflexível mas de devoção sincera. A severa ênfase dada à "regularidade", para não dizer ao legalismo, justificou-se através de uma teologia casuística e às vezes arbitrária. Após o tridentino o esforço monástico produziu frutos baseados ora numa concentração fantasticamente interna em adquirir a "virtude heroica", ora em manifestações de caráter místico bastante comoventes embora bizarras.

Não somente entre os monges, mas em toda espécie de grupos sectários, este estado de conflito e tensão sustenta a ilusão de uma eleição especial e da posse de uma verdade incorruptível. O mal endêmico dos mosteiros e das seitas é que as pessoas que a eles pertencem fazem tanto para salvar suas almas que acabam por perdê-las; não no sentido de que são condenadas por serem boas, mas no sentido de que se concentram em aspectos tão particulares e limitados do bem, que acabam por se tornar perversas e singulares. Esta singularidade cria uma cegueira e uma surdez em relação a Cristo. A concentração cheia de tensão da seita, ou do mosteiro, numa preocupação inteiramente periférica, pode dar a impressão de uma fé heroica. Mas o fato de gravar o "Pai-nosso" numa cabeça de alfinete pode ter o mesmo efeito... A fidelidade a uma regra monótona mas garantida pode tornar-se um fácil substituto para a fidelidade, na abertura e no risco, à palavra imprevisível. No entanto, toda a razão de ser da vida monástica de "deserto" é precisamente equipar o monge para o risco, para caminhar com Deus no deserto e lutar contra satanás na sua vulnerável liberdade. O monge deveria ser, por direito, alguém que soubesse que a fé é a sua única e verdadeira proteção contra o poder do mal. Mas a instituição monástica o cercou de tantas outras proteções, que a semente chamada a desabrochar, em plena confiança, no deserto, é, de fato, criada numa estufa. A explicação disto é que estufa é, na realidade, um deserto "em intenção" e que Deus, através de representantes benévolos, providencia um contínuo suprimento de água. Em vez de uma fé em pleno deserto e do perigo de morte por falta d'água ou exaustão, o indivíduo aceita a fé em outro tipo de deserto: o da rotina autoritária e protetora.

Quando se tem a experiência da esterilidade e da falta de liberdade de uma existência que se tornou auto-contraditória, então pode-se na verdade repudiá-la completamente, sair desta situação e deixá-la para traz. Foi o que fez Lutero. Sua rejeição de um monaquismo falso e formalista, foi um golpe em favor da verdade monástica. Ao fazê-lo ele estava realmente sendo fiel à graça que o chamara originariamente ao claustro. É também possível passar pelo mesmo tipo de experiência que Lutero, permanecendo no entanto no claustro – ou melhor na comunidade à qual se foi originariamente chamado – não para reformar as regras, mas para ser renovado pela experiência de redescobrir, em comum, o significado e a esperança, do renovar-se em comum no Espírito. No entanto, esta renovação tem de ser algo mais do que uma simples questão de legislação ou de expedientes visando uma "reforma". Tem de ser uma espécie de milagre do encontro de água no deserto...

Temos esperança de que é precisamente neste ponto que duas linhas importantes de desenvolvimento se cruzarão no monaquismo. A primeira, a teologia vivenciada que é a experiência monástica e a segunda, a expansão e abertura de perspectivas que levam a uma unidade vivida, isto é, a participação em comum na graça cristã em tempo de crise, independentemente das divisões na Igreja. Eu estenderia esses dois fatores a uma nova dimensão ou uma terceira linha: a aspiração religiosa comum da humanidade e sua busca incerta da experiência transcendental, seja qual for o nome com que se queira qualificá-la ("mística", "profética", "contemplativa", "metafísica", "xamânica"...). A necessidade crucial na renovação monástica é, portanto, algo bem diferente da simples volta a disciplinas primitivas ou de uma penetração mais profunda do seu significado. A abertura ecumênica do mosteiro há de significar mais do que simplesmente admitir seminaristas batistas ou metodistas contemplar um diorama vivo da história da Igreja. Também não será suficiente aos monges que ainda meditam (alguns o fazem) participar de encontros e trocar ideias (ou trocar de *mondo*)[2] com um *roshi* do zen. Em resumo, para que a vida monástica seja renovada de maneira válida, deve ela guardar ou recobrar uma tríplice importância. Primeiro, a vida monástica deve, por direito, ter uma relevância autêntica como foco de experiência cristã de uma orientação monástica. A orientação monástica é escatológica: "para além deste mundo, para o Pai". A comunidade monástica – como sucedeu a Dilsey, de Faulkner, na Igreja dos Negros – foi convoca-

---

2. *Mondo,* tema na disciplina da meditação zen. *Roshi,* Mestre na disciplina do zen [N.T.].

da não apenas para escutar discursos religiosos polidos, mas para ouvir a palavra viva e desabrochar como uma flor se abre ao sol. O resultado será, de uma forma ou de outra, "visão" ou "contemplação" (certamente uma palavra inconveniente), percepção profética e escatológica: a percepção de Dilsey que chorou durante o sermão de Páscoa do Reverendo Shegog, porque lhe fez "ver o princípio e o fim". Segundo, a vida monástica deve preservar, ou adquirir, uma relevância ecumênica na forma de uma abertura, não apenas disposta e capaz de discutir diferenças sectárias, ou de credo, com polidez e imparcialidade, mas capaz de compartilhar, no mais profundo nível, os riscos e as angústias da crise cristã. E isto certamente significará mais do que compartilhar os ressentimentos criados pelas absurdas tolices da instituição eclesiástica (*establishment*) de cada um. Terceiro, a vida monástica deve provar que é capaz de ser relevante mesmo para o ateu que se preocupa com uma experiência autotranscendente, a iluminação imprevisível e inexplicável que surge como um raio do cerne do nosso próprio ser.

O monge não deve preocupar-se meramente com o transitório e acidental – e ainda menos com o que está simplesmente na moda – no cristianismo contemporâneo. A sua renúncia, a sua vida simples numa comunidade consagrada, tem o propósito de desimpedir sua visão dos bloqueios de importância secundária e torná-lo capaz de contemplar fixamente a verdade total de Cristo. O monge vê e experimenta o Reino da Promessa como já realizado. A vida monástica é ao mesmo tempo a recuperação da simplicidade paradisíaca, da obediência e da confiança do deserto e uma plenitude antecipada na luz da bem-aventurança. A "contemplação" monástica não é somente o estudo tranquilo de verdades eternas, mas uma percepção de todo o conteúdo da revelação, ainda que veladamente, na profunda experiência da fé vivida em plenitude. Como disse Lutero: *Ideo habens verba per fidem habet omnia*. Esta é precisamente a raiz da experiência monástica, e as "obras" do monge, longe de pretender justificá-lo, devem ajudá-lo a celebrar e a articular o testemunho da fé.

Alguns monges desconfiam tanto do seu carisma, que tentam tornar sua vida relevante para o mundo em geral esvaziando-a sistematicamente de qualquer conteúdo monástico. Isto é, repudiam tudo que seja escatológico, contemplativo, transcendente, tudo que se relacione com deserto, ascetismo, esperança e oração. Há, sem dúvida alguma, motivo para um testemunho cristão e encarnacional no mundo, especialmente no que toca ao apostolado cristão. Mas assim como no passado colocava-se uma ênfase unilateral no escatológico, temos hoje tendência a ver somente o lado encarnacional e esquecer a dialética necessária entre a escatologia e a encarnação. A realidade com a qual vive o monge não consta de uma dedução de Deus a partir do mistério da criação e, muito menos, de uma questão de imanência pura e divina operando no mundo tecnológico do homem. A vida monástica está centrada no Cristo, alfa e ômega, revelação final de Deus Pai, em quem um dia o significado de tudo o mais se tornará finalmente claro – não através do zelo e da inteligência do homem, mas pela pura graça do Espírito. De qualquer modo, ao monge cabe sempre, não só guardar o privilégio escatológico e o dever de destruir ídolos – os do mundo, os eclesiásticos, os seculares e, mesmo, os monásticos – mas também o privilégio encarnacional e o dever de ter os pés na terra de Deus e as mãos no lodo fértil.

O monge não deve apressar-se em repudiar sua tarefa, certamente mal paga, de agricultor (ou, talvez, de guarda florestal, de conservador do ambiente e bombeiro de parque nacional e protetor da caça). Há ao mesmo tempo encarnação e escatologia na comunidade monástica que reza, que diariamente percebe a presença do *kyrios* na palavra e no romper do pão e que celebra esta "percepção" para quem com ela se sente menos sintonizado. Será demasiadamente romântico, ainda, pretender supor possível ao monge fabricar o pão que comerá à mesa e consagrará no altar – e prepará-lo bem? Este trabalho faz parte do seu testemunho, tanto da bondade do mundo de Deus como da sua transitoriedade.

Mencione-se de passagem que o mais puro testemunho de tipo monástico nesta área de trabalho tem vindo, nos Estados Unidos, não dos monges católicos, mas das comunidades de *shakers* onde a extraordinária integridade de uma fé escatológica produziu um trabalho de extrema perfeição. A perícia manual dos *shakers*[3] é o fruto mais autêntico, concreto e impressionante do espírito místico e monástico que existe nos Estados Unidos. É também totalmente *americano* e permanece um modelo do que o espírito nativo americano pode alcançar na esfera monástica. O espírito *shaker* é plenamente monástico no tocante ao celibato, à pobreza, à humildade, à simplicidade, à fé, ao pacifismo, à mansidão como também à ausência de espírito mundano aliada a um profundo

---

3. Os *shakers* são membros de uma seita protestante fundamentalista. O nome deve-se à tremedeira que os assalta durante o culto [N.T.].

respeito pela matéria e a sua correta utilização no dia a dia da existência humana.

Se, na cidade, ou nas montanhas, o monge trabalha para seu sustento e o trabalho é "terreno" e não "de igreja"[4], ele está (pelo menos idealmente) mais diretamente em contato com a matéria do que outros religiosos ou clérigos. A vocação monástica deveria ser a menos abstrata de todas. O senso que leva as modernas experiências monásticas na direção do emprego assalariado, industrializado, é certo e autêntico apesar de criar problemas especiais.

A plenitude que é, ou deveria ser, o selo da experiência monástica, tem a capacidade de resolver a aparente contradição entre o sagrado e o secular, não em teoria, mas no uso adequado do trabalho como meio de vida e como meio de oração.

O trabalho monástico permanece, no entanto, escatológico. Ele soluciona a aparente contradição, sagrado-secular, em termos de "começo e fim", de "criação que atinge a plenitude na escatologia" antes do que na busca de uma ambígua alegria no mundo em si. O monge não tem o dever de provar que a tecnologia é boa – ou má – para ele, é suficiente que Deus seja bom. Tudo o mais tem sua utilidade à luz do bem que é plano de Deus e o importante é reconhecer e aplicar a distinção de Santo Agostinho entre "usar e usufruir" (*uti et frui*) e sua outra distinção entre "ciência" e "sabedoria" (*scientia et sapientia*). Sobre isto, Heinrich Ott[5] tem uma abordagem mais moderna contrastando o *emeth* da Bíblia com o *alétheia* dos gregos e

---

4. "*Churchly*".

5. OTT, H. "Herméneutique et eschatologie". In: *Ermeneutica e Tradizione*. Roma, 1963, p. 28 [publicado por E. Castelli].

com o *Unverborgenheit* de Heidegger. A verdade definitiva é aquela que está inabalavelmente segura, garantida pela fidelidade de Deus, mas oculta na obscuridade da fé. A verdade provisória é a que é "clara", não está oculta, *unverborgen*, mas à qual se chega somente dentro do contexto histórico em mutação da ciência em desenvolvimento. A sabedoria engloba e inclui a ciência ao atingir a verdade última, oculta e definitiva, que é antes objeto de fé do que de conhecimento e base das certezas provisórias mutáveis. Por traz de tudo que é revelado e "descoberto" a sabedoria toca tudo que ainda permanece velado e coberto. Como diz Heidegger (citado por Ott): *In aller Entbergung wartet die Verbergung.*

É importante que o monge conserve o senso fundamental de sua identidade e de sua vocação afirmando, em sua vida e trabalho, essa orientação para a verdade definitiva (escatológica), que é o próprio Deus. É nessa fidelidade à verdade de sua própria vocação que ele serve ao ativista e ao cientista que precisam deste testemunho para a base invisível e definitiva das suas certezas visíveis e provisórias. "A fé, na medida em que é fé", diz Heinrich Ott[6], "mantém o seu enfoque sobre a verdade última, a verdade definitiva e irrevogável". Mas a grande tentação é substituir o último (Bonhoeffer) pelo provisório, pelo penúltimo e declarar que se chegou ao fim quando ainda nem houve um início; anunciar que se está indo ao Polo Norte e, em seguida, dar a volta pelo quarteirão (Kierkegaard).

E assim chegamos à questão crucial. Será possível que a própria natureza toda dos votos precise ser teo-

---

6. Op. cit., p. 109.

logicamente reexaminada? Será que a própria ideia do voto implique a exclusão de futuras possibilidades vitais, a seleção de alguma certeza provisória que, no momento, pareça definitiva quanto à verdade imutável e final? Será que o voto, em vez de entregar nossa liberdade à imprevisível liberdade de Deus, pelo contrário, procura amarrar as mãos de Deus e limitá-lo aos planos que determinamos para as nossas vidas – ou, pior ainda, aos planos míopes que outros nos podem impor em seu nome, sem a garantia de serem nem proféticos nem sábios? Será que a própria natureza do voto faz com que se possa ser forçado a escolher em favor do voto e em oposição ao próprio Deus? Ou será possível que o verdadeiro conceito de um voto seja precisamente o da liberdade engajada no risco e no imprevisível, na recusa de qualquer ligação com o provisório, na abertura à novidade da vida que descasca o "homem velho" como uma pele de cobra que era nova o ano passado mas que já perdeu vida e sensibilidade? Estaria Lutero enganado ao pensar que os votos monásticos e uma existência legalista eram necessariamente uma e a mesma coisa? Pode haver vida monástica sem votos? Será a vida monástica com votos necessariamente melhor e mais autêntica do que uma sem votos? Será a rígida estrutura jurídica da vida consagrada um obstáculo à verdadeira renovação? Terá a vida monástica de ser organizada como é, de maneira que pelos votos o monge seja incorporado a uma complexa máquina institucional na qual a sua vida está sujeita a limitações muito grandes, a maior parte de seus movimentos são amplamente predeterminados, a sua capacidade de opção e de iniciativa se reduz, às vezes, a um mínimo absoluto, de modo que, na prática, as Ordens cujos regulamentos são mais rigorosos e as obrigações mais severas, onde tudo é previamente decidido para o monge, têm sido consideradas "as mais perfeitas?"

Nos primeiros tempos do monaquismo, no deserto, não havia votos, nem regras escritas, e a estrutura institucional era reduzida ao mínimo. O engajamento monástico era levado ao extremo e apaixonadamente sério. Mas este engajamento não era protegido nem por sanções jurídicas nem por controle institucional. Havia uma obediência rigorosa da parte do noviço que procurava reproduzir em sua própria vida todos os atos e os pensamentos do seu mestre espiritual ou "pai espiritual". Mas o pai espiritual tinha sido escolhido livremente em razão de sua própria experiência e de seus visíveis carismas de renúncia e de visão. Uma vez que se tornasse maduro e capaz de viver por si, o noviço permanecia sob a orientação direta de Deus.

Hoje, o elevado número de religiosos professos que procuram a dispensa dos votos – e de outros que deixam a vida religiosa sem nenhuma licença – torna a questão dos votos inevitável. Sem dúvida é verdade que toda vida comunitária exige uma organização precisa, um elemento de disciplina e de regulamento, de administração e de controle. Uma comunidade não pode existir sem que os seus membros estejam razoavelmente certos do que eles podem esperar um do outro, dia após dia. Isto supõe certa codificação e um engajamento formal frente a uma obediência elementar.

No entanto, é possível que emitir votos seja reservado a uma minoria de monges e que a profissão solene se possa tornar algo parecido com a cerimônia do "grande hábito" no monaquismo grego. Por que não haveria mosteiros, com um núcleo de monges consagrados permanentemente, a que viriam juntar-se outros, temporariamente, por dois ou três anos, para períodos de treinamentos ou para um retiro (como, por exemplo, no monaquismo zen-budista)? Por que homens casados não poderiam participar, de certa forma, temporariamente, da vida monástica?

A comunidade monástica é uma comunidade de aliança, cujo olhar, como já dissemos, está fixo na verdade definitiva escatológica; o *emeth* de Deus, a promessa infalível que é apreendida veladamente pela fé como já tendo sido cumprida. Ora, a razão de ser dos votos é simplesmente testemunhar o engajamento total da fé do monge nesta plenitude, nesta realidade definitiva que nos foi dada a conhecer por Deus em Cristo. Os votos são o testemunho de que o monge não irá procurar nenhuma outra plenitude, e lembram-lhe que, se ele se desviar, procurando a plenitude em algo menos do que o todo, e abandonar o todo para substituí-lo por este algo menos, estará abrindo uma brecha em sua identidade separando-a por um ato de deslealdade, uma infidelidade ao que já experimentou como sendo definitivo (cf. Hb 6,4-8).

Por outro lado, o desenvolvimento histórico da vida consagrada tem institucionalizado, cada vez mais, esse engajamento radical e transformou-o numa "mística" organizada de modo que, na realidade, é a própria instituição que se torna definitiva. A organização monástica é então considerada, na prática, embora não, talvez, em teoria, como a encarnação da verdade definitiva de Deus, como a concretização prática do Reino, incluindo todo tipo de carismas (por exemplo, a "graça do estado" de que são investidos os superiores tornando-os capazes de agir em tudo como representantes de Deus e até de substituí-lo. Cada expressão da sua vontade tem a garantia automática de ser "a vontade de Deus"). Desse modo, os votos não expressam mais um engajamento direto e imediato à verdade definitiva do *emeth* de Deus, mas um engajamento intermediário, sendo a própria instituição considerada como praticamente definitiva e como a encarnação do *emeth*.

Uma vez que a própria instituição se torna um *establishment* totalmente conservador, os votos monásticos se tornam um engajamento social firme, para com o conservadorismo eclesiástico. A fé no *emeth* de Deus se vê, de fato, reduzida à fé no *status quo*, e qualquer crítica ao *status quo* torna-se uma falta de fé, o primeiro passo para a apostasia e o ateísmo.

Toda a questão do ecumenismo e da renovação monástica deve ser vista neste contexto. Por um lado, se esse problema não for encarnado, o mosteiro será considerado e utilizado como um ponto de contato onde os "irmãos separados" poderão, sem ficarem magoados, ver a ortodoxia católica encarnada numa instituição bem organizada que, aliás, sabe atualizar a sua maquinária e fazer com que seus membros sejam modernos e felizes. E, inclusive, lhes permite serem americanos e expressar-se em diálogo, utilizando todos os últimos clichês da moda e dando, talvez, uma boa rizada frente ao problema das relíquias e das indulgências, agora definitivamente ultrapassado.

Mas por outro lado, se o problema for assumido, a experiência e o desafio de Lutero serão considerados como um foco relevante ao ecumenismo e à própria renovação monástica. O diálogo entre o monaquismo e a Reforma protestante não será somente acadêmico. A experiência da Reforma protestante é algo de muito necessário para que o monaquismo possa recobrar a sua própria identidade na da Igreja contemporânea. Mas, ao mesmo tempo, a profundeza e a autenticidade da experiência monástica pode e deve contribuir em algo para a Reforma em curso e que agora toma a forma de ecumenismo. A Reforma protestante pode tornar o monaquismo consciente e fiel a sua própria verdade. Um monaquismo renovado pode, por sua vez, fazer algo semelhante pela Reforma. O verdadeiro ecumenismo habilita o católico encontrar-se descobrindo o que a Reforma significa para ele e em seu favor (não contra ele), e possibilita ao protestante redescobrir dentro de si e a seu favor a relevância que o catolicismo nunca deixou de ter para ele. Isto é muito mais do que uma mera aproximação, ou *rapprochement*. É uma experiência cristã de identidade na complementaridade, uma dialética teológica vivida, essencial, não só para podermos alcançar algum progresso na unidade, mas também para sermos fiéis a nós mesmos. A verdade definitiva do *emeth* de Deus não pode ser plenamente apreendida sem a complementar experiência do perdão e da reconciliação.

A orientação teológica tomada pelos votos desde a Idade Média levou a uma valorização da parte (a instituição monástica) em detrimento do todo (Cristo, a unidade cristã, o *emeth* de Deus). Enquanto a vida consagrada for vista sob esta falsa perspectiva, continuará a ser uma causa de separação e de desunião. Dará ao monge a oportunidade de se afirmar friamente como um tipo exclusivo de ser humano e a sua comunidade como uma pequena Igreja perfeitamente pura, iluminada e privativa. A fidelidade do monge a seus votos o confirmará nesta sua ilusão de separatismo e perfeição exclusiva.

Assim, o monge destruirá a sinceridade pessoal de sua bem-intencionada fé e seu amor cristão se fechará sobre si mesmo dentro de um gueto, uma clausura repleta de piedosas fantasias.

Na realidade a finalidade dos votos é abrir totalmente a vida de fé e de amor, não fechá-la sobre si mesma. A expressão original dos votos do beneditino, "conversão dos costumes" (*conversatio morum*) implica a completa *metanoia,* a total conversão das suas aspirações e esperanças à promessa infalível de Deus de enviar seu Espírito e de dar alegria e sentido à vida ascética do monge unificando-o na plenitude do amor. Os votos devem, então, libertar o monge da fixação no parcial, no limitado, no provisório. Devem unificar a sua vida num engajamento ao definitivo, a "única coisa necessária". Deus presente na sua palavra e na sua promessa. Os votos orientam a vida do monge inteiramente para a totalidade e a plenitude cumprida aqui e agora na escuridão da fé. Não tentarei decidir aqui se os votos ainda podem ter este sentido para o homem moderno. De minha parte, ainda creio que podem, se não o cresse, não observaria os meus. Mas, ao mesmo tempo, estou convencido de que a vida monástica sem votos é perfeitamente possível e talvez muito desejável. Pode haver nisso muitas vantagens. (Há de fato alguns membros nas comunidades monásticas – oblatos – que vivem como os outros monges mas sem votos).

Uma flexibilidade maior na estrutura monástica permitiria o desenvolvimento de comunidades monásticas ecumênicas. Não há razão alguma para que os não católicos e mesmo ateus não sejam admitidos a participar seriamente – pelo menos temporariamente – da vida monástica comunitária. É óbvio que os pormenores teriam de ser estudados, mas não há nada na vida monástica em si que o torne impossível.

No entanto, para que isto se tornasse realmente vantajoso para todos, deveria realizar-se em comunidades que já estivessem bem engajadas no sentido renovado da identidade, numa redescoberta da autêntica e, creio eu, visão primitiva do monaquismo cristão. Nessas comunidades o apoio de uma forte estrutura autoritária teria de ser substituído por algo diverso, menos palpável e mais imprevisível. Seria a autoridade da experiência verdadeiramente cristã de um líder monástico realmente qualificado (um guia carismático ou *staretz*, pai espiritual, talvez) e de uma comunidade monástica integralmente bem-formada e experimentada. O monaquismo não pode de maneira alguma preservar qualquer seriedade ou sentido sem verdadeira disciplina e profundidade espiritual. A renovação monástica certamente não é o resultado de carismas instantâneos e ideias luminosas em comunidades que não têm maior coesão que um grupo de pessoas num piquenique – e que duram enquanto durar o sol ou enquanto não se cansem das picadas das formigas.

Em conclusão: a vida monástica está procurando uma autêntica renovação. A experiência da Reforma protestante, a descoberta de um engajamento mais imediato e radical às promessas infalíveis de Deus, na fé, colocaram em questionamento a estrutura tremendamente institucionalizada e de intermediários, da atual vida de consagração monástica recebida da Idade Média. Mas, por outro lado, a tradição tem sua própria importância crucial. A volta às fontes que, em si, é essencial para uma verdadeira renovação cristã, em todas as áreas, não é simples questão de livros e de *monumenta*. O monaquismo deve retornar o contato com suas primitivas fontes, não só através do estudo, mas também de uma participação viva na experiência contemplativa e teológica, de esperança, que foi transmitida, mais ou menos sem interrupção, nas Ordens monásticas, em períodos da decadência e da reforma, e apesar de todas as aberrações temporárias e das distorções de perspectiva. A esperança de uma verdade final e transcendente é algo que, sem dúvida alguma, nem morreu nem está em vias de morrer no mundo moderno. Pelo contrário, por todos os lados vemos provas de uma necessidade quase desesperada de profundidade espiritual e de autêntica esperança. É esta própria necessidade que cria tanto desprezo, com razão, pela superficialidade da religião popular. O espírito monástico está vivo hoje, procurando novas maneiras de expressar a sua esperança escatológica e de se tornar vitalmente perceptivo em relação às suas latentes potencialidades. Por isso é que, por um lado, o próprio protestantismo está contribuindo para a renovação monástica, e por outro, os mosteiros estão querendo tornar-se centros, não só de discussão ecumênica, mas de experiência ecumênica profundamente vivida e participada.

A singular e preciosa dimensão que a vida monástica pode oferecer como contribuição à experiência ecumênica é o aprofundamento da unidade que vem, não só do diálogo entre uns e outros, mas ainda do silêncio dos que se sabem unidos. A vida monástica (quando fiel ao seu carisma próprio) está impregnada do sentido do definitivo que invade os que, no silêncio, não se permitem a futilidade do palavrear. Mas o que também deve ser compreendido é como as necessidades provisórias têm de ser explicitadas em linguagem sincera, honesta e sem dogmatismo. Essas duas coisas combinam. A dialética monástica do silêncio e da linguagem acentua a dialética, mais profunda, entre escatologia e encarnação.

Há hoje em dia a tendência superficial de tratar essa divisão de um modo em nada dialético e de considerá-la como "esquizoide". Este vício é comum tanto aos integristas que se apegam cegamente ao seu próprio tipo (institucional) de escatologia como aos progressistas que colocando todos os seus ovos num só cesto (secularidade) e recusando todos os demais cestos creem poder chegar fácil e instantaneamente à unidade, embora esta só possa ser finalmente atingida graças ao paciente trabalho da dialética. Heinrich Ott[7] salienta que os silêncios de Hemingway e o que é alusivo em Antonioni são percepções artísticas válidas de uma realidade cuja plenitude tem de incluir o que não é pronunciado. A arte asiática, especialmente o estilo "de um só canto"[8] inspirado no Zen, o sabe há muito, e o dever do monge consiste em manter esta perspectiva, não só pela clareza que vem do estudo, mas ainda pela iluminação e pelo silêncio. Tanto as palavras como o silêncio, que na experiência cristã se completam sendo profundamente valorizadores, estão enraizados na presença máxima fundamental e na realidade do amor.

7. Op. cit., p. 114.

8. *one-cornered,* no original.

XII

Necessidade de novo esquema nos estudos monásticos

É bem evidente que a formação teológica dada aos padres engajados no apostolado ativo não é inteiramente adequada aos monges. Para começar, apesar de todos os monges precisarem de certos estudos teológicos, nem todos serão ordenados padres. A vida monástica, quer seja solitária ou em comunidade, é primeiramente vida de oração e de testemunho, não visa ensino, a administração ou pastoral. A formação teológica para este gênero de vida não pode naturalmente ser superficial ou meramente elementar. Pelo contrário, a vida de oração do monge (litúrgica na comunidade e na solidão do seu próprio coração) implica um profundo conhecimento do Mistério de Cristo e deve, de fato, desenvolver-se de modo a se tornar uma "teologia vivida" – uma experiência viva da verdade cristã.

A comunidade monástica é algo mais do que um grupo de homens ou mulheres piedosos que se concentram apenas na prática de obras meritórias para a salvação de suas próprias almas. Nem tampouco procuram simplesmente obter graças para um mundo que, por outro lado, se contentam em ignorar. Os monges estão atentos em explorar o sentido interior do Mistério de Cristo no mundo de nossa época e isto requer algum conhecimento deste mundo e, também, deles próprios como gente moderna, bem como a percepção da presença de Cristo no mundo e um testemunho desta presença.

Isto significa que os monges devem estar preparados para compartilhar algo de sua solidão e de sua percepção do Mistério de Cristo com aqueles que vêm aos mosteiros. Dizer que "o mundo precisa de solidão, de oração, de silêncio" é mais do que dizer que as pessoas mundanas precisam de monges que rezem por elas. Significa também que seres humanos precisam de lugares onde possam encontrar um pouco de silêncio e de paz e mergulhar numa atmosfera de oração autêntica. Mas isto indica dever a experiência monástica ser comunicável em termos não inteiramente desconhecidos do homem moderno. O mosteiro deve portanto possuir, não somente verdadeiros homens de oração, mas também homens que possam comunicar algo de sua compreensão e experiência aos outros.

A vida monástica é não somente contemplativa mas também profética. Isto quer dizer que ela não só é testemunho de uma mística contemplativa de silêncio, clausura e renúncia às obras ativas, mas também que está vivamente impregnada do mistério escatológico do reino já compartilhado e realizado na vida daqueles que ouviram a Palavra de Deus e se entregaram incondicionalmente às suas exigências numa convocação que (mesmo quando é comunitária) tem uma qualidade tipicamente de "deserto". Este fato insinua haver um certo carisma em cada vocação monástica e no próprio testemunho monástico. Mas isso não exclui o estudo e a compreensão da teologia. Pelo contrário, pressupõe uma sede da Palavra de Deus, uma vontade de se deixar absorver pela meditação da Bíblia, numa vida fecunda de oração e de celebração que nada tem de mecânico e meticuloso mas é cheia de espontaneidade e compreensão intuitiva. A sabedoria e a compreensão cristãs devem crescer e se aprofundar dia após dia na vida do monge. A vida toda do monge é uma peregrinação às fontes da verdade cristã. Nada disso é possível se o monge não tem uma formação teológica correta.

Mas a compreensão e a experiência que levam gradativamente o monge à maturidade contemplativa e profética (que pode ser, acima de tudo, a maturidade no sacrifício) deveriam também, em alguns casos, abrir-se à comunicação com os outros. É preciso que haja alguns monges com as qualificações necessárias para compartilhar sua experiência num diálogo com os contemplativos de outras tradições religiosas (budistas, hindus, sufis etc.). E, acima de tudo, deve haver alguns que tenham a capacidade de falar com os intelectuais modernos, quer religiosos ou não, envolvidos pelas misteriosas dimensões pessoais da experiência interior e espiritual – artistas, filósofos, poetas, psiquiatras, estudantes de antropologia, de religiões comparadas etc. Há muitos homens como estes que sentem curiosidade em relação à da vida monástica e estariam muito interessados em descobrir os seus valores existenciais reais num diálogo inteligente com pessoas bem-preparadas. Embora respeitando, talvez, a sinceridade de um tipo de piedade alienada e hermética, incapaz de falar a linguagem deles, poderiam, afinal, sentir desilusão ou até repulsa. Eles precisam reconhecer nos monges profissionais como eles próprios, que deliberadamente escolheram um caminho diferente e um tipo diferente de experiência e que podem explicar tanto a escolha como os seus frutos.

Evidentemente não devemos supor que todos, em cada comunidade monástica, sejam especialistas em diálogo ecumênico ou intercultural. Mas pode haver alguns mais qualificados para isto do que os outros, e que, com um curso de teologia e de humanidades adequado, poderão desenvolver uma compreensão que, não só os abrirá aos outros numa modalidade válida de apostolado contemplativo, mas, também, os tornará capazes de viver, eles próprios, uma vida interior mais fecunda. Não é preciso dizer que terão muito mais a compartilhar com a sua própria comunidade monástica. O curso teológico dos monges deveria ser especialmente orientado para a formação de homens de oração que possam dar uma explicação inteligível da experiência contemplativa a outros, seja através de uma orientação espiritual, do ensino ou do diálogo. Mas, por outro lado, para preservar a qualidade autenticamente monástica desta teologia da oração, a ênfase deveria ser dada à própria oração e aos mistérios da fé e não às técnicas de comunicação. No entanto, devemos nos lembrar que, para compreender a oração em nossa época, temos de compreender o homem, e compreendê-lo na sua atual situação histórica.

A teologia monástica será, acima de tudo, bíblica. A Bíblia deveria ocupar o primeiro lugar na formação e na educação do monge desde os primeiros dias do seu postulando. Os estudos litúrgicos e patrísticos também serão bíblicos. O estudo da história monástica, das primeiras regras monásticas e da literatura ascética, deveria ser analisado confrontando estes documentos com suas fontes bíblicas. Nunca deveria ser esquecido que a vida monástica é uma maneira especial de se viver o Evangelho e que a consagração do monge a Deus, através dos seus votos (especialmente o voto de converter e transformar toda a sua vida numa resposta à Palavra de Deus), deve ser compreendida à luz das promessas de Deus, do Reino escatológico e da recapitulação de todas as coisas em Cristo.

À luz deste conhecimento o monge deverá adquirir, através do aprendizado e da disciplina, uma capacidade madura que o defenda das forças que procuram sufocar a semente da palavra implantada em seu coração. Isto quer dizer que a formação do monge exige algum treinamento na prática dos meios tradicionais ascéticos de aperfeiçoamento da vida cristã de oração. Ele se tornará assim mais capaz de responder com maior plenitude e eficácia à sua vocação de compreender a Palavra de Deus, que não revela plenamente o seu significado ali onde não há sacrifício.

No entanto, sem negligenciar a ascese tradicional – compreendida à luz de novas necessidades e da nova situação – o monge deve procurar desenvolver as capacidades humanas especiais que o tornarão capaz de experimentar os mais profundos valores da vida contemplativa. Esses valores não são acessíveis através de uma investigação meramente abstrata e lógica. Eles supõem uma certa percepção estética e intuitiva, um "sabor" e uma conaturalidade, ou a capacidade de saborear (numa experiência que não pode facilmente ser formulada), as verdades mais profundas da vida cristã. Em outras palavras, a educação monástica deveria, sem negligenciar a teologia científica, abrir o caminho para uma contemplação do mistério cristão verdadeiramente "sapiencial". A teologia monástica não é "anti-intelectual" mas aspira a um tipo de compreensão enraizado no amor. *Amor ipse intellectus.* Falando claramente, a teologia monástica tem uma orientação mística.

Temos de reconhecer que hoje muitos candidatos chegam aos nossos mosteiros sem o preparo adequado em humanidades. E não devemos nos enganar pensando que "o preparo em humanidades" quer dizer simplesmente uma "educação clássica" – ou um conhecimento do latim. Algo tem que ser feito por aqueles a quem falta uma apreciação rudimentar da literatura, da arte, e de outros estudos humanísticos. Estes são decididamente relevantes para a vida espiritual do monge.

Os estudos de filosofia do monge não deveriam ser somente uma preparação para a teologia contemplativa. Deveriam também auxiliar o monge a compreender as tradições não cristãs cuja contemplação, tão profundamente metafísica, floresceu especialmente na Ásia. Juntamente com as disciplinas tecnofilosóficas o monge deveria aprender noções de antropologia, de religiões comparadas e de psicologia profunda na medida em que isto represente uma abertura para as áreas da mitologia primitiva e da cultura arcaica. Isso será útil não somente ao possível diálogo com contemplativos de outras tradições, mas também possibilitará ao monge compreender melhor os clássicos das religiões não cristãs. Ainda uma vez, os estudos filosóficos do monge deveriam ser orientados "sapiencialmente" e não representar um mero catálogo objetivo e apologético dos "erros dos não cristãos", mas, antes, uma apreciação imparcial do valor dessas tradições, mesmo para monges cristãos. Na sua formação filosófica, o monge poderia, por exemplo, aprender a perceber as diferenças características manifestadas no pensamento dos povos grego, hebreu, indiano e sino-japonês.

O monge deveria conhecer a fundo a literatura mística do cristianismo, tanto oriental como ocidental, desde a época patrística até os nossos dias. E, mais uma vez, não se deveria ignorar a dimensão psicológica. As intuições da moderna psiquiatria são úteis em auxiliar o monge a desenvolver um julgamento prático na compreensão dos problemas e conflitos da vida ascética e mística.

A formação espiritual e teológica do monge não terá cabimento se não estiver relacionada com o mundo de hoje, o que quer dizer que o monge deve, não só possuir noções de história para poder compreender as raízes dos problemas presentes, como também estar bem-informado sobre as correntes da história, de importância fundamental, em nossa época (Hegel, Marx, Croce etc.). Deveria compreender e avaliar com clareza as implicações que essas correntes têm para a nossa própria escatologia cristã (a qual não se deve permitir que degenere em teorias nem da história nem da evolução).

O monge deve ainda ser capaz de compreender os problemas críticos da nossa época e de assumir a sua vocação monástica à luz destes problemas, como seja: a raça, a guerra, o genocídio, a fome, a injustiça, a revolução. Talvez, tanto o monge individual como a comunidade monástica, tenham de enfrentar decisões críticas que venham a afetar o seu futuro. Decisões, estas, que não serão tomadas de maneira inteligente e realística se não houver compreensão suficiente do contexto mais amplo do conflito social. Neste assunto, um cuidado e um discernimento muito grandes são necessários. Uma abertura ao "mundo" não deve significar aceitação meramente acrítica e superficial de tudo o que é dito pelos meios de comunicação de massa em nosso próprio país de modo particular. Uma comunidade monástica pode perder inteiramente seu sentido profético e o testemunho que deve dar se vier a identificar-se com algum partido ou alguma nação em particular.

Finalmente, é de suma importância relacionar a teologia "sapiencial" do monge com a cultura tecnológica do nosso século. O monge não pode unilateralmente aceitar ou rejeitar o mundo científico do século XX. Ele deve compreender os problemas e as possibilidades desse mundo e, sem ser dominado por slogans ou clichês, deve ser capaz de contribuir com algo de si para uma visão de um mundo altamente especializado em ciências mas, talvez, deficiente em sabedoria. (Aqui devemos, no entanto, dizer como alguns dos homens verdadeiramente sábios – *sapientes* – dos nossos tempos se encontram entre os físicos do átomo e os exploradores mais avançados no mundo da matéria. Bohr, Schrödinger e outros aí estão para reforçar esta afirmação).

O mosteiro contemplativo deveria ser capaz, idealmente falando, de desempenhar um papel importante no desenvolvimento da cultura científica. Os valores qualitativos, experimentais e pessoais, desenvolvidos na vida monástica, deveriam complementar as descobertas objetivas, quantitativas e experimentais da ciência e sua exploração pela tecnologia e pelo *business*. O mosteiro não deveria, de maneira nenhuma, ser meramente um enclave habitado por seres humanos excêntricos e aparentemente arcaicos, rebelados contra o mundo da ciência, dando-lhe as costas e amaldiçoando-o.

A finalidade da formação monástica não é principalmente criar uma comunidade de especialistas, de acadêmicos capazes de um diálogo intelectual e místico de alto nível com todos, desde os monges do zen até os físicos nucleares. Isto seria utópico. Precisamos formar monges do século XX capazes de abraçar sua penetração contemplativa, não só as dimensões teológicas do Mistério de Cristo, mas também as possibilidades de uma nova compreensão oferecidas pelas tradições não cristãs e pelo mundo moderno da ciência e da revolução. Haverá, evidentemente, níveis diferentes de preparação e de compreensão. É óbvio que continuaremos produzindo na maioria das vezes o "monge simples", mas, de um tipo mais sofisticado, do que aquele que se contentava com o seu rosário. (Embora isto seja admirável). Por outro lado, o mosteiro deveria ter a possibilidade de ser um lugar de diálogo, nem técnico nem especializado, sem dúvida, mas onde homens da nossa época sentissem a possibilidade de encontrar e, de certo modo, "tocar" uma experiência profunda e existencial do Mistério de Cristo como é vivido e revelado numa comunidade de homens que, realmente, estão à altura dos desafios e das promessas de uma vocação contemplativa.

Numa época de comunicação fácil, um mosteiro destes seria frequentemente visitado por especialistas de todos os tipos e de todos os setores, que estariam dispostos a fazer conferências e discutir com alguns dos monges. Estas oportunidades não seriam desprezadas e diálogos como estes seriam grandemente vantajosos para todos os interessados nesse problema.

Não devemos temer enfrentar o desafio de possibilidades tais como o uso limitado e bem organizado dos modernos meios de comunicação, mesmo a TV *educacional*, enquanto, por outro lado, excluímos o vício do programa oco, de pura diversão.

Devemos, também, enfrentar decididamente o fato de que o mosteiro não é um gueto e nenhum proveito terá em ser conservado como tal. Uma interpretação da clausura meramente rígida e formal, e que não admite exceções (além das que estão ligadas a doenças ou a empreendimentos comerciais lucrativos), não ajudará a renovação monástica.

XIII
Integração final: Em direção a uma "terapia monástica"

Uma parte considerável de mal-estar e de ambivalência na vida monástica, hoje, deve-se talvez ao fato de que, embora tenhamos fórmulas conceituais claras para explicar o que seja nossa "vida contemplativa" – e ainda que essas fórmulas possam estar bem de acordo com o que desejaríamos realizar – parece que não ajudam muito no que estamos, na verdade, realizando. Assim nos encontramos diante de várias séries diferentes de problemas que, no entanto, não conseguimos distinguir. Já demos a definição dos fins que temos em vista, por meio de certos termos (vida de oração e penitência; afastada do mundo, mas não dele alienada; procura de Deus na solidão, mas numa comunidade e no amor fraterno; purificação de nossos corações pela renúncia, de maneira a nos entregarmos à oração mais intensamente e com maior simplicidade e chegarmos eventualmente à experiência contemplativa. Assim nossa comunidade é um sinal vivo da presença de Deus etc.). Entretanto, antes de podermos começar a realizar tudo isso, temos de lutar com uma multidão de outros problemas, por ex.: como provermos ao próprio sustento eficazmente e, contudo, permanecermos "monásticos"; como mantermos a atmosfera de silêncio e, no entanto, comunicarmo-nos mais espontaneamente uns com os outros; como organizarmos a liturgia, o tempo de trabalho, de estudo etc. Acima de tudo, como fazermos frente às contradições num sistema em que, ao mesmo tempo – mas de pontos diversos – somos incitados a progredir e proibidos de avançar.

Assim, embora possamos ver com certa clareza o que queremos realizar, estamos, a tal ponto confusos sobre o modo de fazê-lo que nossas metas se tornam quase totalmente teóricas e nossas energias tomam uma direção um tanto diferente daquela que é própria à vida que afirmamos estar vivendo. Evidentemente isso é causa de muita ansiedade, ambivalência, tensão, para não dizer desânimo e, mesmo, desespero. Recorremos então à psiquiatria para nos socorrer – criando assim mais problemas. Pois o tipo de "ajustamento" que a psicoterapia comum postula é uma aceitação realista de nossa situação social, um assentimento em aceitar desempenhar uma função moderadamente útil e ser mais ou menos o gênero de pessoa que nossa sociedade gostaria que fôssemos. E, contudo, a função monástica definida pelo ideal a que nos apegamos é uma coisa, e a função que se define pela situação real de nossa comunidade, e a nossa própria nela, é bem outra. Essa dificuldade torna-se tanto maior, e mais motivo de confusão causa, quando a sociologia entra no jogo, pois somos então chamados a viver, ao mesmo tempo, por um ideal não mundano, e outro mundano – ou a viver como monges baseados em estatísticas e de acordo com normas que nada têm a ver com nosso modo de viver.

Simplificando: muitos vêm ao mosteiro com forte, ainda que incubado, sentido de que são chamados a realizar algo em sua vida. Mas depois de alguns anos de luta descobrem que esta "coisa" que deveriam realizar não está clara, e embora possam ter-se familiarizado com fórmulas que explicam a vida monástica e a justificam, mesmo assim não sentem poder utilizá-las de algum modo. Além disso, começam a questionar a relevância de tais fórmulas em relação ao homem moderno. A mais difícil espécie de crise vocacional é aquela na qual um monge, possuído de verdadeiras aspirações monásticas, vem a sentir que essas aspirações não podem realizar-se num mosteiro. Isso significa, provavelmente, não poderem essas aspirações concretizar-se em lugar algum.

A ideia de "renascer" e de vida de "um homem novo" em Cristo, no Espírito, e de uma "vida ressuscitada" no Mistério de Cristo ou no Reino de Deus, é fundamental na teologia cristã e na sua prática. É esse, afinal, todo o sentido do batismo. Tanto mais central é essa ideia ao peculiar tratamento da teologia do batismo que é a *conversatio* – a vocação a uma vida especialmente dedicada à autorrenovação, à libertação em relação a todo pecado e à transformação de toda a mentalidade própria "em Cristo".

A noção do "renascer" não é específica ao cristianismo. No sufismo, no zen-budismo e em muitas outras religiões ou tradições espirituais, acentua-se o chamamento a realizar certas potencialidades obscuras, e contudo urgentes, no interior de nosso ser a fim de "nos tornarmos alguém" que já somos (em potencial), a pessoa que somos realmente destinadas a ser. O zen denomina esse despertar um reconhecimento de "nossa face original antes de termos nascidos".

Nas tradições asiáticas, bem como no monaquismo cristão, tem-se ressaltado consideravelmente a necessidade de um guia ou pai espiritual, uma pessoa madura, experimentada, que saiba conduzir os menos experientes a um ponto decisivo de libertação onde esse "novo ser" é alcançado. Falando rigorosamente, o monaquismo cristão é menos dependente do auxílio de um guia do que algumas das outras tradições. No sufismo e no zen o mestre espiritual é tão essencial quanto o analista na psicanálise. No monaquismo cristão, uma comunidade fervorosa, uma celebração viva e "espiritual" (*pneumatikos*) dos mistérios litúrgicos, e das horas litúrgicas poderá compensar, até certo ponto, a falta de um mestre experiente e carismático. Mas se não houver de modo algum um sentido da urgência do desenvolvimento interior, nenhuma aspiração ao crescimento e ao "renascimento" – ou se se supõe que tudo isso funciona automaticamente, bastando uma celebração comunitária cheia de vivacidade –, é que falta algo de essencial.

A vida monástica não se justifica simplesmente pela realização de uma "obra" contratada em favor da Igreja – ainda que fosse a obra espiritual do *Opus Dei*, a celebração pública, oficial do louvor divino ou mesmo pelo cultivo da oração meditativa em silêncio, na estrita clausura, num regime austero. A comunidade monástica não atua eficazmente como sinal da presença de Deus e de seu Reino apenas por cumprir certas funções simbólicas. Não basta, por exemplo, manter os monges estritamente enclausurados e afastados de toda atividade exterior – o que não constitui em si um sinal do reino escatológico. Pelo contrário, muito frequentemente essa limitação constitui um sério empobrecimento das personalidades dos monges e serve ao mesmo tempo para impedir que esse empobrecimento se torne público! É, evidentemente, verdade que a solitude e o silêncio são essenciais ao estilo de vida monástico – e a disciplina contribui, de fato, muito, para a realização do fim para o qual existem os mosteiros. Mas permanece o fato de que as pessoas são chamadas à vida monástica de maneira que possam crescer e ser transformadas, "renascer" a uma nova e mais completa identidade e a uma existência mais profundamente fecunda na paz, na sabedoria, na criatividade, no amor. Quando a rigidez e a limitação se tornam fins em si, não mais favorecem o crescimento, sufocam-no.

Por vezes pode ser-nos muito útil descobrir novos caminhos com os quais estamos pouco familiarizados e onde a tarefa humana de maturação e autodescoberta se define. O livro de um psicanalista persa, Dr. Reza Arasteh (que trabalha e ensina nos Estados Unidos), pode mostrar-se muito valioso em relação a este assunto[1].

O Dr. Arasteh desenvolveu e aprofundou ideias sugeridas pela psicanálise humanista de Erich Fromm, pela psicoterapia existencial e logoterapia de Viktor Frankl. Mas – e é isto o mais interessante – ele incorporou também em suas teorias material da tradição mística do sufismo persa. A *Integração final* que é o objeto de sua pesquisa não é apenas a "cura" da neurose pela adaptação à sociedade. Pelo contrário, pressupõe que qualquer teoria psicanalítica que se contenta apenas com isso tem de ser forçosamente inadequada. O Dr. Arasteh está interessado não somente na "saúde" parcial e limitada, que resulta da aceitação satisfeita de uma função útil à sociedade, e sim na maturidade final e completa da psique humana em nível transcultural. Isso precisa ser um pouco esclarecido aqui.

---

1. Reza Arasteh, *Final integration in the adult personality*, Leiden, E.J. Brill 1965.

Contrariamente à teoria e à prática aceitas da maior parte da psicoterapia – derivada de Freud e gozando de popularidade nos Estados Unidos hoje – o Dr. Arasteh afirma que a adaptação à sociedade, quando muito, auxilia alguém "a viver com sua enfermidade em lugar de curá-la", sobretudo se a atmosfera geral da sociedade não é sadia por motivo de sua exagerada ênfase às formas cerebrais, competitivas e aquisitivas de autoafirmação. Essa atmosfera poderá favorecer um estilo de vida aparentemente muito ativo e produtivo, mas na realidade sufoca o verdadeiro crescimento, deixa as pessoas frustradas, alienadas, "perdidas" e aborrecidas sem qualquer meio de saber o que nelas está errado. De fato, em muitos casos a psicanálise tornou-se uma técnica para conseguir que as pessoas se conformem com uma sociedade que as impede de crescer e se desenvolver como deveriam. Citando o livro de E. Knight *The Objective Society* diz Arasteh;

> "O ocidental, enquanto se opõe à integração dos padrões russos e chineses, não somente aceita os valores de 'rebanho' de sua sociedade, mas inventou a psicanálise para impedi-lo de desviar-se deles... As pressões (stresses) que a vida moderna, com frequência, produz em pessoas sensíveis e inteligentes não são mais consideradas como exigindo uma mudança na sociedade; é o indivíduo que está errado e ele, consequentemente, torna-se um neurótico, não um revolucionário. Nenhuma invenção mais notável foi jamais engendrada pela sociedade do que a psicanálise, a fim de impedir a seus cidadãos superiormente qualificados de fazê-la sofrer.

Este interessante trecho, citado fora do contexto, poderia servir de falso argumento aos que se julgam por seu masoquismo ser superiores. Entretanto, demonstram sem dúvida estas linhas até que ponto a psicoterapia e outras teorias foram francamente convocadas ao serviço de uma massiça e opulenta organização dedicada à "liberdade" e, contudo, tolerando cada vez menos a dissidência. O masoquismo, a angústia, a alienação, quase universais nesse tipo de sociedade, são formas de evasão organizada. As energias que poderiam de outra maneira ser empregadas em mudanças produtivas, ou mesmo revolucionárias, são empurradas na direção das águas estagnadas da frustração e da autocomunicação. Os indivíduos não somente se tornam doentes, mas preferem a enfermidade a ter de enfrentar o risco da verdadeira dissidência. (Notem a importante distinção entre a verdadeira e a pseudodissidência, sendo esta um sinal e um símbolo que expressam e justificam uma neurose subjacente). Bem sabemos como este modelo, tão conhecido no "mundo", é ainda mais conhecido no "claustro".

Contudo, há uma importante distinção a fazer entre a simples angústia neurótica que provém de um compromisso de superação e a existencial que é a dor sadia causada pelo bloqueio das energias vitais que permanecem ainda disponíveis para uma mudança radical. Este é um dos fatos principais analisados pelo Dr. Arasteh em seu livro: a importância da angústia existencial, vista não como sintoma de algo de errado, mas como apelo ao crescimento e ao doloroso desenvolvimento da pessoa.

Distinguindo cuidadosamente a angústia existencial das petulantes tristezas autoderrotistas dos neuróticos, o Dr. Arasteh mostra como essa angústia é um sinal de saúde e gera a energia requerida para um renascer psíquico que resulta numa nova identidade transcultural. Esse novo ser é inteiramente pessoal, original, criativo, singular e transcende os limites impostos pelas convenções e os preconceitos sociais. O nascer nesse nível mais elevado é uma necessidade imperativa para o homem.

A criança que vive imersa num relacionamento simbiótico com a natureza em geral – imerso, isto é, em seu próprio narcisismo – tem de "nascer" saindo desse autocentrismo sensual e adquirir uma identidade como membro responsável da sociedade. A psicoterapia comum está disso plenamente consciente. Porém, uma vez que a pessoa cresceu, recebeu educação, instrução e assumiu uma função útil na sociedade como trabalhador e produtor, há ainda que passar por um outro nascer. O Dr. Arasteh estuda esse nascimento para a integração final em três indivíduos excepcionais: Rumi, o jovem poeta e místico persa; Goethe e um jovem turco, seu cliente.

No passado, a integração final foi geralmente assunto unicamente para pessoas dotadas de modo incomum. Voltaremos a este ponto mais tarde. Mesmo hoje, embora a necessidade de integração final se faça sentir cada vez mais amplamente, a maior parte das pessoas não somente não tenta atingi-la, mas a sociedade, como o vimos, lhes proporciona meios de evadir-se aos apelos. Obviamente, em muitos casos, esses apelos tomam a forma de uma vocação monástica, religiosa ou sacerdotal. É evidente, também, que muitos deixam o mosteiro por sentirem que o estilo de vida monástico é estruturado, ou que a maneira como eles são encaixados na estrutura torna impossível a resposta autêntica ao apelo.

Todos nós que temos de trabalhar com problemas vocacionais de monges professos podemos, depois de refletir, distinguir facilmente as neuroses que são óbvias das reações autênticas de homens cuja crise monástica tomou a forma de angústia existencial. Trata-se aqui de uma crise de autêntico crescimento que não pode ser resolvida na situação em que se encontram, situação esta que não pode ser mudada. (Muitas vezes em situações semelhantes são os levemente neuróticos que conseguem permanecer e fazer algum tipo de ajuste de compromisso, aconchegando-se medrosamente sob a proteção do mosteiro com a sensação obscura de que não lhes será pedido maior e doloroso crescimento!).

Uma vez que a pesquisa do Dr. Arasteh é puramente psicológica, não teológica, a questão da "santidade" ou da espiritualidade não é tratada. Mas fique claro que comumente um crescimento espiritual pleno e uma maturidade sobrenatural e mesmo carismática evidenciada no "santo" normalmente inclui a ideia de integração psicológica completa. Sem dúvida, muitos santos foram neuróticos, mas utilizaram sua neurose nos interesses do crescimento interior, em lugar de capitular e sucumbir diante de seus duvidosos confortos.

A integração final é um estado de maturidade transcultural que vai muito além do simples ajustar-se socialmente, o que sempre implica parcialidade e compromisso. Quem "nasce plenamente" tem uma completa "experiência interior da vida"; apreende em plenitude e totalidade a sua vida desde a base mais íntima, que é, ao mesmo tempo, mais universal do que o eu empírico e, contudo, inteiramente da própria pessoa. Quem "nasce plenamente" é, em certo sentido, um homem "cósmico" e "universal"; alcançou uma identidade mais profunda, mais plena do que a do seu "ego-self" que é apenas um fragmento de seu ser. Quando isso sucede, a pessoa se identifica, em certo sentido, com todos – ou na linguagem familiar do Novo Testamento (que Arasteh evidentemente não estudou), ele é "tudo para todos". Essa pessoa é capaz de experimentar as alegrias e os sofrimentos de todos como sendo os seus próprios, sem, entretanto, ser dominado por esses sentimentos; atingiu uma liberdade mais profunda e íntima – a Liberdade do Espírito de que nos fala o Novo Testamento. Ela é conduzida, não apenas pela vontade e a razão, mas por um "proceder dinâmico sujeito a uma visão dinâmica". Ora, isso nos lembra a teologia de Santo Tomás de Aquino sobre os Dons do Espírito Santo que movem o homem a agir "de maneira sobre-humana". Embora o Dr. Arasteh não tome em consideração agentes especialmente sobrenaturais, está claro que tais considerações podem tornar-se relevantes aqui. Mas, evidentemente, não podem ser investigadas pela ciência experimental.

Ainda uma vez, o estado de visão interior que é a integração final implica uma abertura, um "vazio", uma "pobreza" semelhante ao que é descrito tão pormenorizadamente não só pelos místicos renanos, por São João da Cruz, pelos primeiros franciscanos, mas também pelos sufis, os primeiros mestres taoístas e zen-budistas. A integração final implica o vácuo, a pobreza, a não ação que colocam alguém em estado de total docilidade frente ao Espírito, daí tornando a pessoa um instrumento potencial de incomum criatividade.

Quem já alcançou a integração final não se acha mais dependente das limitações da cultura em que cresceu. "Este assumiu '*tudo da vida*', experimentou qualidades de todo tipo de vida"; a existência humana comum, a vida intelectual, a criação artística, o amor humano, a vida religiosa; passou para além de todas essas formas limitadoras, mantendo, porém, tudo o que nelas há de melhor e mais universal, "fazendo finalmente nascer um eu plenamente compreensivo". Aceita ele, não só a sua própria comunidade, sua sociedade, seus amigos, sua própria cultura, mas a humanidade toda; não permanece ligado a um único padrão de valores limitados de maneira tal que a elas se opõe com agressividade ou na defensiva com os outros. O homem plenamente integrado é plenamente "católico" no melhor sentido da palavra; tem uma visão e uma experiência unificadas da verdade única que refulge em todas as suas manifestações, mais nítidas umas do que outras, mais definidas e mais certas umas do que outras. Para ele não se trata de estabelecer uma oposição entre essas visões parciais contrapondo uma à outra, mas de unificá-las numa dialética ou uma visão interior de complementaridade. Com esta visão da vida pode ele injetar na vida de outros perspectiva, liberdade e espontaneidade. O homem finalmente integrado é um artífice da paz, por isso é que há uma necessidade tão premente de que nossos líderes se tornem homens de visão.

Vê-se imediatamente que este tipo de maturidade é exatamente o que a vida monástica deveria produzir. O ideal monástico é precisamente este gênero de liberdade no espírito, esta libertação dos limites de tudo o que é apenas parcial e fragmentário numa determinada cultura. O monaquismo exige espaço e universalismo na visão que tudo vê na luz da Verdade Una como São Bento vislumbrava toda a criação envolvida "num raio de sol". Ora, isso também nos é sugerido no capítulo sétimo da Regra, onde São Bento nos fala da nova identidade, a nova maneira de ser do monge, que não mais se exercita nos diversos graus da humildade com esforço concentrado e estudado, mas vive-os com dinâmica espontaneidade "no Espírito". É, ainda, sugerido nos "Degraus da Verdade" e nos "Degraus do Amor" de São Bernardo em seus opúsculos em que trata da humildade e do amor de Deus.

Infelizmente, podemos ver logo que, se um número demasiadamente grande de pessoas se desenvolvem desse modo, se comunidades inteiras chegassem todas ao mesmo tempo a atingir a integração final, o efeito sobre a própria estrutura comunitária poderia ser revolucionário. Daí, de fato, ser nossa vida comunitária organizada de maneira inconsciente para que qualquer desenvolvimento nesse sentido esteja sujeito ao controle humano. Não deixaremos que o Espírito Santo fuja a nosso controle! E apesar de todas as suas lacunas e deficiências, a vida monástica é carismática e o Espírito opera em meio de nós. Mas, tanto nas comunidades monásticas como na Igreja em geral, estamos conscientes da difícil e obscura luta entre carisma e instituição, em que a exagerada necessidade de canalizar e controlar as energias do Espírito (e, é claro, distingui-las nitidamente de outras energias mais destrutivas) levou a uma espécie de neutralização do Espírito pela organização. Esta camisa de força institucional não impede que os indivíduos rompam as barreiras a seu modo e, assim, consigam uma integração talvez deformada e um tanto singular, mas autêntica (por vezes de modo divertido). Entretanto, a própria comunidade não tem condições para ser realmente carismática senão de maneira muito mitigada e inofensiva. A penalidade a ser paga por essa situação é a predominância de neuroses, de masoquismo, de obsessões e impulsos irreprimíveis, de fanatismo, intolerância, estreiteza de espírito e de várias formas de mesquinhez destruidora que no passado deram provas de serem tão prejudiciais. As mudanças e a relaxação de certa rigidez são apenas medidas de emergência, a fim de aliviar as tensões a qualquer preço. Contudo, não basta abrir as janelas. Temos ainda de estar prontos para enfrentar angústias e compreender a diferença entre as que são infrutíferas e as que oferecem uma promessa de desenvolvimento. Por vezes, são mesmo esses últimos os mais dolorosos e em aparência mais perigosos que os primeiros. Afinal o renascer que precede a integração final supõe uma crise que é extremamente séria – algo como a noite escura descrita por São João da Cruz. E é evidente que se a qualquer pessoa acontecesse cair na noite escura da alma, na época de hoje, haveria ela em breve (se fosse descoberta) de se ver sujeita a um tratamento de choque elétrico que cuidaria eficazmente de suprimir quaisquer novos sintomas alarmantes!

O Dr. Arasteh descreve a irrupção que leva à integração final, na linguagem do sufismo. O termo consagrado pelos sufis é *Fana*, aniquilamento ou desintegração; é uma perda de si próprio, uma verdadeira morte espiritual. Mas a simples aniquilação e a morte não bastam. Devem ser seguidas pela reintegração e a nova vida num nível totalmente diverso. Esta integração é o que os sufis denominam *Baqa*. O processo de desintegração e reintegração é algo que implica terrível solidão interior e uma "moratória existencial", uma crise e uma angústia que não pode ser analisada nem intelectualizada. Esse processo requer, também, uma fortaleza em relação à solidão, muito além do comum; "um ato de coragem relacionado à raiz de toda existência". Seria totalmente inútil tentar "curar" essa angústia trazendo o "paciente", o mais depressa e o mais completamente possível, para dentro do seio acolhedor e quente da coletividade. Jung com quem Arasteh muito tem em comum diz o seguinte:

> O desenvolvimento da pessoa até a plena maturidade é ao mesmo tempo um carisma e uma praga, pois seu primeiro fruto é a consciente e inevitável segregação do indivíduo em relação ao rebanho indiferenciado e inconsciente. Isso significa isolamento e não existe outra palavra mais confortadora para tal situação. Nem a família, nem a sociedade, nem a posição podem salvar a pessoa dessa situação – nem mesmo a mais bem sucedida adaptação a meio ambiente que lhe é próprio... [apud Arasteh].

Considerado do ponto de vista da tradição monástica, esse padrão de desintegração, moratória existencial, e reintegração num nível mais elevado, universal, é precisamente o que cabe à vida monástica oferecer. Nas sociedades rigidamente limitadas e autoritárias da Europa medieval, da Índia, da China, do Japão em que havia a separação das castas, o indivíduo vivia dentro de um quadro extremamente restrito que lhe negava mobilidade social. Mas a pessoa fora do comum, de qualquer casta, podia tornar-se monge. Se era capaz de viver como um autêntico mendigo e peregrino, aceitar os sacrifícios, as inseguranças, os riscos, os desafios da aventura solitária estava liberto das limitações sociais. Estava entregue à própria sorte, na estrada, na floresta ou no deserto. E tinha o direito de se desenvolver a seu modo. De fato, podia ele dedicar-se apaixonadamente a uma liberdade que o libertasse mesmo dos limites de sua contingência como criatura: podia perder-se na luz da eternidade contanto que encontrasse seu caminho!

No mundo moderno, as coisas por alguma razão se inverteram. Vivemos numa sociedade extremamente móvel em que, embora possamos não ser nem de longe tão livres quanto pensamos ser, os limites ainda estão muito flexíveis e, por vezes, de modo algum existem. Ingressar num mosteiro é penetrar na forma de vida mais restrita que possa haver. Essa restrição tem um propósito: é imposta a fim de nos libertarmos dos apegos e da vontade própria. Porém a grande pergunta é: Será que o faz? Sim e não.

A ascese do serviço comunitário e da obediência não pode ser rejeitada como totalmente irrelevante, antiquada, regressiva e estéril. É necessária e salutar para pessoas que tiveram pouca ou nenhuma disciplina. Mas, por outro lado, esse sistema funciona em definitivo de um modo que, enquanto inicia um certo crescimento, não vai além disso. Frustra e sufoca qualquer crescimento para além de um nível mediano. Não prevê, não garante coisa alguma senão uma adaptação formal a um esquema comum um tanto estreito e limitado. Dentro deste padrão tolera um crescimento moderado, "seguro", e abençoa a ausência de crescimento. Essa ascese é, de fato, mais tolerante em relação aos que não crescem.

A crise, o desafio e as exigências que Arasteh descreve em relação às condições da integração final raramente seriam, na realidade, aceitas num mosteiro. Tudo isso causaria perturbação demasiadamente excepcional e "irregular". Tudo isso seria uma abertura a possibilidades que seriam consideradas como absolutamente arriscadas. O resultado dessa atitude é que para muitas autênticas vocações, hoje, o mosteiro tornou-se apenas uma estação de passagem. Permanecer no mosteiro por toda a vida seria renunciar ao pleno desenvolvimento da pessoa. E contudo não há nenhuma garantia de que, deixando o mosteiro, haveriam de desenvolver-se melhor.

O Dr. Arasteh nada tem a dizer diretamente sobre a vida monástica, entretanto, é óbvio que os que têm suficiente cultura e compreensão serão capazes de aplicar seus princípios de maneira muito fecunda em relação a nossa situação geral de hoje. Arasteh poderá ajudar-nos a recuperar um certo sentido do verdadeiro alvo da *conversatio* monástica que nós não somente aprovamos mentalmente, mas, de fato, prometemos por voto. Nós nos consagramos à obra de um renascimento, crescimento, de uma maturação e a integração final. Renovação monástica significa reformulação de estruturas de maneira a que não somente permitam esse crescimento, mas o favoreçam e o incentivem em todos.

Contudo, como monges cristãos não podemos entender corretamente o sentido pleno da "integração final" se a consideramos apenas em relação à psicologia. Para o cristão uma integração transcultural é escatológica. O renascer do homem e da sociedade em nível transcultural é um renascer no tempo transformado e redimido, o tempo do Reino, o tempo do Espírito, o tempo "do fim". Significa uma desintegração do eu social e cultural, produto de uma história meramente humana, e a reintegração deste eu em Cristo, na história da salvação, no mistério da redenção, na "nova criação" pentecostal. No entanto, isso significa penetrar na plenitude do mistério da Igreja escatológica.

Ora, como salienta o Dr. Arasteh, enquanto a integração psicológica final foi, no passado, o privilégio de poucos, está agora se tornando uma necessidade e uma aspiração do conjunto da humanidade. O mundo inteiro acha-se em situação de crise existencial, para com a qual existem diversas reações, algumas negativas, trágicas, destrutivas, demoníacas, outras propondo uma esperança humana ainda não plenamente nítida.

As soluções destrutivas e trágicas não são, de modo algum, soluções. Essas pseudossoluções simplesmente mobilizam os imensos recursos do poder militar, econômico e político para bloquear o verdadeiro desenvolvimento e manter os padrões estabelecidos – nos interesses dos que melhor sabem deles se aproveitar e às expensas de todos os demais.

As respostas humanamente otimistas preveem mudanças radicais de tipo unicamente secular que iniciaria uma espécie de reino hippie de amor numa megacidade cibernética e amante da paz (presumivelmente com LSD grátis para todos). Muitos cristãos sentem que o Espírito nos está realmente intimando a renunciar ao nosso senso de privilégio espiritual e entrar numa solidariedade plenamente atuante com essas esperanças do mundo secular. Outros, evidentemente, e talvez a maioria, ingressados nas fileiras dos exércitos e dos "poderes" com a errônea ideia de que Cristo está plenamente identificado com o *establishment* capitalista ocidental que ao referir-se a si mesmo ainda emprega (quando conveniente) o termo "cristão".

A essa altura, o que melhor se pode fazer é arriscar uma conjectura pessoal opinando que nenhuma dessas soluções é verdadeiramente cristã e que nenhuma oferece uma esperança de integração final, escatológica a cada cristão, à Igreja, ou à comunidade monástica. Ambas as soluções são redutíveis a uma identificação com uma ou outra forma de cultura, uma ou outra forma de "determinada" sociedade. São decisões históricas que são apenas históricas; não são escatológicas (embora, é claro, possam elas contribuir de uma maneira desastrosa às ironias do julgamento escatológico em relação à Igreja organizada, institucional).

Onde devemos procurar as verdadeiras soluções? Precisamente na voz do Espírito que há de falar, com clareza, na hora certa, através de uma renovada comunidade eclesial e de uma renovada comunidade monástica. O caminho da integração final para o indivíduo e para a comunidade acha-se, em todo caso, para além dos ditames e dos programas de qualquer cultura (inclusive da cultura "cristã").

Apêndices

1
Notas sobre o futuro do monaquismo[1]

É claro que o futuro do monaquismo depende, antes de mais nada, do fato de os monges (e de as monjas) serem monges e não outra coisa. Não vem ao caso falar do futuro de uma instituição que acaba se eliminando. É pois de presumir-se que os monges queiram preservar sua identidade e sua vocação como pessoas que, consciente e deliberadamente, escolheram um modo de vida que é marginal em relação à sociedade em geral e implicitamente crítico dessa sociedade; e procuram mantê-la a certa distância e libertar-se de suas regras e imperativos, mas estão abertos às necessidades dessa sociedade e em diálogo com ela. Em outras palavras, o monge é alguém que, segundo a expressão tradicional, "está à procura de Deus", ou que se esforça, através de uma "metanoia", por atingir uma transformação interior visando um aprofundamento de sua consciência e de sua percepção, de maneira que "têm experiência" de algo no mais profundo de seu ser e, de algum modo, dá testemunho de Deus.

---

1. Uma versão resumida deste artigo foi publicada em *L'Osservatore Romano* a 10 de janeiro de 1969 em italiano, traduzido do inglês pelo Padre Filiberto Guala, monge trapista de Frattocchie. Subsequentemente, uma versão deste artigo apareceu na edição inglesa do mesmo jornal. É a que sai nesta tradução em língua portuguesa com autorização dos editores americanos e da Editora Vozes [N.E.].

Do ponto de vista cristão, isto significa, é claro, uma vida de "morte e ressurreição em Cristo", uma vida "no Espírito", no verdadeiro sentido da palavra. Uma vida de liberdade, humildade, paz, transformação e alegria carismática. Uma vida de amor, em conformidade com o Evangelho e o Reino de Deus.

Mas, evidentemente, a vocação monástica não pretende ser a única vocação cristã nem, forçosamente, a **melhor** maneira de ser cristão. Se um astronauta tem de se submeter a alguns testes e desenvolver certas capacidades, isso não implica necessariamente ser ele um ente superior; este é, porém, seu trabalho e sua vocação.

Admitindo, portanto, o fato de que ser monge significa algo mais do que organizar uma fábrica de certo tipo com um mecanismo de oração comunitária a ela anexada, mas também que os monges não promovem uma espécie de misticismo gnóstico e que têm uma estrutura necessariamente institucional, uma identidade comunitária, qual é no mundo moderno o lugar dos monges? Continuarão eles a ter esse lugar? Devem tê-lo?

O mosteiro feudal monumental, com vultos misteriosos encapuçados deslizando pelos claustros, cantando orações numa língua desconhecida, não estava de todo "fora do mundo"; era parte integrante de uma determinada estrutura social. Os mosteiros conservadores, hoje em dia, são identificados acima de tudo com certa classe de pessoas fora dos mosteiros e, portanto (por implicação), veem-se envolvidos numa ideologia e mentalidade que têm consequências sociais decisivas.

Por mais que os monges possam desejar estar "fora do mundo", na medida em que estiverem institucionalizados, estarão **sempre**, sem exceção, mergulhados em algum tipo de estrutura social e identificados com outros grupos desta estrutura.

A questão do futuro do monaquismo pode ser considerada do seguinte ponto de vista: numa sociedade em mutação, em que outros grupos estão mais visivelmente orientados para o futuro, o próprio monge orientado para o futuro encontrar-se-á quase inconscientemente entrando na linha desses outros grupos e identificando-se com eles. O monge que não está orientado para o futuro há de se achar, pelo menos, numa inconsciente e inconfessada identificação com o poder estabelecido e com aqueles que representam o **status quo**. Quais são as possíveis opções?

1 A estrutura do poder estabelecido e aqueles que o aceitam sem críticas, isto é, a maioria da população dos Estados Unidos. Esse setor da população está orientado para o futuro no sentido de que planeja para si um futuro em que seu próprio poder estabelecido permanece imutável. Nessa perspectiva haverá, evidentemente, grandes progressos tecnológicos, mas a estrutura fundamental do sistema permanece a mesma. Portanto, os grandes problemas que o sistema é incapaz de resolver permanecem sem solução. Assim, apesar de vitalidade e virtuosidade técnica, esta mentalidade é essencialmente conservadora, mesmo que ela se considere progressista.

2 A subclasse (na terminologia de G. Myrdal): o pobre em geral, que se vê preso no fundo do atual sistema e ali tem de permanecer. Sendo assim, move-se sempre para baixo, não para cima. Sua condição tende a piorar, não a progredir. Tornam-se cada dia mais numerosos e cada vez mais conscientes de sua situação e do fato de que constituem a maior parte da população mundial. São o material bruto da revolução.

3 O intelectual que não possui propriedades vive marginalizado e não tem capitais investidos no sistema, pode mover-se livremente dentro dele; é, até certo ponto, privilegiado e respeitado, pode ali encontrar trabalho se o deseja. Pode utilizar suas "fundações" para financiar programas de pesquisas e viagens; são os professores de Universidade, os estudantes, os hippies, os artistas, os poetas, os escritores. Ora uma vez que, de fato, os católicos – a hierarquia, o clero, a classe média – aceitam e se identificam com o grupo 1, a maior parte dos monges age assim também. Esses monges têm uma visão e uma ideologia do mundo e é simplesmente a que lhes foi inculcada pelo sistema[2]. Quando tentam "abrir-se ao mundo" e ser "progressistas", o que fazem de fato é abrir-se a uma aceitação ainda mais passiva e não crítica da ótica do sistema, isso através dos meios de comunicação. Sua posição permanece conservadora. Muito do aparente "progressivismo" dos monges e de outros católicos é, portanto, completamente ilusório. Seu aspecto progressista é apenas uma admiração sem crítica de todas as realizações da técnica.

Vagamente conscientes disso, muitos monges procuram identificar-se com o grupo 2. E é isso que leva o monaquismo para o meio das cidades. Pequenos grupos de monges (como outros grupos de religiosos de "vida ativa") vão morar nos guetos, trabalham como fazem seus vizinhos que conseguem encontrar trabalho, e vivem simplesmente, como irmãos e amigos daqueles que os cercam. Procuram continuar uma vida de oração e

---

2. *Establishment* [N.T.].

reflexão bíblica, no ambiente da subclasse (**underclass**). Essa solução é certamente mais sincera e realista do que a precedente que, de fato, não é solução (sendo apenas a aceitação de um fato reconhecido que pode ser questionado de muitos pontos de vista: identificação com uma sociedade que é talvez profundamente culpada de injustiça e exploração).

Falando com base na experiência de minha própria vida e vocação, vejo que – pelo menos para alguns de nós – individualmente como monges, ou como comunidades – é importante, e também muito natural, identificarmo-nos com o grupo dos intelectuais (etc.) que não têm interesses investidos no sistema e é, mesmo, extremamente crítico do sistema. Francamente, essa categoria assumiu afinal a posição do "monge", do "frade", do "clérigo" na estrutura do mundo medieval. Reflitamos bem sobre isso por alguns instantes. O intelectual é o único que está livre para locomover-se com independência no mundo. Tem ideias próprias. Pode ser original, criativo, iconoclasta, independente. Não está emaranhado num sistema de ganância. Está consciente das contradições internas e das injustiças e, mesmo, dos problemas insolúveis do sistema – e expressa sua percepção de tudo isto sem medo da desaprovação que fatalmente lhe advirá. Ele é também homem de ampla visão em relação ao mundo. Esse intelectual não está preso a perspectivas sujeitas à distorção, estreitas, bairristas, limitadas, como sucede à "média comum" de pessoas que simplesmente aceitam todo o arsenal de ideias (ou pseudoideias) expressas pelo grupo 1. Mais, essa categoria de que falo (grupo 2) também está consciente dos problemas das classes mais desfavorecidas (ou dos subdesenvolvidos), está aberta a esse problema, dialoga livremente com elas e pode, até certo ponto, ajudá-las.

Essa classe de intelectuais que não possui propriedades inclui também outro setor de pessoas descontentes e críticas (isto é, os hippies e seus simpatizantes), ativamente interessados em assuntos "espirituais" e "religiosos", e são, de fato, os mais comprometidos no esforço de se descobrirem a si próprios no nível espiritual, enquanto, ao mesmo tempo, renunciam a uma sociedade que consideram sufocante e "quadrada". A reação deles pode, é verdade, resultar em muita coisa errada, pode dar num beco sem saída (drogas...). No entanto, é preciso admitir com franqueza que esse grupo de pessoas está, não somente muito perto de nós, mas muito se interessa por nós. Demonstram às vezes o maior interesse. Vêm aos nossos mosteiros cheios de uma curiosidade intensa e muito viva e querem saber se temos algo que possam respeitar.

A vida monástica será relevante no futuro, especialmente nas duas gerações vindouras, na medida em que os mosteiros estiverem abertos ao diálogo e ao intercâmbio ("partage", "échanges") com a comunidade intelectual. Mas, para que esse diálogo tenha sentido pleno, a comunidade intelectual precisa encontrar, nos mosteiros, duas coisas: **uma realidade monástica** (pessoas simples e profundas que adquiriram os valores monásticos praticando-os) e uma **abertura à realidade social** do século XX.

É possível que um ou outro desses valores possa ser realizado em nossas presentes estruturas. É muito difícil que ambos possam realizar-se ao mesmo tempo.

Para que ambas se realizem, as presentes estruturas devem ser modificadas. A sobrevivência do monaquismo exige que ambas sejam realizadas.

A realidade monástica – Isto significa uma verdadeira **comunidade monástica** que partilha experiências realmente vividas daqueles valores tradicionais que, ainda hoje, são plenamente válidos. Tudo isso deixa de ser difícil. Requer uma formação monástica profunda, conhecimento exato da tradição do monaquismo (em vez de meras fórmulas ou palavras sobre isso); experiência de oração, adoração, uma celebração litúrgica comunitária vivenciada e cheia de significado real, mas também um testemunho profundo e consciente da mensagem escatológica do Evangelho. Significa, também, numa medida que há de variar, segundo as circunstâncias e os casos individuais, **solidão**. Não estou querendo defender um falso "misticismo eremítico", mas **alguns de nós precisamos**, uns mais, outros menos – uns em certa época particular –, estar sós para podermos ser **realmente nós mesmos**. Temos tarefas e responsabilidades que exigem reflexão, pedem tempo, silêncio e certa solitude. Chamem-no de intimidade, se quiserem. Sem isso, vivemos na superfície e acabamos na confusão. Na comunidade também deve haver certa quietude, e não somente um incontrolado grupo tagarela que, afinal, não tem sentido. O monaquismo implica – quem o poderia negar? – um certo distanciamento do qual cada pessoa pode "aproximar-se"; não é simples imersão numa confusa proximidade em que não há mais "pessoas", mas apenas massa de objetos que se movem e falam.

Abertura à realidade social não significa somente informação, é muito mais. É comunicação pessoal autêntica com outros cuja mentalidade reconhecidamente se assemelha à nossa, que são "outros monges" com os quais podemos frutuosamente trocar ideias e projetos, mesmo que se trate de pessoas não crentes. Significa capacidade de aprender, através do diálogo com irmãos de outras religiões e tradições intelectuais, com artistas, escritores... isto é, com todos os que representam aquilo que no mundo contemporâneo há de mais vivo intelectualmente, uma vez que são esses os que, de um modo ou de outro, estão vivendo uma "vocação profética". Estão conscientes das sementes do futuro vivas no presente. Percebem, também, as forças de morte que poderão esterilizar essas sementes vivas e provocar uma possível catástrofe para a raça humana.

A nova mediocridade – O monaquismo, infelizmente, sempre sofreu da influência da mediocridade. Por quê? Porque sendo uma vida bem organizada, segura, tranquila, institucionalizada, poderá nela sempre haver vários meios de fuga da realidade. Pode alguém apenas "ater-se às Regras" e "purificar suas intenções", vivendo uma vida indiferente, sem amor, medíocre. Sabemos disso. Mas, quando as regras são suprimidas e nos vemos obrigados a "criar" um novo monaquismo para nosso próprio uso, poderá acontecer que passemos o resto da vida perdendo tempo em passatempos inúteis e superficiais. Poderemos procurar meios de saída em formas espúrias e infantis de espontaneidade, com a impressão de que isso é "vida" e "autoexpressão". Ou, evidentemente, poderemos ocupar-nos com projetos acadêmicos, mais "dignos", porém igualmente supérfluos, ambições estreitas tais como os de monges que são eruditos, editores, escritores de extensos rodapés para rodapés de outros escritores. Ou poderemos ainda, infelizmente, passar o tempo em conversas intermináveis com as pessoas afáveis, fascinantes, do grupo 3, com a ilusão de que estamos, assim, melhorando o mundo e encorajando as vocações monásticas. O importante é termos uma ideia muito clara de nossa meta e dos obstáculos em nosso caminho. E sermos fiéis às contradições, por vezes dolorosas, de nosso carisma.

Conclusão – Poder conciliar uma profundeza autêntica de vida e experiências monásticas com abertura para com as forças vivas culturais e intelectuais de nosso tempo requer um carisma especial. Um carisma é um dom. Mas temos de lutar para, uma vez recebido, saber guardá-lo, isto é, preservá-lo, defendê-lo. O que há de mais fundamental e importante é o apelo monástico à oração, a transformação interior, que requer renúncia: isto chamava-se outrora "vida contemplativa". Cada um de nós, monges, tem de colocar essa exigência em primeiro lugar, de um modo ou outro, sem usar meios insensatos, irreais e desonestos. É impossível dar aquilo que não possuímos. Se nossos mosteiros são realmente centros de vida monástica profunda, aqueles que, no mundo moderno, estiveram mais despertos, virão espontaneamente partilhar nossos momentos de silêncio e, conosco, discutir suas fecundas intuições. É essa troca e essa partilha que considero de importância decisiva para os mosteiros. Tudo, porém, depende de nosso silêncio e de nossa oração.

2
O monge hoje[3]

Preâmbulo – Suas perguntas são, aparentemente, muito simples. Mas, sob certo ponto de vista, contêm

---

3. Estas páginas foram escritas, originariamente, em resposta às perguntas feitas por um autor e editor francês, relativas à importância da vida monástica nos dias de hoje (Editor).

pressuposições que poderiam impor inexoráveis limites e tornariam qualquer resposta ambígua.

A pergunta **"que faz o monge para justificar sua existência no mundo de hoje"** parece indicar que só podemos definir o monge por aquilo que ele faz exteriormente e não pelo que ele é ou pela **modalidade e qualidade de sua vida**. O monge é intimado a dar as razões de sua existência num mundo de **quantidade** (talvez mesmo de estatísticas). Isso, quando todo o escopo da vida do monge se situa em nível de **qualidade**. O monge procura aprofundar a clareza e a verdade de sua percepção interior a fim de se tornar, em Cristo, mais plenamente humano, bem como um homem "iluminado pela graça e pelos dons do Espírito Santo".

Entretanto, visto que as ações e os afazeres do monge são absolutamente comuns e mesmo triviais – consistindo em trabalho, meditação, oração, leitura, liturgia e serviço comunitário – descrever sua vida cotidiana é, aparentemente, nada absolutamente descrever. Eis por que uma inevitável tendência a dramatizar a vida monástica vem sendo acentuada. Ambiente e hábitos especiais: uma única conduta de vida comum, atitudes cerimoniosas, solenidade e obsequiosidade de praxe. Afinal, isto contribui para um apego ao feudal anacronismo, e o monge que pretende justificar-se baseado nestas máscaras, está apenas convencendo os outros de que ele é um objeto de museu. Mas, na realidade, o acréscimo cultural nada tem com o carisma da vocação monástica. Não posso, então, tentar justificar a existência do monge pelo trabalho que ele realiza, ou mesmo por sua oração pelo mundo.

Qual o meu ponto de partida em resposta a estas perguntas? Parto de onde estou, não do século XII, mas do século XX. Acontece que acabei de ler um interessantíssimo ensaio de Camus, "Le Desert". De um certo ponto de vista, Camus, nesse ensaio, é totalmente anticristão e absolutamente antimonástico. Mas, por mais estranho que seja, suas conclusões estão muito perto das conclusões monásticas. Tão perto, na verdade, que estou tentado escrever um estudo sobre elas, sob o ponto de vista monástico. Camus, que tinha tendência ao neoplatonismo e ao maniqueísmo, em seu estudo sobre Santo Agostinho baseado em Jean Grenier, da Universidade de Argélia, reagiu contra uma excessiva e dualística "espiritualidade" que glorificava "a alma" em detrimento do corpo e resultava em uma espécie de esquizofrenia religiosa. Camus, procurando afirmar o **homem total** em sua unidade orgânica, rejeitou qualquer concepção da alma e de sua imortalidade e, por conseguinte, o ensino cristão da redenção e salvação como ele o compreendia. Apesar disso, "O Deserto" mostra-o poderosamente impressionado pelo espírito cristão da primitiva pintura italiana, pelo exemplo da pobreza franciscana e também pela imagem do Cristo Ressuscitado, na rija austeridade e simplicidade, como foi visto por Piero della Francesca. Partindo daí, Camus desenvolve temas de ascetismo e de contemplação que estão muito próximos aos da mais pura tradição monástica. Pela pobreza e simplicidade adquire-se uma verdadeira apreciação do mundo. Por um despojamento interior de imagem e ideias elaboradas, pela libertação de sistemas es peculativos complicados, pode-se alcançar uma intuição direta da realidade na "pureza de coração". Camus usa esta expressão consagrada por Gregório de Nissa e Cassiano.

Em outras palavras, um monge, hoje, acha-se muito mais próximo de um Camus (que não era nem cristão nem monge) do que, por exemplo, de um Billy Graham, cristão muito sincero e muito ativo que se dedica inteiramente à "obra" e "missão" específicas, muito claramente definidas. Não estou, naturalmente, dizendo que concordo plenamente com tudo que Camus diz ou que desaprovo a fé de Billy Graham. Mas estou dizendo que compreendo perfeitamente por que Camus disse o que disse, por que é fácil para mim adaptar-me à sua posição: a de um homem que ama o mundo e, no entanto, ao mesmo tempo permanece fora dele com uma objetividade crítica que recusa envolver-se em seus costumes transitórios e em seus mais evidentes absurdos.

O mundo tem necessidade de homens que estejam livres de suas exigências, homens que não vivem alienados, escravizados sob qualquer forma.

A vocação monástica é tradicionalmente considerada como um carisma da liberdade pelo qual o monge não volta simplesmente as costas ao mundo, mas, ao contrário, torna-se livre, com a perfeita liberdade dos filhos de Deus, pelo fato de que, tendo seguido a Cristo no deserto e participado de suas tentações e sofrimentos, pode também segui-lo para onde quer que Ele vá. De qualquer maneira, seria um erro o monge envolver-se na organização de atividades absorventes, estranhas a sua vida, precisamente porque **o monge deve ser o homem na Igreja que não está comprometido mas é livre, goza da liberdade do nômade do deserto**. Evidentemente, esta descrição, um tanto poética, do monge ideal, deve ser rigorosamente confrontada com a vida institucional rígida que os cenobitas têm de levar hoje. Não há lugar aqui para discussões sobre a instituição monástica. O que pretendo dizer refere-se apenas ao carisma da vocação monástica em sua realidade mais profunda. O deserto do monge é seu mosteiro – e seu próprio coração. Entretanto, neste deserto, ele é livre para encontrar e amar o mundo inteiro.

1 Tem o monge tarefa específica no mundo? – A vida monástica é, em certo sentido, escandalosa. O monge é, precisamente, **um homem que não tem tarefa específica**. Ele é liberado das rotinas e servidões da atividade humana organizada a fim de **ser livre**. Livre para quê? Livre para ver, louvar, compreender, livre para amar. Este ideal, fácil de descrever, é muito mais difícil de realizar. Evidentemente, a vida de uma comunidade monástica tem, em realidade, muitas tarefas e mesmo certas rotinas organizadas, de modo que o monge, em seu próprio pequeno mundo, vive uma vida social semelhante a de todos. Esta vida social pode tornar-se complicada e superativa. E ele sofre as mesmas tentações de fuga, insensatez, má-fé e inquieta agitação. Mas a finalidade da vida monástica é habilitar um homem a enfrentar a realidade em toda a sua crua, desconcertante, possível monotonia e decepcionante factualidade, sem escusas, sem explanações inúteis e sem subterfúgios.

Pode-se objetar que, de fato, é exatamente o oposto que parece acontecer: a vida monástica pode bem ser uma evasão para a artificialidade, o mito, a ilusão. Não o posso negar: o que digo é que é inútil apresentar um argumento sobre monaquismo versus mundo, baseado na suposição de que a vida monástica é irreal e o mundo real, ou vice-versa. Toda vida social tende a ter em si mesma certa soma organizada de artificialidade e simulação. Toda vida social tem uma superestrutura feita de mito. O monge deve, neste ponto, ser mais prudente do que qualquer outro porque sua vida "no deserto" é uma vida na qual, pelo menos idealmente, todas as máscaras e dissimulações são arrancadas. Naturalmente, se não houver o espírito da vida "no deserto", não haverá, então, diferença entre o monge e qualquer outra pessoa. Mas o monge é chamado para "fora do mundo", no sentido de que é chamado a ser livre de suas ficções, mitos, racionalizações, exigências rotineiras, promessas decepcionantes e organizadas tiranias. Se o monge, simplesmente, substitui estes por outros mitos, rotinas e tiranias, ainda mais mesquinhos do que os do mundo, então é digno de piedade.

E é daí, precisamente, que decorrem as dificuldades: se, em vez da realidade existencial de um coração "despojado e solitário", o monge cultiva sua própria ideologia sistemática especial, e se ocupa com seus próprios mitos de preferência aos mitos do mundo, então está simplesmente perdendo seu tempo. É verdade que a tranquila cultura medieval da vida monástica como é, ainda hoje, organizada, oferece muitas vantagens sobre a vida caótica e apressada do mundo fora dos claustros monásticos. Mas, ainda uma vez, a vida monástica não deve ser justificada apenas pelo fato de perpetuar um diferente tipo de cultura, não importa quão nobre e válida que esta possa ser.

Uma das "tiranias" do "mundo" é, precisamente, sua exigência de que os homens expliquem e justifiquem suas vidas de acordo com padrões que podem não ser razoáveis ou nem mesmo humanos. O monge não está preocupado em justificar-se de acordo com estes padrões. Hoje o homem é intimado a provar seu valor pela demonstração de sua "eficácia". Num mundo assim, o monge pode simplesmente decidir ser melhor parecer inútil – talvez como um protesto contra o mito da eficácia ilusória. Como monge americano, sou forçado a ver, com vergonha e compaixão, até que ponto os mitos da "eficiência" e "praticabilidade" orientaram o poder americano no Vietnã. Às maquinarias de uma eficiência organizada que produzem apenas assassínios em massa, certamente prefiro a relativa "ineficiência" de minha vida monástica, que produz somente um pouco de leite, queijo, pão, música, pintura e, de vez em quando, um livro.

2 Que sentido pode ter um monge no mundo? – Deve o monge ser um sinal de liberdade, um sinal de verdade, uma testemunha daquela liberdade interior dos filhos de Deus com que Cristo veio enriquecer-nos. A "vida no deserto" deve ser um sinal de esperança para o homem esmagado e alienado pela insensatez e a injustiça de uma sociedade com esplêndidas esperanças mas também com problemas angustiantes. É verdade que os desafios e as promessas do mundo da tecnologia são, realmente, inspiradores; contudo, devemos encarar o fato de que, para muitos, essas promessas permanecerão em grande parte ilusórias. O monge aí está para mostrar que se pode ser perfeitamente feliz sem depender de nenhum sucesso ou empresa mundanos, sem satisfazer nenhuma ambição – ainda que sutil, eclesiástica ou, mesmo, apostólica. O monge, pela simplicidade, pobreza, desprendimento de sua despojada "vida de deserto" e solidão, ou por sua obediência na comunidade pobre, de trabalhadores, que é a família monástica – dá testemunho de que a felicidade do cristão **não depende** das promessas deste mundo. Podemos, certamente, concorrer, tanto quanto estiver ao nosso alcance, para melhorar nossa vida e a dos outros, mas não deve nossa esperança parar aí, e se encontrarmos dificuldades não devemos desesperar. Ainda que grande, o mundo moderno é também um mundo no qual há guerras, campos de concentração, lutas raciais, polícia, favelas, doenças e fome: e deve ser dito francamente que enquanto, com uma das mãos, a tecnologia combate estes males, com a outra um mau dirigido uso da tecnologia torna-os incomparavelmente piores do que antes. O monge – que pode, perfeitamente, utilizar a mais moderna tecnologia na sua fazenda monástica – mostra que se pode usar a tecnologia sem nela colocar toda a sua esperança e sem dela fazer depender a máxima felicidade. Em uma palavra, o monge ai está para auxiliar os homens a praticarem a liberdade do pobre de espírito no meio dos problemas e das bênçãos de um mundo material em pleno desenvolvimento. Ele o fará, não pela pregação, mas simplesmente pelo exemplo, encarnando em sua vida cotidiana o sentido total daquilo em que crê: o Evangelho de Cristo que lhe ensina a viver em dependência direta da bondade de Deus e a repartir esta bondade com seus irmãos, na vida de trabalho simples e honesto, de estudo e oração.

3 Que aspiração missionária tem um monge? – Como todo cristão, o monge tem em vista salvação e alegria para o mundo inteiro, "a restauração de tudo em Cristo": mas ele não tem em vista este resultado pela força e a sabedoria de sua pregação. Não organiza sua vida em vista de "operar conversões" quer direta ou indiretamente. Eu mesmo escrevi alguns livros e soube que algumas pessoas se converteram lendo alguns deles. Afirmo, solenemente, que jamais em minha vida fiz o mínimo esforço para converter alguém a alguma coisa. Tenho procurado apenas dizer a verdade como a vejo e dar testemunho de que a descobri vivendo no mundo do século XX; isso, tanto sem a luz de Cristo como com ela. Há uma diferença e eu a experimentei e sinto-me obrigado a dizê-lo. Apenas isso. Além do que, meus escritos têm tentado formular reflexões sobre outros aspectos de nosso mundo moderno e seus problemas, com a perspectiva peculiar que a vida "fora do mundo" dá a um observador monástico. Jamais afirmei que esta perspectiva era a única verdadeira, ou que eu tinha soluções mais acertadas que qualquer outro. Não penso ter implicitamente julgado outros ou afirmado que eu, como monge, soubesse mais do que eles. Sinto-me envolvido nos mesmos problemas, e preciso enfrentar os problemas do mundo com os outros homens, porque seus problemas são também meus problemas. Um homem que pensa que o fato de refugiar-se num mosteiro permite-lhe desinteressar-se dos problemas do mundo, está simplesmente iludindo a si próprio. Esta é, pelo menos, a minha opinião.

Por outro lado, certamente não penso ter uma "tarefa" de comentador social, ou pregador, ou pseudoprofeta, ou o que for. Minha tarefa é apenas ser o que sou, um homem à procura de Deus, no silêncio e na solidão, com profundo respeito pelas exigências e realidades de sua própria vocação e plenamente consciente de que também os outros procuram a verdade à sua moda.

4 Espera o monge alguma coisa do mundo? – Evidentemente, ele deve esperar; não pode iludir-se no sentido de que esteja completamente "fora do mundo", como se o mero fato de trazer um hábito monástico o colocasse em outro planeta. A noção de que o monge "odeia" o mundo é um mito devido, em parte, a certa retórica monástica, mas também agravado pela noção errônea de fábulas, tais como as que circulam sobre os monges.

A **vida de Rancé**, escrita por Chateaubriand, belíssimo trabalho de literatura, que Camus conheceu e admirou, infelizmente descreve o monge como alguém que odeia a vida e ama a morte. Infeliz e total erro de perspectiva. Mas este exagero está tenazmente arraigado à imagem monástica e o povo ainda tem a convicção de que um monge está interessado apenas em cavar sua própria sepultura – ou em imaginar (de maneira egoísta) as alegrias que terá no paraíso como recompensa por ter sido obstinadamente infeliz na terra. Ninguém que conheça realmente a vida monástica pode concordar com esta ideia inteiramente falsa.

Os monges são, de fato, muito humanos e sensíveis aos valores humanos, muito abertos às outras pessoas e capazes de amar e de se interessar por elas. Em 10 anos de experiência no cargo de mestre de noviços, vi como é considerável a mudança operada nesse sentido. Pode alguém vir ao mosteiro um tanto áspero, duro, na defensiva, intransigente, indelicado e, muito rapidamente, tornar-se simples, aberto, afável; uma pessoa feliz, em paz com todos e muito aberta às necessidades e dificuldades dos outros. Naturalmente, é verdade que alguns monges se fecham de maneira quase patológica; mas as pessoas no "mundo" fazem o mesmo.

A solidão ensina ao homem a reconhecer-se pobre e desprezível em si e por si. Mostra-lhe que, sem os outros, ele não pode dar sentido algum à sua vida ou realizá-la plenamente. Por outro lado, isto não significa deva o monge abandonar sua vida monástica a fim de pressurosamente interferir na vida de outros, dizendo-lhes como resolver todos os seus problemas. Sabe que tem de estar atento à sua própria vocação e não se intromete na vida alheia. Sabe, acima de tudo, que o Espírito Santo o porá em contato com as pessoas a quem deverá auxiliar, seja quais forem. Ele não força as situações para seguir suas próprias ideias e seu próprio gosto. Sabe que pregar e ensinar é tarefa de outros e que Deus os abençoará em seus trabalhos. Por suas orações, seu amor, seu ocasional diálogo, escrito ou falado, com algumas pessoas que entram em sua vida, ele mantém contato com o resto do mundo, participa de suas lutas para resolver seus graves problemas.

5 Por que o monge vive em reclusão? – Seria o mesmo que perguntar a um cientista por que trabalha num laboratório, ou a um marinheiro por que vive num navio ou a um pato por que nada na água. Por que vai alguém para seu quarto e se deita quando quer dormir? Por que não se deita no meio da rua? Um monge procura o silêncio e a solidão porque ali seu espírito e seu coração podem repousar, expandir-se e atingir uma nova perspectiva; ali também ele pode ouvir a palavra de Deus e meditá-la mais sossegadamente, sem tensão, sem violentar-se, sem ser levado por inúteis e abstratas especulações. O monge é, por definição, um homem que vive na reclusão, na solidão, no silêncio fora do barulho e da confusão de uma existência mundana atarefada. Ele faz isto porque a reclusão preenche certas condições necessárias à sua vida: liberdade interior, silêncio, libertação de triviais preocupações que brotam do exagerado estímulo dos apetites e da imaginação. O monge, finalmente, procura a solidão e o silêncio, admitimo-lo, porque sabe que o fruto real de sua vocação é a união com Deus no amor e na contemplação. Um dito apropriado dos muçulmanos vem a propósito aqui: "A galinha não põe ovos no mercado".

É, naturalmente, verdade que a vida contemplativa pode ser vivida fora de um mosteiro e que pode alguém estar intimamente unido a Deus e levar vida de considerável atividade. Entretanto, uma certa dimensão de solidão interior e de paz é necessária para esta íntima união com Deus. Contudo, devemos lembrar-nos que união com Deus não é questão de afastamento dos homens e experiências especiais, é muito mais; uma questão de amor, e o amor aos outros é necessário se queremos progredir, sem ilusão, no autêntico amor de Deus. Os dois amores são, de fato, um só e não há obstáculo entre os dois.

6 Cristãos no mundo – Isto conduz-nos à última pergunta. Viver uma vida monástica implicaria, necessariamente, que todos os que vivem fora de um mosteiro são imperfeitos ou cristãos insinceros? Muito ao contrário. Um cristão é, essencialmente, um seguidor de Cristo e há uma grande diversidade de graças e vocações na Igreja. O importante não é encontrar-se alguém num mosteiro ou no mundo, mas se vive ou não como verdadeiro discípulo de Cristo e no estado, ou trabalho, para o qual foi chamado por Ele.

A luta por uma existência melhor, no mundo, não é contrária à vida cristã, mas tudo depende da motivação que leva alguém a lutar por uma vida melhor. Se esta luta for, em realidade, apenas uma interesseira aspiração para adquirir mais dinheiro, mais poder, mais satisfação própria, então deve o cristão compreender que está esquecido de sua obrigação de viver para os outros e para Cristo. Mas se alguém se dedica, com todas as forças, a auxiliar os homens seus semelhantes a melhorar sua condição no mundo, é certo que encontrará então muitos desafios e terá de fazer opções muito importantes que orientarão sua vida, cada vez mais, para o amor de Cristo.

Ninguém pode viver frutuosamente em nosso mundo sem grande generosidade, honestidade e sacrifício. Esta lei se aplica quer no mosteiro quer fora dele.

PARTE II

Em favor do eremitismo

I
Solidão cristã

Os cristãos estão saindo de uma era de piedade individualista. A ênfase dada à vida fraternal em comum, dos que foram chamados à unidade em Cristo, é, de fato, uma libertação. Antes, havia a luta, de mentalidade estreita, de autopreocupação demasiadamente eivada de narcisismo, na busca da "perfeição". Uma busca individualista de "contemplação" resultou muitas vezes, de fato, em imaginosa regressão ao tépido bojo dos sentimentos mais insondáveis. A reação contra o individualismo, portanto, não somente reavivou o senso cristão de solidariedade no amor, no trabalho e na responsabilidade, mas motivou nova percepção quanto ao sentido da *pessoa*. Isto, por sua vez, significou nova acuidade frente à seriedade da *solidão*, não apenas como uma expressão da situação existencial precária do homem, mas como um valor cristão, um desafio e, mesmo, uma vocação.

A vida cristã deve ser vista numa perspectiva de dialética. Não apenas como esforço comum do qual a solidão é banida, nem tampouco como uma solitária peregrinação, carente de solidariedade fraterna. Mas a vida cristã deve ser considerada pelo que é, o crescimento em uma "Pessoa Mística", em um Cristo. Nele, a solidão e a independência da pessoa se desenvolvem juntamente com a sua capacidade de amar e engajar-se. Os estudiosos ressaltaram, ao mesmo tempo, a importância do tema da solidão, da peregrinação no deserto descrito na Bíblia e em toda a história do pensamento teológico[1].

Assim, na Igreja Católica, atualmente, na liturgia e na teologia, enquanto estamos redescobrindo o sentido da unidade como o Povo de Deus, estamos também percebendo que somos uma comunidade peregrina atravessando o deserto e a solidão, sob a orientação de Deus, e que alguns membros do Povo Santo terão forçosamente uma percepção especial dessa solidão e do aspecto de exílio da vida cristã. Se não estivermos plenamente conscientes da seriedade da solidão, do isolamento e da angústia da pessoa carente de amor, nossos protestos de alegria, de esperança e de fervor comunitário, provavelmente não terão ressonância aos ouvidos dos que conhecem o absurdo de um otimismo superficial.

Esta preocupação com a pessoa e sua solidão nada tem de novo. Os existencialistas cristãos muito têm tido a dizer sobre isso. Conquanto não esteja, agora, tanto na moda como na década dos anos de 1950, suas reflexões sobre o homem e a sociedade de massa nada perderam de sua característica. O fator alienação permanece um dos índices da problemática situação social e psicológica. Sabemos que vivemos numa sociedade necessitada de ter grandes grupos de seus membros alienados e precisa, também, de favelas onde possa depositar os que, por uma ou outra razão, não têm possibilidade de enfrentar a competição dos que vivem de maneira abastada. Uma das funções das favelas é isolar o marginal, não apenas do

---

1. Uma vez que este ensaio foi publicado primeiramente pela Universidade de Harvard, o autor referiu-se ao importante estudo de G.H. Williams *Wilderness and Paradise in Christian Thought*, onde se constata como o ideal da solidão exerceu influência decisiva sobre os fundadores do Harvard College.

restante da sociedade, mas dos demais marginalizados que o cercam. A favela é, no mundo contemporâneo, o equivalente da solidão do deserto. Daí a razão de ser das novas famílias, quase monásticas, dos irmãozinhos e das irmãzinhas de Jesus[2] que surgiram no Saara e vivem nos bairros mais miseráveis de Paris ou de Detroit e nas *poblaciones* da América do Sul. A favela é atualmente o lugar onde mora a mais total solidão do homem, risco e desamparo: é um verdadeiro deserto. Entretanto, está maciçamente superpovoada – trágica solidão que nada tem de natural.

Enquanto houver ainda solidões – bosques, montanhas, ilhas – o carisma do monaquismo há de continuar propondo a algumas pessoas a ali viverem em solitude, por uma razão ou outra.

A vida monástica é, por definição, solitária. É verdade que sua forma é, nos tempos modernos, comunitária. Mesmo assim, o mosteiro é sempre uma espécie de comunidade na solidão – como foi a de Qumran. Há sempre um elemento de perigosa ambiguidade nas teorias monásticas que louvam e exaltam a vida comunitária do mosteiro como se fora o modelo ideal para a comunidade cristã. A base da comunidade humana e cristã é o ma-

---

2. Fundadas depois da Segunda Guerra Mundial de 1939-1945 (baseadas na inspiração do (Padre) Visconde Carlos de Foucauld, oficial do exército francês, convertido à vida monástica e solitária no deserto do Saara) pelo Padre René Voillaume. Existem algumas Fraternidades no Brasil, sobretudo de irmãzinhas, nas favelas do Rio, São Paulo etc. e inúmeras outras nos mais variados ambientes marginalizados do mundo inteiro. Cf. *Au Coeur des Masses* por R. Voillaume. (Existe em tradução no Brasil, Rio: Agir); • "Nos caminhos dos homens" (Cartas às Fraternidades). Rio: Agir, 1967; • "A vida religiosa no mundo de hoje". São Paulo: Paulinas, 1973; • "Com Cristo Jesus". São Paulo: Paulinas, 1972; • "A vida contemplativa hoje". São Paulo: Paulinas, 1922. Todos da autoria do Padre Voillaume. Cf. também os escritos do Irmão Carlos (Pe. de Foucauld) [N.T.].

trimônio. E as comunidades de celibatários são algo que ultrapassa o normal. Todos estamos bem cientes do mal que foi feito ao se tentar impor um estilo de vida monástico ao cristão leigo. O monge originariamente era um *leigo* (os sacerdotes formavam uma exceção) que vivia só, no deserto, fora dos quadros de qualquer instituição – mesmo da instituição cristã e eclesial. O estado de vida desse monge era, conscientemente, *anormal*. Era, portanto, um estado de penitência e de luto. A solidão do monge possuía uma qualidade profética e misteriosa, algo quase da natureza de um sinal sacramental, pois tratava-se de um caminho particular carismático de participação na morte e na Ressurreição de Cristo.

Haverá maior solidão do que na morte? Enfrentar o vazio, o vácuo, a aparente desesperança deste deserto e ali encontrar o milagre de uma nova vida em Cristo, a alegria da esperança escatológica realizada, desde já, plenamente no mistério – nisto consistia a vocação monástica.

Por isso é que se exigiam *verdadeira* solidão, verdadeiras condições de esvaziamento e despojamento. Não bastava apenas uma intenção de vida em solidão.

Kierkegaard ilustrava como é possível os "valores cristãos" se tornarem muito abstratos, contando a estória do homem que declarou dirigir-se ao Polo Norte e foi simplesmente dar um passeio ao redor da quadra em que morava. Algo da falta de tranquilidade no monaquismo contemporâneo deve-se ao fato de terem os valores monásticos degenerado com demasiada frequência em tais passeios ao redor da quadra. Especialmente a solidão. O mosteiro, hoje em dia, tem tendência a assemelhar-se ao vaivém atarefado de uma cidade onde todos estão em febril atividade. A vida ali pode tornar-se tão organizada, barulhenta e enervante quanto em qualquer outro lugar. Contanto que se permaneça dentro dos muros, se observe a regra do silêncio razoavelmente bem e se procure ter certo "recolhimento", espera-se que o monge diga a si mesmo que ele está "só", quando, de fato, ele se está acotovelando num pequeno mundo de gente agitada. Evidentemente, em tais circunstâncias, muitos hão de sentir-se mais honestos e sinceros se, abandonando o que é apenas aparência, resolverem falar uns com os outros e conviver como um autêntico grupo. Essa é uma das orientações que estão sendo seguidas pela renovação monástica atualmente. Mas a não ser que seja equilibrada por oportunidades para solidão física, resultará apenas numa vida monástica transformada em algo de sempre mais atarefado e inutilmente agitado. (Nota: Declarações como esta implicam muito do que o leitor pode ou não aceitar como natural. Em todas as formas de vida comunitária temos tendência a multiplicar as atividades *inúteis* – obsessões que consomem tempo que, por razões psicológicas, somos incapazes de abandonar. Pascal observou este fato muito bem e o descreveu como a necessidade insaciável que o homem tem de fugir de si próprio lançando-se ao incessante movimento, a diversão. "Daí vem o gosto do homem pelo ruído e a movimentação... daí vem que o prazer da solidão é algo tão incompreensível").

Assim, atualmente nas Ordens monásticas, providencia-se para que seja permitido aos monges viverem em solidão temporariamente ou, mesmo, de maneira permanente. Isso significa terem diversos mosteiros, atualmente, monges vivendo nos bosques perto do mosteiro como eremitas. Tais experiências existem em mosteiros cistercienses nos estados de Kentucky, Carolina do Sul e Utah – bem como no mosteiro beneditino da primitiva observância, recentemente fundado em Abiquiu, no Novo México. Além disso, existe uma colônia de eremitas fundada há pouco, na Colúmbia Britânica (Canadá), por Dom Jacques Winandy, um abade beneditino que renunciou ao cargo em Clervaux no Luxemburgo e reuniu monges beneditinos e cistercienses.

Assim foi aberto um lugar para a solidão cristã eremítica na instituição monástica. Trata-se, é claro, de um desenvolvimento que chega em muito boa hora. Por outro lado, ainda que auspiciosa, a situação não deixa de ter suas ambiguidades que não devem ser ignoradas. Entretanto, é muito difícil torná-las claras. Toda a problemática do eremitismo tem sido deliberadamente mantida fora das cogitações – e suas dificuldades e possibilidades ainda não foram seriamente estudadas. Há sempre o perigo de que tacitamente se espere, dos que no momento fazem experiências, deem provas de que sejam perfeitos modelos da vida eremítica: "Muito bem, quiseram isto, então é de se presumir que saibam plenamente do que se trata. Esperamos que o demonstrem!" Mas demonstrar o quê? Modelos de quê? Esta expectativa pode estar carregada de exigências tácitas que não podem, nem devem ser satisfeitas. Por exemplo, deverá o moderno eremita dar provas de que é uma réplica de algum Pai do deserto egípcio, ou sírio, do século IV? Bem, não é o caso. Em primeiro lugar, as narrativas sobre os Pais do deserto entram numa categoria literária especial com forma própria que admite e, de fato, requer um elemento que supõe um elemento generoso em matéria de distorção – algo de aparentemente inumano que, num exame mais profundo, revela estar compensado por outras distorções em sentido oposto. Este equilíbrio nas distorções é típico das *apophthegmata* e dos *fioretti*. A primeira função de um moderno eremitério pareceria ser exatamente oposto; deveria ser um *relax*, uma cura que fizesse desaparecer as distorções e o que há de inumano em nós.

Enquanto os monges do século IV estavam decididos a demonstrar o caráter carismático de sua solidão provando ser algo além da capacidade humana, a situação atual é o reverso. Toda a vida do homem acha-se agora forçada a limites extremos. Ela o pressiona quase até seus limites biológicos e psicológicos. Daí ser a missão do solitário primeiramente a plena recuperação da capacidade humana e natural do homem. Não quer isso dizer que o solitário apenas acene aos homens chamando-os a um impossível Éden.

O que o solitário faz é lembrar aos homens o que lhes pode ser de utilidade se conseguirem desembaraçar-se da teia dos mitos e fixações que uma sociedade altamente artificial lhes impôs.

O eremita existe, hoje, para perceber e experimentar em si próprio os valores comuns de uma vida vivida com um mínimo de artificialidade. Uma vida assim há de aparecer, desde o início, artificial por ser completamente diversa da vida de outras pessoas. O eremita será acusado de ser entre todos o mais complicado, simplesmente porque não se deixa levar pela corrente, boiando na imensa maré de artificialidade como os demais. E, é claro, se o eremita estiver demasiadamente consciente de visar um propósito revolucionário, se tenta colocar-se no palco como sendo totalmente diferente dos outros, poderá bem ser ele nada mais do que um excêntrico. Isso seria uma infelicidade – mas não é inevitável. De qualquer maneira, o solitário cristão deve evitar toda a aparelhagem e toda a encenação de um eremitismo teatral: o capuz, a roupagem, o séquito de devotados passarinhos e esquilos (contudo estes estarão na vizinhança, é certo), a dieta de pão e água, a pedra por travesseiro, o rosário tecido de cordas, o leito de ramos secos. Tudo isso é afetação e, convém reconhecê-lo de início, a própria classificação de "eremita" tem seus perigos.

A vida cristã solitária deve, hoje, dar testemunho de que certas exigências básicas em relação à solitude e à paz são realmente verdadeiras. Assim há de restaurar a confiança dos homens, primeiro em sua própria humanidade e, além disso, na graça de Deus.

O eremita monástico tem, como primeiro dever, viver de maneira feliz e sem afetação em sua solitude. Deve-o, não apenas a si próprio, mas também à comunidade monástica, pois chegam mesmo a proporcionar-lhe a chance de fazer esta experiência. De fato, este é um dos aspectos especificamente cristãos e comunitários da experiência. O eremita monástico compreende que deve sua solidão à sua comunidade e isso de várias maneiras. Em primeiro lugar, a comunidade a concedeu a ele num ato de confiança e de amor. Depois, a comunidade o ajuda a permanecer ali, por suas orações e pelo auxílio material. Finalmente, o eremita "deve sua vida solitária" à comunidade, no sentido de que esta vida de solidão com sua oração e percepção em profundidade é a contribuição dele à comunidade, algo que ele devolve à sua "Igreja monástica" em troca do que lhe foi dado.

Isto é muito importante, pois desta maneira a solidão monástica mantém seu caráter plenamente comunitário e cristão. Assim, não é a solidão do monge apenas uma fuga das tarefas e limitações da coletividade.

Viver de maneira feliz e sem afetação na vida solitária. Essa é a principal obrigação do eremita monástico, pois, como dissemos acima, pode ele restaurar em outros a fé em certas possibilidades latentes da natureza e da graça. De modo mais especial pode, hoje, restaurar a fé dos monges numa das exigências mais fundamentais da própria vocação monástica. Se o monge é capaz de assumir literalmente a promessa implícita em sua vocação e descobrir que, vivendo inteiramente só, encontra os valores que veio procurar ao ingressar no mosteiro, há de afirmar, então, por sua vida, a verdade de que estes valores aí estão e são reais. Não seria de modo algum realista, é claro, imaginar que esses valores só podem ser encontrados na pura solidão ou sobretudo ali. Quem não foi capaz de encontrá-los no início de sua vida na comunidade provavelmente jamais os haverá de encontrar na solidão.

Falando com maior precisão, diremos ser a vida monástica, como qualquer outra, um apelo a uma vida de crescimento sempre mais orgânico. Um dos problemas apresentados numa vida monástica estritamente institucional, em que tudo está organizado num único padrão para todos, é que o crescimento pode ser frustrado.

Se depois de quinze ou vinte anos da vida em comum, permite-se a um monge retirar-se a uma ermida, ele tem a liberdade de criar um padrão novo, pessoal, que preencherá suas necessidades próprias de crescimento. Não está mais à mercê de um padrão elaborado para outro. No monaquismo grego isto foi sempre considerado normal. A concessão do "Grande Hábito" depois de longos anos colocava o monge maduro numa vida plenamente contemplativa, quando para tanto estava bem preparado. Não se presumia que o monge se tornaria contemplativo ao ingressar no mosteiro.

O homem está sempre frente a frente com os espectros do tédio, da inutilidade e da loucura. Uma sadia e bem organizada vida social o torna capaz de relacionar-se positivamente com esses espectros por meio de um trabalho fecundo, do amor e do crescimento pessoal. Quem ama sua vida comum e simples porque seu trabalho tem sentido e seu relacionamento com os que o cercam é alegre, aberto e generoso, jamais sofrerá de tédio. Um sistema social que não é sadio exacerba o medo do homem frente ao tédio e, ao mesmo tempo, o explora. O norte-americano vive no terror do tédio e da não realização porque é constantemente lembrado da iminência deste perigo. E isso, para ser induzido a empreender algo que o exorcize do perigo durante a meia hora seguinte. E o pavor surgirá de novo e ele terá de comprar outra mercadoria, ou apertar um botão, abrir uma garrafa, engolir mais uma pílula ou aplicar uma injeção para evitar a "fossa".

Na vida monástica estas fugas não existem. Não são necessárias. Contudo, em tempo de crise e de mudança há muita preocupação em tornar a vida monástica mais interessante, mais compensadora. Pretende-se obter essa melhora revendo os padrões, vivificando as observâncias, diminuindo as tensões. Tudo isso, evidentemente, é necessário. Infelizmente, no entanto, tende a se transformar na mesma e agitada fuga diante do tédio que, em toda parte, o torna ainda mais inevitável. A dificuldade está na suposição de que deva existir algum tipo de máquina social que, uma vez descoberta e posta em movimento, há de remover os problemas de todos. O angustioso esforço de construir essa máquina e pô-la em movimento faz com que todos se tornem frenéticos.

Na realidade, tal dispositivo não existe. A sociedade pode apenas remover obstáculos ou torná-los negociáveis. Resta à pessoa utilizar as oportunidades que lhe são, assim, oferecidas e viver sua vida de maneira feliz e fecunda – auxiliando outros a fazer o mesmo.

O eremita é, ou deve ser, feliz sem possuir um modo de produzir felicidade que solucione seus problemas. Ele olha o tédio de frente *sem outros recursos do que os que tem em si*, isto é, suas próprias capacidades e a graça de Deus. Faz funcionar esses recursos e descobre que sua vida desconhece o tédio. Renunciando à preocupação de procurar como e onde divertir-se, percebe que viver é ser feliz, uma vez que sabe o que seja *viver* na simplicidade.

A ermida oferece, então, ao monge algo de que uma pessoa madura necessita: a chance para explorar terreno desconhecido, arriscar-se, abandonar-se sagazmente a possibilidade nunca ainda experimentada. Este é um dos aspectos mais importantes da temática do deserto, na Bíblia e na História do Povo de Deus. Afinal, foi no deserto e na incerteza, no risco do Sinai que o Povo de Deus adquiriu sua identidade, a plena consciência da aliança como tipo de relacionamento com Javé, mais tarde descrito pelos profetas como "esponsais".

O solitário cristão na sua vida de oração e de silêncio explora as profundezas existenciais e as possibilidades de sua própria vida, penetrando no mistério da oração e da tentação de Cristo no deserto, das noites solitárias de Jesus na montanha, da agonia do Senhor, de sua transfiguração e ascensão. Este é um modo dramático de dizer que o cristão solitário permanece sozinho com Deus para enfrentar a luta de saber quem, na realidade, ele é e para libertar-se da impersonização (se é que a tinha) que o acompanhou ao ermo. Recebe então, de Deus, seu "nome novo". Isto é, sua misteriosa identidade em Cristo e na sua Igreja. A principal e grande vantagem do ermo é não poder alguém – pelo menos de modo sadio – representar ali um papel. Se consegue desafiar a realidade e perseverar numa "representação" fictícia, o resultado será um desastre. Ao mesmo tempo, não é muito fácil ser perfeitamente honesto em relação a si próprio, e a solidão nos revela esta verdade. O ermo bem pode fomentar uma nova loucura antes desconhecida. Mas parece que o ermo não é um quadro satisfatório a uma loucura planejada, total. Para ser realmente louco precisa-se de outras pessoas. Quando se está só fica-se cansado da própria maluquice. É por demais exaustivo. Não quadra bem com a eminente sanidade das árvores, dos passarinhos, da água, do céu. O que é preciso é calar-se, empenhar-se por viver. O silêncio do ermo força a uma decisão que as tensões e artificialidades da sociedade podem auxiliar a evitar para sempre. Queremos ser nós mesmos? Insistimos em combater as imagens de outras pessoas? Será preciso continuarmos a viver como apêndice simbólico para alguém que desejamos ou odiamos? Vamos manter-nos sobre nossos próprios pés, livres, diante de Deus e do mundo, assumindo plenamente a responsabilidade de nossa vida?

É claro que essa decisão deve ser possível em toda parte. O amor a torna possível e imperativa na vida social. Para alguns, o matrimônio a leva a ser definitiva – ou deveria sê-lo. Eu diria que, para alguns outros, a proposta de vida solitária, aceita e realizada na alegria, é a única verdadeira garantia de um definitivo renascimento. Se respondem a esta proposta, se chegam a nascer de novo, se se tornam felizes, contentando-se simplesmente em ser o que são, sem impor-se nem seus idiotismos a mais ninguém, prestarão um insigne serviço ao restante da humanidade.

Estendendo à humanidade inteira o que eu disse há pouco sobre a comunidade monástica, o solitário que consegue viver feliz porque sabe que finalmente renasceu ou que, em breve, há de renascer, renova nos demais homens alguma elementar esperança de que esta necessidade básica não é ilusão e pode ser realizada. O exemplo desta plenitude, realizada na solidão, não deve, é claro, implicar uma afirmação de que a vida solitária seja o único caminho. Mas o exemplo do solitário tem uma utilidade especial. A graça da solidão é uma graça de independência. É uma libertação diante de certas exigências exorbitantes da sociedade e das instituições. A sociedade tem um modo de estender e aumentar suas exigências até se arrogar completo domínio sobre todos e sobre tudo. Diz-lhe, com efeito, "você tem não somente a necessidade do amor de outros, mas precisa estar inteiramente escravizado e dominado por outras pessoas. Você precisa não só estar em relação com outros, precisa ser engolido pelos outros".

Uma das coisas mais erradas do legalismo exagerado e do excesso de institucionalismo na Igreja Católica hoje é essa tentativa de dominar os cristãos pelo medo – é a implicação de que, se não se submeterem ao total supercontrole, deixarão de existir como verdadeiros seres humanos e membros de Cristo. Isto é tão manifestamente falso que alguns católicos são literalmente empurrados para fora da Igreja visível porque não podem, em consciência, satisfazer as exigências exorbitantes que estupidamente lhes são impostas à força por autoridades incompetentes. A pessoa que pode viver de maneira feliz sem ter necessidade de aconchegar-se a cada momento junto de alguém, de alguma instituição ou de algum vício, aí está como promessa de libertação para os demais homens. Esta é talvez uma das razões por que a presença do solitário é tão amargamente ressentida, especialmente por um certo tipo de cristão para quem a Igreja é apenas instituição e seio protetor.

Qual é o padrão de vida solitária nesse quadro monástico? O eremita monástico está ligado à Regra de São Bento e a seus votos de vida monástica. Permanece unido a seu abade pela obediência, mantém seu *status* na comunidade e vive conforme um regulamento que é, de modo geral, o dos outros monges, todavia bem flexível. Na Abadia de Getsêmani os eremitas (existem dois) têm o despertar da manhã e o repouso da noite à mesma hora que a comunidade. Ambos são sacerdotes, ambos celebram a Missa numa pequena capela no Mosteiro. Esses dois eremitas vivem em suas habitações distantes uns dois quilômetros, no meio dos bosques. Um deles ainda reza o ofício litúrgico em latim conforme o antigo breviário, o outro utiliza a língua inglesa. Ambos trabalham manualmente durante certo tempo do dia, cuidam da conservação da ermida e procuram resolver o problema do seu próprio sustento. Um dos eremitas é mais inclinado ao trabalho intelectual. Interessa-se também pelo ioga e pelo zen. A recreação consiste em passeios solitários, a pé, nos bosques e em observar as nevascas no observatório de Thoreau. Alguns contatos com o mundo exterior são mantidos. A vida eremita não exige necessariamente um isolamento total. Também aqui deve haver flexibilidade e opção individual. Poderá haver motivos válidos para correspondência dentro dos limites do razoável, para algumas visitas e conversas. É claro, entretanto, que em tudo isso haverá critério e bom-senso sem o que a solidão poderia, ainda uma vez, ser reduzida a mera abstração.

Como têm as pessoas reagido a essa experiência?

Em primeiro lugar, tornou-se assunto obrigatório de curiosidade e tagarelice. Isto é compreensível, porém mais ou menos irrelevante. Indica uma certa base de aceitação sem que se entenda bem do que se trata. Os eletricistas que vieram instalar a eletricidade numa das ermidas chegaram sem demora à conclusão de que se tratava de "paz e tranquilidade". Nos catálogos do *Rural Eletric Cooperative*, a ermida é indicada como uma "cabana de caça" (*lodge*) e há certa tendência a supor que os eremitas vivem da caça de coelhos e outros animais, o que de fato não acontece.

Alguns ministros protestantes da região e professores do Seminário Batista Sulista em Louisville, que anteriormente costumavam dialogar com um dos monges agora eremita, consideram o fato como uma retirada lamentável e não se têm mostrado dispostos a compreender a situação. Eles, evidentemente, admitem o direito que o referido monge tem de seguir o que lhe impõe sua própria consciência dessa maneira pouco compreensível.

Por outro lado, pessoas da Índia, do Japão, da África do Norte (hindus, budistas e muçulmanos) entenderam perfeitamente o ideal eremítico e aprovaram sem a mínima dificuldade. Acham que é um desenvolvimento natural, óbvio, do viver monástico.

O mais importante é, sem dúvida, a reação da própria comunidade monástica. Os eremitas são plenamente aceitos e todos parecem felizes em relação a eles. Um dos argumentos obrigatórios contra os eremitas, ventilado antes da experiência, foi que se se permitisse a um ou dois viver em meio aos bosques, haveria uma corrida desenfreada em direção à solidão. "Todos estarão à procura de um eremitério". Ora, não tem sido esse o caso. É evidente que a maior parte dos membros da comunidade não deseja viver em solidão de maneira permanente. Outros, ainda jovens na vida monástica, mostram-se satisfeitos em esperar sua vez. Enquanto isso, haverá mais oportunidade para um período temporário em solidão e poder-se-á construir uma ermida na qual será facultado aos monges a possibilidade de ali passar um dia ou dois, de tempos em tempos, quando o desejarem. Parece ser isso suficiente em matéria de solidão quanto às necessidades dos monges em geral. A verdadeira vocação deles é viver na comunidade monástica.

O relacionamento entre eremitas e comunidades é muito cordial e amistoso. Mas isso, evidentemente, não é coisa automática. É uma questão de verdadeira caridade de ambos os lados. Em outras palavras, o eremita não desaparece esvanecendo-se num vácuo. Ele se situa num novo e especial tipo de relacionamento com a comunidade. Esse relacionamento tem mútuas obrigações, óbvias e bem definidas, que precisam ser entendidas e observadas com especial bom-senso e, ao mesmo tempo, amor. O futuro da experiência eremítica em alguns mosteiros poderia ser facilmente prejudicado por falhas nesse setor. Repito, mais uma vez, o eremita não deve ser um excêntrico cujas exigências, tão estranhas, o tornem um estorvo para a comunidade. A graça de uma vida solitária num ambiente monástico implica certamente, da parte do eremita bem como da parte da comunidade, o desejo de que cada um respeite o modo de viver do outro sem ingerência nos negócios alheios. É isso que, felizmente, está sendo realizado na Abadia de Getsêmani. O espírito de mútua compreensão, tolerância e afeto é bem marcante.

Os eremitas continuam a contribuir para a vida da comunidade de um modo ou de outro. Um deles, por exemplo, faz semanalmente uma conferência aos que se mostram interessados (um terço da comunidade, mais ou menos). Aos domingos e dias festivos os eremitas concelebram na missa conventual. E os cenobitas se têm mostrado muito compreensivos permanecendo a distância das ermidas, respeitando a solidão dos eremitas.

Resumindo: em Getsêmani, enquanto os eremitas parecem estar tranquilos e felizes, a comunidade sentir--se-á feliz com eles. E se os eremitas começarem a ser exigentes, excêntricos, maníacos, ou se imaginarem governar a comunidade enquanto vivem nas suas ermidas, este proceder não será bem recebido. A obrigação elementar do eremita é renunciar a todas as exigências arbitrárias sobre outras pessoas. A capacidade que o eremita tem de viver em solidão é seu dom à comunidade e seu testemunho da graça de Cristo em sua vida. É simplesmente assim e é nessa base que ele é aceito pela comunidade.

Provavelmente persistirão algumas dúvidas sobre o egocentrismo do eremita. Dirão alguns: "Claro! Por que não seria o eremita feliz? Vive sua vidinha em seu pequeno mundo! Está satisfeito, pois é o único possuidor de um universo do qual ele é o centro". O que há de mais incrível neste pronunciamento é poder aceitá-lo como fórmula viável de felicidade. Só há uma resposta possível, que é a seguinte: "Se você pensa poder ser feliz vivendo dessa maneira, por que não tenta fazê-lo?" O fato é que se trata simplesmente de um mito. O homem não é feito de maneira a conseguir viver feliz sem amor. Se a vida do homem é centrada sobre ele próprio, poderá, sem dúvida, ele agir. Mas para poder fazê-lo, sua existência necessariamente se torna complicada por toda a engrenagem utilizada para impor aos outros sua vontade. Não se pode viver uma vida egocêntrica com *simplicidade*. Isso é pura ilusão – ainda que um apenas esteja se iludindo a si próprio. Suponhamos que alguém viva de fato egocentricamente na solidão: poderá conseguir talvez manter a situação, não será entretanto feliz. O descontentamento deste gênero de vida há de estender-se e, evidentemente, atingir outros de algum modo. O egocêntrico será mesquinho e desagradável para com os demais; projetará sobre eles suas obsessões e conflitos internos. Projetará o ódio que tem de si mesmo sobre eles. O desamor não consegue permanecer oculto porque uma vida de desamor é essencialmente infeliz, frustrada e destruidora.

A vida solitária, portanto, não é uma solidão se, por solidão, se deseja indicar um estado de desamor e alienação. A vida cristã de solidão é antes de mais nada vida de amor, vida de um amor *especial*. E o amor nunca é coisa abstrata. Está centrado no concreto, no bem existencial, num valor que é percebido e experimentado como brotando diretamente da base e da fonte de todo bem – o amor de Deus pelo homem, em Cristo. A vida solitária do eremita cristão não é simplesmente uma vida em que se pensa no bem, é resposta total a esse bem. É uma completa entrega ao bem, baseada na consciência pessoal e existencial de que se é chamado à solidão por um ato especial do amor misericordioso de Deus. É um modo de dizer: "Conheci e experimentei a bondade de Deus para comigo, em Cristo, de maneira tal, que não tenho outra alternativa senão esta resposta total, esse dom de mim mesmo a uma vida a sós com Deus no ermo. E este testemunho é, ao mesmo tempo, o mais puro ato de amor para com os outros homens. É meu dom a eles, minha contribuição para a alegria deles pela Boa-nova de Jesus Cristo no meio de nós".

O solitário cristão dá, por sua solidão, testemunho de sua fé. Sem a fé esse gênero de vida não poderia ter o menor sentido. É pela fé, diz o autor da carta aos Hebreus, que as testemunhas da fé na revelação de Deus no judaísmo arriscaram suas vidas e sobreviveram quando vagueavam pelos desertos vestidos com peles de carneiros e de ovelhas (Hb 11,37-38). É pela fé que o solitário sabe ser amado por Deus e, por Ele, convidado à solidão. Se não é possível ao solitário cristão apresentar sempre uma motivação inteiramente satisfatória de sua fé a outros, isso não importa. O que importa é a vivacidade da fé daquele que vive em solidão, o fogo que queima em seu coração.

Certamente, o fato da transferência para a ermida não transforma imediatamente o solitário em santo.

A solidão cristã é essencialmente uma expressão do mistério da Igreja, mesmo quando, de algum modo, implica certa liberdade frente às estruturas tradicionais. No caso do eremitismo monástico entretanto a vida solitária mantém uma forma institucional definida e aprovada. O eremita permanece dentro dos quadros da comunidade monástica e da obediência – enquanto, ao mesmo tempo, vive vida solitária e de liberdade "no Espírito". A liberdade do eremita não é uma liberdade fora da Igreja mas sempre uma liberdade na Igreja e uma contribuição ao patrimônio carismático da Igreja.

II
A cela

Certo irmão interrogou um dos anciãos dizendo: "Que devo fazer, Pai, pois não realizo nenhuma das obras de um monge? Aqui estou em estado de torpor comendo, bebendo e dormindo; tenho maus pensamentos e muita tribulação, sustento dura luta de um pensamento para outro". Disse-lhe então o velho monge: "Permanece simplesmente em tua cela e aguenta tudo isso da melhor maneira de que és capaz sem que nada te perturbe. Eu gostaria de pensar que o pouco de que és capaz não é, entretanto, dessemelhante das grandes realizações alcançadas pelo abade Antão na montanha – e creio que se permaneceres sentado em tua cela, por amor ao nome de Deus, e continuares a procurar conhecê-lo, tu também te encontrarás na mesma situação do abade Antão"[1].

Esta variante de uma clássica sentença dos Pais do deserto enfatiza o ponto capital para que o solitário seja solitário: "permanecer sentado em sua cela", pois a cela há de "ensinar-lhe tudo". Tudo o mais é secundário. A pouca e relativa importância de todas as outras práticas é sugerida por esta sentença hiperbólica e, de certo modo, exorbitante. Não devemos interpretá-la como significando desprezo pelo ascetismo. Mas o jejum, as vigílias e o mais são considerados em seu exato relacionamento com a solitude e a oração.

---

1. Um *apoftegma* publicado por NAU. "Histoire des Solitaires Egyptiens". In: *Revue Orient Chrétien*, 13 (1908), 278.
É interessante notar que, no zen-budismo, a ascese da "meditação" ensina esta imobilidade tranquilizante *(zazen)* [N.T.].

A correta ordem das coisas na vida solitária é a seguinte: tudo está centrado na união com Deus na oração e na solitude. Portanto, a mais importante "prática ascética" é a própria solidão e o "permanecer sentado", a sós, no silêncio da cela. Esta paciente sujeição à solidão do coração, à solidão psicológica (*loneliness*), ao vazio, ao "exílio" em relação ao mundo onde vivem as outras pessoas, numa confrontação direta com o mistério de Deus dá, por assim dizer, o tom a todos os demais atos do solitário. Sem esta aceitação clara e definida da solidão em suas mais despojadas exigências, as outras práticas podem ter mau êxito ou obscurecer a verdadeira meta da vida em solitude. Podem tornar-se uma fuga da solidão. Uma vez plenamente aceita a solidão, as demais práticas – jejum, trabalho, vigílias, salmodia etc. – gradualmente encontram o lugar que lhes cabe, pois sua necessidade e eficácia são corretamente entendidas em relação ao ideal total da "permanência na cela". Assim, o ascetismo, que no início parecia difícil, ou mesmo impossível, torna-se gradualmente mais fácil e até bem-vindo. De fato, cada pessoa tem sua medida própria e o "sentar-se na cela", entregando-se à oração e à busca de Deus, fará com que cada um, se for paciente e aceitar certa dose de tribulação e de erros no início, descubra por fim a medida de disciplina que lhe é requerida. Os Pais do deserto mostravam-se bastante flexíveis nesse particular – embora, em princípio, o ascetismo deles fosse muito severo.

"Sentar-se na cela" e "aprender da cela" significa evidentemente, antes de mais nada, aprender *que não se é monge*. Por isso é que o ancião não levou muito a sério as declarações do jovem discípulo. Elas lhe mostraram, de fato, que o discípulo estava começando a aprender e que, em realidade, abria-se fecundos ensinamentos da solidão. Mas na mente do discípulo essa experiência foi tão desanimadora e causa de perturbação que só pôde interpretá-la de um modo: como um sinal de que não era chamado a esse gênero de vida. De fato, em qualquer vocação temos de distinguir a *graça* do chamamento e a *imagem* preliminar de nós próprios que, espontânea e quase inconscientemente, supomos representar a verdade de nosso chamamento. Mais cedo ou mais tarde essa imagem terá de ser destruída para dar lugar à realidade concreta da vocação como *é vivida* na atualidade do plano misterioso de Deus que, forçosamente, contém muitos elementos por nós jamais previstos. Assim, "manter-se sentado na cela" significa aprender o que há de fatuidade e falsidade nessa imagem ilusória embora, do ponto de vista humano, devemos reconhecê-lo, a imagem fosse necessária e desempenhasse certa função ao levar-nos ao deserto.

Outro *apophthegmata*, na mesma coleção, representa um discípulo que se queixa a um *Abba*: "Meus pensamentos me atormentam". Dizem-me, "não podes jejuar nem trabalhar. Vai ao menos visitar os enfermos, pois também isso é amor". Respondeu-lhe o ancião: "Vai, come, bebe e dorme, mas não abandones a tua cela". (Notem que a palavra designando a visita aos enfermos é *episkopein* [grego] "deles cuidando como se fosses um bispo", estaríamos inclinados a dizer. E a palavra indicando o abandono da cela é *apostatein*, com as implicações que nós bem conhecemos). O ancião explica ao jovem: "Pois aguentar pacientemente a cela coloca o monge no seu lugar próprio em relação a boa ordem das coisas" (*táxis*)[2].

Afligido pelo mal do tédio e quase sem saber o que fazer de si, o discípulo imagina um gênero de vida mais fecundo e mais comum em que ele se sente que é "alguém". Teria, pensa ele, uma identidade plenamente reconhecível e aceita "um lugar na Igreja". Entretanto, o ancião lhe diz que seu lugar na Igreja jamais será encontrado por meio dessas ideias e imagens de uma plausível identidade. Melhor, este lugar é encontrado seguindo um caminho novo e desconcertante. Isso, porque nunca foi imaginado por nós como útil, ou mesmo possível, a um verdadeiro cristão. Trata-se de um caminho em que parecemos perder nossa identidade tornando-nos "nada". Aguentando pacientemente a incompreensível falta de "realização" da vida solitária, reclusa, silenciosa e obscura de cela, encontramos gradualmente nosso lugar, a situação que nos convém. Evidentemente é a solidão, a própria cela. Ora, isso implica uma espécie de misteriosa percepção que nos faz entender que *ali onde estamos é, de fato, o lugar que nos pertence.* Isto é, na solitude, na intimidade da cela. Repentinamente vemos que "*é isso o certo*".

Nesta mesma narrativa o discípulo, impulsionado pelo tédio, descobre algumas folhas de palmeira. Procurando distrair-se descobre como dividi-las e tecê-las formando um cesto. Assim, ele se disciplina aprendendo a esperar e a só alimentar-se depois de haver terminado o trabalho. Aprende, ainda, a regular a oração dos salmos em conformidade com o esquema e a ordem do dia que vai esboçando. Então, pouco a pouco, "por meio de

---

2. Ibid., p. 277.

pequenos passos penetrou na ordem (táxis) que lhe era própria. Esta disciplina deu-lhe segurança na luta com os impulsos interiores (*logismoi*, isto é, pensamentos) e ele os venceu".

Com o tédio de uma vida desorientada chega-se à *akedia*. *Akedia* é o desânimo, o aborrecimento, a lassidão. Como diz um dos anciãos, essas coisas são o sinal e o efeito de certa ignorância básica[3]. Ignorância de quê? Disse o velho *abba* ao discípulo: "Não concentras teu olhar no *akme*" (este termo tem sentido tanto temporal como espacial. É, ao mesmo tempo, o "verdadeiro ponto" e o "momento da verdade" considerados como a meta diante de nosso olhar na vida e prática diária). "Não vês o repouso, a paz, objetos de nossa esperança, nem a punição futura". (Punição, como consequência da falha neste grande trabalho.) Se o discípulo pudesse *ver* tudo isso, então "mesmo que tua cela estivesse repleta de vermes rastejantes ao ponto de estares neles mergulhado até o pescoço, haverias de perseverar, aguentando a situação pacientemente sem *akedia*".

Outra célebre sentença é a seguinte: "A cela do eremita é a fornalha da Babilônia onde os três jovens hebreus encontraram o Filho de Deus – é, ainda, a coluna de nuvem na qual falou Deus a Moisés"[4]. São Pedro Damião[5] desenvolve este tema de maneira retórica. Na cela, o eremita luta para abafar as chamas do incêndio na fornalha da Babilônia, por meio da oração e da fé. Ali, as chamas da tentação queimam e destroem os liames

---

3. Ibid., p. 277, n. 796.

4. Ibid., p. 279, n. 206.

5. Opúsc. XI, c. 19.

que atavam seus membros, seu causar-lhe mal algum. As cordas se dissolvem no fogo e o eremita põe-se a cantar um hino de louvor ao Senhor que o libertou. "Desfizeste, Senhor, meus grilhões" (Sl 105). Para São Pedro Damião, a cela é o cadinho em que os vasos preciosos de Rei são modelados. É o escritório onde as "felizes barganhas" (*felix commercium*) são operadas – a terra é negociada em troca do céu. É, ainda, a oficina na qual a semelhança ao Criador é refeita na alma do homem. A cela, diz Pedro Damião, concede o dom do jejum e da contemplação. "Senhor (na cela), concedes ao homem contemplar Deus com um coração puro pois, estando antes envolvido em sua própria escuridão, nem mesmo a si próprio conhecia". Assim, a cela é o lugar onde o homem chega a conhecer primeiro a si próprio de maneira a ser capaz de conhecer Deus (o programa de Santo Agostinho – *Noverim me, noverim Te*).

A cela é a única testemunha do amor divino que flameja no coração do monge em busca de Deus, continua Pedro Damião. Esta cela é como o Santo Sepulcro que, na madrugada da Páscoa, foi a única testemunha da ressurreição do Salvador. Sim, a cela é o lugar da ressurreição do monge à vida e à luz divinas para as quais foi criado e, conforme a tradição eremítica da Irlanda, será a cela o local da ressurreição do monge no último dia. "Todo aquele que perseverar no amor de ti (ó cela solitária!) mora realmente em ti e Deus nele permanece".

Esta é a linguagem clássica da experiência contemplativa. Leva-nos à primeira "sentença" que citamos no início desta reflexão. "Sentar-se na cela em nome de Deus" significa, ao mesmo tempo, um projeto mais profundo e mais concreto do que simplesmente permanecer na solidão com a *intenção de agradar* a Deus. Não basta, tampouco, a "santidade de Deus" como "razão suficiente" que nos leve à solidão. Precisamos pelo menos entender o que seja o conceito de "razão suficiente" em toda a sua profundidade. O Nome de Deus é, de fato, a *ratio* da solitude. Não apenas no sentido de que o "serviço de Deus" possa ser invocado como explicação plausível de uma vocação solitária – mas ainda no sentido de que, na solidão, chega-se a situação do "face a face" com Deus presente, como na Bíblia em toda parte é sugerido, "em Seu Nome". O Nome de Deus é a presença de Deus. O Nome de Deus na cela é o próprio Deus *presente ao monge* e por ele entendido como sendo o sentido pleno e o escopo de sua *vocação*. Assim, o Nome de Deus acha-se presente na solidão da cela, como o "Filho de Deus" (entenda-se anjo) estava presente sustentando os três jovens hebreus na fornalha ardente – e como a coluna de nuvem se fez presente a Moisés. Essas duas imagens bíblicas, típicas, representam *todos* os símbolos bíblicos destinados a indicar a presença imperscrutável de Javé. O Nome de Deus está presente na cela, como estava na sarça ardente na qual Javé se revelou como *Aquele que é*. Daí estar a solidão do eremita como que *engolfada* na percepção atenta d'Aquele *que é*. Isto é que, de fato, torna-se a verdadeira realidade da cela e da solitude. E é por isso que se o monge, de início, invoca o Nome de Deus para induzi-lo, por assim dizer, a "baixar" à cela em resposta à oração, chega gradativamente a penetrar na realidade de que o "Nome" de Deus é verdadeiramente o coração, o cerne da cela, a "alma" da vida solitária. O monge compreende, assim, que se é chamado à solidão, não apenas para que possa o Nome ser invocado em determinado lugar, mas é um convite a encontrar-se com o Nome presente e à espera no próprio lugar em que se está. É como se o Nome estivesse à nossa espera no deserto. Como se houvesse preparado este encontro conosco desde a eternidade neste determinado lugar, nesta solidão para mim escolhida. Somos chamados não somente a meditar sobre o Nome de Deus, mas a encontrá-lo nesse Nome. Assim, o Nome se torna como que uma cela dentro de uma cela, uma cela interior, espiritual. Quando estamos na cela, ou em suas imediações, devemos reconhecer que estamos "onde habita o nome de Deus" e, ainda, que vivendo na presença deste grande Nome gradativamente me torno aquele que Ele quer que me torne. A vida de cela faz então de mim uma cela do Nome (que se enraíza cada vez mais profundamente em meu coração) e um morador do Nome, no Nome, como o Nome de Deus – o próprio Deus – fosse minha cela. Mas uma vez que Deus é infinito, não pode tornar-se uma "cela" senão na medida em que parece assumir certos limites dentro de um nome que o define e distingue. Isto é, como se estivesse presente em seu nome e ausente alhures. (E, no entanto, ele está em tudo, através de todas as coisas.) Mas é da situação vantajosa de nossa solidão especial, em que descobrimos e encontramos seu Nome, que podemos compreender a presença de Deus em toda parte.

Assim, a razão da estabilidade na solidão está em que se o monge vaguear pelo mundo, a "presença" de Deus poderá representar apenas uma abstração que ele *conhece* mas não mais experimenta em toda a força concreta exigida, e possível, quando o Nome está presente na cela. É verdade, evidentemente, que o Nome nos acompanha por toda parte onde o invocamos e permanece em nosso coração em qualquer lugar. Isso, no entanto, acontece, graças à cela. Vemos, assim, que o Nome implica não somente identidade, mas *vontade* e *amor*. O nome cuja sombra cobre o monge na nuvem da solidão, é a vontade criadora e redentora de nosso Pai. Esse Nome tudo impregna com profundo sentido amoroso e redentor, com promessas de amor e salvação, convidando-nos à compaixão e à intercessão por todos os homens. Assim, por meio do Nome de Deus o solitário chega ao conhecimento d'Aquele que se faz presente na solidão.

Acima de tudo, é claro, Ele revela seu Nome como sendo *Jesus*, Salvador. É nele e com ele, que somos um só com todos os homens. Assim, meu lugar como intercessor e irmão, é também minha solidão e minha cela onde encontro e amo todos os homens no amor cordial e humano da presença de Cristo. Pois é unicamente a Palavra encarnada (significada pela coluna de nuvem e pelo anjo presente na fornalha) que pode dar-me a plenitude da consolação nas tribulações da condição humana envolvidas em meu ser físico. Não há paz nem realidade numa paz abstrata, desencarnada, gnóstica. São Pedro Damião insiste no fato de que, estando o eremita cristão oculto em Jesus Cristo, está por isso mesmo o mais intimamente possível presente à Igreja (*praesentissimus*), a toda a Igreja sem exceção. O isolamento do solitário o une mais estreitamente – no amor a todos os seus irmãos no mundo inteiro. Daí haver suma conveniência para que o eremita, ao rezar a Liturgia das Horas e na celebração da Missa, diga "o Senhor esteja convosco" embora não haja, fisicamente, outros ali presentes. Podemos observar aqui as implicações que sugerem a presença do Santíssimo Sacramento na "Santa Reserva", na cela do eremita.

A misericórdia, a compaixão, o amor humano cordial, sábio, sempre fiel de Deus (todos esses atributos são nomes do Nome) estão representados numa forma nova e surpreendente, mas muito terna, num dos *apophthegmata*[6]. Um irmão interroga um ancião sobre o que deveria fazer se, na aflição e na solidão, ficasse desamparado sem ninguém a quem pudesse expor seu problema. A resposta é que Deus enviará auxílio "se orares em verdade". Isso é ilustrado por uma história. Um eremita de Cete sofria, em absoluta solidão e isolamento, sem ter quem, de modo algum, o consolasse. Reuniu seus poucos pertences determinado a abandonar o deserto. "Então, a graça divina lhe apareceu sob a forma de uma virgem que o incentivou a ficar firme dizendo: 'Não te vás, *permanece aqui comigo*, pois nenhum dos males que imaginas te sucederam'. *Ele obedeceu e permaneceu ali* e, neste instante, seu coração foi curado".

Temos aí uma profunda e comovente intuição da realidade do Nome que é também pleno de ternura e se revela como a Sabedoria, Sophia – e sob cuja forma, bela e misteriosa, agrada a Deus tornar-se presente aos filhos dos homens (Pr 8,31).

O Livro da Sabedoria fala deste misterioso e íntimo amor do homem pela sabedoria, como sua esposa e amiga, escolhida e preferida acima de tudo: "Pois todo o ouro do mundo, se a ela comparado, nada é senão um pouco de areia e perto dela toda a prata é como barro" (Sb 7,9). "Sendo amigo dela, alguém se torna verdadeiramente amigo de Deus" (Sb 7,14). Ela os torna amigos de Deus e profetas, porque Deus ama somente os que

---

6. NAU. Op. cit., p. 233, n. 216.

fazem da sabedoria sua companheira e com ela convivem" (Sb 7,27-28).

Aí está, pois, o verdadeiro segredo da cela. É um paraíso onde aquele que é convidado encontra no silêncio, na atenção desperta e na paz, a presença consoladora e reconfortante daquela sabedoria cuja beleza é "um reflexo da luz eterna e o espelho sem mancha das maravilhas de Deus, a imagem do seu esplendor" (Sb 7,26).

"É ela, com efeito, mais bela que o sol e ultrapassa o conjunto dos astros. Se a comparam com a luz do dia, acham-na superior" (Sb 7,29).

"Eu a amei e procurei desde minha juventude, esforcei-me por tê-la por esposa e me enamorei de seus encantos" (Sb 8,2).

Festa de São Bento, 1966

III
Eremitismo franciscano

O amor de São Francisco pela solidão, tão intimamente relacionado à sua concepção de uma vida pobre de andarilho, pode facilmente ser objeto de considerações românticas, como algo a ser admirado mas não imitado como, por exemplo, sua pregação aos pássaros.

Entretanto, a solitude eremítica é mais do que mero adorno na espiritualidade franciscana. O espírito de adoração solitária, em meio à natureza e perto de Deus, está intimamente relacionado ao conceito franciscano de pobreza, de oração e de apostolado.

Atualmente, quando presenciamos um ressurgimento do eremitismo dentro do quadro monástico, poderia ser interessante considerar os eremitas franciscanos em sua perspectiva histórica. Para tanto, precisamos entender o movimento pré-franciscano de eremitas itinerantes e pregadores que vai do século X ao século XII e é de grande importância[1].

Tradicionalmente, o eremitismo no Ocidente achava-se estreitamente ligado às Ordens monásticas. A Regra de São Bento[2] previa que, após longo período de provação na comunidade monástica, determinados monges podiam retirar-se à solidão motivados pelo desejo de

---

1. MEERSMAN, G.G. "Eremitismo e predicazione itinerante dei secoli XI e XII". In: *L'Eremitismo in Occidente nei Secoli XI e XII*. Milão, 1965.

2. Regra de São Bento, cap. 1.

maior penitência, perfeição e oração. Esta solidão podia ser absoluta ou relativa. O modelo de vida era geralmente elaborado pelo próprio monge sob orientação de seu abade. Mas, seja como for, o eremitismo monástico nessa época implicava um afastamento maior em relação à sociedade dos homens, em vista de total solidão com Deus, na contemplação. Num contexto histórico em que conceito de vida monástica permitia à comunidade favorecer uma solidão mitigada para quem (e era a maioria) não se sentia apto à vida de solidão desértica absoluta, o passo em direção à solitude eremítica era considerado mais elevado, porque mais perfeito e inequivocamente "monástico", exigindo renúncia total ao mundo. Muitos monges obtinham permissão para viver como reclusos, encerrados de maneira permanente numa cela no próprio mosteiro. Habitualmente esta cela era contígua à Igreja, Em determinada época esses reclusos monásticos formavam uma espécie de elite espiritual e contemplativa. Raramente encontramos nos escritos deste período algum conceito mais desenvolvido sobre qualquer obrigação de partilhar com outros os frutos da contemplação. É verdade que o recluso era muitas vezes consultado por seus irmãos sobre assuntos de espiritualidade. Normalmente, porém, o recluso não se achava numa posição que lhe permitisse pregar e ninguém teria esperado dele essa função.

No século X teve início um novo movimento independente na maioria dos casos do monaquismo. Pessoas leigas ou clérigos seculares começaram a retirar-se ao ermo diretamente, sem passar por um período de formação monástica. Vivendo nos bosques e desenvolvendo como melhor podiam sua maneira própria de viver, permaneciam em contato bastante intenso com os pobres (isto é, falando, de modo geral, com sua própria classe), os marginalizados, os fora da lei e os itinerantes sempre numerosos na Idade Média. Estreitamente identificados com os desprivilegiados, os oprimidos e os que pouco interesse suscitavam, nos meios oficiais institucionalizados da sociedade, os eremitérios não monásticos logo se tornaram um lugar de refúgio para os desesperadamente desnorteados em busca de orientação e esperança – e também de um esconderijo e de segurança física. Assim, o eremita não monástico, pelo próprio fato de seu isolamento do mundo, tornou-se aberto ao mundo de maneira nova e especial.

Uma vez que de fato a pregação havia sido praticamente abandonada nas igrejas paroquiais e que os monges não pregavam ao povo mas somente a si próprios, havia urgente necessidade de que a mensagem do Evangelho fosse anunciada aos pobres na linguagem simples a seu alcance. Era a linguagem da penitência, da conversão, salvação e do amor ao Salvador.

Consequentemente, estes eremitas leigos tornavam-se, com frequência, pregadores itinerantes e esse movimento adquiriu no século XI uma espécie de aura carismática. O nome de Pedro, o Eremita, pregador da primeira Cruzada, aí está para nos lembrar este fato. Muitos desses eremitas viam sua Missão de pregadores confirmada pelos Papas. Outros eram aprovados pelos bispos. Outros, ainda, simplesmente "levantavam-se e partiam", sendo suas palavras bem recebidas. Alguns pensaram em pregar aos sarracenos, tentando mesmo fazê-lo na esperança de serem martirizados. Quando falhavam nesse intento, voltavam à solidão e ao "martírio diário da contemplação". O quadro nos é familiar. Podemos observar como o movimento dos eremitas itinerantes forneceu nos séculos XI e XII um ambiente e um precedente para o eremitismo dos primeiros franciscanos.

É verdade que já no século XIII o movimento eremítico itinerante se havia extinguido ou tinha sido novamente absorvido pelo monaquismo. Os irmãos conversos cistercienses no século XII eram em grande parte recrutados entre aqueles que poderiam ter-se tornado eremitas itinerantes. O grupo de cistercienses laicos no século XII possuía algo de eremítico e, ao mesmo tempo, distintamente "laico". O "irmão" estava destinado por vocação a viver fora da clausura monástica, se necessário, em granjas distantes ou pequenas chácaras onde podia viver inteiramente só por longos períodos. A vida simples do irmão aproximava-se muito daquela do eremita leigo. E os irmãos de Cister e de outras reformas monásticas tinham tendência a substituir o movimento eremítico.

São Francisco, entretanto, coloca-se em linha direta na tradição dos primeiros eremitas na Igreja. A primeira Regra dos Frades Menores, aprovada oralmente em 1209, não legislava especificamente para as ermidas. Menciona-as, porém, de passagem, como coisa natural[3]. "Onde quer que os irmãos estejam nos eremitérios ou em outros lugares, cuidem em não tornar seus quaisquer destes sítios. E seja quem for que deles se aproxime, amigo ou inimigo, ladrão ou assaltante, recebam no com bondade". Encontramos aqui, não só o espírito que esperaríamos encontrar depois da leitura das vidas e das lendas de São Francisco, mas também a autêntica tradição do movimento dos primeiros eremitas itinerantes do

---

3. Primeira Regra de São Francisco, 7.

qual já falamos – "não monástico" e inteiramente aberto ao mundo dos pobres e dos marginalizados. É tido como natural o encontro do eremita com ladrões e salteadores. E não deve colocar-se acima deles ou deles se separar, mas mostrar-se irmão de cada um. O eremita não é apenas aquele que como Santo Arsênio fugiu totalmente do convívio dos homens. Não é tampouco apenas o homem da interiorização profunda, contemplativa. Na Regra de São Francisco o eremita é o irmão universal, que ama a todos, que é vulnerável, como em nossa época Carlos de Foucauld. É um "irmãozinho dos Pobres".

O estatuto, ou a instrução especial composta por São Francisco para os frades que se retiravam às ermidas é bem conhecida[4]. Um eremitério para São Francisco é, de fato, uma pequena comunidade de três ou quatro irmãos onde alguns vivem em completo silêncio e solidão contemplativa com outros que deles cuidam como suas "Mães". A tarefa destes consiste também em velar para que seus "filhos" não sejam perturbados pelos de fora. Mas os solitários devem, de tempos em tempos, assumir as tarefas ativas e permitir às "Mães" um repouso contemplativo. Trata-se de um documento encantador que, no entanto, não fornece um quadro muito pormenorizado da vida que esses eremitas levavam.

A importância deste documento está no espírito que dele emana – um espírito de simplicidade e de caridade que impregna esta vida de contemplação solitária. Tem sido observado que a genialidade da santidade se faz notar pela maneira com que consegue reconciliar, sem dificuldade, a vida de oração solitária com o amor fraterno

---

4. Cf. "O espelho da perfeição", 65.

aberto, cordial, repleto de calor humano. Em lugar de pormenorizar as austeridades e penitências que os eremitas devem "praticar", as horas que devem dedicar à oração e aí por diante, São Francisco comunica simplesmente a atmosfera de amor que há de constituir o clima ideal de oração no eremitério. O espírito da vida eremítica, na perspectiva de São Francisco, é assim purificada de toda mancha de egoísmo e de individualismo. A solitude está envolvida pelos cuidados fraternos e vê-se, então, solidamente integrada na vida da Ordem e da Igreja. Não se trata de um empreendimento individualista em que o eremita, pelo poder de seu ascetismo, conquista o direito ao isolamento, colocando-se acima dos outros. Pelo contrário, procura-se acima de tudo lembrar ao eremita como ele depende da caridade e da boa vontade dos outros. É certamente outra maneira – e muito eficaz – de garantir a sinceridade da vida eremítica de oração, uma vez que demonstra ao solitário o quanto ele deve aos demais para poder tornar-se um verdadeiro homem de Deus.

Entretanto, como veremos adiante, o eremitismo franciscano tinha também outro aspecto. Estava aberto ao mundo e orientado para a vida apostólica.

São Francisco fundou pelo menos vinte ermidas nas montanhas. Não é preciso lembrar ao leitor a importância ímpar que o retiro solitário do Santo, no Monte Alverne, teve na vida do Poverello. Foi ali que em 1224 Francisco recebeu os estigmas. O misticismo franciscano está centrado nessa visão solitária do Crucificado e o amor originado e dinamizado nessa solidão é derramado sobre o mundo na pregação.

O bem-aventurado Gil de Assis foi essencialmente um monge itinerante. De volta da Terra Santa em 1215, foi designado por Francisco para ocupar um eremitério. Em 1219 Gil seguiu para a Tunísia em busca do martírio, mas em vão. De 1219 até mais ou menos 1225 Gil viveu, nos *Carceri*, numa pequena capela cercada de outras grutas. É interessante notar que os *Carceri*, outrora ocupados por eremitas beneditinos, tornaram-se depois do acontecido no Monte Alverne o símbolo da solitude franciscana. Acredita-se que São Francisco escreveu parte de sua Regra ali. O misticismo do bem-aventurado Gil desenvolveu-se na ermida de Cetona. Fundou ele próprio também outros eremitérios. Com o bem-aventurado Gil descobrimos ainda outro ponto característico. A ermida é a fortaleza do puro espírito franciscano; é o ideal primitivo do Santo Fundador, ameaçado pelos que estão demasiadamente preocupados, como pensavam alguns, em adquirir poder e prestígio. Na luta pela preservação do espírito primitivo de pobreza e total simplicidade franciscana, as ermidas desempenharam a função que bem se pode imaginar. É interessante lembrar de passagem que, quando São Boaventura foi nomeado Cardeal da Santa Igreja Romana, ao receber a notícia estava lavando a louça num dos eremitérios.

Não é difícil entender como em épocas de reforma o ideal da solidão tem desempenhado papel importante na renovação, na vida e no apostolado franciscanos. Isso se torna particularmente claro quando estudamos a vida de São Leonardo de Porto Maurício e o renascimento franciscano na Itália do século XVIII. O próprio São Leonardo sentiu-se chamado à vida consagrada ao ouvir os frades cantarem as completas no *Ritiro* do Palatinado. A atuação de São Leonardo, ao promover o movimento do *Ritiro*, é tão característico como importante em sua vida de reformador.

O movimento do *Ritiro*[5] teve origem, talvez, no século XVI. Além dos eremitérios que sempre existiram e proporcionavam aos frades, que o desejassem, uma vida de oração mais intensa e a necessária solitude, houve a formação de comunidades especialmente fervorosas para que servissem como modelos de observância. O *Ritiro* não deve ser confundido com a ermida. Tratava-se simplesmente de uma comunidade de escolhidos voluntários que optavam por viver a Regra em toda a sua perfeição, enfatizando de modo especial a pobreza, a vida claustral, a oração e tudo o que fosse capaz de realçar o aspecto contemplativo e ascético da vida franciscana. Contudo, os *Ritiro* não deixavam de estar ligados à seiva eremítica da ordem. O primeiro *Ritiro*, fundado por São Boaventura de Barcelona, desenvolveu-se a partir de um eremitério.

São Leonardo de Porto Maurício iniciou sua reforma, renovando um **Retiro** (mesmo um Ritiro podia, afinal, ser reformado!). Isso aconteceu quando Leonardo se tornou guardião de San Francesco al Monte, em Florença. Salientou não especificamente a solitude e a contemplação, mas simplesmente a exata observância das Regras. Para promover maior solitude, São Leonardo criou a *Solitudine*[6]. O fim que se propunha esse tipo de comunidade, mais francamente eremítica, era a vida de pura contemplação.

São Leonardo descreveu com estas palavras seu propósito: "Pela separação total em relação ao mundo, o so-

---

5. CRESI, A. OFM. "S. Leonardo di Porto Maurizio ed i conventi di Ritiro". In: *Studi Francescani*, XLIX (1952), p. 154ss.

6. CRESI, A. OFM. "S. Leonardo di Porto Maurizio e l'Incontro". In: *Studi Francescani*, XLIX (1952), p. 176ss.

litário é capaz de uma entrega total à contemplação – e, depois de conquistar maior fervor, pode voltar às comunidades a fim de aplicar-se mais avidamente à salvação do próximo"[7].

Como sempre na tradição franciscana, a ideia de solidão não é autossuficiente. A solidão se abre em direção ao mundo, dá fruto na pregação.

A índole da *Solitudine* instituída por São Leonardo é semelhante a das reformas daquela época. A severidade e a austeridade lembram o abade De Rancé e a reforma de La Trappe. As celas eram tão pequenas que, estando de pé no centro de uma delas, podia-se tocar no teto e nas paredes dos dois lados. A disciplina era administrada diariamente, em comum, durante meia hora. O jejum era observado ininterruptamente ao longo do ano. O silêncio perpétuo era de Regra. Os frades andavam descalços. Havia pequenas ermidas anexas ao convento, onde podiam retirar-se para ter maior solidão e mais oração.

Essa vida de tanto rigor e solidão não pretendia ser permanente. A maior parte dos cinco frades que compunham a comunidade ali se encontravam por dois meses, apenas. Contudo, havia frades a quem era permitido demorar-se na *Solitudine* por períodos mais longos e, mesmo, durante anos. Além dos retirantes havia um superior (Presidente), um porteiro e um cozinheiro (este era um leigo da Ordem Terceira). Havia também celas para membros de outras Ordens que desejassem ali renovar seu fervor.

Existe uma evidente semelhança entre a *Solitudine* e o "Deserto" carmelitano. Contudo, tanto os *Ritiro* como

---

7. Ibid., p. 168.

a *Solitudine* foram duramente criticados. Em primeiro lugar, pareciam criar uma divisão dentro da Ordem. Em seguida, podia-se questionar o espírito que os animava, pois parecia demasiadamente formal e rigoroso para ser autenticamente franciscano. É sem dúvida exato que a austeridade um tanto rígida da *Solitudine* pode ser considerada de certo modo estranha ao espírito franciscano primitivo, espírito de simplicidade e liberdade evangélicas. Os regulamentos severos contrastam com o espírito de calor humano e ternura de São Francisco, presente nos estatutos dos eremitas.

Mas os conventos da *Solitudine* tiveram, sem dúvida alguma, a eficácia desejada por São Leonardo. E a pregação do Santo, quando ele surgia da solidão, era, dizem, caracterizada por uma profunda ternura que, em lugar de assustar os pecadores, encorajava-os e os fortalecia.

Este esboço demasiadamente rápido sugere algumas conclusões. O espírito eremítico teve sempre um lugar na vida franciscana. Não é, entretanto, o espírito do monaquismo, ou de total e definitiva separação do mundo. O eremitismo de São Francisco e de seus seguidores é profundamente evangélico e permanece sempre aberto ao mundo – embora reconhecendo a necessidade de que seja mantido certo distanciamento e certa perspectiva. Isto é, a necessidade de uma certa *liberdade* que livre a pessoa de ser absorvida em atividades e devorada pelas exigências de um trabalho exaustivo.

Em todas as formas da vida religiosa em nossa época, as pessoas que se consagraram a Deus se estão interrogando no sentido de descobrir em que medida os métodos aceitos para a renovação do fervor religioso estariam ou não adequados às necessidades do tempo presente. Não há dúvida de que o retiro anual de oito dias, prescrito, tem seu valor. Mas a nova geração se pergunta seriamente se este "exercício" um tanto formalístico produz realmente frutos duradouros. Será simplesmente um aferrolhar e apertar os parafusos de uma maquinaria que se tornou obsoleta? Os religiosos modernos que sentem a necessidade do silêncio geralmente o procuram, não apenas com o propósito de autoexame e punição ascética, mas sim a fim de recuperar energias espirituais que possam ter sido gravemente prejudicadas pelo barulho e pela correria de uma existência pressionada de todos os lados. Esse silêncio não é forçosamente absoluto, não está em fechar hermeticamente os lábios – não é o silêncio de pessoas de testa franzida, de andar ritmado em volta de um jardim, desconhecendo voluntariamente a presença de outros. Não, é antes o silêncio da tranquilidade de um necessário lazer no qual possam os religiosos aproveitar o *relax* em cordial e repousante solitude, voltando a ser o que, realmente, são com naturalidade. Hoje, mais do que nunca, temos necessidade de reconhecer que o dom da solitude não está ordenado à aquisição de estranhos poderes "contemplativos". Está ordenado, antes de mais nada, à recuperação do "ser" profundo de cada um de nós e à renovação de uma autenticidade distorcida e deformada pelas pretensiosas rotinas de um desordenado "ajuntar-se" (*togetherness*).

O que o mundo pede, hoje, ao homem consagrado, ao sacerdote, é que ele seja antes de mais nada uma *pessoa* que possa dar-se porque tem um ser para dar. E, de fato, não podemos dar a Cristo se ainda não o encontramos – e não o podemos encontrar se não temos os meios para nos encontrarmos a nós próprios.

Estas considerações poderiam, talvez, ser úteis àqueles cujas esperanças e imaginação ainda têm a capacidade de ser motivadas pelo pensamento da solidão e do lugar importante que ela ocupa em qualquer forma de vida religiosa e apostólica – em qualquer forma de vida cristã – em qualquer época, sobretudo a nossa.

IV
O pai espiritual na tradição do deserto

O lugar do "diretor de consciência", ou o "diretor espiritual", na época moderna, desde o Concílio de Trento, não precisa aqui ser tratado pormenorizadamente. Entretanto, convém mencioná-lo pelo menos como termo alcançado depois de longa evolução da qual queremos aqui discutir os inícios[1].

O "diretor de consciência", como supõe o título, é geralmente um confessor e, também, por implicação, um "especialista" com formação teológica e espiritual apropriadas. O nome que lhe dão de "diretor de consciência" sugere ser ele apto a resolver *casus conscientiae*, ou casos especiais e problemas para os quais fornece soluções profissionais. Entretanto, isso impõe limitações jurídicas um tanto infelizes ao conceito tradicional. O termo "diretor espiritual" é mais amplo e sugere alguém que, em razão de seu saber e experiência, aprendeu e acha-se qualificado a auxiliar outros a progredirem na vida espiritual. Falando de maneira ideal, o "diretor espiritual" ajudará a outros a alcançar os cumes da espiritualidade e da mística, no que há de mais perfeito. Nas vidas dos santos, desde a Idade Média, por exemplo, de Santa Teresa de Ávila[2],

---

1. Para um excelente panorama de toda a história da direção espiritual no contexto cristão, ver o artigo *"Direction Spirituelle"* em *Dictionnaire de Spiritualité*, vol. III, cols. 1002-1214.

2. Cf. *vida*, capítulo 28. E Castelo Interior, mansão VI, fala do mal sofrido pelos místicos, nas provações que os purificam, devido a maus "diretores". E

a importância do diretor espiritual está suficientemente enfatizada. A influência deste personagem pode ser positiva ou negativa. Pode ele revelar-se um grande obstáculo ao progresso de quem supõe ajudar. E pode, pelo contrário, remover obstáculos e auxiliar alguém a atingir a *liberdade de espírito* necessária à união com Deus. Mas em todo caso, se o diretor não é considerado essencial à vida espiritual, na prática a ele é atribuída uma função decisiva na vida dos santos e dos místicos, com algumas notáveis exceções. São Francisco de Sales pode ser considerado tipicamente um santo "diretor" espiritual cuja prudência, experiência e compreensão intuitiva dos outros, aliadas ao saber e ao bom-senso, auxiliou a muitos na busca do caminho certo. Guiou-os, ele, com segurança à elevada contemplação – nas ocupações e responsabilidades cotidianas – até a união mística com Deus. Tais diretores têm exercido, evidentemente, função providencial na vida, não somente de indivíduos, mas também de congregações religiosas e de certos meios sociais e, mesmo, da própria Igreja.

Contudo, não é desses diretores da época moderna que estamos tratando aqui. O que desejamos é voltar o olhar para o arquétipo do "Pai espiritual" como vem descrito na literatura do monaquismo primitivo. Falo de monaquismo do Egito, da Palestina e da Síria nos séculos IV e V. De valor especial, como fonte de informação, temos os *Apophthegmata* ou "Sentenças" dos Padres do deserto[3]. Embora sejam histórias "típicas" de figuras que

---

de como os escrúpulos e temores dos confessores podem acrescentar ao sofrimento de alguém que já se vê desconcertado por experiências inexplicáveis.

3. Os *Apophthegmata* se encontram na Patrologia grega de Migne, vol. 65. E muitas das narrativas estão reproduzidas nas *Verba Seniorum,* na Patrologia

se tornaram quase lendárias, não precisamos questionar o fato de que representam um autêntico espírito e, mesmo, uma atitude histórica, uma visão da vida que foi tão profunda e real que exerceu influência permanente sobre vários séculos de espiritualidade cristã.

O abba, ou pai espiritual, era em primeiro lugar alguém que aprendera num longo tirocínio a experiência do deserto e dos segredos da vida silenciosa. Era, em razão de sua santidade, dotado de dons carismáticos que o tornavam capaz de detectar e fazer desaparecer as ilusões que, inevitavelmente, se apresentariam para tentar o novato ou mesmo o monge experiente que não havia ainda atingido plena maturidade e perfeição de vida monástica. Mas a função implicada pelo nome de "Pai" não está plenamente desenvolvida na instrução e nos conselhos espirituais. O pai espiritual exercia uma autêntica "paternidade" – em nome de Deus – gerando a vida do Espírito no discípulo. Evidentemente, esse conceito não deve ser exagerado (como tem acontecido por vezes em círculos monásticos formados mais tarde como, por exemplo, no cenobitismo bizantino). A única fonte de vida espiritual é o Espírito Santo. A vida espiritual não vem dos homens. O Espírito Santo nos é dado no Batismo. Entretanto, como sabemos, as sementes da vida espiritual, plantadas no batismo, permanecem, com demasiada frequência, adormecidas ou morrem completamente. O abba, ou "pai espiritual", era alguém reconhecido como possuindo uma "influência carismática" e "transmissora de vida" sob cujos cuidados aquelas miste-

---

latina, vol. 73, col. 739ss. Por questão de conveniência empregaremos aqui a excelente tradução inglesa de E. Wallis Budge em *Paradise of the Fathers* (do siríaco) 2. vols. (Londres 1907).

riosas sementes verdadeiramente germinariam e floresceriam. Os do deserto atraíam discípulos que vinham não somente ouvir conferências ou pedir conselhos. Vinham em busca de vida e crescimento num relacionamento especial de amor filial e dedicação – e de fato, em épocas mais tardias, de real veneração.

As sentenças dos "Padres" do deserto nos mostram em termos simples, muitas vezes ingênuos, o arquétipo dos carismas vivificantes dessas figuras tranquilas, humildes, frequentemente humorísticas, sempre humanas. Os jovens dirigiam-se, espontaneamente com suas interrogações, a esses experientes seniores ricos em dons. Embora pudessem não ser sacerdotes, pediam-lhes "palavras de salvação" que despertassem nova vida e crescimento em seus corações.

Os *apophthegmata* relacionam-se principalmente com os eremitas do deserto do que com os cenobitas. A distinção é de fato importante. Pois embora os líderes de comunidades cenobíticas como São Pacômio e Teodoro fossem também "pais" espirituais com grande experiência e sabedoria, as grandes comunidades cenobíticas tinham tendência a receber orientação em primeiro lugar da Regra e das observâncias. Sem dúvida estas ofereciam uma doutrina espiritual – eram, entretanto, por natureza de alcance geral, não pessoal.

Os *Apophthegmata,* por outro lado, representam as respostas diretas e pessoais à interrogação pessoal de cada indivíduo. A "palavra" se torna, em cada caso, dotada de uma validade geral para "todos" em circunstâncias idênticas ou análogas. Entre os eremitas essas diretivas individuais tinham tendência a substituir regras gerais escritas. Melhor, pretendiam auxiliar o monge a descobrir sua própria regra de vida – ou a vontade de Deus *para ele,* em particular.

Para poder entender essas diretivas devemos primeiro compreender o objetivo do solitário no deserto. Seria simplificar demasiadamente dizer que os eremitas da Síria e do Egito retiravam-se ao deserto "para encontrar solidão e entregar-se à vida contemplativa". É verdade que muitos dentre eles eram gregos ou tinham da vida uma visão filosófica (adquirida em Constantinopla, Roma ou Alexandria). Para esses, a busca de uma intuição de Deus primeiramente intelectual era o que de mais importante havia na vida do deserto. Essa tradição está representada nos escritos de Evagro Pôntico[4]. Foi a que prevaleceu sem dúvida nos desertos de Nítria e de Cete. Mas o termo contemplação (*theoria*) não se destaca nos *apophthegmata* ou outras narrativas populares dos Padres do deserto, embora leiamos como eles "viam a glória de Deus" ou tinham visões proféticas. Existe, pois, uma outra designação ao mesmo tempo mais simples, profunda e geral e que contém todas as diferentes modalidades da espiritualidade do deserto – a de cunho intelectual e a de tendência volitiva. Isto é, a platônica e a bíblica. Este termo é "tranquilidade". Em grego é *hesychia*, em latim *quies.* Esse repouso é essencialmente "*contemplativo*" se o quiserem, porém é mais. Em seu sentido mais profundo implica a atitude da perfeita filiação no relacionamento com Deus, a união com Deus pela renúncia total ao egoísmo, e à entrega absoluta à palavra e à vontade de Deus, na fé e no

---

4. A obra mais característica de Evagro – bem como a que mais influência teve – é seu tratado sobre a oração, *DE ORATIONE,* por muito tempo atribuída a São Nilo. Pode ser encontrada na tradução francesa do Pe. I. Hausherr, S.J.

amor. Está exemplificado num clássico "fioretti" sobre a vocação do "padre" do deserto Santo Arsênio.

> Quando Abba Arsênio se achava no palácio imperial, orou a Deus dizendo: "O Senhor, orientai-me como devo viver". Uma voz fez-se ouvir que dizia: "Arsênio, foge dos homens e viverás". Quando Arsênio vivia como asceta no mosteiro, orou ao Senhor com a mesma oração. Novamente ouviu uma voz a dizer-lhe: "Arsênio, foge, cala-te e vive a vida de silenciosa contemplação, pois são estas as bases fundamentais que impedem o homem de cometer pecados"[5].

O *fuge, tace, quiesce* de Arsênio tornou-se um tema clássico de vida contemplativa. A "fuga" era evidentemente a saída do mosteiro para mergulhar na completa solidão do deserto, vivendo a vida do eremita. O silêncio tem em si sua própria explicação. E a *quies*, como já dissemos, é a verdadeira meta da vida solitária. O repouso e o "coração puro" são a consequência da total libertação das preocupações mundanas, dos interesses de uma vida dedicada à afirmação do *ego* social e das ilusões decorrentes desse gênero de vida. João Cassiano em sua primeira conferência definindo o escopo integral da vida monástica reúne três pontos que identifica à plenitude da perfeição monástica. Essa plenitude não consiste meramente na solidão, no ascetismo, na oração e em outras "práticas". Essas três coisas são simplesmente aspectos da mesma realidade espiritual. Podem ser procuradas por motivos basicamente egoístas. E podem, afinal, ser simplesmente maneiras de afirmar mais sutilmente e mais teimosamente o *ego*. A plenitude da verdadeira perfeição é encontrada somente no momento em que se efetua a renúncia ao "eu" egoísta que parece ser o sujeito da per-

---

5. Paradise of the Fathers, II, 3.

feição, que "tem" ou "possui" a perfeição. Para Cassiano, essa plenitude é a "caridade"... que consiste unicamente na "pureza de coração", que ele identifica com *quies*, uma vez que é a atitude da "entrega constante a Deus de um coração puro e a vigilância em manter este coração intocado por qualquer perturbação"[6].

Por detrás desta fórmula temos de reconhecer a doutrina de Evagro para quem a vida monástica é a purificação, em primeiro lugar, de todo desejo veemente, em seguida, de todo pensamento perturbador e, finalmente, de toda conceituação. Essa atitude de *quies* interior, segundo Evagro, conduz finalmente a *theologia.* O mais elevado "repouso" *(quies)* encontra-se na intuição direta da Trindade. Se a tradição grega deu a essa *quies* algumas implicações sofisticadas e intelectuais jamais conhecidas pelos monges coptas que eram pessoas simples, permanece, entretanto, o fato de que todos procuravam a tranquilidade e liberdade de espírito de uma forma ou de outra. E todos a identificavam à união com Deus. Nas diferentes tradições, grega, copta, palestina e siríaca – encontramos um acordo comum nesta afirmação: no deserto o monge renuncia a seu "eu", egoísta e ilusório, e "morre" à sua existência mundana e empírica de maneira a entregar-se totalmente à realidade transcendental que, embora descrita em termos variados, é sempre melhor expressa no termo bíblico simples: "a vontade de Deus".

---

6. Cassiano, *Collatio* I. 6. Migne P.L. 49; 488. Cf. São Pedro Damião "A função própria do sacerdote é aplicar-se inteiramente a oferecer o sacrifício – e a função do que é doutor é pregar, do mesmo modo é função própria do eremita permanecer tranquilo no jejum e no silêncio – *in jejunio silentioque quiescere*". Opus XV. 5. P.L. 145: 339.

Dom Jean Leclercq, O.S.B., desenvolveu este Tema do *quies* em *Otia Monastica,* Studia Anselmiana, Roma 1963.

Na entrega de si próprio e de sua própria vontade, na "morte" à sua identidade mundana o monge renova-se à imagem e semelhança de Deus. Torna-se então como um espelho repleto da luz divina.

Essa doutrina do homem que encontra sua verdadeira realidade na lembrança de Deus, criado que foi à imagem d'Ele, é basicamente bíblica. Os mestres da doutrina desde os primórdios (isto é, os "Padres da Igreja") a desenvolveram em conexão com a teologia da graça, dos sacramentos e da inabitação do Espírito Santo nos corações puros. De fato, a entrega da própria vontade, a "morte" de nosso "eu" egoísta visando viver na liberdade de espírito e na pureza de um amor desinteressado, efetua-se não por meio da nossa própria vontade (isso seria uma contradição em termos!) e sim pela ação do Espírito Santo. "Recobrar a semelhança divina", "entregar-se a vontade de Deus", "viver no puro amor" e assim encontrar a paz, resume-se na "união com Deus no Espírito", ou no "receber e possuir o Espírito Santo". Este é, como declarou o eremita russo do século XIX, São Serafim de Sarov, o escopo totalmente da vida cristã (e portanto, a *fortiori,* da vida monástica). São João Crisóstomo diz: "Assim como a prata bem areada, iluminada pelos raios do sol irradia luz não só por sua própria natureza, mas também pela radiosidade do sol, também o ser humano, purificado pelo Espírito Divino, torna-se mais brilhante que a prata; recebe tanto os raios da Glória Divina, como reflete, de seu próprio ser, o brilho dessa mesma glória"[7]. Nosso verdadeiro amor, nosso repouso, nossa

---

7. Sermão VII sobre a Carta aos Coríntios. Citado por Calisto e Inácio em *Writings from the Philokalia on prayer of the Heart,* publicado por Kadlubovsky and Palmer, Londres, 1951, p. 166.

pureza, nossa visão e nossa *quies* não é "algo" que está em nós próprios. É Deus. É o Espírito Divino. Assim, não "possuímos" o repouso, a tranquilidade, mas saímos de nós próprios, entregando-nos àquele que é nossa verdadeira quietude.

Na vida de São Pacômio, de origem copta, lê-se um tocante episódio no qual Pacômio, ainda não o fundador de uma grande comunidade, mas vivendo como eremita com seu irmão, acha-se em oração para conhecer a "vontade de Deus". Estão vivendo juntos num vilarejo abandonado (Tabenese), trabalham ajudando na colheita dos agricultores da redondeza, ganhando assim seu pão cotidiano. Uma noite, após a oração em comum, Pacômio afasta-se e, permanecendo só, "desabafa sua desolação e a dor de seu coração num ardente desejo de conhecer a vontade de Deus". Aparece-lhe então um personagem luminoso e lhe pergunta: "Por que estás desolado e aflito de coração?" – "Porque procuro a vontade de Deus", responde ele. O personagem lhe diz: "É vontade de Deus que sirvas à raça humana a fim de reconciliá-la com Ele". Pacômio sente-se, de início, chocado. "Pergunto sobre a vontade de Deus e me dizes para servir os homens?" O personagem repete três vezes: "É vontade de Deus que sirvas os homens a fim de trazê-los a Ele"[8].

A narrativa é interessante sob diversos pontos de vista. Em primeiro lugar está em contraste, sob certos aspectos, com o *fuge, tace, quiesce* de Arsênio. A espiritualidade das comunidades pacomianas era mais ativa do que contemplativa. Além disso, Pacômio é aqui chamado a ser Pai e fundador do cenobitismo. É característico

---

8. LEFORT, L.Th. *Les Vies Coptes de Saint Pachôme*. Lovaina, 1943, p. 60-61.

ao pensamento de São Pacômio considerar que na vida cenobítica o monge chega à plenitude da perfeição, não tanto por uma luta ascética isolada, orientada por um mestre espiritual esclarecido, como pela participação na vida da comunidade santa, da fraternidade dos que estão reunidos "no espírito". Pacômio, diz seu discípulo Teodoro, declarou que "esta Congregação... é o modelo a ser seguido por todos os que desejam reunir pessoas segundo Deus, para ajudá-las a alcançar a plenitude da perfeição"[9].

Mas no sistema pacomiano, também, a meta é a paz, *quies*. É a segurança espiritual que brota de um total desapego e da autorrenúncia. O *Abba* determina e regula a vida dos monges da maneira que lhe parece melhor para o progresso espiritual deles. Os monges por sua vez, confiando inteiramente no Abade como instrumento de Deus, encontram a paz seguindo seus regulamentos[10].

Entretanto, encontramos o próprio Pacômio em busca de paz, e tranquilidade e *quies* na nítida percepção e na completa entrega à vontade de Deus. O importante para nós no episódio que acabamos de narrar é o fato de que "na desolação e com o coração aflito e partido" Pacômio procura o *sentido último de sua vida*. Isso é característico de todos os monges do deserto. Vieram para o deserto atormentados pela necessidade de conhecer o sentido íntimo de sua existência. Pois para eles essa existência perdera todo sentido e finalidade nas cidades dos homens. E embora as respostas individuais possam assumir formas diferentes e mesmo contraditórias, elas

---

9. LEFORT. Op. cit., *Avant Propos,* p. 1.

10. LEFORT. Op. cit., p. 74.
Os monges do deserto pacomiano eram geralmente pessoas rudes, pouco ou nada instruídas [N.T.].

possuem um único ponto em comum: todas as respostas autênticas vêm de Deus e são expressão de sua vontade, manifestada na sua palavra, e quando alguém recebe e obedece a essa palavra, obtém paz, *quies*. Essas respostas não são fáceis de ser encontradas. Devem ser procuradas no arrependimento, no sofrimento e na paciência. Ninguém pode exigir uma resposta, como se tivesse o direito de recebê-la. Cada qual deve estar preparado para receber uma resposta que poderá ser, de vários modos, desconcertante. O sofrimento e a solidão na vida desértica são, aos olhos dos monges do Egito, o preço que deve ser pago para solução, tão decisiva e final, à pergunta sobre a existência. O preço não é demasiadamente elevado.

E embora nos contêm as narrativas que alguns desses pioneiros como Arsênio, Pacômio e Antão receberam sua resposta por meio de uma inspiração interior, ou pelo intermédio de "personagens luminosas", os demais "Padres" do deserto, tinham de contentar-se com uma fonte de informação mais prosaica mas, afinal, mais segura. Tinham de interrogar outros monges que já haviam encontrado a resposta. Deviam procurar um "pai espiritual".

Os "fioretti" sobre os Padres do deserto são geralmente de estilo direto e sucinto. Relatam consultas sobre vida espiritual. E as "sentenças" (*Apophthegmata*) dos "Padres" do deserto são, habitualmente, soluções referentes a problemas ou dificuldades. Essas questões podem ter sido apresentadas por um discípulo vivendo lado a lado na mesma cela que seu Mestre – ou numa cela vizinha, de maneira a ser instruído e receber o treinamento do Mestre. Pode também acontecer que a consulta venha de um estranho que fez longa viagem com o determinado propósito de receber essa resposta de um célebre

Abba. Por vezes as perguntas são gerais e fundamentais. Envolvem o que hoje chamaríamos uma decisão vocacional que mudaria completamente o curso da vida da pessoa que interroga. Na terminologia das "sentenças", tais perguntas são assim formuladas: "Que deveria eu fazer?" "Diga-me uma palavra" (isto é: "uma palavra de salvação", manifestando a vontade de Deus e, por meio dela, mostrando-me o escopo, a meta da minha existência). A resposta a uma pergunta dessas é um programa de vida no deserto – ou se quiserem, uma "negra" expressa em três ou quatro palavras apropriadas às necessidades de quem interroga. Em cada caso a resposta do Mestre tenciona resolver a necessidade pessoal do interrogante. É, também, no entanto, uma declaração fundamental sobre a vida monástica.

Um dos melhores exemplos desse gênero de declaração acha-se na vida copta de São Pacômio. É a narrativa do primeiro encontro de São Pacômio com o eremita Abba Palemão, seu pedido para tornar-se discípulo do ancião e a resposta de Palemão[11].

Pacômio bate à porta da cela. O ancião exclama em alta voz, com rudeza: "Por que estás batendo?" Responde o jovem: "Pai, meu desejo é que me permitas ser monge contigo".

O ancião começa então numa narrativa, entre sóbria e desencorajante, a explanar o que é vocação à vida solitária: "Muitos aqui vieram com este mesmo propósito e não foram capazes de aguentar. Desistiram vergonhosamente..." Contudo, Palemão expõe, com brevidade, o escopo da vida monástica ("A Escritura ordena que

---

11. LEFORT. *Les Vies Coptes*, p. 84-85.

jejuemos e oremos para que possamos ser salvos"). E indica a Regra que seguiam os monges. "A Regra do monaquismo, como nos foi ensinado pelos mais antigos, é esta: passamos, em qualquer tempo, a metade da noite – e frequentemente do anoitecer até a manhã seguinte, em vigílias – rezando o breviário e fazendo muito trabalho manual com fio, crina, fibra de palmeira, de modo a não sermos importunados pelo sono e para prover ao sustento das necessidades corporais. Tudo o que sobra, uma vez satisfeitas nossas necessidades, damos aos pobres". Abba Palemão continua esclarecendo com pormenores sobre oração e jejum e conclui: "Agora que te ensinei a lei do monaquismo, vai e examina-te sobre todos esses pontos. Vê se és capaz de fazer o que eu disse..." E acrescenta ainda: "Vai para tua casa, ali permanece e agarra-te bem ao que recebeste. Vê... se és capaz de perseverar firme".

Este trecho é um paradigma de preparação à vida monástica e à decisão das vocações[12].

Outros exemplos simples:

Um cenobita vem procurar o eremita Abba Bessarião e lhe pede conselho sobre como viver em sua comunidade. "O ancião lhe disse: Mantém-te em silêncio e considera-te um nada"[13].

"Um irmão dirigiu ao Abba Muthues este pedido: "Fala-me uma palavra". Respondeu-lhe o ancião: "Elimina de ti toda contenção sobre qualquer assunto, seja qual for, chora e arrepende-te, pois é chegada a hora"[14].

---

12. Cf. *Regra de São Bento*, cap. 58.

13. Paradise, II, 13.

14. Ibid., p. 32.

Essa "compunção" (que nos faz "chorar") e a perspectiva escatológica que tudo via à luz da finalidade das coisas e em dimensão de eternidade eram suficientes para revolucionar toda a visão do homem em relação a si próprio e à vida.

Notemos que nesses dois exemplos escolhidos a esmo a ênfase está colocada na paz em que se deve viver no relacionamento com os outros. Elimina toda "contenção" mesmo em pensamento. Este é um tema muito comum nas sentenças dos "Padres" do deserto. Retirar-se à solidão de nada serve se o eremita vive alimentando imaginações e sentimentos de hostilidade e agressividade. Um pré-requisito para viver nessa tranquilidade de espírito (*quies, hesychia*) do verdadeiro solitário é a renúncia a todo julgamento, toda crítica dos outros e toda argumentação interior. Viver na presença do supremo juiz de todos era o caminho que devia trilhar o noviço a fim de tudo reduzir às suas verdadeiras dimensões.

Por vezes a pergunta dirigida ao ancião relaciona-se a determinado problema da vida ascética. A solução apresentada constitui um princípio que tem certa importância em casos análogos.

> Por exemplo: Um irmão, ao Abba Poemão: "Meu corpo é fraco e não sou apto para realizar as observâncias ascéticas. Fala-me, pois, uma palavra pela qual possa eu viver". Disse-lhe o ancião: "Estás apto a governar teu pensamento não lhe permitindo dirigir-se ao teu próximo com malícia?"[15]
>
> Um irmão perguntou ao mesmo Abba Poemão: "Que devo fazer, pois sinto-me perturbado quando permaneço sentado em minha cela?" O ancião lhe respondeu: "Não julgues levianamente a ninguém; não

---

15. Ibid., p. 83.

penses maldosamente em teu coração; não condenes, nem amaldiçoes a ninguém. Deus, então, te dará tranquilidade, e tua morada não será perturbada"[16].

Existem algumas sentenças em que o Mestre procura, por assim dizer, certificar-se de que o discípulo atingiu certo estado de plenitude na perfeição e que se acha, agora, apto – com liberdade interior – a ir em auxílio de outros. Assim, Teodoro, ele próprio um "ancião" e, portanto, experiente, perguntou ao Abba Pambo:

"Queres dizer-me uma palavra?" E, com muita dificuldade, este retrucou: "Teodoro, vai-te e deixa que tua misericórdia se derrame sobre cada homem, pois tua amorosa bondade encontrou liberdade de expressão diante de Deus"[17].

A resposta de um Abba anônimo resume e abarca todo o campo do ascetismo monástico segundo ele o vê:

Em minha opinião o trabalho em que a alma deve exercitar-se é o seguinte: Viver no silêncio, persistir firme, ter espírito de sacrifício, esforçar-se, ser humilde em suas atitudes corporais, estar em oração constante. E não se deve considerar as limitações dos outros. Deve-se, antes, estar consciente dos próprios limites. Se alguém, pois, perseverar nestas coisas manifestará, sem grande demora, muitos frutos de excelência espiritual[18].

Se os "Padres" do deserto respondiam conforme as necessidades individuais, por vezes acontecia-lhes solucionar o mesmo problema de maneiras diversas – ou davam respostas aparentemente contraditórias a perguntas idênticas. Ao ser interrogado sobre a maneira de agir diante de pensamentos que representavam uma tentação,

---

16. Ibid.

17. Ibid., p. 97.

18. Ibid., p. 199.

o *Abba* José (a quem se censurava essa contradição) respondeu certa vez a um monge que resistisse com força e os rejeitasse. A outro monge na mesma dificuldade, disse o ancião que não desse nenhuma atenção a tais pensamentos. Foi este o que se queixou da aparente contradição. O esclarecimento do Abba foi este: "Falei a *ti*, como teria falado a mim mesmo"[19]. Em outras palavras, sabia ele que seu interlocutor era experiente e que uma forte resistência não lhe era necessária, pois os pensamentos tentadores não solicitavam realmente sua vontade. Uma resistência direta causaria desnecessária preocupação com tais pensamentos: perderia tempo prestando-lhes atenção em lugar de melhor ocupar-se com outros assuntos.

A meta que temos em vista está bem colocada numa obra siríaca dos séculos V ou VI. O contexto siríaco é diverso do monaquismo egipcíaco. É mais especulativo do que as "sentenças", de tipo prático, dos "Padres" do deserto. No entanto, de modo geral, a orientação é bem semelhante.

O Mestre:

> Renúncia ao amor ao dinheiro. Em seguida é-lhe exigido forçosamente despojar-se do amor aos elogios. Depois é que lhe será possível ter a virtude da compreensão na humildade, na paciência, na tranquilidade, na lucidez de espírito, na alegria da esperança, na vigilância das preocupações dignas, no perfeito amor de Deus e dos homens. Por meio destas coisas, chegará ele à pureza de coração que é o coroamento, a plenitude de todo o comportamento proposto por Deus ao homem como escopo nesta vida[20].

---

19. Ibid., p. 198.

20. João o Solitário. *Dialogue sur l'âme et les Passions,* trad. de I. Hausherr, S.J. Orientalia Christiana Analecta 120, Roma, 1939, p. 31-32.

Este texto há de ajudar-nos a entender várias declarações de princípios feitas pelos "Padres" do deserto. Todas essas declarações devem ser entendidas à luz de situações concretas. Em dado momento um severo ascetismo é indicado como essencial, noutra ocasião será declarado não essencial. Tudo depende do caso concreto. Em uma palavra, as sentenças dos padres não devem ser tomadas como regras rígidas a serem aplicadas da mesma maneira era todas as situações. Essas sentenças são orientações para aplicação como princípios gerais com visão ampla e larga. Isto já foi considerado aqui. O que há de mais fundamental nessas *apophthegmata* está declarado, com nitidez, na primeira conferência de Cassiano: toda prática, toda decisão, toda mudança na maneira de viver de alguém, deve ser julgada na perspectiva do propósito de vida solitária. Este propósito, ou melhor, este escopo é chegar a ter um coração puro, perfeita caridade e *quies*. Isto é, a tranquilidade do espírito desapegado de si e de tudo, que não conhece o egoísmo.

O valor e o sentido de toda prática ascética devem ser apreciados em termos de tranquilidade, lucidez de espírito, amor e pureza do coração. Tudo o que não levar a isso é sem valor, pois, em lugar de libertar-nos da preocupação com nosso "eu", apenas serve para reforçar a ilusória e obsessiva preocupação com o *ego* e sua vitória sobre o "não eu". A verdadeira tranquilidade e a pureza de coração não têm condições de vingar onde essa divisão do "eu" (considerado como certo e bom) e do "não eu" (considerado como ameaça) governa nossa conduta e nossas decisões.

Quando alguém se liberta dessa obsessão do eu, diz o texto que examinamos, atinge a *integridade*. O comportamento é, então, o do "homem novo". Aí é que está o "início" da verdadeira vida. A vida do homem interior, ou espiritual, que vive totalmente como filho de Deus e não como escravo.

Existe um princípio sobre tudo do qual se pode dizer que abrange quase cada caso, uma norma fundamental, básica, de vida solitária? Sim. Existe. A observância desta norma é, praticamente, sinônimo de *quies*, porque ela é condição essencial à verdadeira tranquilidade. É o princípio-chave da vida de solidão. Essa norma é por vezes indicada de maneira tão decisiva que parece dispensar ulteriores conselhos. Damos aqui a clássica sentença;

> Certo irmão procurou o Abba Moisés no deserto do Cete e pediu-lhe que "falasse uma palavra". Disse-lhe o ancião: "Vai-te embora, senta-te em tua cela e tua cela te ensinará"[21].

Esta sentença possui implicações evidentes para a prática da orientação espiritual. Da maneira como é declarada aqui, implica nitidamente que de nada adiante ao monge deixar a cela e correr para cá e para lá pedindo conselhos se não estiver, em primeiro lugar, pronto para *enfrentar sua própria solidão em toda a sua despojada realidade*.

Embora não possamos aqui aprofundar devidamente esta ideia, seja-nos permitido dizer ao menos o seguinte: é na solidão que o monge chega, da maneira mais completa, a descobrir as verdadeiras e profundas dimensões de seu próprio ser, ao mesmo tempo "real" e "irreal". A convicção de que nosso "eu" é uma realidade estática, absoluta, invariável, passa por uma profunda transformação e se dissolve no calor de uma chama lu-

---

21. Paradise, II, 16.

minosa que nos dá percepção inteiramente nova e insuspeitada. Nessa percepção vemos que nossa "realidade" não é um "ego-self" firmemente estabelecido, já realizado e que basta aperfeiçoá-lo, mas, antes, que somos um "nada", uma "possibilidade" onde o dom da liberdade criadora pode vir a ser uma realidade pela resposta ao dom gratuito do amor e da graça. Esta resposta significa a aceitação de nossa solidão e de nossa "potencialidade" como um dom e um encargo, um *trust* a ser empregado, um "talento", na linguagem das parábolas. Nossa existência torna-se então ao mesmo tempo terrível e preciosa pois, *radicalmente*, pertence, não a nós, mas a Deus. Entretanto, não será plenamente "de Deus" se não a tornamos, livremente, "nossa" oferecendo-a, em seguida, a Ele como um hino de louvor. Isso é que a tradição cristã quer significar por "obediência à Palavra de Deus". O monge deve aprendê-lo por si mesmo.

Evidentemente, quem segue este caminho necessita da assistência de outros. Não pode, no entanto, ser auxiliado por outros se não estiver antes decidido a ajudar-se a si próprio. Os outros de pouco servirão como mediadores entre Deus e o que busca a vida solitária, se este não tem fé suficiente para dar lugar prioritário à oração e à solidão em sua própria vida. Em outras palavras, é a solidão da cela que ensina como enfrentar a ilusão, como resistir à tentação, como orar. Todos os conselhos e orientação dependem em primeiro lugar da prontidão do jovem eremita em aceitar este princípio básico. Poder-se-ia dizer que todos os demais conselhos supõem, de antemão, estar alguém pronto a aguentar o silêncio e a solidão purificadoras da cela, onde o solitário é despojado da imagem ilusória que tinha de si e vê-se forçado a aceitar o nada, a limitação, a infidelidade, a defectibilidade – ou, como poderíamos hoje dizer o "vácuo" de sua própria vida.

Santo Antão, que melhor do que ninguém conhecia o sentido deste combate solitário com os pensamentos ("demônios")[22], disse que a vida na cela era, por vezes, como estar numa fornalha ardente. Entretanto, naquela fornalha chegava-se a estar frente a frente com Deus. A referida sentença recorda outra de um monge dos tempos modernos, do Monte Atos, o *Staretz Silouan,* que viveu "como que no inferno" mas não desesperou[23]. Antão deixou-nos uma sentença das mais importantes, com profundas implicações sobre a vida mística (da qual pouco se fala explicitamente nas *Apophtegmata*). "A cela do monge é a fornalha da Babilônia onde os três jovens hebreus encontraram o Filho de Deus. É também a coluna de nuvem de onde Deus falou a Moisés[24].

O monge que enfrenta este fogo e esta escuridão não poderá manter-se na cela se não viver como homem de fé e de oração. Existe uma sentença monástica antiga, que diz o seguinte: "se não és capaz de permanecer em tua cela, ela te expulsará, vomitando-te". Esta realidade talvez concorresse para o fato de que os Padres do de-

---

22. Em todas as tradições espirituais é reconhecido que existe uma fase na qual pensamentos e desejos, bons ou maus, são projetados e objetivados como seres externos ou pessoas. Esta fase tem de ser transcendida. Mas as experiências a ela pertinentes têm de ser tomadas em consideração mesmo se "ilusórias". A problemática da realidade metafísica de anjos e demônios é outra questão.

23. Cf. *The Undistorted Image,* pelo Arquemandrita Sofrônio, Londres 1962.

24. Paradise II, 14. Em relação à coluna de nuvem como símbolo místico, cf. SÃO GREGÓRIO DE NISSA: *De vita Moysis.* Trad. francesa de J. Daniélou, S.J., *Sources Chrétiennes,* 2. ed. Paris, 1955.

serto não se deixavam enganar nem se entusiasmavam por um zelo disfarçado em converter outros, que muitas vezes se apresentava como louvável evasão da solidão da cela e da *acedia* causada pelo "demônio do meio-dia"[25].

Um jovem monge, atormentado com este tipo de problema, confessa ao *Abba* Arsênio:

> Meus pensamentos me importunam dizendo-me "não podes jejuar, não és capaz de trabalhar. Visita, portanto, os enfermos, pois este é um grande mandamento". Abba Arsênio, como bom conhecedor da guerra dos demônios, respondeu-lhe: "Come, bebe e dorme e luta, mas de modo algum deixes tua cela". – É que o ancião bem sabia que permanecer constantemente na cela suscita todos os disciplinados costumes da vida solitária[26].

A continuação desta encantadora história conta que o jovem, permanecendo na cela, percebeu gradativamente como conseguir trabalhar e orar cada vez mais equilibradamente. Finalmente venceu a batalha ascética – a grande batalha do solitário – contra todos os seus "pensamentos" (imaginações). (Isto é, ele encontrou na *quies* a solução da divisão nele causada pela inútil atividade interior e a autoprojeção, em palavras e ideias, que eram obstáculos entre ele e sua vida).

Outro ancião discutiu o problema dos pensamentos que nos fazem vaguear, nos seguintes termos:

> O problema é semelhante ao da jumenta que tem um jumentinho que nela mama. Se a jumenta estiver amarrada, por mais que o jumentinho dê pinotes aqui e ali, vá e venha, voltará, por fim, à jumenta ou porque está com fome, ou por outras razões que a

---

25. Cf. CASSIANO. *De Cenobiorum Institutis,* Lib. X. P.L. 49, vol. 359ss.

26. Paradise, II, 4.

ela o atraem. Se, no entanto, a mãe também estiver vagueando ao léu, ambos acabarão mal. Assim é o problema do monge. Se o corpo permanecer continuamente na cela a mente com certeza a ele há de voltar após seu vaguear aqui e ali. Isso sucederá por muitas razões. Porém, se o corpo também estiver em andanças para lá e para cá, fora da cela, ambos se tornarão a presa e a alegria do inimigo[27].

Se os Padres do deserto tanto enfatizam a importância de permanecer na cela, não quer isso dizer que não existam regras a seguir e que o iniciante, contanto que fique fora das vistas de todos, pode fazer tudo o que lhe agrada. "Não te tornes teu próprio legislador", disse um dos anciãos[28]. Outra sentença da tradição monástica; "os que não estão sob a lei, ou sob os que governam, cairão como as árvores"[29]. A razão disso não está somente no fato de ser o iniciante inexperiente e necessitar instrução e auxílio. Ao longo de todas as sentenças dos Padres do deserto, encontramos homens experientes mas que seguem a orientação de outros sem confiar em seu próprio julgamento. Embora o solitário deva desenvolver certa capacidade de orientação própria, é evidente, isto não significa que ele confie em sua própria força ou suas ideias. O solitário não vai ao deserto somente em busca de solidão, para fazer só o que lhe agrada e admirar sua própria pessoa por ser um grande contemplativo. Não haveria verdadeiro *quies*

---

27. Ibid., p. 12. Vemos aqui como a importância do "permanecer na cela" é análoga à ênfase dada ao *zazen* (sentar-se para meditar) no zenbudismo. Dom Jean Leclercq tem um importante ensaio "Sedere" (sentar-se) no volume *Le Millénaire du Mont Athos,* Chevetogne, 1963.

28. Ibid., p. 161.

29. PALÁDIO. *Historia Lausíaca,* 24. Paradise, I, 136.

em tal aventura. E, se houvesse paz, seria a falsa paz da autossegurança e da autocomplacência.

Daí haver outra narrativa que explica a sentença "permanece em tua cela, e em tudo ela te há de instruir". É preciso ficar na cela por uma boa motivação.

Certo irmão recebera, havia pouco, a veste de monge. Fechou-se então em sua cela e declarou: "Sou um monge do deserto". Quando os Padres do deserto ouviram, vieram e retiraram-no de sua cela e o fizeram perambular pelas celas dos irmãos apresentando-lhes suas desculpas, dizendo: "Não sou um monge do deserto e apenas comecei a ser um discípulo"[30].

O monge não vem ao deserto para reforçar a imagem que tem do seu *ego*. Vem para libertar-se disso. Afinal, esse culto do *ego* é a última e mais difícil idolatria a ser descoberta e eliminada. O monge sabe disso e, portanto, decide resolutamente empregar os meios adequados para suprimir essa situação, em lugar de reforçar a imagem. Para ser fiel a este propósito é que o monge renuncia a sua própria vontade a fim de ser instruído e orientado por outro, ainda que seja capaz de viver em solidão. Ele consulta um mais experiente, um "pai espiritual". E, como vimos acima na narrativa sobre o abba Teodoro, pode mesmo já ser um ancião antes que o pai espiritual lhe permita assumir inteiramente a sua vida, pois já conseguiu liberdade e segurança, não as do homem autossuficiente e teimoso que acredita em suas façanhas ascéticas, mas a do humilde que confia totalmente em Deus.

Um irmão confessou a um ancião:

---

30. Paraíso, II, 240.

"Em minha cela faço tudo o que é aconselhado e não encontro nenhum consolo em Deus". Disse-lhe o ancião: "Isto lhe sucede porque queres que tua vontade se faça". Perguntou-lhe o irmão: "Que me ordenas, então. Pai?" Respondeu o ancião: "Vai, une-te a um homem que teme a Deus, humilha-te diante dele, desiste da tua vontade para fazer o que ele te aconselha e receberás então a consolação de Deus"[31].

O termo "consolação de Deus" não é explicado. No contexto normal da espiritualidade monástica, significa "compunção". Ora, a compunção é sinal de um arrependimento válido e autêntico, isto é, da *metanoia* ou *conversatio*. Esta realidade significa muito mais do que um simples "sentimento" de tristeza pelo pecado expresso no "dom das lágrimas". É, mais basicamente, um senso da *verdade*, um senso de haver atingido os fundamentos do nosso próprio ser (ou, se preferem, do nosso "nada") na percepção final de que somos totalmente defectíveis; que somos "aquele que não é", na presença "daquele que é". O cerne da "consolação" está precisamente neste senso de que no centro do nosso nada nos encontramos com o infinitamente real. Numa palavra, humildade e consolação caminham juntas. Isso porque a humildade é a verdade experimentada em sua factualidade concreta e existencial em nossa vida. Alguém que "planeja sua própria vida", efetuando projetos ideais destinados a estabelecer cada vez mais firmemente a imagem de seu *ego*, de maneira alguma pode saborear a "consolação de Deus". Não está privado de outras consolações – as que vêm da imagem construída para sua própria satisfação! Mas essas consolações são fabricações trabalhosas, ambivalen-

---

31. Paulo Evergetinos. Cf. HAUSSHERR, I. S.J. "Direction Spirituelle en Orient autrefois". *Orientalia Christiana Analecta* 144, Rome, 1955, p. 162.

tes, provocam náuseas em qualquer pessoa que tenha o senso da verdade.

Ler livros, apenas, e seguir instruções escritas por mestres do passado não substitui o contato direto com um orientador vivo[32]. O Mestre não instrui somente ou faz conferências. Tem de conhecer e analisar os mais íntimos pensamentos do discípulo. A parte mais importante da direção é a abertura com que o discípulo manifesta ao Pai espiritual não só seus atos, mas todos os seus pensamentos.

Um *apophthegma* atribuído a Santo Antão declara: "O monge deve tornar conhecido aos mais antigos cada passo que dá e cada gota d'água que toma em sua cela, de maneira a examinar se não está fazendo mal"[33].

Uma vez que o verdadeiro "trabalho de cela" não é questão de atos corporais e observâncias mas sim de luta interior com "pensamentos" (isto é, em última análise, com a paixão do pensamento centrado no *ego* e no orgulho), torna-se muito importante que o discípulo possa informar o pai espiritual de tudo o que ocorre em seu coração. O propósito que se tem em vista é aprender a *diacrisis* ou o discernimento dos espíritos que identifica essas moções logo no início e não confunde impulsos de orgulho, vaidade, obsessivos ou ilusórios com "vontade de Deus" e "inspiração do Espírito Santo". As narrativas dos Padres do deserto têm numerosos exemplos de monges que foram ascetas austeros mas que, por falta de discernimento, chegaram

---

32. Ibid., p. 167s. (apud SÃO GREGÓRIO DE NISSA).

33. *Apophthegmata,* Alpha Antonii, n. 8, Migne P.G. 65, col. 88.

a fantásticos extremos ou arruinaram completamente suas vidas. Faltou-lhes a *diacrisis*.

Cassiano, empregando uma expressão que se tornou corrente nos círculos monásticos por ter sido mesmo atribuída a Cristo num *logion*, disse que os monges deviam "conforme o mandamento do Senhor tornar-se argutos como os cambistas"[34] capazes de distinguir o ouro do metal e aceitar só moeda autêntica. Cassiano aplica essa sentença ao discernimento dos pensamentos.

Pensamentos aparentemente espirituais podem, de fato, ser apenas ilusões ou superstições. Podem, ainda, ser meramente superficiais. Às vezes ficamos maravilhados com palavras ou com métodos que nos parecem sutis e prometer levar-nos a um novo gênero de iluminação. Acontece também estarmos demasiadamente entusiasmados em seguir uma linha de pensamento que, por fim, demonstra ser inteiramente contrária ao verdadeiro escopo da vida monástica (isto é, desapego de si e *quies*).

Uma vez que o gosto por novidades em matéria de doutrina e por novos e curiosos métodos apresenta um escape que permite fazer a própria vontade e pode destruir o bom propósito do monge ou pelo menos induzi-lo a perder tempo com trivialidades, o pai espiritual não tolerará mais fantasias. O mestre espiritual exige, severamente, renúncia a todos esses subterfúgios pelos quais o discípulo procura apenas satisfazer seu *ego*. Ao invés, aquele que se esforça por evitar submeter-se a um mestre mostra, por este fato, que prefere ficar com sua própria vontade e ilusões.

---

34. CASSIANO. Conferência I, c. 20, Migne P.L. 49: 514-516.

Será então possível pensar que alguém leve vida divina de acordo com a Palavra de Deus, vive-se sem guia, satisfazendo seus caprichos e obedecendo a sua vontade egoísta? Evidentemente que não... (há monges dessa categoria, diz São João Clímaco) "saibam que estão tentando trilhar um caminho curto, mas duro, que só tem uma saída e leva ao erro[35].

O monge, é claro, deve ter a liberdade de escolher seu próprio pai espiritual. Entretanto, ele estará apenas se iludindo se escolher um mestre que jamais lhe dirá algo senão o que ele deseja ouvir – e jamais lhe indicará coisa alguma contra sua vontade egoísta. Em realidade, o pai espiritual terá de mostrar-se, se necessário, inequivocamente severo. Deverá por vezes exigir de seu discípulo coisas extremamente difíceis de maneira a testar-lhe a vocação à solidão e ajudá-lo a progredir rapidamente. Para o discípulo era coisa da maior importância aceitar essas provações e enfrentá-las abertamente. Do jovem aspirante à solidão esperava-se obediência, completa e livre, às exigências e aos conselhos do pai espiritual por mais desconcertantes que lhe pudessem parecer. Nessa árdua escola de treinamento – e somente aí – "o discípulo aprenderia a libertar-se de três obstáculos: a vontade egoísta, a autojustificação e o desejo de agradar"[36]. Se portanto o discípulo conseguir assumir o tratamento rude que lhe é imposto, consciente de que o pai espiritual sabe o que está fazendo, alcançará rapidamente um estado de desapego em relação a sua própria vontade egoísta. Assim conquistará um estado de liberdade espiritual em que, em lugar de ser guiado por suas fantasias subjetivas e desejos irracionais, aceita inteiramente a realidade ob-

---

35. CALISTO & INÁCIO. In: *Writings from the Philokalia*, p. 175.

36. BARSANÚFIO. Apud HAUSHERR, I. Op. cit., p. 165.

jetiva e a ela se conforma sem outro propósito do que "caminhar na verdade". Isso implica um estado de completa indiferença para com suas preferências subjetivas para com o desejo de ser elogiado e aceito pelos outros e a ter um lugar respeitado na sociedade dos homens. Na linguagem dos Padres do deserto essa transformação era resultado de uma substituição total da vontade do *ego* individualista pela vontade de Deus[37].

Aí está a liberdade espiritual sem o que não existe tranquilidade, *quies*, nem pureza de coração. Em outras palavras, o escopo do treinamento espiritual dado pelos Padres do deserto tinha em vista levar, com toda rapidez possível, seus discípulos a esse estado de liberdade interior que os tornasse aptos a viver como filhos de Deus.

Contudo, uma leitura irresponsável, incompleta, dos Padres do deserto levou alguns ascetas com menos discernimento, de uma época posterior, a dar por vezes indevida ênfase a ordens arbitrárias destituídas de razão e bom-senso, insultando assim, sistematicamente, a inteligência e a dignidade humana essencial do sujeito. Agiam como se a única meta do treinamento ascético fosse quebrar e arrasar a integridade pessoal do discípulo pela assim chamada "obediência cega". O Padre Hausherr salienta que o termo "obediência cega" não se encontra em lugar algum nas *Vitae Patrum*. E que, de qualquer modo, os Padres do deserto certamente nunca haveriam pensado que alguém seguindo um guia dotado do dom carismático de discernimento e de sábia compreensão

---

37. Ibid.

obedecesse cegamente[38]. Uma expressão mais correta seria, por exemplo, "obediência sem crítica", ou "obedecer sem questionamento". Pois não se trata de uma obediência passiva que não raciocina, de quem obedece apenas para deixar que "o quebrem", mas é obediência lúcida, confiante, de alguém que acredita firmemente que aquele que o guia conhece o verdadeiro caminho para a paz e a pureza de coração. Acredita também ser este guia intérprete da vontade de Deus para ele.

Essa obediência é "cega" somente no sentido de que põe de lado o julgamento próprio limitado e eivado de preconceitos. E justamente o faz porque vê como o fato de seguir sempre e em tudo o próprio julgamento em coisas nas quais não se é entendido é, realmente, andar nas trevas.

A essa altura, passando do ponto de vista do discípulo ao do mestre, vemos que o mestre deve ser extraordinariamente *humilde*. Deve saber discernir, deve ser bondoso e de modo algum de caráter despótico. As "palavras duras" com que treina os discípulos devem brotar de uma autêntica bondade e da preocupação pelos interesses dos discípulos. Não deve ter por móvel de sua ação o desejo secreto de dominação e de exploração com fins egoístas. O mestre deve, em outras palavras, ser alguém que não esteja mais, em mínima medida, atraído pelo "superiorado" ou pelo desejo de governar e ensinar a outros. Em verdade, encontramos muitos dos *Apophthegmata* ocupados em demonstrar como havia monges que recusavam assumir a função de *Abba* ou que fugiam dos que procuravam tornar-se discípulos seus.

---

38. Op. cit., p. 197.

Contudo, o caso de São Pacômio e de outros grandes mestres demonstram como, afinal, cederam aceitando o que entendiam ser um serviço em favor de outros e um passo a mais no caminho da autorrenúncia. Entretanto, esses mestres ensinavam, antes de mais nada, pelo exemplo e só depois por palavras.

> Disse um irmão ao Abba Poemão: "Alguns irmãos estão morando comigo. Desejas que eu os governe?" O ancião retrucou: "De modo algum. Age primeiro e, se eles desejam 'viver', eles próprios hão de pôr as lições em prática". Disse o irmão: "Abba, são eles que querem que eu os governe". Respondeu o ancião: "Não. Torna-te um modelo, não um legislador"[39].

Uma notável característica dos eremitas do deserto, que se reflete nas "sentenças", é o grande respeito que têm pela variedade de vocações pessoais e de "caminhos". Não procuravam impor regras rígidas, tudo reduzindo a uma arbitrária uniformidade. Longe de procurar segurança numa espécie de conformismo servil, eram capazes de apreciar e valorizar a diversidade de dons, manifestação do único Espírito que em todos habita (1Cor 12,4).

> **Abba** João dizia: "A comunidade destes santos homens assemelha-se ao jardim repleto de árvores frutíferas de diversas espécies. As árvores são plantadas na mesma terra e todas bebem da única fonte. Assim é com os homens de vida santa, pois não têm somente uma única regra mas diversas variedades. E, mais, um trabalha de um modo e outro de modo diferente, mas é o mesmo e único Espírito que opera e trabalha neles"[40].

---

39. *Apophthegmata,* Alph. Poemen, 174, P.G. 65, 364; cf. HAUSHERR. Op. cit., p. 190.

40. *Paradise,* II, 148.

Finalmente, podemos dizer, resumindo, que o pai espiritual deve ser de fato "espiritual" no sentido técnico de *pneumatikos*. Isto é, um homem totalmente iluminado pelo Espírito de Deus. Deve ser alguém que se entregue totalmente a Deus e que, portanto, se deixe conduzir pelo amor e não por normas apenas externas ou lógicas. João, o Solitário, distingue o "homem espiritual" (*pneumatikos*) do homem apenas racional e virtuoso a quem denomina *psychicos*. Em verdade, João está apenas seguindo a terminologia de São Paulo (1Cor 2,14). *Psychicos* é, às vezes, traduzido por "homem natural". Diz o Apóstolo: "O *psychicos* não recebe o que vem do Espírito de Deus, pois para ele é loucura". O homem espiritual é aquele que recebeu o Espírito de Deus e conhece as "coisas de Deus" (cf. 1Cor 2,6-13).

Para João, o Solitário, transferindo o ensinamento de S. Paulo para o contexto monástico, o *psychicos* é o monge bem-intencionado mas de mentalidade "literal" que procura obter merecimentos por meio das boas obras que "pratica" e tudo aprecia conforme normas medidas pela fita métrica do respeito humano. "Se suas boas obras são eclipsadas (pela atuação superior do Espírito) cai numa espécie de desespero"[41]. É incapaz de dar orientação espiritual autêntica, pois tudo o que sabe se soma em regras externas de ascetismo e de culto, boas em si, mas que ele não sabe relacionar a seu verdadeiro fim.

Podemos resumir a doutrina dos Padres do deserto sobre a direção espiritual, dizendo que ao monge, que é apenas um *psychicos*, falta a necessária sabedoria exigida do pai espiritual. Não pode ele libertar os corações e as

---

41. Op. cit., p. 43.

mentes, não pode abri-los à ação do Espírito. Não o pode porque confia inteiramente num conhecimento externo e legalista de meros rudimentos e não "dá vida", nem abre caminho para um verdadeiro progresso. Pelo contrário, insistindo nas coisas não essenciais e negligenciando constantemente as necessidades vitais do discípulo, tende a abafar a vida e "extingue o Espírito" (1Ts 5,19).

João, o Solitário, observa com muita acuidade que, embora o *psychicos* já tenha domado as paixões mais grosseiras e viva virtuosamente, não ama realmente Deus e os homens. Acha-se numa espécie de estado intermediário no qual deixou de ser movido pela paixão e um grosseiro interesse egoísta (que o faria "amar" os que estariam de acordo com os seus próprios interesses), mas ainda não atingiu a liberdade espiritual que ama todos os homens, perfeita e plenamente, em Deus e por amor a Ele. "O amor de Deus não pode ser alcançado por meio do ascetismo corporal mas somente por penetração dos mistérios. Ora, não havendo penetrado nos mistérios, o *psychicos* falha em seu amor para com os homens"[42]. Ama, de fato, algumas pessoas, mas qual é a base desse amor? É, diz João, o amor à *sua própria doutrina*, ao seu próprio sistema ascético, "sua regra", "seu caminho". Ele só é capaz de amar *os que aceitam e se conformam ao seu ensinamento*. Assim, sua caridade não é autêntica. Ama seus discípulos *por amor à sua própria doutrina*. Isto quer dizer que utiliza o discípulo para afirmar a verdade e o acerto do seu sistema ou, afinal, para mostrar que ele é um bom guia!

O pai espiritual verdadeiramente "espiritual" é, ao contrário, procurado não somente pelos iniciantes mas

---

42. João, o Solitário, op. cit., p. 34. Compare-se com São João da Cruz, *A viva chama de Amor*, III. 29ss.

também pelos que já estão adiantados no caminho. E isso em razão das "palavras de vida" e de amar os homens com o amor com que Deus os ama. Os discípulos veem que este homem ama, não uma doutrina, um método, mas pessoas. Uma vez que como verdadeiro mestre ama, não seu próprio ideal, mas os discípulos, dizem-lhe eles:

> Apressamo-nos em vir procurá-lo... porque encontramos em suas palavras tantas coisas que jamais haviam penetrado em nossas mentes. Pois embora por muitos anos nunca tenhamos deixado nossa cela, o fato de vir visitá-lo foi para nós de proveito bem maior do que nossa estabilidade na cela. Havíamos estabelecido determinados costumes que seguíamos agora, mas os pomos de lado como triviais em razão do conhecimento que como mestre nos mostrou. Sentimos o que São Paulo deve ter sentido... Primeiro ele se impôs e teve satisfação em viver de acordo com a lei pensando não existir outro caminho para a plenitude da perfeição, até que recebeu o conhecimento de Cristo. Assim também nós pensávamos ser perfeito o que tínhamos...[43]

Uma vez que, de fato, uma das armadilhas da vida ascética estritamente regulamentada nos monges foi esse espírito de legalismo e de confiança nas obras externas, o verdadeiro pai espiritual era necessário a fim de garantir que os solitários não se esquecessem da "liberdade dos filhos de Deus", tão ardentemente pregada por São Paulo e plantada no próprio cerne do Novo Testamento. Pois somente nesta liberdade podiam os solitários encontrar autêntica pureza de coração e verdadeira *quies*. Esta liberdade e tranquilidade são o "bom terreno" no qual a semente da graça e da sabedoria pode dar fruto cem por cento. Este estado de pureza e repouso não é o

---

43. João, o Solitário, op. cit., p. 39.

que se pode denominar "o cume da perfeição", seja o que for que isto signifique. É simplesmente a última etapa do desenvolvimento progressivo que pode ser discutido em termos lógicos. É o que João, o Solitário, denomina "integridade". Mas para ele esta integridade não é o fim, é, em realidade, o *início* da verdadeira vida espiritual (pneumatikos). "Para além da integridade está o mistério que não pode ser definido"[44].

> Diziam que um dos anciãos pediu a Deus permitir-lhe ver os Padres do deserto. Viu a todos com exceção do Abba Antão. Perguntou, pois, a quem os mostrava: "Onde está o Abba Antão?" Foi-lhe respondido, "seja onde for que Deus estiver, lá está Antão"[45].

44. Op. cit., p. 46.

45. Paradise, II, 165.

V
O caso da renovação do eremitismo no estado monástico

"Estaríamos cedendo a um exagerado idealismo se tivéssemos a esperança de ver surgir uma decisiva renovação da vida eremítica no seio da Igreja Ocidental? Podemos, pelo contrário, julgar que Deus não poderia dar-nos um sinal mais convincente da persistente e incansável atuação do Espírito Santo no meio dos homens".

Théophile Reclus, em **La Vie Spirituelle**, out. 1952, p. 242.

"Glorificar o eremitismo, de modo geral, parece-me coisa perigosa, pois cada vocação à solidão é um problema relacionado à direção espiritual. Os que aspiram a esse gênero de vida não devem ser incentivados, sem distinção, a procurá-la".

S., em **La Vie Spirituelle**, out. 1952, p. 278.

I

Chegou a hora de uma renovação da vida eremítica dentro do contexto do estado monástico. Existem ordens monásticas que se esforçam ainda por manter uma vida semieremítica como base de sua observância. Entretanto, a tradicional compreensão da vida puramente solitária, como realização normal da vocação monástica, em alguns casos – dentro do quadro do próprio monaquismo – tem de ser redescoberto.

Ainda persiste a tradicional distinção na Igreja do Ocidente entre o estado eremítico e o estado religioso, embora nada exista de explícito no código de Direito Canônico, até agora em vigor (1967), em relação aos eremitas. Contudo a distinção é afirmada implicitamente no Cânon 487: "Status religiosus seu stabilis *in communi* vivendi modus...". O Código da Igreja Oriental inclui os eremitas no estado monástico; não os considera, de maneira alguma, excluídos do referido estado (ver Cânon 313).

Valeria a pena estudar pormenorizadamente de que modo surgiu essa distinção feita pela Igreja do Ocidente. Este estudo, porém, tem de ser adiado para outra ocasião. O material é abundante. Mas haveria muito trabalho a realizar organizando e interpretando os diversos dados.

Seja suficiente indicar aqui, muito sumariamente, como surgiu essa distinção. Isso situará nossas observações sobre a renovação do eremitismo em seu contexto próprio (histórico e canônico), uma vez que estamos interessados aqui em considerar o estado eremítico, não como separado do estado religioso, mas sim como uma possibilidade de renovação do eremitismo no próprio contexto do estado religioso. Podemos observar logo de início que um monge que vive como eremita, nas proximidades de seu mosteiro, não deixaria forçosamente de participar, tanto espiritual como materialmente, da "vida comum" no sentido do Cânon 487. De fato, este monge seria muito mais "participante" da vida comum de seu mosteiro do que outro, servindo como pároco numa paróquia a quinhentos quilômetros de distância, que quase nunca, se é que algum dia, volta à sua comunidade.

Como se sabe muito bem, a atual renovação do eremitismo vinculado a D. Jacques Winandy e aos Eremitas de São João Batista da Colúmbia Britânica está sendo "organizada" sob forma canônica de uma *pia unio*. Assim este núcleo se encontra fora do estado religioso, ainda que a maior parte de seus eremitas provenha de mosteiros beneditinos ou cistercienses e permaneçam membros de sua Ordem. O "estado eremítico" – nesse sentido, então – acha-se mais próximo do estado leigo do que do *status* religioso ou monástico, pois o eremita que se encontra fora da vida religiosa não tem voto de pobreza. Os eremitas propriamente ditos, de acordo com essa definição, são proprietários sem votos. Podemos aqui mencionar o artigo muito interessante de D.P. Doyère sobre os *Eremitas* no *Dictionnaire du Droit Canonique* que se preocupa sobretudo com os eremitas nesse sentido, embora dedique algum espaço ao eremitismo no contexto do estado religioso.

Escrevendo no *Supplément de la Vie Spirituelle*, Dom Jacques Winandy pleiteou o reconhecimento da vida eremítica como canonicamente distinta do estado religioso. Embora admitindo o desabrochar de vocações eremíticas nas Ordens monásticas, de modo especial (citou o caso de cinco sacerdotes da Congregação Beneditina de Solesmes que receberam indulto de *Exclaustração ad Nutum Sanctae Sedis* para se tornarem eremitas)[1]. O ponto de vista de D. Winandy era que a melhor solução achava-se na *exclaustração* e, portanto, no abandono do estado religioso. Isso, sem deixar de levar em conta as sérias ambiguidades que essa medida implicaria, uma vez que, na realidade, a exclaustração é acompanhada de uma certa característica de ignomínia, como se fora "um rebaixamento", o que é, canonicamente, desconcertante no momento preciso em que o eremita está

---

1. *La Vie Spirituelle,* Supplément, T. XII (1959), p. 343 ss.

presumivelmente tentando "subir um degrau" na vida espiritual. Mas infelizmente, como o demonstra o artigo de D. Doyère, o estado eremítico, do modo como estava canonicamente constituído na baixa Idade Média, é, de fato, "um rebaixamento" em relação ao estado monástico. Contudo, este "rebaixamento" podia ser aceito como motivo para maior pobreza e humildade. "L'état érémitique présente un caractère *mineur*, un caractère d'humilité et de complet effacement"[2]. Voltaremos ao artigo de D. Winandy que é, até o presente, o melhor sobre o assunto em questão.

Originariamente, a vida eremítica era considerada como a perfeição normal da vida monástica. O eremita era então o monge por excelência. A vida cenobítica, mesmo quando não orientada para o eremitismo como sua plenificação, participava, em grande medida – pelo silêncio, pela clausura, etc. – do caráter solitário da vocação eremítica.

Não é preciso alongar-se aqui relatando alguns dos extraordinários carismas da vida solitária encontrados nos anais do monaquismo siríaco e egípcio, dos séculos IV e VII. A difusão do ideal monástico nas regiões do Ocidente, incentivada como foi pela *Vita Antonii*, escrita por Santo Atanásio no século IV, foi caracterizada pela ênfase dada ao eremitismo. O ideal cenobítico bem como o eremítico desenvolveram-se harmoniosa e conjuntamente no monaquismo iniciado por São Martinho na Gália centro-ocidental, e por Cassiano e Honorato no sudeste da mesma Gália, sem falar nos monges dos Alpes e do Jura.

---

2. D.D.C., V, 418.

Desde o século V já encontramos um Concílio na Gália legislando para eremitas. O Concílio de Vannes, em 463, decreta o seguinte:

"Servandum quoque de monachis ne eis ad solitarias cellulas liceat a congregatione discedere nisi forte probatis post emeritos labores aut propter infirmitatis necessitatem ab abbatibus regula remittatur. Quod ita demum fiat ut intra eadem monasterii septa manentes, tamen sub abbatis potestate separatas habere cellulas permittantur"[3].

Este texto se relacionava exclusivamente com o passar da vida cenobítica à solitária dentro do estado monástico unificado, embora permanecendo membro de sua própria comunidade e sujeito a seu abade. Podemos notar os seguintes pontos:

1 Em consonância com a maior parte da legislação primitiva, o ponto em foco é regularizar a transição do monge do cenobitismo para o eremitismo e limitar esse ato aos que têm sérias razões para efetuá-la e estão para isso bem preparados. Ver também o Concílio de Agde (506), cânon 38; o Concílio de Orléans (543), cânon 23; Toledo (633), cânon 53; Toledo (646), cânon 5; Frankfurt (794), cânon 12 etc. O Concílio de Trullo (692) se interessa pelas exigências da vida reclusa: pede três anos de vida cenobítica e um ano de vida solitária como pré-requisitos a esta tão exigente forma de vida solitária[4].

2 De modo particular insiste-se no fato do candidato à vida solitária ser alguém que foi bem provado e submetido a testes por *eméritos labores* na comunidade cenobítica.

---

3. Mansi, VII, 954. Texto citado por H. Leclercq, *Reclus*, em DACL XIV, 2149-2159.

4. D. Besse, em DTC, I, 1139.

Deve ele demonstrar ser verdadeiramente monge – pois se não for ainda um monge de valor no cenóbio, há pouca probabilidade de que o seja na solidão. Este assunto volta repetidas vezes nos Concílios dos séculos V-VII e serve de base ao texto – que poderíamos chamar de clássico –, com o qual estamos familiarizados, do capítulo primeiro da Regra Beneditina: "que não por um fervor inicial da vida monástica, mas através de provação diuturna no mosteiro, instruídos então na companhia de muitos, aprenderam a lutar contra o demônio... etc." Em resumo, a vida eremítica é considerada uma plenificação normal da vida monástica. Não deve ela, porém, ser empreendida prematuramente e sem o auxílio da obediência.

3 Ao mesmo tempo, o Concílio de Vannes permite ao monge viver numa cela solitária, por outro motivo, isto é, por enfermidade física ou mental, *"propter infirmitatis necessitatem"*.

4 Deve-se cuidar em ambos os casos que esta cela solitária esteja situada dentro do recinto do mosteiro, e que o solitário, eremita ou simples enfermo, permaneça sob a responsabilidade do abade. A prescrição de que o eremita deva permanecer dentro do recinto da clausura monástica parece ter sido interpretada em sentido lato.

5 De qualquer maneira, temos aqui o que parece ser considerado como a situação normal. Considera-se perfeitamente normal providenciar certa vida solitária excepcional dentro do quadro da vida monástica. O monge eremita deve ter a garantia da clausura e da obediência. Mas será suficiente denominar essa forma de vida "eremitismo"? Existe ainda uma distinção entre o eremita e o recluso. Gregório de Tours e muitos outros escritores dos primeiros séculos, especialmente hagiógrafos e cronistas, dão testemunho da frequência da *reclusão* como forma perfeita de vocação à vida solitária especificamente adequada à *instituição* monástica. O recluso (ou a reclusa), encerrado numa cela, acha-se totalmente dependente de outros em tudo o que se relaciona com os cuidados necessários à vida física e espiritual. Isto implica certamente "comunidade". Daí o fato de a cela do recluso (ou reclusa), também denominada "ancoradouro", normalmente estar anexada a uma igreja, talvez uma igreja monástica. São Galo, na Suíça, é um exemplo de uma abadia em que a reclusão é muito estimada. Na área de Metz, Tréveris e Liège havia numerosos reclusos. A Regra dos Reclusos ("*Regula Solitariorum*") por Grimlaicus (século IX) foi, evidentemente, escrita por um sacerdote-recluso de Metz. A Regra dos Reclusos teve mais influência do que geralmente se supõe. Um recente artigo demonstrou que esta regra se tornou a base da observância da reclusão nos eremitérios camaldulenses, onde a reclusão ainda é tida como uma perfeição maior no contexto da vida eremítico-monástica[5]. Um estudo de Grimlaicus e a própria natureza da reclusão sugerem que na Idade Média a reclusão era uma forma normal de solidão para o cenobita que em seu eremitério ("ancoradouro") continuava visivelmente a ser parte especial da comunidade. Já o consideravam "sepultado" numa vida de contemplação escatológica e exercendo, talvez, um apostolado carismático em sua "prisão".

A alta Idade Média representa uma época de formação e de crise no monaquismo ocidental. São Bento já falava no problema do monge giróvago (instável). Depois

---

5. CACCIAMANI, J. "La Réclusion dans l'Ordre Camaldule". In: *RAM* (1962), p. 142, 151.

da invasão dos vikings, que varreu os monges eremitas celtas das ilhas Hébridas e Órcades e ainda outras, para onde haviam ido a fim de encontrar "um deserto no mar", os irlandeses, que já tinham gosto pelas peregrinações, surgiram em número ainda maior no continente. Os mosteiros irlandeses se multiplicaram no continente, como em Corbie e Péronne. Mais tarde vemos o famoso Schottenkloster em Regensburgo e em outras cidades bávaras. Evidentemente estimavam a reclusão. Por várias razões, incluindo-se o fato de que muitos dos monges giróvagos eram também, incidentalmente, bispos ("episcopi vagi") sem diocese, o eremitismo peregrinante dos celtas pode ter agravado um problema que havia sido considerado como muito perturbador, de modo especial desde a reforma carolíngia. Pode este fato ter contribuído para criar a impressão de que os eremitas precisavam ser controlados. E certamente a "crise do cenobitismo" no século XII fez novamente surgir este mesmo aspecto do problema[6].

Entretanto, pode ser interessante refrescar nossa memória em relação à questão dos irlandeses na alta Idade Média. Tem-se escrito sobre os monges celtas:

> O aspecto desses estrangeiros deve ter sido impressionante. Tinham longos cabelos soltos e certas partes do corpo eram tatuadas, especialmente as pálpebras. A tonsura deles estendia-se de orelha a orelha. Quer isso dizer que somente a parte da frente do crânio era raspada... Seu amor às andanças era proverbial. O célebre estudioso Dungal escreveu que os francos não gostavam desses monges em razão de seu ruído clamoroso...[7]

6. Cf., por exemplo, MORIN, G. "Rainaud l'Ermite et Ives de Chartres". In: *RB* (1928), p. 101ss.

7. CLARK, J.M. *The Abbey of St. Gall as a Center of Literature and Art.* Cambridge, 1926, p. 27.

O próprio Dungal vivia como recluso em St. Denis. Um certo espírito de independência e o apego a estranhos costumes devia fazer com que os celtas fossem tidos como algo problemático no Continente. Mas havia também outros peregrinos (especialmente os anglo-saxões) pelas estradas. Além disso, viajores do Oriente, monges gregos e sírios, traziam para o Ocidente os costumes e os ritos religiosos que lhes eram próprios. Encontramos referências a mosteiros onde monges gregos e irlandeses vivem juntos celebrando lado a lado suas próprias liturgias.

Não se deve imaginar que esses problemas de ordem surgiam exclusivamente da falta de uma legislação e de uma excessiva liberdade no desenvolvimento de "carismas" de peregrinação, solitude eremítica ou reclusão. Pelo contrário. Foi precisamente a influência das medidas canônicas e penitenciais que agravou o problema do monge giróvago e, de fato, do cristão andante, na alta Idade Média. O costume irlandês habitual de mandar para o exílio, em peregrinação e expiação de pecados – ou mesmo, por simples irregularidades – e a prática, também comum, de condenar criminosos e pecadores públicos a viajarem em peregrinação, resultava em bandos onde se podiam ver, de permeio, penitentes monásticos e seculares em caminho, a fim de cumprir penitências canônicas. O resultado era desastroso.

Podemos aqui resumir brevemente como se procurou solucionar o problema de organizar e regulamentar o eremitismo no tempo da reforma gregoriana e depois dela. A maior parte das soluções ocorreu dentro do próprio estado monástico.

1 Em primeiro lugar, a Igreja abençoou e incentivou a formação de comunidades bem-organizadas de eremitas vivendo em *lamas* (grupos) como em Camaldoli e Fonte Avellana. Isso levou afinal à instituição de "Ordens" como a dos camaldulenses, os cartuxos, os Grã-montinos (ou "Bons Hommes"), etc. Pode-se mencionar aqui o fato de que os "Eremitas de Santo Agostinho" deixaram de ser em qualquer sentido eremitas, quase no mesmo momento em que foram organizados.

2 Reclusão de um monge pertencente a uma comunidade eremítica (ou a uma *laura* de eremitas) permaneceu, em princípio, a solução tradicional para o membro de um cenóbio que desejava uma solidão mais total sem deixar seu mosteiro. Essa praxe foi mais comum em certas regiões. Ela existiu em determinadas abadias na Inglaterra (por ex., Westminster) durante toda a Idade Média. Falando dos reclusos de Westminster, diz o escritor e especialista Dom David Knowles:

> Ali, no próprio coração do que devia ter sido a mais movimentada e menos reclusa das comunidades, providenciava-se o necessário para um eremita que havia sido, e de fato continuava sendo, um monge da comunidade... Isso poderia ter sido considerado como uma tentativa de incrementar um ponto habitualmente negligenciado da Regra de São Bento. (Refere-se Knowles ao texto do 1º Capítulo da Regra sobre os eremitas)[8].

D. David acrescenta não estar claro se os eremitas de Durham, Sherborne, Worcester etc. eram monges da comunidade. De modo geral, quem vivia em reclusão (Ancres) eram mulheres, não tanto homens. Espalhou-se um costume que se multiplicou de reclusão de mulheres em celas contíguas a igrejas paroquiais e outras. Muitas vezes esses "ancoradouros" (*anchorages*) eram "bene-

---

8. *Religious Orders in England,* II, 219.

fícios" colocados à disposição do abade de um mosteiro. Saint Albans, na Inglaterra, mostrou-se particularmente atuante em patrocinar a causa das reclusas (por exemplo, Cristina de Markyate). Entretanto, essas pessoas do sexo feminino estavam frequentemente associadas a comunidades monásticas, pelo menos espiritualmente. Recebiam o hábito das cistercienses ou das beneditinas, seguiam regras monásticas com modificações, etc.

Saint Albans foi um dos grandes mosteiros beneditinos da idade média, que, como Cluny, Monserrate, Subiaco, Lérins, Marmoutier, etc. permitia e mesmo incentivava alguns de seus monges a se tornarem eremitas, embora permanecendo sob obediência ao abade. Era comum o monge retirar-se à solidão temporária ou permanentemente. Muitas vezes os cenobitas obtinham permissão para passar a Quaresma numa ermida – ou para entregar-se a um retiro mais ou menos longo – separados da comunidade, e como disse D. Jean Leclercq: "Poucos eram os santos que não se entregaram por um tempo mais ou menos longo à solidão"[9]. Essas ermidas por vezes se situavam próximo do mosteiro, outras vezes estavam distantes. Geralmente, porém, as ermidas se erguiam sobre terreno pertencente ao mosteiro.

Existem numerosas referências que mencionam, como fato corrente, "aqueles irmãos que costumam permanecer em solidão longe do mosteiro". São eles tratados com amor e respeito. E os irmãos se alegram ao vê-los, quando voltam ao mosteiro, por ocasião da sinaxe (celebração da Eucaristia) e assistem à conferência na sala da reunião comunitária ("capítulo"). Esses eremitas são

---

9. DACL *Reclus,* p. 2150.

louvados pela humildade e caridade de que dão provas ao visitar a comunidade, e os monges não os devem reprovar por ocasião dessas visitas[10]. No século XII havia um grupo, de pelo menos seis monges de *Saint Albans*, vivendo a diversos quilômetros de distância do mosteiro, nas colinas, tendo um deles a função de pai espiritual. No entanto, era possível também a um monge romper simplesmente os laços que o vinculavam à sua comunidade monástica, a fim de entregar-se à vida eremítica, talvez mesmo num país distante.

3 O eremitismo desenvolveu-se, assim, fora do quadro jurídico do monaquismo. E, mais uma vez, na Inglaterra mostrou-se especialmente rico em eremitas desse tipo, desvinculados do monaquismo. Os eremitas ingleses produziram uma literatura eremítica de elevada qualidade, que influenciou de maneira permanente a tradição da espiritualidade na Inglaterra. Basta mencionar aqui o poeta e místico Richard Rolle. De um lado havia pequenas congregações de eremitas, organizadas com pouca flexibilidade, que emitiam seus votos na presença do bispo. E, por outro lado, existiam eremitas que não eram monges, sem votos, vivendo à própria custa e sustentando-se pelo cultivo de sua pequena porção de terra, ou então recebendo uma ermida como "benefício" ou cura. Estes últimos chegaram a formar uma categoria perfeitamente distinta e estavam sob a vigilância do bispo. Aos poucos eles vieram a formar um grupo à parte, constituído por pessoas simples, muitas vezes iletradas e excêntricas, que no entanto levavam vida piedosa e útil como vigias das pontes, conservadores de estradas, faroleiros ou custódios de remotas capelinhas e lugares de peregrinação.

---

10. Cf. LECLERQC, D.J. *Studia Anselmiana*, 40 (1956), 105.

4 Finalmente, sob a inspiração de São Francisco, as ordens mendicantes favoreciam a tendência à vida solitária em seu próprio meio. Existe uma viva e rica tradição franciscana de eremitismo, que nos séculos posteriores ao surgimento da Ordem se desenvolveu no movimento dos "ritiro". O "ritiro" franciscano é análogo ao "deserto" carmelitano (instituído para os frades carmelitas no século XVI). Consta de uma pequena, solitária e pobre comunidade onde o eremitismo ou um cenobitismo muito simplificado e primitivo pode ser vivido, seja temporariamente por alguns meses, por um ano ou dois ou por toda a vida. Os dominicanos, de modo geral, parecem ter procurado uma solidão maior, quando a isso se sentiam chamados, como reclusos – quando não acontecia transferir-se para as ordens eremíticas mais antigas. Seria interessante ter em mente essas diferentes soluções à medida que avançamos nesse estudo. Infelizmente, o espaço não nos permite considerar as Ordens mendicantes. Teremos, portanto, de nos limitar ao caso dos monges eremitas.

5 Outra solução foi a encontrada pelos cistercienses que, oficialmente, demonstravam não favorecer o eremitismo. Entretanto incentivavam uma forma de vida comunitária muito simples, na qual o isolamento e o silêncio eram supostos, explicitamente, oferecer um ambiente de solidão em que o ideal monástico podia realizar-se sem ser necessário recorrer ao eremitismo ou à reclusão. Os beneditinos do século XII, no norte da Inglaterra, que desejavam uma vida mais austera, por vezes pediam transferência para a Ordem Cisterciense – ou, ainda, retiravam-se a ermidas pertencentes a seus próprios mosteiros. Havia, por exemplo, a ermida na Ilha de Farne, no mar do Norte, ocupada por monges da Abadia de Durham. Por aí se vê que a austeridade e o silêncio dos cistercienses do século XII eram considerados, pelas comunidades mais abertas e ativas de cenobitas, como pertencendo às fileiras dos eremitas. Os cistercienses parecem ter sentido certo orgulho pelo fato de atraírem eremitas a seus mosteiros, pois isso parecia indicar que a vida cisterciense era de categoria mais elevada e perfeita do que a do eremita. Daí o costume de revestir eremitas com o hábito dos cistercienses e, depois, incluí-los no menelógio e, mesmo, no calendário litúrgico da Ordem de Cister (São Galgano, por exemplo, foi solenemente revestido do hábito *depois da morte*). Na prática, havia também alguns eremitas cistercienses, como veremos adiante. Contudo, parece que a Ordem Cisterciense preferia que seus membros se retirassem totalmente, caso pretendessem viver como eremitas (cf. abaixo).

II

Havendo, assim, delineado o panorama histórico no qual temos de considerar a questão da renovação da vida eremítica, no contexto do estado monástico *hoje*, poderíamos também chamar a atenção, brevemente, para alguns elementos e o material a ser estudado de modo mais completo, para possibilitar a descoberta de princípios e normas que nos ajudem a entender essa renovação.

A questão da vocação. Evidentemente a questão, entre todas a mais importante, é opinar com segurança sobre a vocação de um monge que afirma ser chamado à vida solitária. É possível tal vocação? É ela normal?

Seguindo São Bernardo, os cistercienses têm respondido tão firmemente "Não" a essa pergunta, que viemos a considerar um monaquismo exclusivamente cenobítico como a única norma. A vida monástica é uma vida em comum e estabelece um padrão pelo qual tudo mais – mesmo um eremitismo excepcional e modificado, vinculado ao cenóbio (à comunidade) – deve ser considerado com extrema desconfiança como uma aventura arriscada e talvez ilusória. Dom Jean Leclercq nos recorda que:

> Temos desenvolvido o hábito de considerar o eremitismo tomando como ponto de referência o cenobitismo, considerando ser este o monaquismo "normal" que estabelece a norma para todos... Não foi essa a atitude tradicional[11].

Como resultado desta atitude errada que considera a vida em comum a "ne plus ultra", ao pleitear em favor da vocação eremítica, recebe-se uma resposta negativa, e o pedido é tido como ilusão incentivada pelo espírito de independência e de instabilidade. Em alguns casos bem pode ser isso. Mas o fato é que um caso concreto, empírico, não deve ser transformado num princípio geral abstrato, que não admite qualquer exceção.

Na idade de ouro da Ordem Cisterciense. Santo Aelredo se destacava entre muitos outros como testemunha do respeito tradicional pela solidão. Basta conhecer um pouco seu pequeno tratado sobre a vida reclusa, escrito para sua irmã, para ver como ali ele admite prontamente que algumas pessoas têm necessidade especial de solidão. Por esse motivo, Aelredo (abade) aceita sem questionamento a antiga tradição do eremitismo ou da reclusão. "Para algumas pessoas", diz Aelredo, "é realmente um mal viver em convívio com muitos companheiros (*inter*

---

11. LECLERCQ, J. "L'érémitisme en Occident jusqu'a l'an mil". In: *Le Millénaire du Mont Athos*. Chevetogne, 1963, p. 178.

multos vivere perniciosum). Para outros, é, pelo menos, um impedimento e, para alguns que podem viver com muitos outros sem impedimento, poderia ser *ainda mais frutuoso permanecer* de um modo mais retirado (*secretius habitare magis aestimant fructuosum*)". Aelredo está, é evidente, falando em termos muito gerais. Daí não haver nenhuma conclusão lógica de que monges cistercienses sejam excluídos dessas categorias de que fala. Veremos de fato que Revesby, uma abadia fundada por Aelredo, e da qual foi o primeiro abade, possuía pelo menos três eremitérios, um dos quais, pelo menos, remontava à sua época. Aelredo admite sem muita dificuldade que a sincera e bem fundamentada convicção do que se crê "chamado" à solidão é algo que pode ser aceito nos limites de uma sã prudência. O fato de essas pessoas acreditarem ser uma vida mais oculta, para elas, mais frutuosa (*magis aestimant frutuosam*) não deve, portanto, ser considerado como ilusão, até que se possa provar o contrário. Deve, antes, ser tido como uma razoável e boa opção espiritual até que o contrário seja manifesto. Entretanto, por causa do perigo de uma forma de eremitismo instável e excessivamente "livre", a forma estrita de eremitismo é aceita por Aelredo como um gênero de vida mais elevado e seguro do que a do simples eremita[12].

Seja como for, Aelredo de maneira alguma é cego em relação aos perigos e abusos presentes nos ancoradouros (*anchorages*) de seu tempo. Descreve esses eremitérios não sem ampliação retórica.

Guilherme de Saint Thierry deixou-nos um elogio clássico da vida solitária no capítulo inicial de sua Epísto-

---

12. *De Institutione Inclusarum,* PL I, n. 2. Cf. DUMONT, C.: Trad. "La Vie de Recluse" (Sources Chrétiennes 76). Paris: Cerf, 1961, p. 43ss.

la de Ouro. Ali é louvado o renascer daquele *orientale lumen*, aquela *caelestis forma conversationis*, daquela *antiqua vitae solitariae gloria* nas florestas das Ardennes, na França. Guilherme multiplica os conhecidos cantos sobre a dignidade da vocação à vida solitária e acrescenta: "Silent ergo qui in tenebris de luce judicantes vos arguunt novitatis ex abundantia malae voluntatis: ipsi potius arguendi vetustatis et vanitatis"[13]. Fala dos cartuxos. E nesse ponto até São Bernardo estaria de acordo com ele. Porém não há dúvida de que para Guilherme de Saint Thierry o eremitismo é parte essencial do *ordo monasticus*.

O quarto sermão do Advento de Guerric de Igny louva a vida no deserto consagrada pelo jejum de Jesus e fala dos mosteiros cistercienses como desertos onde o monge está só, no silêncio, possuindo entretanto o apoio da *sancta societas* como seus irmãos silenciosos[14]. Devemos admitir aqui que Guerric está louvando o espírito eremítico antes do que a prática efetiva da solidão física. No entanto, o espírito eremítico não pode ser mantido vivo sem exemplos concretos de vidas vividas a sós com Deus.

As cartas de São Pedro Damião nos fornecem material interessante sobre a vocação eremítica e elucidam determinados problemas de ordem canônica surgidos no decorrer da reforma eremítica por ele efetuada. São Pedro Damião opõe-se constantemente à opulência e ao relativo conforto das grandes comunidades cenobíticas do século XI. Prefere ele enfaticamente a vida eremítica e incentiva a passagem do cenóbio ao eremitismo como progresso normal na busca de uma realização

---

13. Lib. I C 1, PL, 184: 310-311.
14. PL 185: 22.

sempre mais perfeita do monge. Uma vez feita a opção pela vida solitária, deve-se nela permanecer de maneira estável e considerar todo pensamento de volta à comunidade como tentação a ser virilmente combatida. São Pedro Damião escreve desaprovando veementemente a atitude de seu sobrinho Damião que, deixando-se persuadir, volta ao mosteiro de origem para seguir um curso de canto sacro (*pro discendis ecclesiasticae cantilenae modulis*)[15]. "Quando soube disso", diz o Santo, "pareceu-me ouvir falar de um frágil cordeiro vagueando fora do aprisco para cair nas garras ensanguentadas de lobos ferozes". O jovem monge deve portanto apressar-se em voltar ao eremitério.

Não é preciso dizer que Pedro Damião uniu-se aos demais reformadores de seu tempo para condenar os eremitas que vagueavam. Isso, caso utilizassem o pretexto de uma peregrinação para encobrir sua instabilidade, ou assegurassem possuir um carisma de profecia e pregação[16]. Podemos dizer que este santo desaprovava o eremitismo fora do contexto do estado monástico na mesma medida em que aprovava a vida dos monges eremitas que permaneciam no monaquismo institucional estabelecido ou renovado.

Dom Jean Leclercq publicou uma carta em que Pedro Damião dá sua aprovação à petição de dois eremitas que não desejam voltar à comunidade de origem, mesmo quando enfermos (podem permanecer no eremitério, diz ele, enquanto não lhes for necessário comer carne). Os dois eremitas pediram ser sepultados no próprio eremi-

---

15. Epist, VI. 22. PL. 144-405.

16. Cf. São Pedro Damião, *Opusculum* XII, C. 24, PL. 145-277.

tério (não no cemitério da comunidade monástica). Esta petição é também aprovada como sinal de estabilidade[17].

São Pedro Damião admite o ingresso de candidatos diretamente ao eremitério sem prévio treinamento. A decisão tomada pelo santo implica ser isso, em alguns casos, indesejável[18]. Seja como for, prevê que os neófitos podem ser gradativamente iniciados aos rigores da vida eremítica. Um capítulo interessante do mesmo "Opúsculo"[19] dá alguns dos motivos que permitem a passagem da vida comunitária ao eremitismo. Pedro Damião pensa que o monge vivendo em comunidade deve refletir sobre as desvantagens da vida cenobítica; *supertitiosas quasdam monasticae disciplinae censuras, supervacuos tintinnabulorum clangores, cantilenarum multiplices harmonias, ornamentorum phaleras...*[20] A complexidade e, em certo sentido, a "vaidade" de uma observância, que São Pedro Damião não teme denominar de supersticiosa, contrasta desfavoravelmente em seu pensamento com a austeridade simples e a liberdade de espírito que deve ser a característica da vida eremítica. Citando São Paulo, diz ele que o eremita em prospectiva deve ser persuadido de que servirá a Deus muito melhor na simplicidade e liberdade do eremitério. Entretanto, é preciso também ter em mente as vantagens da vida em comum. E se os jovens eremitas demonstram inícios de exagerada liberdade, será preciso enfatizar o espírito de humildade e obediência, virtudes cenobíticas que, nas ermidas de São Pedro Damião, formam parte essencial da vida solitária

---

17. *Studia Anselmiana,* 18, 1947, p. 283-293.

18. Opusc. XV, 29, PL. 145-361.

19. Opusc. XV, 30, PL. 145-362.

20. Op. cit.

e, no entanto, seriam, normalmente, melhor aprendidas na vida de comunidade.

São Pedro Damião admite sem dificuldades o fato de que nem todos os eremitas têm a graça da humildade e de uma intenção pura. Muitos não valorizaram as vantagens da obediência exigida na vida comunitária para formar seu espírito. O "Opúsculo" 51 dá-nos um divertido retrato de certo monge cenobita que, depois de ter insultado seu abade, sai um tanto triunfalmente em busca da solidão animado pela vontade própria egoísta e, quando Pedro e o abade o vêm visitar, lança-os fora sem cerimônias, cobrindo-os de novos e especiais insultos. O mal desse eremita, declara São Pedro Damião, é nunca ter aceito ser formado na humildade. Aprendeu a exteriorizar vaidosamente sua austeridade, num mosteiro urbano. Tornou-se voluntarioso e adepto de singularidades. É teimoso e polemista. Não aceita nenhuma determinação da autoridade em relação a coisa alguma. Quando lhe é proposto o exemplo dos santos, incluindo o do próprio São Romualdo[21], este monge o afasta com um gesto da mão: "Como posso saber, afinal, se eram mesmo santos?" Porém, mesmo nesse caso, São Pedro Damião não aconselha o retorno à comunidade. Procura, antes, inocular um pouco de humildade e de paciência nesse cidadão, a fim de que possa tornar-se um verdadeiro eremita e viver com proveito e dignamente na solidão.

Embora São Bernardo demonstrasse a maior admiração pelos cartuxos e por certos eremitas como Jezelino que vivia nu nos bosques do Luxemburgo – e ainda que

---

21. Fundador da Ordem dos monges de Camaldoli (camaldulenses), da qual São Pedro Damião, mais tarde cardeal, foi membro [N.T.].

se recomendasse às orações de santos solitários e reclusos vivendo na Terra Santa[22] – desaconselhava, enfática e habitualmente, a passagem da vida comunitária à solidão eremítica. Uma carta sobre este assunto, caracteristicamente no estilo de São Bernardo, foi publicada por D. Jean Leclercq. Era dirigida a um cisterciense (provavelmente inglês) que, repetidas vezes, procurou obter a aprovação do Santo em favor de sua "vocação eremítica". Bernardo o denomina um desejo imprudente e recusa-se a admiti-la. Conquanto não ataque a vocação eremítica como tal, parece acreditar que o desejo de solidão é *habitualmente* uma ilusão. *Solent enim hujusmodi desideria de spiritu concepi levitatis, ab hiis praesertim qui vires suas metiri nescientes, indiscrete affectant quae eis non expedit*[23]. Bernardo propõe, então, um princípio geral: não deixar o certo pelo incerto. O Santo conclui invocando sua própria autoridade apostólica, de maneira a ordenar ao monge permanecer onde está. É interessante notar como outro cisterciense utiliza princípio idêntico para resolver um "caso" de teologia moral: trata-se de um eremita que tem voto de permanecer na solidão e a quem é pedido deixar sua ermida para assumir trabalho apostólico. Guy de l'Aumône, abade cisterciense e teólogo do século XIII, resolve o caso baseado no seguinte princípio: *tenendum est certum et dimittendum incertum*. O eremita deve, portanto, permanecer na solidão onde ele pertence[24].

Existe uma interessante carta atribuída a São Bernardo e encontrada num volume manuscrito na coleção da Abadia de Getsêmani. Recentemente foi publicada

---

22. Cf. Carta 288. PL. 182-494 c.

23. "Analecta" SOC IX (1953), 138.

24. *Studia Monastica,* IV, 1 (1962), p. 101.

por D. Jean Leclercq[25]. Longe de condenar a vida solitária, essa carta é uma louvação tradicional à "cela" e ao "deserto". Contém numerosas citações de São Pedro Damião elogiando a vida eremítica. Ao comentar esta carta, D. Jean Leclercq a interpreta como um índice a mais de que os primeiros cistercienses estavam estreitamente vinculados ao movimento eremítico na reforma monástica. Diz ele, "esta carta dá testemunho de como era apreciada e favoravelmente considerada a ideia da vida eremítica no meio cisterciense no passado"[26]. Há outros textos de São Bernardo (autênticos) conservados noutras coleções "sobre a vida eremítica" e o fato de que esta carta lhe seja atribuída demonstra pelo menos que tal atribuição era tida como crível no século XV quando o manuscrito foi elaborado. Assim, não devemos insistir sem maiores razões em assegurar que São Bernardo sempre e inamovivelmente se opôs à vida eremítica. Em realidade, a fórmula "O beata solitudo, o sola beatitudo" foi atribuída a São Bernardo. A carta no manuscrito da coleção de Getsêmani contém a frase "O solitudo beata". Esta carta se propõe aconselhar um eremita novato que "ingressou recentemente na guerra santa" (da vida solitária). A cela é louvada como o Paraíso onde Cristo tem sua morada com o monge. A paz é encontrada na cela; fora da cela só há conflito e confusão. O silêncio do deserto é fonte de sabedoria e essa sabedoria se desenvolve sobretudo na meditação solitária dos mistérios de Cristo. É bem possível que esta carta seja produto de algum ambiente cisterciense, provavelmente onde havia reclusos. Tem-se

---

25. *Studia Monastica,* IV, 1 (1962), p. 93ss.

26. Op. cit., p. 94.

a impressão de que se trata do sul da Alemanha. Embora sem considerar a atribuição deste texto totalmente improvável. Dom Jean Leclercq não parece levá-lo muito a sério. Mas esta carta, com muita probabilidade, foi escrita por um cisterciense a outro cisterciense que acabava de optar pela vida solitária sob a forma reclusa.

Contudo, existe um eremita cisterciense que esteve, sem dúvida alguma, associado muito intimamente a São Bernardo e de quem se diz ter ido à Palestina com a bênção do santo, a fim de viver como solitário. É o bem-aventurado Conrado, festejado com uma celebração (no calendário cisterciense) a 14 de fevereiro. Os fatos relacionados à sua vocação eremítica são muito obscuros e incertos. Entretanto, é possível que Conrado tenha sido um monge de Claraval que se transferiu irregularmente para Morimond e de lá saiu em companhia do abade Arnaldo causando grande escândalo. Este fato, presumivelmente, não haveria de colocar São Bernardo em posição favorável para com projetos de fundação na Palestina. Mesmo assim, considera-se ainda como certo ter Conrado ido para o Oriente a fim de viver como eremita com a aprovação de São Bernardo[27].

Fossem quais fossem os sentimentos de São Bernardo em relação à vida eremítica e o peso de sua autoridade nesse assunto, devemos lembrar-nos da categórica afirmação de "Apostolus" (isto é, o Padre M.D. Chenu) ao escrever, no número especial de *La Vie Spirituelle*, sobre a solidão: "Compete à Igreja discernir e provar os espíritos; não pode ela, no entanto, fazer com que alguém,

---

27. Cf. GRILLON, J. "Saint Bernard et les ermites". In: *Bernard de Clairvaux*. Paris, 1953, p. 253.

verdadeiramente chamado à santa solidão pelo Espírito, não o seja de fato"[28].

Na prática, a Ordem Cisterciense admitia a possibilidade de um monge tornar-se eremita nas terras pertencentes a seu mosteiro. E, entre os santos da Ordem, o mais notável exemplo desta realidade é Santo Alberto de Sestri, irmão leigo do Mosteiro de Santo André, na Ligúria, Itália. Recebeu permissão de seu abade para viver vida solitária e penitente numa cabana na floresta próxima. Ali passou trinta anos, operando milagres e morreu em odor de santidade em 1239[29]. O culto que lhe é prestado foi aprovado por Inocêncio IV.

As vidas dos Santos da Ordem revelariam não poucos exemplos de solidão relativa ou temporária. E os irmãos leigos responsáveis pelas granjas do mosteiro e ali morando experimentavam por vezes como essa vida em maior solidão contribuía para a realização de seu ideal de santidade. No entanto, muitos "eremitas santos", de que falam os anais da Ordem, foram homens que renunciaram à solidão eremítica para se tornarem cistercienses e, depois, partiram de novo vivendo em solidão ou empreendendo peregrinações (por ex., o Bem-aventurado Famiano).

Seja como for, a validade da vocação à vida solitária tem sido admitida na prática no quadro da Ordem Cisterciense assim como em qualquer outra situação. Possuímos, por exemplo, uma carta de Estêvão de Lexington, visitador apostólico dos mosteiros irlandeses no século XIII. Neste documento, Estêvão retoma a

---

28. *La Vie Spirituelle,* n. 377 (outubro 1952), p. 299.

29. *Hagiologium Cist.,* n. 46. Vol. I, p. 144-145.

questão e permite a dois monges e um irmão da Abadia da Santa Cruz tornarem-se eremitas[30]. O abade reconhece que eles desde há muito se sentem atraídos à vida solitária "mas que não ousaram concretizar esse desejo porque acreditavam que tais aspirações não podiam ser efetivadas pelos cistercienses sem o conselho do Capítulo Geral". Contudo, apelaram para a autoridade especial de Estêvão e, em virtude disso, ele lhes concede o pedido. É interessante notar quais os termos dessa concessão. Estêvão os liberta dos vínculos de obediência para com a Ordem e os coloca sob a plena jurisdição do bispo em cuja diocese pretendem fixar-se. Se não viverem dignamente como eremitas, deverá o bispo privá-los do hábito cisterciense e puni-los de outras maneiras convenientes.

Temos aqui um exemplo do que pode ter sido considerado a "melhor solução" para os cistercienses desejosos de serem eremitas na Idade Média – isto é, a mudança de vida acarreta uma mudança de estado. Para tornar-se eremita, deixa-se, juridicamente, de ser monge. Há, então, a passagem da obediência ao abade à obediência ao bispo. O hábito monástico é conservado, mas o "estado" é diferente, a vida é agora a do eremita. Se isso significava "tornar-se um eremita" no contexto cisterciense, podemos sem dificuldade compreender as objeções de São Bernardo. Por outro lado, podemos supor que esses monges, que se retiravam a um eremitério ou a um ancoradouro pertencentes aos seus próprios mosteiros ou a algum outro, provavelmente não se retiravam do estado monástico.

---

30. Carta XX em *Registrum Epistolarum Stephani,* ed. B. Griesser, *Analecta* S.O.C. (1946), p. 27. (Cf. Texto, Apêndice I).

Do ponto de vista canônico, a carta de Estêvão de Lexington é talvez o documento mais interessante, em relação a este assunto, que tenha chegado até nós, com origem nos primeiros séculos da Ordem Cisterciense. (Publicamos o texto no Apêndice I). Daí não se depreende claramente se Estêvão de Lexington está dando seu assentimento à proposição de que as petições relativas à passagem para a vida eremítica, apresentadas por monges vivendo num mosteiro de vida cenobítica, deviam ser aprovadas pelo Capítulo Geral. Este é um ponto que merece estudos mais aprofundados.

III

Podemos agora considerar brevemente pelas provas existentes na história monástica que, na realidade, eremitérios e ancoradouros dependentes de mosteiros cistercienses e beneditinos eram bastante numerosos na Idade Média. Já mencionamos casos célebres como Westminster, Saint Albans e Durham. Outro caso típico é o de Cluny. Alguns dos monges venerados após sua morte como santos de Cluny foram, em realidade, eremitas. O Bem-aventurado Adegrino que, no século X, fez primeiro uma experiência de três anos de vida solitária, fixando-se depois permanentemente numa ermida a poucos quilômetros do mosteiro, vivendo como semirecluso (*parva spelunca subarctus*), mas frequentando o mosteiro aos domingos e nas grandes festas litúrgicas[31].

Outro monge de Cluny, Anastásio, obteve primeiramente licença do abade Pedro, o Venerável, a fim de passar

---

31. Cf. LECLERCQ, J. "Pierre le Vénérable et l'érémitisme clunisien". *Studia Anselmiana,* 40, p. 106-107.

suas quaresmas na solidão. Mais tarde obteve permissão para retirar-se a uma alta montanha nos Pirineus. Chamaram-no de volta depois de algum tempo, a fim de visitar seus irmãos de hábito. Anastásio porém faleceu no caminho[32]. São Hugo de Cluny permitiu a dois monges viverem como eremitas na costa do Atlântico, na diocese de Bordéus. Mais tarde, uma pequena comunidade de monges eremitas atuava como faroleiros[33]. Pedro, o Venerável, permitiu ainda a um de seus secretários viver como eremita durante algum tempo, contudo chamou-o de volta mais tarde, pois precisava de seu auxílio[34]. Escreveu ao monge Gerardo de Cluny – que vivia em sítio afastado do mosteiro, num solitário monte coberto de bosques, juntamente com diversos companheiros de ideal – uma carta que pode ser classificada como "Regra" para os monges eremitas[35]. É de notar que vários graus de solidão parcial eram incentivados em Cluny. Havia um lugar tranquilo na igreja do mosteiro, separado e reservado aos que desejavam de preferência entregar-se à oração contemplativa solitária. Era possível, também, retirar-se por um tempo aos eremitérios próximos ao mosteiro. A um monge foi concedido ter sua cela numa elevada torre, onde podia retirar-se para meditar e orar. A reclusão existia também no quadro da vida comum, em Cluny. Vemos novamente aqui como o espírito de Cluny difere de Citeaux. O eremita cisterciense tinha com *frequência* de romper para sempre com sua Ordem. O cluniacense, pelo contrário, ainda que vivesse como ere-

---

32. Op. cit., p. 107-108.

33. Ibid., p. 108.

34. Ibid., p. 109.

35. Cf. Epístola I, 20, analisada por J. Leclercq, op. cit., p. 114ss. PL. 189: 89-100.

mita a centenas de quilômetros do mosteiro de origem, era normalmente considerado membro da família monástica, seu lar, e podia ser chamado de volta sem outro motivo senão o de visitar seus irmãos e com eles passar algum tempo.

Existe grande quantidade de material sobre reclusos cistercienses. Infelizmente, porém, nem sempre se vê com clareza se eram monges ou monjas da Ordem que haviam recebido permissão de se tornar reclusos. Com mais frequência parecem ter sido homens de vida santa – ou na maioria dos casos, mulheres consagradas a Deus admitidas a viver sob a proteção de determinada comunidade ou Ordem, que lhes concedera um ancoradouro (pequeno aposento) junto a um mosteiro, convento ou anexo à igreja de um de nossos mosteiros. A Bem-aventurada Hazeka (falecida em 1261), que passou 36 anos em reclusão junto a nosso mosteiro de Siquém, é um exemplo de que estamos focalizando[36].

Esses reclusos (ou reclusas) observavam a seu modo os regulamentos da Ordem. Entretanto, bem certo é que alguns deles eram de fato membros professos da Ordem que haviam recebido essa permissão para viver em solidão[37]. O Padre B. Griesser, S.O.C., estudou a Regra dos Reclusos, supostamente escrita por cistercienses e para cistercienses[38]. A Regra de modo algum era considerada "oficial". O Padre Griesser pensa ter ela sido escrita por um recluso (masculino) que vivia num ancoradouro sob os auspícios da Ordem Cisterciense – podendo esse recluso ter sido um monge cisterciense

---

36. Cf. "Acta Sanctorum", junho III, 374.

37. DOERR, O. *Das Institut der Inclusen in Süddeutschland.* Münster, 1934, p. 33, 34.

38. *Analecta S.O.C.* (1949), p. 81ss.

professo. O Capítulo Geral de 1279 (n. 28) proibiu dar o hábito a reclusos que vivessem sob a proteção das casas da Ordem, entretanto, essa proibição jamais foi rigorosamente observada.

É óbvio que houve transferências de mosteiros cistercienses para a vida eremítica. Pelo menos um santo eremita inglês, Roberto de Knaresborough, fez primeiramente a experiência de sua vocação como irmão leigo em Newminster, passados, porém, alguns meses, decidiu retirar-se à solidão na floresta de Knaresborough. Depois de sua morte, em 1218, os monges de Fountains mostraram-se ansiosos por obter suas relíquias, mas não conseguiram seu intento.

Havia eremitérios cistercienses na França e na Bélgica. D. Leclercq menciona Aiguebelle e Clairmarais, que na Idade Média possuíam ermidas. D. Leclercq acrescenta que na época da reforma da estrita observância, nos séculos XVII e XVIII, Chambons e Orval tinham ermidas e existia um eremita que levava vida austera à sombra do mosteiro de La Trappe (na Normandia) no tempo do abade de De Rancé[39].

R.M. Clay, em seu livro *The Hermits and Anchorites of England* (Londres, 1914), fornece uma lista de vários ancoradouros e ermidas dependentes de mosteiros cistercienses na Inglaterra e no País de Gales. Seria útil considerá-los aqui. Vemos em primeiro lugar que Revesby, fundado por Santo Aelredo, que foi seu abade, possuía três eremitérios, um dos quais, segundo Clay, remontava ao tempo do abadado do Aelredo (anterior a 1147). O próprio Aelredo, quando abade de

---

39. Cf. *Studia Monastica*, IV, 95.

Rievaulx, vivia numa pequena casa separada do mosteiro; isso, todavia, por motivos de saúde. Deve-se notar que o fato de um mosteiro possuir uma ermida ou um ancoradouro não significa forçosamente que um dos monges fosse eremita. Entretanto, deve ter sido esse o caso, com maior frequência do que podemos provar com clareza – especialmente em nossos dias. Mas é bem possível que o "eremita" ou o "anacoreta" era simplesmente alguém consagrado a Deus, que havia sido colocado sob a proteção da comunidade. Clay assinala que pelo menos uma ermida de Revesby era ocupada por um monge. Temos conhecimento de que um monge de Newminster ali habitava no século XIII, e de que três ermidas pertencentes a Garendon eram ocupadas, pelo menos de vez em quando, por monges da comunidade. Estariam eles desvinculados da comunidade, segundo inculca Estêvão de Lexington?

Existe um caso interessante de um ancoradouro em Londres num pequeno terreno adjunto à igreja, e a ela pertencendo ("a churchyard") (Saint Giles, Cripplegate), doado aos cistereienses de Garendon por Eduardo III. Um monge de Saint Albans, que se transferiu para Garendon foi, durante algum tempo, um recluso nesse ancoradouro londrino. Após um ano voltou a Saint Albans[40]. Temos notícia de outro cisterciense de Garendon apresentando o pedido de morar na ermida pertencente aos beneditinos de Tewkesbury (abadia)[41]. Isso nos lembra o fato de que não precisava um monge confinar seu desejo de solidão a uma ermida ligada a um mosteiro de sua própria Ordem.

---

40. Cf. CLAY. Op. cit., p. 67.

41. Cf. ibid., p. 27.

Outros mosteiros cistercienses possuindo cada um seu eremitério eram Flaxley, Margan, La Grâce Dieu, Bruerne, Meaux e Furness. O caso do ancoradouro de Whalley, em Lancashire, tornou-se, mais tarde, célebre. Porém o anacoreta que vivia ali não era cisterciense. Whalley tinha também um eremitério além desse reclusório; situava-se no terreno contíguo à igreja do vilarejo.

O escândalo de Whalley ocorreu no século XV. Essa época, aliás, consta como período final e decadente em relação ao assunto que focalizamos. As reclusas, especialmente uma chamada Isolda de Hetton, não viviam à altura do ideal da vida em solidão. Contudo, as crônicas do caso dão-nos uma interessante visão da organização prática de um ancoradouro. A fundação fora feita e doada aos monges em 1361 por Henrique, duque de Lancaster. Consistia em duas pequeninas casas e uma renda proveniente de 670 acres de terra. Efetivamente, o abade de Whalley estava simplesmente encarregado de administrar essa fundação. Encarregou a um sacerdote secular o cuidado do bem espiritual das duas anacoretas e enviava semanalmente provisões para a alimentação. Consistiam em 34 pães de forma e 8 galões de cerveja. As duas anacoretas tinham, para seu serviço externo, duas empregadas (era-lhes vedado sair à rua). Aos monges de Whalley não cabia sequer o direito de nomear as anacoretas que deviam ocupar esse ancoradouro. Era direito do duque. O duque recebia dos monges o aluguel das duas casinhas, mas guardavam eles o que sobrava da renda, uma vez garantida a manutenção das reclusas, conforme fora combinado.

A organização do reclusório de Whalley é, com probabilidade, típica dos diversos eremitérios e ancoradouros existentes na Inglaterra e no continente, constando como dependências de abadias cistercienses. No caso em foco, as reclusas nada tinham, absolutamente, a ver com a Ordem de Cister. Em outros eremitérios ou reclusórios podem ter usado o hábito da Ordem, seguindo certos costumes dos cistercienses e recebendo orientação dos monges. Não existem entretanto crônicas, especialmente na Alemanha, de monjas da Ordem de Cister, que se tornaram reclusas. Os necrológios dos mosteiros cistercienses e conventos do sul da Alemanha indicam que alguns membros da comunidade, falecidos, eram, no momento da morte, reclusos. É interessante notar, particularmente, como, nos necrológios dos mosteiros de monges, encontramos menção de reclusas que em alguns casos foram certamente monjas cistercienses. Citaremos alguns desses mosteiros encontrados em Doerr[42]: Wettingen, Engelszell, Wilhering, Lilienfeld, e sobretudo Seligenthal, onde treze reclusos são registrados – dos quais dois ou três são homens. Nesse registro encontramos menção de uma "monialis" e outra "sor" (irmã). No necrológio de Tennenbach (mosteiro de homens), lê-se o seguinte: *"Beata Adelheidis virgo de Tonningen S. Ord. Cist. quae ob amorem Christi prope Thennenbach in fratrum domuncula ad Aspen dicta, ubi adhuc visuntur rudera, inclusa multos annos ibidem sanctam et austeram ducens vitam, sancto fine quievit, sepelitur in Thennenbach"*[43].

Voltando à Inglaterra, vemos que a Abadia de Ford não é mencionada por Clay como possuindo eremitério ou reclusório. Por outro lado, existe documento oficial concernente à transferência de um monge de Ford a um

---

42. Op. cit., p. 97, 98, 100, 103, etc.

43. DOERR. Op. cit., p. 97.

reclusório de Crewkerne (Somerset), no século XV. As relações de Ford com o reclusório de Crewkerne eram de índole inteiramente espiritual. Ao que parece, existiam desde os primeiros dias do mosteiro, quando um recluso de Crewkerne, o Bem-aventurado Wulfric de Haselbury († 1154), era amigo íntimo de pelo menos um dos irmãos do mosteiro. João de Ford escreveu a vida deste recluso. Assim, os monges de Ford devem sempre ter considerado com respeito o ideal de vida solitária. E os escritos de João de Ford aí estão para nos mostrar como nessa comunidade a vida contemplativa gozava de especial estima e, sem dúvida, era plenamente vivida. Não é, portanto, surpreendente que um monge da abadia de Ford, Dom Robert Cherde, tenha pedido e recebido permissão para viver como recluso. O documento, que chegou até nós, é uma carta aos pastores dos vilarejos vizinhos do Somerset (incluindo West Cokyr, evidentemente vizinho do East Coker de T.S. Eliot), referente às medidas a tomar[44]. Esse texto confirma nossa suposição de que os que deixavam mosteiros cistercienses para se tornarem eremitas separavam-se, precisamente por este fato, da Ordem e do "estado monástico".

A uns dez quilômetros de Ford havia outra abadia cisterciense. Trata-se de Newenham que obteve em 1300 o reclusório de Axminster Churchyard. Não sabemos se algum monge de Newenham ali se tenha fixado. Entretanto, não existem motivos contrários à suposição de que um ou outro dentre eles tenha feito ali a experiência da vocação à vida solitária. Numa outra localidade, Colyford, uma reclusa foi realmente "amurada" numa

---

44. Cf. DARWIN, F.D.S. *"The English Mediaeval Recluse"*. Londres, 1943, p. 48-49.

cerimônia litúrgica própria, presidida pelo abade de Newenham por delegação do bispo de Exeter. Foi ela uma das poucas anacoretas inglesas que viveu assim "emparedada". Não há indicação de que tenha sido cisterciense[45].

Uma das abadias cistercienses na fronteira da Escócia possuía quatro capelas de eremitérios – distintas das cinco granjas que lhe pertenciam. Trata-se de Holm Cultram, no Cumberland. A ermida de São Cutberto tinha dois pátios internos e um acre de terreno de terra. Estava ocupada por um eremita na ocasião da dissolução dos mosteiros (pelo cisma de Henrique VIII) em 1574. Noutro eremitério, São Cristiano, havia um pátio interno e pouco mais de meio acre, ali viveram também eremitas, o último dos quais o ocupou até o século XVI[46]. Contudo, a mais célebre tentativa de vida eremítica naquelas regiões, pelo menos entre os cistercienses, foi o caso singular do abade Adão de Holm Cultram. Fora este abade deposto (no início do século XIII), numa visita canônica especial, realizada pelos abades de Rievaulx e Melrose. O motivo da intervenção foi o desperdício dos bens do mosteiro numa tentativa de eleger-se bispo de Carlisle. O abade Adão retirou-se a uma das ermidas pertencentes ao mosteiro, situada em terreno da comunidade. Não tinha, é evidente, sólida vocação – de fato, enlouqueceu. Foi reconduzido ao mosteiro e encarcerado. Este abade não é contado entre os autênticos reclusos cistercienses, é claro!

Este levantamento, breve e de modo algum completo, dá-nos uma ideia da rica variedade de material existente sobre o assunto e que tem ainda de ser estudado

---

45. Cf. CLAY. Op. cit., p. 141.

46. Cf. GILBRANKS, G.S. *Some Records of a Cistercian Abbey, Holm Cultram*. Londres, p. 36.

mais pormenorizadamente. Quaisquer que tenham sido as oposições de São Bernardo em relação à vida solitária, constatamos que não somente os cistercienses dos séculos XV e XVI eram, por vezes, promotores entusiasmados da vida solitária, amparando os reclusos e administrando os reclusórios – mas vemos também monges da Ordem Cisterciense retirarem-se às ermidas para viver reclusos. E isso não somente nos eremitérios pertencentes às casas da Ordem de Cister, mas em outros de propriedade dos beneditinos. Assim, além dos que renunciavam inteiramente ao "estado monástico" para se tornarem eremitas, temos provas de que o eremitismo existiu e floresceu no interior da Ordem Cisterciense, bem como na de São Bento, na Idade Média.

IV

Conclusões – Em época recente, num ensaio não publicado. Dom Abade André Louf mais uma vez levantou a questão do eremitismo no estado monástico. Considerando todas as famílias monásticas como membros de um único *ordo monasticus*, D. André esboçou uma tentativa de conclusão: deve ser considerado normal que monges aspirando à solidão possam fazer a experiência de sua vocação solitária, passando a uma das congregações eremíticas existentes no "ordo monasticus". E deve-se providenciar os necessários trâmites canônicos para tornar essa transferência fácil. Esta tentativa de solução sugerida por D. André Louf aceitaria simplesmente as ordens e congregações monásticas na situação "de fato" em que se encontram – com suas tradições habituais e as interpretações recebidas, em vigor ainda, do ideal monástico. Suponhamos que o ideal cisterciense seja tão puramente cenobítico (comunitário), que a vida eremítica dentro da Ordem de Cister fosse algo de impensável, a solução teria, então, de ser uma transferência para a Ordem Camaldulense. O alvo de D. André era obter ao menos uma consideração favorável aos cistercienses que se criam chamados à vida solitária. D. André sentiu que esta solução seria talvez prática e aceitável. Acontece que na época em que o artigo foi escrito mesmo esse ponto de vista moderado não foi considerado como de possível aceitação.

O ponto de vista de D. André tem, em si, a vantagem de enquadrar-se no esquema que existia antes do Concílio Vaticano II, sem parecer demasiadamente ousado ou fora do comum. E, evidentemente, é verdade que em qualquer tempo a transferência para um instituto eremítico, bem-estabelecido, seria solução fácil e prática para monges desejosos de entregarem-se à vida de total solidão, sem uma regra especial e sem o apoio fraterno encontrado numa bem organizada comunidade de outros eremitas. Por outro lado, deve-se admitir com franqueza que, tanto os cartuxos como os camaldulenses, têm certas limitações e determinados problemas que lhes são próprios. E, como se sabe, os próprios membros dessas Ordens procuram frequentemente uma forma mais satisfatória de vida solitária alhures. Pode-se ver, por exemplo, cartuxos que se transferem para a ordem camaldulense, ali tornando-se reclusos.

Dom Jacques Winandy, num artigo já citado, considera duas soluções para o problema do cenobita chamado à solidão. Uma seria a exclaustração *ad nutum Sanctae Sedis*, que permitiria ao monge retirar-se da obediência a seus superiores, embora permanecendo sob a obediência direta à Santa Sé. Poderia desta forma fazer a experiência de sua vocação eremítica (sob a autoridade de um bispo benévolo). A segunda solução seria a tradicional, do monge que obtém licença para viver como eremita sob a autoridade de seus superiores monásticos nas terras do próprio mosteiro. Com esta solução não haveria ruptura dos vínculos que unem o monge à sua família monástica. Conquanto reconhecendo a evidente simplicidade e o caráter tradicional desta solução, D. Winandy levantou certas e bem fundadas objeções a este esquema. A incompreensão da comunidade monástica, a possível má vontade de um novo superior revogando a decisão de seu predecessor e outros fatores poderiam tornar a experiência demasiadamente arriscada, incerta e mesmo fazê-la abortar totalmente. Não há dúvida alguma de que, se comunidade e abade se mostram frios em relação a uma experiência de vida eremítica, pode a situação facilmente ser contornada, de maneira que a falência dessa tentativa se transformará numa conclusão prévia e a já conhecida tese *contra eremitas* oferecerá mais uma "prova" concludente.

É evidente que enquanto existir um clima geral de desconfiança e preconceitos em relação ao eremitismo nas comunidades monásticas, a maneira mais prática e mais segura de proceder será deixar o monge sua comunidade e procurar outro ambiente. Poderá então:

a) Transferir-se a um outro mosteiro (por exemplo, uma comunidade beneditina de *vita simplex* ou *primitiva observância*), onde o superior é favorável a tais experiências. Entretanto, pode isso acarretar os mesmos riscos acima referidos. Em todo caso essa solução só seria viável se o monge fosse bem conhecido pelo superior em questão. E em qualquer circunstância, um período de experimentação no mosteiro, *ad quem,* seria necessário. No caso de transferência para outra Ordem, a legislação vigente exigiria, ainda, um indulto e novo noviciado nesta Ordem. Sem dúvida, poder-se-ia tomar medidas para simplificar esse esquema. E, na revisão do novo Código de Direito Canônico em curso, essas medidas poderiam ser consideradas.

b) Conseguir a exclaustração *ad nutum Sanctae Sedis.* Porém D. Winandy previu que a Congregação para assuntos religiosos, em Roma, poderia mostrar-se pouco desejosa de conceder muitas dessas exclaustrações e, de fato, recusas de caráter bem definitivo constam dos registros nos últimos anos.

Não estou certo de que todos os cenobitas reunidos em tomo de Dom Winandy obtiveram exclaustração *ad nutum.* De qualquer maneira, não lhes seria necessário obtê-la. Uma exclaustração *comum* seria suficiente neste caso, pois o bispo mostrou-se favorável em relação aos eremitas fazendo até uma intervenção (por escrito), na Terceira Sessão do Vaticano II, em prol de um estado eremítico juridicamente reconhecido. O problema que surge aqui, no contexto em que estamos considerando as mudanças no novo Código, é que o reconhecimento de um estado eremítico, em separado, poderia complicar a necessidade geralmente admitida do *estado monástico,* como tal, na lei da Igreja. Daí pareceria que em lugar de um esforço para obter o reconhecimento de dois "estados" separados – o eremítico e o monástico – poderia ser aconselhável recolocar os eremitas no estado monástico ao qual, afinal, pertencem, pelo menos tradicionalmente.

Deve haver dificuldades técnicas envolvidas nessa operação. E existem, evidentemente, boas razões práticas que orientam, não somente os eremitas, mas também as tentativas de experiência de vida monástica primitiva (simplificada) como a de Dom Minard na Carolina do Norte (USA), de maneira a procurarem incluir-se na categoria de *pia unio.* Assim, paradoxalmente, a vanguarda da *vida monástica* se vê agora na necessidade de abandonar o *estado monástico,* de maneira a poder desabrochar satisfatoriamente.

Mas estamos ainda frente à questão de saber se é desejável e possível reavivar a vida eremítica, no contexto do estado monástico, e sob a proteção de mosteiros cenobíticos (de vida em comum) bem-estabelecidos.

Embora no artigo de D. Winandy, e no número especial de *La Vie Spirituelle* de outubro de 1952, fosse considerado totalmente garantido que os abades e abades gerais permanecessem uniformemente hostis a toda e qualquer experiência de vida solitária, especialmente no contexto da Ordem Cisterciense, estamos agora assistindo a uma transformação que só pode ser considerada providencial. Qual seja a explicação deste fenômeno, não saberíamos dizer. É bem possível que o fato de muitas comunidades cistercienses americanas terem perdido, cada uma, três ou quatro membros que se integraram em comunidades de vida solitária, transferindo-se para a Ordem dos camaldulenses ou a dos cartuxos e para a fundação de Dom Winandy, tenha enfim feito compreender a necessidade de reconsiderar a situação do eremita, dentro da própria Ordem Cisterciense. Não podem os cistercienses deixar de ficar impressionados, pelo fato de que novas fundações beneditinas, voltando à "primitiva observância", acham normal permitir aos monges, com real vocação solitária, em tempo oportuno, adotar o gênero de vida eremítica à sombra do mosteiro. Este fato, ainda que raro, é tido como um desenvolvimento normal da vocação monástica.

Em todo caso, não somente a problemática da vida eremítica é questão aberta para uma discussão, mesmo na Ordem Cisterciense, mas já existem propostas práticas "para uma vida de completa solidão a ser vivida nas terras de nossos mosteiros" (cistercienses). Isso tornaria possível às vocações de vida solitária, bem provadas, a encontrar sua plena realização sem deixar o estado religioso, a Ordem ou o mosteiro da sua profissão. É de se entender que essas vocações seriam sempre raras, e a solução, frente à problemática do eremitismo, teria de ser resolvida prudentemente, de maneira que as autênticas vocações cenobíticas (de vida comunitária) não fossem perturbadas em sua vida monástica. Deveria permanecer sempre bem claro a esses cenobitas que a vocação eremítica é um caminho fora do comum e *não é necessária* à *perfeição monástica*. O principal "perigo" de uma vida eremítica próxima ao mosteiro seria possivelmente a implicação de que todos e cada um dos cenobitas estejam desafiados a ultrapassar o esquema da vida comunitária. Isso, pela simples presença de um eremita nas terras do mosteiro. Não é, evidentemente, o caso. A vocação eremítica é sempre excepcional. Contudo, para ser realista, é preciso dizer que se o eremita permanece, de fato, membro da família monástica (o que implicaria um certo contato continuado com sua comunidade), os outros terão a oportunidade de ver que não é ele nenhum anjo, podendo assim preservar uma visão objetiva da situação, e evitar a "tentação".

As propostas atualmente apresentadas para obter o reconhecimento da solidão eremítica como sendo compatível com a vida cisterciense não devem ser confundidas com outras soluções propostas que não são, rigorosamente falando, "eremíticas", mas podem abrir caminho para uma solitude relativa, considerada elemento necessário à vida comunitária do mosteiro. Esta relativa solitude consistiria, por exemplo, em oportunidades de passar um dia, mais ou menos, numa cabana ou num oratório, em algum recanto das terras do mosteiro. Esses dias de retiro seriam oferecidos em primeiro lugar aos monges que desempenhassem cargos ou ofícios no mosteiro. No entanto, outros monges, considerados capazes de bem aproveitar esse tempo, teriam o mesmo direito.

Não nos ocupamos aqui com os planos concretos atualmente em estudo para restaurar o eremitismo dentro do estado monástico. O importante é a nova atitude que deve necessariamente acompanhar qualquer renovação desse tipo na vida do *ordo monasticus*.

Certamente não haverá muitos eremitas vivendo à sombra de nossos mosteiros. Entretanto, um certo respeito pela solidão e uma avaliação séria das especiais necessidades de determinadas pessoas, podem ser um sinal de maturidade e de força numa comunidade monástica. Os monges devem aprender a tratar a problemática da solidão com realismo. Não deve ser a solidão considerada ilusão do demônio – nem, tampouco, miraculosa panaceia que solucione todas as dificuldades de alguém. A solidão tem de ser entendida como desenvolvimento normal, mas especial, exigida em determinados casos na vida de alguns. Quando esta exigência procede realmente da graça, não somente a pessoa em questão, mas também seu abade e sua comunidade têm certas obrigações frente à execução dessas exigências. Quando o monge eremita tem de fazer a experiência de sua vocação nas terras pertencentes ao mosteiro, torna-se evidente que sua luta e seu risco são, de algum modo, preocupação de toda a comunidade. Ele é chamado a desabrochar sua vocação de um modo que, em certo sentido, é relevante para todos, pois esta vocação é o prolongamento, não apenas da vida cenobítica *dele*, mas da de todos. Esse desabrochar será sempre difícil e mesmo arriscado. Quem se entrega a essa empresa o faz com grande risco. E o fato de assumi-lo não deve se constituir em atitude de superioridade para com os demais membros da comunidade. Pelo contrário, o eremita terá de encarar de frente a própria fraqueza de sua pobreza, sob formas que seriam insuportáveis sem uma graça especial e o auxílio da oração e da compreensão da comunidade.

O problema e o paradoxo dessas vocações à vida eremítica, consideradas então sempre como perturbadoras e, por vezes, mesmo como escândalo, é que, embora fruto normal da vida monástica, são também fora *do comum*. Isso, mesmo no sentido de implicar numa *ruptura da continuidade* na vida de quem se vê chamado a ser eremita. Evidentemente, a vida monástica normal não se desenvolve simples e continuamente no sentido de uma solidão eremítica. Aquele que é chamado a essa solidão, talvez de maneira súbita e dura, empreende uma nova caminhada em terreno desconhecido até então. Recebe uma nova vocação que é certamente um aperfeiçoamento de seu chamado anterior mas, mesmo assim, trata-se de uma nova erupção da graça. Esta exige do eremita o abandono de certa segurança e do quadro com o qual se familiarizou e para si criou seus anos de fidelidade à observância monástica. Num sentido muito real o eremita tem de recomeçar tudo de novo, desde o início e, desta vez, sem o auxílio de um mestre de noviços e de um guia sábio de companheiros que o incentivem. Se o eremita sente que o consideram uma espécie de apóstata, ou um excêntrico, ou ainda, um tolo iludido, isso não tornará sua vida mais fácil. Porém essa falta de compreensão pode ser um elemento previsto por Deus para confirmar a vocação do solitário[47]. Não é preciso dizê-lo, o argumento de que o eremita permanece sentado "sem nada fazer" e sua existência de solitário deixa de ter significado ou justificativa de qualquer espécie, não tem maior validez do que os mesmos argumentos superficiais apresentados pelos seculares em relação à vida monástica comunitária.

O que nos propusemos neste estudo foi demonstrar que havia uma constante tradição no monaquismo ocidental – e mesmo na Ordem Cisterciense – que, não somente reconheceu os direitos da vocação solitária, em teoria, mas até permitiu certas soluções simples, concretas, dentro do quadro jurídico e institucional do estado monástico. Jamais pareceu coisa despropositada ou aberrante que monges procurassem e encontrassem a solidão à sombra de seu próprio mosteiro – sem serem obrigados a recorrer a indultos ou ter de pedir dispensa dos votos. Isto permanece, em si, a mais simples, prática e tradicional solução. No entanto, não pode, evidentemente, ser posta em prática sem uma grande prudência, muito tato, caridade e compreensão.

Esperemos que, graças a uma visão mais franca e objetiva da situação, possa agora tornar-se mais fácil, tanto para os monges como para os que detêm a autori-

---

47. Cf. Dom P. Doyère em *"La Vie Spirituelle"*, outubro 1952, p. 253-254.

dade, dialogar sobre a questão num espírito de abertura e sinceridade – inteiramente dispostos, uns e outros, a acolher a vontade de Deus, e isso seja lá em que forma for que ela se manifeste. Só podemos lamentar o fato dessa problemática ter sido, com demasiada frequência, combatida por ambos os lados num espírito hermético, num *dialogue de sourds* – sem, evidentemente, chegar-se a uma solução.

Se, como o esperamos, essa questão vai ser agora discutida abertamente e com menos paixão, os monges terão de reconhecer nitidamente que ninguém pode exigir em *direito estrito* que seu pedido de viver a vocação eremítica nas terras do mosteiro *tem* de ser atendido pelos que detêm a autoridade apesar de todas as objeções destes. Um dos mais evidentes indícios de uma falsa "vocação" à vida solitária é talvez a maneira desarazoada, a arrogância e impaciência com que o candidato presumiria poder afirmar suas exigências sem encontrar qualquer contradição. É claro que para solucionar essa eventualidade os responsáveis por estabelecer normas para julgar as vocações à vida solitária desejarão elaborar normas razoavelmente severas de maneira a eliminar imediatamente exigências pouco razoáveis. Sem dúvida, há sempre a possibilidade de erro no julgar. Nesse caso, o candidato deve poder sempre recorrer ao *transitus*. Assim permanece totalmente provável que, mesmo admitindo a possibilidade de um monge tornar-se eremita, haverá ainda alguns que, por um ou outro motivo, terão de procurar solucionar o seu caso transferindo-se para a Ordem dos cartuxos ou a dos camaldulenses ou a outras comunidades – ou até mesmo, abandonando o estado monástico. Porém ter-se-á ganho muita coisa se ao menos uma ou duas vocações solitárias, autênticas, dão provas de desabrochar e crescer dentro da própria vida monástica cenobítica – florescendo sob a proteção e o amor da comunidade monástica. Concluiremos, lembrando que isso será sempre obra de Deus e não dos homens.

Iniciamos este estudo citando um autor que se assina "Théophile Reclus" e tem notavelmente o mesmo estilo que Dom J. Winandy. Terminaremos com outra citação do mesmo autor no mesmo artigo.

"O eremita é um sinal de Deus, destinado a lembrar ao homem a transitoriedade deste mundo, apresentando a seu olhar uma imagem do mundo a vir. Mais do que em qualquer outra vocação, talvez a iniciativa, aqui, seja inteiramente de Deus... E não tem Ele o direito de agir assim? Quem pois teria a presunção de pedir contas a Deus? Melhor convém adorar com reverência e espanto o mistério de seus desígnios[48].

---

48. Cf. *La Vie Spirituelle,* Oct. 1952, p. 241.

Apêndice

1

Carta de Estêvão de Lexington
a três cistercienses concedendo a permissão para
abraçar a vida eremítica[1]

"Registrium Epistolarun Stephani de Lexinton"
OMNIBUS CHRISTI FIDELIBUS SALUTEM
IN DOMINO

Licet dilecti nobis fratres Isaac et Jacobus quondam monachi de Sancta Cruce et Flan conuersus ejusdem domus ad uitam solitariam et heremiticam se transferre multo tempore ardenter anhelauerint, tale tamen desiderium effectui mancipare nullatenus ausi sunt, eo quod certo haberent monachis Cisterciensis ordinis absque consilio capituli generalis huiusmodi non licere. Auctoritatem igitur capitulo memorati nobis in potestate plenaria traditam per Hibermiam audientes tam per se quam per viros auctenticos et Deum timentes omni qua potuerunt instantia supplicarunt, ut ad propositi sui consummationem de nostra licentia possent conuolare.

Nos igitur cum uiris deuotis atque prudentibus habita deliberatione et tractatu diligenti de ipsorum consilio prefatorum monachorum atque conuersi petitioni-

---

1. Analecta S.O.C., jan./dez. 1946, p. 27.

bus benigne annuimus eos ab obedientia ordinis tantum absoluentes, ita tamen quod uitam heremiticam ducere omni deuotione religiose de cetero studeant. Insuper tres predictos uiros jurisdictioni archiepiscoporum seu episcoporum, in quorum diocesi conuersabuntur, plene subicimus, ut si forte ipsos agnouerint in scandalum religionis suadente diabolo a preconcepti propositi sanctitate exorbitare, ipsis habitum nostrum auferant aliisque modis castigent, prout animarum suarum saluti et honori ecclesiae et ordinis magis expedire decreuerint. In cuius rei et cet.

PARTE III

Vida contemplativa

I

Estará a vida contemplativa superada?[1]

A palavra "contemplativo" não é boa. Quando falamos dos monges contemplativos, vemo-nos frente a frente com a problemática de que afinal não somos mais do que contemplativos. Não somos profetas. Estamos os monges falhando em relação ao aspecto profético de nossa "vocação"? Por quê? Talvez porque pertençamos a um cristianismo tão profundamente implicado numa sociedade que, embora tenha exaurido a vitalidade espiritual, continua contudo na tentativa de descobrir uma nova forma de expressar a vida em meio à crise. Não estão os nossos mosteiros realizando qualquer espécie de vocação profética no mundo moderno. Se devemos ter a possibilidade de realizar ou não essa tarefa, é outra questão. O carisma profético é dom de Deus, não um dever do homem.

Mas por outro lado, se o dom não foi concedido, talvez nós monges não nos tenhamos preparado para recebê-lo. A meu ver, os contemplativos deveriam ser capazes de falar ao homem moderno sobre Deus de maneira a responder à acusação, profundamente significativa e importante, de Marx em relação à religião. Marx declarou que a religião leva inevitavelmente à alienação do homem. Não é realização plenificante, é um ópio. O

---

1. Notas de conferência que foram gravadas.

homem, segundo Marx, despoja-se de seus poderes e de sua dignidade, atribuindo esses valores a um Deus invisível e remoto, suplicando, em seguida, que esse Deus lhos conceda, de volta, parte por parte. Porém não é este o caso. Estamos aprendendo cada vez mais como a negação de Deus é, de fato, negação do homem. Por outro lado, entretanto, a afirmação de Deus é a verdadeira afirmação do homem. Disse Barth[2] em algum lugar, que "falar, apenas, do homem em voz alta, não é falar de Deus". Se não afirmamos a realidade de Deus, deixamos de afirmar a realidade do homem. Se não afirmamos a realidade de Deus como aquele que chama o homem à existência, à liberdade e ao amor que é a plenificação dessa liberdade – se não afirmamos esse Deus, deixamos de afirmar aquilo sem o qual a vida do homem não tem sentido.

Os monges deveriam ser capazes de assegurar ao mundo moderno que, na luta entre o pensamento e a existência, eles estão do lado da existência, não da abstração. Entretanto, podemos sinceramente afirmá-lo? Não sei.

Muito do que se vê na vida monástica, e na "espiritualidade contemplativa", não é forçosamente abstrato no sentido filosófico do termo. Mas é, sim, um comportamento artificial em que o pensamento, incorporado a formas rituais, opõe-se aos fatos concretos da existência. Não fazemos porventura um fetiche submetendo as realidades da existência humana a formas rituais e legalismos a fim de nos convencermos de que, ao fazê-lo, estamos mesmo levando uma vida espiritual e contemplativa?

---

2. Importante teólogo protestante, alemão. Faleceu no mesmo ano e mês que Thomas Merton [N.T.].

Os monges deveriam ser capazes de afirmar ao homem moderno que Deus é a fonte e a garantia de nossa liberdade e não apenas uma força dominadora que limita nossa liberdade.

No conflito entre lei e liberdade. Deus está do lado da liberdade. É uma declaração escandalosa! Porém ela está no Novo Testamento! Como iremos afirmar ao mundo moderno o escândalo do Novo Testamento? Aqui é que estamos frente à seriedade da nossa "vocação" *profética*, distinta de nosso chamamento à vida *contemplativa*.

Certamente é essa a "mensagem" que o monge deve dar ao mundo. Mas em que medida podem os monges expressar essa verdade? Estamos, ao que parece, tão comprometidos com a lei quanto qualquer um. Mais do que os outros! Multiplicamos as leis. Vivemos uma vida cheia de intermediários onde, em qualquer momento, a regra e o rito podem substituir a autêntica experiência e o encontro autêntico.

Nosso encontro com Deus deve ser ao mesmo tempo a descoberta de nossa própria liberdade mais profunda. Se jamais o encontramos, nossa liberdade nunca chega a desenvolver-se plenamente. Nossa liberdade só se desenvolve no encontro existencial entre o cristão e Deus, ou entre o *homem* e Deus. Pois não são somente os cristãos que encontram Deus. Todo homem em algum momento de sua vida encontra Deus. E muitos que não são cristãos responderam mais plenamente do que outros que são cristãos. Nosso encontro com Deus, nossa resposta à sua Palavra, é o desabrochar, o emergir e o expandir-se de nossa mais profunda liberdade, de nossa verdadeira identidade.

Oração

Para entender corretamente a oração temos de considerá-la nesse encontro com nossa liberdade, emergindo dos abismos de nosso nada e de nosso subdesenvolvimento, ao chamado de Deus. Oração é liberdade e afirmação brotando do nada, transformando-se em amor. Oração é o florescer de nossa mais íntima liberdade, em resposta à Palavra de Deus. Oração não é só diálogo com Deus, é a comunhão de nossa liberdade com a ilimitada liberdade de Deus; com Deus espírito infinito. Oração é a elevação de nossa liberdade limitada ao nível da infinita liberdade do espírito e do amor divinos. É, ainda, o encontro de nossa liberdade com a caridade que tudo envolve e não conhece limites nem obstáculos. Assim, a oração não é um proceder abjeto – conquanto possa, por vezes, brotar do abismo de nossa abjeção.

Evidentemente, temos de enfrentar a realidade existencial de nossa miséria, de nosso nada e de nossa abjeção, pois é aí que tem início nossa oração. É precisamente do fundo desse nada que somos chamados à liberdade. É de dentro dessas trevas que somos chamados à luz. Portanto, temos que reconhecer esse fato como o verdadeiro ponto de partida de nossa evolução. Do contrário, nossa oração não será autêntica. Mas somos chamados a *sair* desse nada, dessas trevas, dessa alienação e dessa frustração, para penetrar na intimidade e na comunhão com Deus, em sua liberdade. Esse é o sentido da oração. Assim, a oração não é simplesmente questão de nos lançarmos por terra numa atitude de abjeção e de nos prostrarmos em servil submissão ao suplicar a Deus que nos conceda coisas que já possuímos. Essa é a imagem que Marx, em sua ideia de alienação religiosa, nos oferece. A oração não é algo que tenha por fim manter-nos no servilismo e na incapacidade. Tomamos consciência de nossa miséria ao iniciar nossa oração, de maneira a elevar-nos acima desse estado e atingir a infinita liberdade e o infinito amor criador que se encontram em Deus.

A oração consegue, infalivelmente, esta libertação, se cremos e compreendemos suas verdadeiras dimensões. O grande problema da oração surge da atitude que adotamos. Se aceitamos o ponto de vista da "alienação", permanecemos fixos em nosso ego e não somos mais capazes de sair de nós próprios e atingir a liberdade. Se permanecemos em nosso ego tensamente voltados sobre nós mesmos, tentando atrair para nós dons, que incorporamos então à nossa própria vida limitada e egoísta, a oração, é claro, será servil. O servilismo tem sua raiz no autosserviço. O servilismo, de maneira estranha, consiste, de fato, em tentar fazer com que Deus sirva às nossas necessidades. Temos de procurar dizer ao homem moderno algo que o faça entender como a autêntica oração – é um fato – nos torna capazes de emergir de nosso servilismo e penetrar na liberdade de Deus. Isso porque a verdadeira oração não se esforça por manipular o Senhor por meio de supersticiosas barganhas.

Boas almas

Suponhamos, por um momento, que o termo "contemplativo" tenha um valor e possa ser mantido. Em que sentido, então, somos contemplativos? Em que sentido haverá verdadeiros contemplativos em nossos mosteiros? Com certeza, existem, especialmente entre os mais antigos, muitos que foram e ainda são homens de oração.

No entanto, poucos, realmente tão poucos parecem ser verdadeira e profundamente *contemplativos*. Eles são mais o que se chamaria de "boas almas". São produtos dignos de um sistema religioso que até agora prevaleceu. Isto é, pessoas boas, que mantêm a regularidade, fiéis às suas obrigações. Colocaram suas obrigações antes de mais nada e compareceram pontualmente ao coro. Foram recompensados pela sensação de satisfação e de paz. Possuem uma espécie de sólido ritmo de vida interior. Ao longo dos anos adquiriram certa experiência e um profundo amor a Deus – não há dúvida alguma sobre isso. No que parece terem falhado foi em desenvolver uma real profundidade de visão e uma plenitude real de *vida*. Poucos possuem percepção espiritual e experiência interior realmente profundas. Se, por acaso, têm tal percepção, são absolutamente incapazes de expressá-la nem estão disso conscientes. E é claro, isso é como deveria ser. Mas são *contemplativos?* Ou *deveriam* sê-lo?

Espera-se encontrar na vida chamada "contemplativa" pessoas simples e profundas. O verdadeiro contemplativo não deve necessariamente ter muito a dizer em relação à sua vida contemplativa. O modo de expressá-la pode ser um carisma como pode ser uma ilusão. Permanece, entretanto, algo de real na expressão dessa experiência profunda. Deve-se ser capaz de ensiná-la a outros, de fazer com que eles a entendam e de ajudá-los a atingi--la. Essa é a interrogação levantada por essa mensagem dos contemplativos em relação ao mundo. Temos nós alguma experiência profunda que possamos comunicar ao mundo moderno na situação que lhe é própria? Ou devemos apenas supor que o mundo moderno está tão distanciado que não merece qualquer mensagem que lhe possamos dar?

Estará o contemplativo aí apenas para criar uma sensação de estabilidade, devoção, piedade e paz? Será sua mensagem de confiança uma afirmação de que o que até agora aconteceu continuará a acontecer? Bem poderá ele confortar alguém com tal mensagem. Mas quando ele se calar e começarmos a refletir sobre tudo o que nos disse, haveremos de entender que o que tem sucedido *não* vai continuar. O que foi está superado. Esperamos, certamente, que algumas das qualidades daquele gênero de vida interior há de continuar. Não quereríamos de modo algum perder suas qualidades de simplicidade, devoção, piedade e tudo o mais. No entanto, a mensagem de nosso venerável e antigo sistema não serve. Esse sistema enfatiza quase sempre o que é secundário. A ênfase no venerável sistema não é colocada nas realidades profundas da vida. Poderão dizer-me que nosso contemplativo fala da cruz etc. – bem, a cruz certamente não é coisa secundária. Entretanto, a cruz, com demasiada frequência, é contemplada do ponto de vista do secundário. Quanto mais se reconhece este fato como certo tanto mais se admite. Quando se fala da cruz no contexto do que poderíamos denominar o catolicismo do meio ambiente (isto é, onde um ambiente católico é considerado um fato normal) pressupomos, então, que todos os pontos importantes são da responsabilidade do meio ambiente e que a nós cabe apenas responder pelos pequenos pormenores. Os problemas básicos da vida são tidos como coisa já resolvida há muitos anos, e ninguém chega a pensar em questioná-los de novo. No contexto de que falo, a cruz, em lugar de ser um grande mistério que sacode as mais íntimas profundezas do ser humano na morte e na ressurreição, torna-se simplesmente uma questão de não perder a paciência e quando alguém chega atrasado. A cruz é então sinônimo de paciência quando se tem de esperar à porta do gabinete do abade.

A vida contemplativa é assim reduzida a pequenas coisas como: aprender a tornar-se um homem de oração interior, fazendo bom uso dos momentos em que você nada pode fazer senão "esperar sentado" enquanto aguarda algum acontecimento – ou que alguém dê o de que você está precisando (e talvez jamais receberá) ou ainda que alguém em autoridade perceba sua presença e lhe dê um tapinha na cabeça dizendo que você é um "cara legal". A cruz é esvaziada de toda a sua seriedade por essas bagatelas, ainda que de certa maneira não pareçam. Só pode esse sistema parecer sério dentro do contexto de uma sociedade bem estabelecida e estável, uma sociedade cristã burguesa, firmemente construída em suas bases que jamais serão abaladas. Porém isso já passou. As bases estão totalmente abaladas. Esse tido de sociedade já não existe. Vivemos num mundo de revolução. As bases de tudo aquilo que estamos habituados se acham ameaçadas. E se em meio a tudo isso o mistério da cruz significa praticar paciência e oferecê-la e assim por diante, então esse fato se torna ridículo aos *olhos do mundo moderno* quando estamos sentados à porta de um escritório à espera de que nos deem permissão para realizar algo para cuja execução deveríamos ter senso bastante para realizá-la por nossa própria conta. Se, portanto, a mensagem dos contemplativos para o mundo contemporâneo brota de coisas tão triviais quanto isso – ainda que possa estar utilizando palavras de grande valor e importância como cruz, morte, ressurreição, oração, contemplação, visão – será algo demasiadamente ridículo! Essa mensagem não afetará a ninguém. Nada querem nada com ela.

Se isso é contemplação, mais vale não perder tempo, arrumar as malas e voltar para casa.

O sacrifício da segurança

Consideremos, agora, de frente, a problemática da grande necessidade que temos de renovação, e como essa renovação, em realidade, não está acontecendo – ou bem pouco. Nem sabemos por onde iniciá-la. Tem de ser a *nossa* renovação. Não pode ser simplesmente uma maneira de introduzir a vida chamada "ativa" em nossos mosteiros. Não podemos tentar uma renovação do mesmo gênero da que está sendo procurada pelas ordens ditas "ativas". Isso porque a tarefa que nos cabe na Igreja é diferente. É verdade que estamos todos preocupados em voltar ao Evangelho. Mas em lugar algum do Evangelho nos é dito que o mistério da Cruz e o da Ressurreição, e assim por diante, estejam reduzidos às pequeninas formalidades a que nós os reduzimos. A renovação não consiste tampouco em alargar os muros da clausura, e encaixar uma espiritualidade mais liberal e menos rígida nos quadros dos ofícios e das observâncias. Também não é uma questão de diálogos infindos a respeito desses ofícios e observâncias. A renovação significa muito mais do que isso. Você que se interessa bastante pelo assunto para ler o que se relaciona com ele, e eu que estou tentando aprofundar estas ideias, estamos todos envolvidos numa pesquisa decisiva das realidades contidas na renovação. Estamos procurando ver quais as exigências que, de fato, nos serão feitas. Queremos avaliá-las, correta e objetivamente, e estar prontos a pagar o preço. E aqui o preço não será apenas questão de cerrar os dentes e obedecer a ordens que instintivamente percebemos não terem sentido.

O preço que vai ser exigido de nós bem pode ser o de sacrificar a nossa segurança, *sacrificar a estabilidade psicológica que construímos sobre bases que não ousamos examinar.* Temos que examinar essas bases ainda que isso signifique intranquilidade, ainda que signifique perda da paz; ainda que signifique perturbação e angústia, ainda que possa significar o radical abalo de estruturas.

Certas estruturas precisam ser abaladas. Certas estruturas devem cair[3]. Não precisamos ser revolucionários dentro de nossas instituições. Vemos, hoje em dia, um sem-número de neuróticos e rebeldes queixando-se interminavelmente de tudo, nos claustros, sem nenhuma intenção, absolutamente, de substituir toda essa negação por algo de positivo; os que, apesar de todo esse negativismo, estão sempre descontentes e lançam, automaticamente, a culpa de tudo sobre o outro. Não é disso que precisamos. Mas, por outro lado, não queremos ir ao extremo e simplesmente fazer como o avestruz, recusando ver que essas instituições estão, sob muitos aspectos, superadas. Pois, se examinarmos bem, poderemos descobrir que a renovação talvez signifique o desmoronamento de algumas estruturas institucionais e a partida para uma reformulação inteiramente nova.

Tem havido, sem dúvida, algumas tentativas pouco criteriosas em matéria de experiências em novas fundações. Em poucos meses tornaram-se algo de patético. Isso, porém, não significa devermos abandonar a procura de caminhos novos. Por outro lado (agora estou mesmo divagando), temos de nos lembrar de que existe uma determinada ordem em relação a essas coisas. Por exemplo, uma pessoa não começa por sentar-se e escre-

---

3. Cf. *Reflexões de um espectador culpado.* Petrópolis: Vozes, 1971 [N.T.].

ver, antes de mais nada, uma regra. Escrever novas regras deve ser a *última* coisa a ser feita. O que é preciso fazer é iniciar uma *conversão* e uma vida nova dentro de si, na medida em que se pode. Assim, minha vida nova e minha contribuição à renovação no monaquismo começam em mim e comigo, na minha vida cotidiana. Meu trabalho por uma renovação se realiza estritamente na minha própria situação, aqui, e não como uma luta com a instituição, mas num esforço para renovar minha vida de oração num contexto inteiramente novo. Isso supõe uma compreensão totalmente nova daquilo que a vida contemplativa significa e exige. A criatividade tem de começar comigo. Não posso simplesmente permanecer sentado aqui perdendo tempo urgindo com a instituição monástica para que se torne criativa e profética. Antes de mais nada, não há, em realidade, muito a esperar em matéria de mudanças dentro do quadro da instituição. Pode ela mudar até este ponto, não mais. Além dessa medida, a estrutura não aceita mais mudança. Então, é inútil lamentar-se sobre o fato de não conseguir a instituição ser mais criativa. É inútil lamentar-se por que acontece aos melhores elementos abandonarem a comunidade. E é inútil colocar as esperanças em mudanças simbólicas que, afinal, são um tanto mesquinhas. O que cada um de nós tem de fazer (o que eu devo fazer) é pôr mãos à obra decididamente e começar, realmente, a investigar sobre novas possibilidades em nossa própria vida. E se as novas possibilidades significam mudanças radicais, muito bem. Talvez estejamos precisando de mudanças radicais e, para obtê-las, tenhamos que lutar e suar sangue. Acima de tudo temos que estar mais atentos aos caminhos e às horas de Deus e dar tudo quando isso nos for pedido.

Nós, os supostos contemplativos, precisamos de renovação, tanto quanto os demais, e isso tem de ser feito por nós próprios. Temos de descobrir, por nós mesmos, qual o nosso dever. Não podemos permanecer sentados esperando que venha alguém dizer-nos o que fazer. Vocês que estão lendo essas linhas também estão empenhados nas possibilidades da renovação. Deixem-me incentivá-los, como um irmão, a que se esqueçam de outros que deveriam ajudá-los. Façam-no por si próprios com o auxílio do Espírito Santo. Procurem descobrir o que realmente estão buscando na vida espiritual. Por que vieram ao Mosteiro? Por que desejam ser "contemplativos", Trapistas, Carmelitas etc.? Que estão procurando? Têm como meta a segurança ou Deus? Procuram experiências agradáveis ou procuram a Verdade?

Estamos em busca da Verdade que nos libertará? Estamos procurando a verdade de Cristo? Estamos respondendo à Palavra de Deus que irrompe através de todas as estruturas da vida humana e das instituições? São essas as perguntas que devemos fazer a nós próprios. Como podemos esperar que outros respondam por nós a essas interrogações!

O importante para nós é tornar claro o fim que temos em vista. Precisamos assim repensar não apenas o acidental mas até o essencial da vida contemplativa – isso, no sentido de repensar nossas metas, nossas motivações, nossos fins. Por que viemos à procura de uma vida "contemplativa?" Podemos, cada qual, ter uma resposta diferente. E não cometamos o erro de imaginar-nos repensando a vida monástica para *relegislá-la*. Em outras palavras, não nos iludamos a nós próprios falando agora e deixando o viver para mais tarde. Se nosso repensar for válido, será também um reviver. Não nos percamos em palavras. Vamos viver *agora*. Não nos projetemos demasiadamente no futuro. Vivamos no presente. Nosso repensar a vida contemplativa faz parte de nossa contemplação atual, presente. Nossa nova vida surgirá da autenticidade, *agora*. Não estamos apenas num vazio momento de transição. Não estamos situados num intervalo de reconstrução em que vamos simplesmente recompor uma vida estática na qual poderemos repousar. Nosso repouso está na própria reconstrução de uma vida nova. Transição é também plenitude. Podemos ter certa plenitude pessoal mesmo quando a instituição em processo de transformação é algo de provisório. E temos de aprender a ser contemplativos em meio ao dinâmico, em meio ao movimento.

Podemos fazer isso sem ficarmos obcecados pelo movimento. Podemos fazê-lo sem estarmos demasiadamente preocupados conosco nesse movimento. É possível vivermos felizes em meio à mudança, sem nos angustiarmos por causa disso. A mudança é um dos grandes fatos de toda vida. Se não somos capazes de ser contemplativos em meio à mudança, se insistimos em ser contemplativos numa situação totalmente estável que imaginamos construir no futuro, então jamais seremos contemplativos.

Portanto, movimentemo-nos de maneira tranquila, confiante e fiquemos contentes. Esforcemo-nos por não nos preocuparmos demasiadamente com o fato de estarmos em movimento e não exigir que tudo seja seguro. Vivamos, antes de tudo, em Cristo, plenamente abertos a seu Espírito, despreocupados com segurança institucional; livres de todo interesse por estruturas ideais que jamais serão construídas. Vivamos contentes na Noite Escura da Fé, somente ali estaremos verdadeiramente seguros, porque realmente livres.

Vida contemplativa

Como é considerada a vida contemplativa? Que pensar dessa vocação?

Que conceito fazemos dela? Seria uma vida de retraimento, tranquilidade, fuga, silêncio?

Será que os contemplativos se mantêm afastados da ação e da mudança a fim de aprender técnicas que os levem a um tipo de realidade estática presente, que aí está à mão e que devem aprender como penetrá-la? Será a contemplação uma "coisa" estática, objetiva como, por exemplo, um edifício no qual penetramos com uma chave? Será que procuramos esta chave com afã, a encontramos e destrancamos a porta e entramos? Bem, de certo ponto de vista, seria uma imagem válida. Não é, contudo, a única imagem.

A vida contemplativa não é algo de objetivo que se encontra "à mão" e à qual, depois de procurar aqui e acolá, temos finalmente acesso. *A vida contemplativa é uma dimensão de nossa existência subjetiva.* Descobrir a vida contemplativa é uma nova autodescoberta. Poder-se-ia dizer que é o desabrochar de uma identidade mais profunda em nível inteiramente diverso do de uma simples descoberta psicológica, é uma identidade paradoxal nova, encontrada somente na perda de si próprio. Encontrar nosso verdadeiro ser, perdendo nosso ser, faz parte da contemplação. Pensemos no Evangelho: "Quem deseja salvar sua vida deve perdê-la".

A experiência contemplativa tem sua origem nessa espécie totalmente nova de percepção do fato de que somos mais verdadeiramente nós próprios quando nos perdemos. Nós nos tornamos o que realmente somos quando nos perdemos em Cristo. A vocação contemplativa pode tornar-se perversa e egoísta se utilizamos sub-repticiamente truques e má-fé. A má-fé, para o contemplativo, consiste em tentar brincar com esse conceito do "encontrar e perder". A má-fé quer aprender algum truque que nos possibilite perder-nos de maneira a nos encontrarmos e, por fim, sairmos ganhando. Essa é, na vida contemplativa, uma das fontes de autoilusão que, com frequência, gera frustração. Consequentemente, uma das leis básicas é que a contemplação é um dom de Deus. É sempre algo que devemos saber como esperar. Entretanto, também é algo que devemos esperar *ativamente.* O segredo da vida contemplativa está *na capacidade de percepção* (ou "conscientização") *ativa.*

Trata-se de uma percepção em atitude de expectativa onde a atividade se traduz por uma resposta pessoal profunda num nível que se situa, por assim dizer, para além das faculdades da alma.

A oração contemplativa é uma atividade interior profunda, situada na própria raiz de nosso ser, como resposta a Deus. Ele tem a iniciativa e, no entanto, nos atrai a certas formas de obediente iniciativa. A combinação dessa iniciativa com a passividade na espera varia de pessoa a pessoa. Há tantos elementos que entram nesse jogo! Na renovação da vida contemplativa não devemos restringir as possibilidades de desenvolvimento individual como fizemos no passado.

No passado, a vida contemplativa era apresentada de um modo um tanto rígido e formal. Ingressava-se na "vida contemplativa" elaborando uma lista das coisas a que se ia renunciar: por ex., o mundo com todas as suas possibilidades, as alegrias do amor humano, da arte, da música, da literatura "profana", o gosto das belezas da natureza, da criação natural, do esporte, da natação. Depois de tudo eliminado, restava, enfim, a única coisa grandiosa: *o unum necessarium*, a única verdadeira coisa necessária!

Creio que devemos reavaliar radicalmente toda a nossa maneira de considerar esse "único necessário". A coisa unicamente necessária não é o que resta quando tudo o mais foi eliminado, mas talvez seja o que inclui e reúne tudo o mais – aquilo que alcançamos quando acrescentamos tudo e chegamos ainda muito além.

Não quero, no entanto, colocar esta problemática em termos quantitativos. Creio que necessitamos de muita sutileza e flexibilidade ao reconhecer as verdadeiras possibilidades vitais de cada indivíduo na vida contemplativa. A disciplina contemplativa é ao mesmo tempo dura e flexível. Na vida contemplativa deve existir austeridade. Tem de haver um verdadeiro desafio. Tem de ser uma vida rude. Essa história de simplesmente amenizar a vida contemplativa é tolice. Significa, de fato, eliminar toda contemplação. Entretanto, a vida contemplativa deve ser rude de um modo que a tome ao mesmo tempo possível de ser vivida. A dureza da vida contemplativa não deve consistir naquela rudeza que restringe, que arbitrariamente elimina boas possibilidades. Deve ser uma dureza que nos revigora frente a novas possibilidades. Isto é, frente ao inesperado, aquilo de que até aqui não fomos capazes, não estávamos prontos a empreender.

Em outras palavras, a dureza da vida contemplativa deve elevar-nos acima de nós próprios, acima de nossas capacidades. Uma vida de autotranscendência deve ser dura – dura e compensadora. Não dura e causando frustração.

Esse fato deveria dar-nos alguma compreensão sobre o novo caminho da ascese: uma resistência compensadora, uma resistência que nos ponha em destaque. É o tipo de resistência e solidez que se consegue no futebol quando se tem realmente de *atuar* no jogo e *jogar* de verdade. Assim, uma reavaliação de nossas metas na vida contemplativa deveriam, creio eu, adotar essa nova forma. Isto é, não supor, logo de início, que riscamos da lista toda espécie de possibilidades.

Aqui, vem-me ao pensamento a arte. Ao falar de "arte" não pensem, por favor, que com isso significo diletantismo! Existe sempre o perigo, na vida contemplativa, da tentação de uma certa falta de seriedade na fabricação de imagens e estatuetas de gosto duvidoso. É o "bonitinho", o "engraçadinho", aproveitando isso ou aquilo. Se isso é desejado como legítima recreação, como relaxação ou ocupação terapêutica, muito bem. Sejamos então sinceros e demos-lhe o nome de ocupação terapêutica.

Entretanto, a arte na vida contemplativa pode realmente fazer desabrochar novas capacidades e novas áreas na pessoa do contemplativo. Tudo depende da maneira como isso é utilizado. A verdadeira chave dessa realização é orientação, direção e seletividade. A vida contemplativa é algo de extremamente seletivo. Uma das coisas que tem prejudicado a vida contemplativa é o processo nivelador que eliminou a qualidade seletiva; essa capacidade de um julgamento criativo pessoal em casos especiais. A vida contemplativa tornou-se uma espécie de "linha de montagem" em que todos são ajustados conforme um padrão. Ora, essa maneira de proceder é gravíssima e, evidentemente, elimina o julgamento seletivo.

A falta de julgamento qualitativo, de gosto, de discernimento pessoal, de abertura a novas possibilidades está enfeixada num único grande defeito – falta de imaginação. Nossa própria oração é pobre em matéria de imaginação. A abordagem pragmática e legalista em relação à vida religiosa em geral – e à vida contemplativa em particular – resultou numa pavorosa bonalidade. Não se tem desejado a criatividade; a imaginação foi desaconselhada. Deu-se ênfase à submissão da vontade, à aceitação da incompreensível estupidez de uma vida mecanizada, em lugar de pensar numa maneira de melhorar as coisas com realismo. A solução, porém, não se encontra na simples mudança de observância e de práticas ou de leis. A solução está situada num nível bem mais profundo, na vida de oração. Se o que se passa dentro de nossas mentes e de nossos corações é banal, trivial, mesquinho e inimaginativo, não podemos ter criatividade em nossos trabalhos externos. Tantas experiências novas se mostram ser de qualidade tão inferior porque são imitação barata, e de segunda categoria e é tão superficial. E muito de tudo isso é de um mau gosto insuperável – como tantas de nossas práticas de piedade foram também do pior mau gosto.

A imaginação

Vamos agora considerar se a imaginação tem lugar na vida contemplativa. A imaginação é uma das coisas que procuramos expulsar da vida contemplativa. Isso su-

cedeu amplamente como reação ao emprego "formalizado" de imaginação na meditação sistematizada. A maior
parte de nós monges conheceu um período de revolta
contra o emprego formalizado da imaginação na sistematizada "composição do lugar" e coisas desse gênero.

Aqui temos de fazer uma distinção. Eu diria que
um emprego deliberado da imaginação, na oração,
seria talvez uma boa coisa para pessoas cuja imaginação é fraca, cuja imaginação nunca se desenvolveu sob
forma alguma. Essas pessoas poderiam, com proveito,
ser incentivadas a exercitar um pouco a imaginação.
Mas devem elas mesmas exercitá-la. Não se trata apenas de tomar um livro escrito por alguém cuja imaginação se petrificou.

Falei há pouco do esvaziar-se de tudo a fim de chegar à contemplação. Os que já leram São João da Cruz
podem recordar aqui os capítulos da Subida do Monte
Carmelo onde o santo enfatiza fortemente a verdade de
que tudo o que pode ser aprendido pelos sentidos interiores ou exteriores nada tem a ver com Deus. Seja o que
for que possa ser "visto", não pode ser Deus. Assim naturalmente é melhor apartar-se da atividade imaginativa
na oração contemplativa.

Por outro lado, a imaginação tem importante função em nossas vidas. Sabemos que, quando a imaginação
não é empregada de maneira construtiva e criativa, torna-se destruidora. A imaginação trabalha quer o queira-
mos ou não. E um setor em que todos nós seguimos a
imaginação é o setor das distrações. Em razão das cons-
tantes lutas contra a imaginação temos tendência a ter
dela uma visão excessivamente negativa.

Algumas pessoas não suportam ter distrações. A imaginação delas trabalha automaticamente criando distrações. Consequentemente, tais pessoas não se suportam. A vida toda dessas criaturas se reduz a uma luta desesperadora com as distrações. Isso, evidentemente, torna as distrações mais fortes.

As distrações são produto da imaginação. Em muitas pessoas as distrações pioram porque sua imaginação nada tem de construtivo, nada de criativo com que possa trabalhar. Para alguns a grande cruz da imaginação e da distração vem do fato de que a imaginação, quando não é utilizada de modo construtivo, tende a fixar-se no que se costuma chamar de imagens "impuras". Ora, talvez possa mencionar de passagem que isso não deve ser levado em conta. Antes de mais nada, nenhuma imagem é impura, aliás nem pura, nem impura. Nada há de "errado" ou "sujo" com as imagens. O errado está na afeição desordenada da vontade. A mera imagem nunca é impura, é neutra. O pensamento sobre uma parte de um corpo não é impuro. Simplesmente é, nada mais.

Estou falando da imaginação que não tem nenhuma válvula de escape construtiva. É importante encontrarmos "saídas" criativas onde a imaginação possa desafogar-se e trabalhar. A imaginação tem de ser sublimada. Não necessariamente na oração, mas sim noutros campos. Onde se encontram as áreas em que podemos descobrir trabalho para a imaginação? Bem, evidentemente, a primeira sugestão que se apresenta é a leitura da Bíblia. Há muita coisa na Bíblia que atrai a imaginação. Os salmos nesse sentido estão repletos de imaginação: Tudo imaginação poética, literária, criadora.

A imaginação tem a tarefa criativa de formar símbolos, unindo as coisas de tal maneira que lançam nova luz sobre si próprias e sobre tudo que as cerca. A imaginação é uma faculdade que descobre, percebe o sentido dos relacionamentos e vê sentidos especiais e mesmo totalmente novos. A imaginação é algo que nos torna aptos a descobrir um sentido singular no presente em determinada situação de nossa vida. Sem a imaginação a vida contemplativa pode tornar-se entediada em extremo e informativa.

Devemos lembrar-nos também de que a imaginação não cria apenas ficções. Nas ficções há um sentido *real* que a imaginação descobre; não se trata apenas de ilusões. No entanto, é claro, podem ser elas ilusórias e isso é outro problema. É que ao lado da imaginação é preciso haver também o julgamento reto. A imaginação precisa ser corrigida por uma certa avaliação intelectual; em primeiro lugar em nível prudencial e, depois, em nível até artístico também.

Temos de considerar a verdade artística das coisas reunidas pela imaginação. Isso, de fato, é o que muitas vezes está errado ao se tratar de uma imaginação doentia. Pode haver beleza num efeito causado por algo bizarro e grotesco. Mas é necessário então ter a aptidão de estar consciente disso. Quando na vida contemplativa porém a imaginação fica solta, as pessoas se tornam ligeiramente estranhas. Elas vêm contar-nos grotescas ilusões, acontecimentos absurdos, muitas vezes extremamente complicados – visões, vozes, pseudoprofecias. Essas pessoas levam tudo muito a sério, mas de maneira errada. Isso é trabalho da imaginação. E de certo ponto de vista pode-se considerá-lo insensatamente como criador. O que acontece é que estão tirando conclusões erradas. Estão utilizando a imaginação para racionalizar, verbalizar.

A vida contemplativa não deve levar-nos simplesmente a suprimir a imaginação a fim de receber mensagens mais puras de Deus. Deve haver, em nossa vida, espaço tanto para uma oração contemplativa em que a imaginação ocupe pouco ou nenhum lugar, como para o aspecto criativo, imaginativo, genuinamente poético. Nossa imaginação tem de ser capaz de vibrar e descobrir correspondências, símbolos, sentidos. Deve indicar sentidos novos. Deve criar núcleos de sentido em torno do qual tudo pode reunir-se de maneira significativa.

Assim, quando falamos em utilizar a imaginação desta determinada maneira, estamos implicando certo treinamento ou disciplina da imaginação. Esse treinamento não deveria ser questão de exercício exterior compulsório; não se trata de dominar a imaginação pela força do intelecto e da vontade. Haverá momentos, é evidente, em que será necessário. Mas deve-se dar certa liberdade à imaginação para que, despreocupada, possa investigar e espontaneamente encontrar o material com que trabalhar. A inteligência e a vontade deveriam acompanhar a imaginação nesse caminho, livremente, por assim dizer.

O treinamento da imaginação implica uma certa liberdade e essa liberdade implica certa capacidade de escolher e descobrir o alimento que convém. Na vida interior, então, deveria haver momentos de relax, liberdade e "ruminação". Talvez a melhor maneira de consegui-lo esteja em meio à natureza e na literatura. Talvez também seja necessária certa dose de arte e música. Evidentemente, temos de nos lembrar que nosso tempo é limitado e que as coisas mais importantes têm prioridade. Não podemos passar muito tempo a ouvir música...

Devemos desfrutar das delícias dum jardim, dos bosques e do mar. Vamos àquelas colinas, permaneçamos, por pouco que seja, em meio à natureza! Isso é não somente legítimo mas é, de certo modo, necessário. Não devemos ter um conceito demasiadamente material em relação ao claustro. Naturalmente, posso estar agora me envolvendo em toda sorte de problemas relativos às Constituições dessa ou daquela Regra. Os bosques e a natureza, no entanto, devem fazer parte da solidão de cada um. Caso contrário, creio que a lei deva ser mudada.

Libertando a imaginação

A vida contemplativa deve libertar e purificar a imaginação. Esta absorve passivamente toda espécie de coisas sem que disso nos apercebamos. É preciso libertar essa faculdade do violento bombardeio das imagens sociais que a influenciam. O gênero de contágio que afeta a imaginação inconscientemente, muito mais do que podemos presumir, emana da propaganda dos anúncios e de todas as espúrias fantasias que nos são lançadas pela sociedade comercializada. Essas fantasias são deliberadamente preparadas para exercer um poderoso efeito sobre nossa mente consciente e subconsciente. São diretamente dirigidas aos nossos instintos e apetites, não havendo, porém, a menor dúvida de que exercem um verdadeiro poder transformador sobre toda a nossa estrutura psíquica. A vida contemplativa deve libertar-nos desse tipo de pressão que é, em realidade, uma forma de tirania. Deve ela sujeitar nossa imaginação, passivamente, a influências *naturais*. Houve no passado certo perigo de influências que não são naturais e de ilusões malsãs nos próprios claustros. Tantas vezes, na vida claustral, vimos pessoas simplesmente encarceradas numa atmosfera de total mau-gosto em que predomina o feio, o doentio das imagens piedosas e da estamparia religioso-sentimental. Houve ultimamente uma limpeza em grande escala em várias ordens religiosas, e na Igreja em geral, na área da arte de má qualidade e das más influências sobre a imaginação. Ao treinar a imaginação deveríamos utilizar o inexaurível suprimento de imagens encontradas na Bíblia. Tomemos por exemplo determinado episódio da Bíblia para nos tornarmos totalmente cientes e conscientes, do apelo dirigido à imaginação. *Veja* o episódio, *apreenda-o* e *experimente-o* com os sentidos interiores. A liturgia é também um meio privilegiado (pelo menos de maneira ideal) de conseguir essa educação de todos os sentidos e do homem integral.

Nossa imaginação tem de ser espontânea. Não deve, contudo, ser sempre inteiramente inconsciente ou instintiva. Sem dúvida, um contemplativo deve estar liberto de uma imaginação totalmente mecânica. A imaginação necessita de certa reflexão crítica, certa percepção consciente, digamos, certa liberdade de julgamento consciente no exercício de sua função. A imaginação sadia é a que é capaz de mover-se espontaneamente em direção ao que *melhor* lhe agrade, perceptivamente consciente, não autoconsciente. A imaginação move-se num estado de percepção consciente mas não em autoconsciente exame. A imaginação não se observa a si própria enquanto age, mas limita-se a agir na plena e alegre consciência do fato de que age.

Ao ler a Bíblia nossa imaginação deve estar nitidamente consciente das imagens, dos quadros que lhe são apresentados. Além de tomar em conta esses elementos em separado, nossa imaginação deve também observar como eles se fundem numa unidade simbólica – no que os alemães denominam a *Gestalt*. É a forma que tornam as coisas, que convergem para uma nova unidade viva. Treinemos nossa imaginação para ver essas coisas quando lemos a Bíblia.

Não pensemos dever, cada vez que lemos a Bíblia, atingir o mais elevado sentido teológico! Na Bíblia, a teologia acha-se encrustada em imagens materiais. Se não vemos essas imagens, não alcançamos plenamente o sentido teológico. O sentido teológico não é simplesmente uma mensagem intelectual dirigida apenas à mente, nem é um sentido puramente especulativo. Existem na Bíblia sentidos que são comunicados em imagens concretas, vivas, "materiais", em elementos materiais, fogo, água etc. É preciso ser sensato, sensível, estar sensibilizado em relação às qualidades materiais dessas coisas, de maneira a captar a mensagem divina.

Pessimismo católico

O beneditino inglês Dom Sebastian Moore, num livro recente intitulado *God is a New Language*, expõe com franqueza o que chama "uma neurose católica". Diz umas coisas com muito acerto sobre a vida em instituições católicas. Fala de como um leigo, professor num colégio católico, pode reclamar, e com razão, por estar sendo tratado, de maneira muito insincera e esquiva, pelos religiosos que dirigem o colégio. Não querem eles assumir francamente os problemas. Em vez de falar ao professor diretamente, sem rodeios, sobre algo, procuram atingi-lo através de uma série de pessoas. Pensam, assim, evitar discussões!

Isso ocorre também nos mosteiros. Os superiores não querem entrar em conflito aberto com os membros da comunidade, não lhes dizem diretamente o que querem dizer-lhes. Evitam uma confrontação e procuram, por meio de indiretas, ou outras manobras, fazer chegar ao interessado o que desejam. Ouvem-se rumores sobre o que o supervisor pensa em vez de o ouvirem pessoalmente dele próprio. E, de algum modo, espera-se que o membro em questão aja de acordo com o rumor. Uma "obediência" baseada nesse tipo de comportamento é bastante equívoca! Contudo, não é essa a questão. A problemática levantada pelo autor é de grande valor para os contemplativos porque é uma das pragas da vida em clausura.

Sebastian Moore fala de um gênero de pessimismo católico. Estaria relacionado com a desilusão, o desespero e o desencorajamento que tantas vezes ocorrem no quadro desse tipo de vida. O sentimento de frustração e desesperança deve-se às condições da vida. Isso é algo com que temos, realmente, de aprender como reagir. Diz ele:

> O fato de estar continuamente exposto à verdade que não está fazendo bem a ninguém é algo desalentador para a alma. Pode até haver uma certa incredulidade, um esgotamento do espírito que é tanto pior por ser semi-inconsciente.

O autor relaciona esse estado ao conceito medieval de *acedia*. É uma espécie de cansaço espiritual que se aproxima do desespero. Temos aqui uma das pragas da vida contemplativa. E ainda nem começamos a saber como tratar desse problema. "O efeito de estar continuamente exposto à verdade que não está fazendo bem a ninguém".

Ora, façamos aqui uma distinção. Quer D. Sebastian dizer que se está continuamente exposto a um *ideal* que nos é apresentado e que sentimos não nos estar fazendo nenhum bem? O mal de que sofrem os contemplativos consiste na convicção inconsciente de que vivem em presença de valores espirituais maravilhosos que não os estão atingindo. Estão, de algum modo, falhando em relação a esses valores. Vivem abaixo de seu elevado nível. É o que sentem.

Uma das maneiras de reagir seria negar que, de modo algum, está isso acontecendo, ou contornar a problemática tomando qualquer atitude equívoca (verbalizando ou racionalizando). O clássico exemplo disto é o antigo ofício coral latino e a "solução" clássica seria a "pureza de intenção". A vontade firme de entender o latim equivaleria a entendê-lo e querer expressar o sentido, embora não o compreendendo. Assim, o ofício coral se torna um sacrifício de louvor, a oração da Igreja etc. Evidentemente, há nisso alguma verdade, não porém verdade suficiente para servir de base sólida a toda uma *vida contemplativa*! Ora, a palavra-chave, aqui, é *alienação*. Estar alienado é ser prisioneiro numa situação na qual não há possibilidade de tornar parte ativa. Daí decorre o tipo de neurose coral a que sucumbem alguns. Há uma profunda resistência que geralmente se desenvolve frente a algum processo no qual se participa *sem poder*, entretanto, participar.

Essa situação é agravada pela exagerada ênfase dada ao ideal e aos valores maravilhosos que estão presentes – e nos escapam. O ideal é de tal maneira louvado e magnificado que chega a tornar-se demasiadamente grande e a tal ponto sobre-humano que *não* podemos dele participar. Além disso, é apresentado de um modo inteiramente abstrato. Vemos, com nossa mente, os valores que ali estão. Declaram-nos que esses valores ali se acham e o acreditamos. Somos constantemente censurados por não estarmos à altura e o acreditamos também. Tornamo-nos obcecados com o fato.

Neste contexto podemos observar, mais uma vez, como deixamos de lado o conteúdo imaginativo de algumas coisas com que convivemos continuamente. A Bíblia, por exemplo. O imaginativo interesse humano da Bíblia e da liturgia é algo a que não damos atenção. Passamos sem nos deter, porque supomos ser isso algo de inferior e "queremos só o melhor". Assim, passamos por cima de um valor do qual *poderíamos* participar e ter experiência. Veja-se, por exemplo, a alegria de cantar em coro. Ora, isso nos aniquila porque, ao cantar, somos capazes de estragar todo o coro! Entretanto, para isso é que existe o coro. Deveriam todos ter a possibilidade de saborear a alegria de cantar e apreciar o que estão cantando. Mas pode acontecer talvez que quando estão gostando tornem a coisa intolerável para outros. Aí está o problema. Temos de enfrentar esse fato. No entanto, seríamos capazes de apreender e saborear muitos desses valores e com bastante facilidade e simplicidade, se nossa atitude fosse apenas natural em relação a eles.

Mas nos ensinam a *não* sermos naturais. Dizem-nos que, se temos um prazer *natural* em fazer alguma coisa, isto não é *sobrenatural,* e está errado. Creio que deveríamos aceitar esses prazeres naturais e entender que não se opõem, de modo algum, ao sobrenatural. Devemos ver neles meios de entrar em contato com os verdadeiros valores espirituais que nos são dados. Não deveríamos ter medo de utilizar esses meios. Poderíamos então melhor enfrentar essa situação de frustradora alienação na nossa vida religiosa – esse sentimento de que estamos constantemente diante de uma imensa verdade que não nos está atingindo porque não "passa", não consegue "passar", que não estamos respondendo a essa verdade em níveis em que poderíamos fazê-lo, que estamos tentando responder em níveis impossíveis. Esta é uma situação altamente destruidora. E quando se vive nesse contexto dia após dia, a coisa se torna incomparavelmente desalentadora. Ouvir gente a repetir interminavelmente o que são esses grandes valores etc., e ninguém a experimentá-los de modo algum. Pois percebe-se que a pessoa que nos está dando este entusiástico estimulante também não os experimenta. Melhor sentir apenas o perfume de uma flor no jardim, ou algo parecido, do que ter uma inautêntica experiência de um valor muito mais elevado. Melhor ter o sincero prazer de sentir a gostosura do sol, ou de uma leitura leve, a querer afirmar que se está em contato com algo com o que, em realidade, não se tem nenhum contato.

Assim, eu diria que é muito importante, na vida contemplativa, *não enfatizar exageradamente a contemplação*. Se temos o hábito de enfatizar exageradamente as coisas às quais temos acesso, muito raramente deixamos de lado, sem lhes dar atenção, as experiências comuns, reais, autênticas, da vida de cada dia. E são essas coisas reais, que devemos desfrutar, pelas quais podemos sentir-nos felizes, motivo de louvarmos a Deus. Mas as realidades comuns de cada dia, a fé e o amor com que vivemos nossa vida humana normal, são a base sobre a qual construímos o que é mais elevado. Se não temos alicerces, nada temos! Como será possível apreciar as coisas mais elevadas, falando de Deus, se não somos capazes de achar gosto em algum prazer, pequeno e simples, que nos chega como dons do Criador? Devemos ter gosto nessas coisas, experimentar alegria, seremos, então, capazes de progredir em direção às experiências mais raras. Tomemos, por exemplo, o que há de gostoso em nosso pão diário. Pão é algo de autêntico, não é verdade? Bem, não sei... Um dos problemas de mundo moderno é que o pão não é mais pão de verdade. Porém aqui, neste mosteiro, temos pão bem gostoso. As coisas boas são boas mesmo. E se alguém responde a essa bondade, entra em contato com uma verdade da qual se frui. Essa verdade nos está fazendo bem: a verdade dos raios do sol, da chuva, do ar fresco, a verdade do vento nas árvores. Essas coisas são *verdades*, e nos são sempre acessíveis! Vamos permanecer abertos a tudo isso! E se permitirmos que elas nos beneficiem, em lugar de rejeitá-las, desprezá-las e criticá-las diminuindo-as (por considerá-las "apenas naturais"), estaremos em melhor condição de aproveitar das formas mais elevadas da verdade quando vierem até nós.

Problemas naturais

Outra questão apontada por Sebastian Moore é a seguinte; por vezes nossos problemas ordinários, pessoais e humanos, são tratados como pertencendo a mais elevada categoria de crise ética ou religiosa. Dom Sebastian salienta que se todas as dificuldades ordinárias são sempre encaradas, no mais alto nível religioso, como problemas cruciais de vida ou de morte – no setor da fé e da moral – não conseguiremos jamais assumi-los para resolvê-los em nível pessoal.

Suponhamos que tenha alguém com dificuldade em aceitar qualquer verdade de fé. Se isso for imediatamente tratado como uma crise religiosa da mais elevada ordem em lugar de considerá-la um problema pessoal e mesmo psicológico, poderá ser impossível resolvê-lo. Talvez nem seja, de modo algum, um problema de nível religioso. Pode não se tratar de um problema de pecado, por exemplo. Se todo problema que surge for imediatamente relacionado ao pecado e à infidelidade, nossa compreensão do caso poderá ser totalmente irreal. E claro que *pode* ser matéria de pecado. Mas não vamos confundir sentimento de ansiedade, ou de insegurança, com senso da culpabilidade moral. Se supusermos, automaticamente, que toda pequena ansiedade é sinal de problema moral – e procurarmos então solucioná-lo como se se tratasse de problema moral – poderemos acabar na maior das confusões. E totalmente sem motivo. Não existe comumente nenhuma necessidade de sofrer toda essa angústia moral devido a certos problemas criados por nós.

Não levamos em conta um elemento natural, psicológico, importante, que pode ser o ponto em questão no determinado caso de determinada pessoa. Ora, a solução do problema bem pode não ser encontrada no confessionário em nível moral nem religioso. Pode não ser questão de fé nem envolver o relacionamento da pessoa com Deus. É bem possível que seja um problema psicológico, natural, emocional – algo mais facilmente solucionado em nível humano, simples. Algumas pessoas não suportam ver seus problemas resolvidos nesse nível mais baixo. Preferem uma crise em grande escala, pois isso as faz sentir-se mais "cristãs"!

O confessor muitas vezes não percebe a situação. Poderá apreendê-la intuitivamente sem saber como explicá-lo ao penitente. Assim, o confessor simplesmente não dá importância ao caso. A pessoa angustiada fica, então, extremamente perturbada, pois para ela é realmente um problema. Isto é, causa realmente uma experiência de insegurança e de ansiedade. Ora, o que o sacerdote queria dizer é que isso não deixa de ser um problema, mas deve perturbar como matéria de confissão. E se o confessor varrer totalmente o assunto como um absurdo, o penitente começa a sentir-se culpado por ter um problema. O que o sacerdote deveria realmente dizer é: "Veja, isto não é um problema *religioso*; não é um problema moral e não é matéria de pecado. Sua amizade com Deus não está comprometida, e ainda que você possa sentir que ela está, não é exato. Isto nada tem a ver com sua amizade com Deus".

O que temos realmente de aprender é como olhar de frente e controlar esse tipo de situação em nível *natural*. Trata-se de um problema *natural* e temos de entrar em contato com os valores naturais que existem em nós. Esses valores são os recursos que temos para resolver esses problemas – por exemplo os recursos de crescimento. Problemas deste tipo são muitas vezes problemas de maturidade e de experiência humana. A verdadeira dificuldade de muitas pessoas na vida religiosa é que a autêntica experiência humana delas sofre, no convento, um curto-circuito ou é posta de lado. Não se permite à pessoa viver como um ser humano comum porque espera-se que cada uma viva continuamente em nível sobre-humano. É preciso estar sempre e em intenso nível de crise religiosa ou em perigo de perder a vocação ou a fé. O resultado dessa situação é serem alguns levados por puro desespero a "perder sua vocação" e livrar-se, então, do problema!

Mas temos sempre que nos lembrar de que todos os problemas são ilusórios se não possuem alguma base de maturidade natural e de crescimento humano natural. É de grande importância enfatizar os valores naturais. Devemos realçar constantemente a importância de nos tornarmos adultos pelo *crescimento*. Nem é preciso dizê-lo, não se deve ir ao extremo oposto e fazer de tudo um problema psicológico intenso. Existem verdadeiros problemas religiosos que não são apenas psicológicos – podem, entretanto, ser mais raros do que imaginamos. Muitas pessoas na vida religiosa não são suficientemente maduras para ter uma autêntica crise religiosa!

Resumindo eu diria que é essencial aos contemplativos manterem-se firmes no que é *essencial* à sua vocação. Temos de olhar de frente o fato de que somos chamados a ser contemplativos. Se há algo que ameaça realmente a vida contemplativa, é preciso resistir. É preciso saber recusar ser envolvido em tolos e inúteis substitutos à vida contemplativa. Ao mesmo tempo não podemos, de modo algum, permanecer agarrados a um esquema formalista, fossilizado de costumes pseudocontemplativos. A vida contemplativa tem de ser renovada e tem de sê-lo *por dentro*. Tem de ser renovada pelos contemplativos com o auxílio do Espírito Santo. Não é o momento de fazer diletantismo. Tampouco é o momento de nos deixarmos influenciar demasiadamente por slogans de pessoas que desconhecem nossos problemas. É possível que grande parte do conflito que ocorre na Igreja de hoje esteja marcada pela neurose. Existe a tensão entre os formalismos condicionados, obsessivos, de alguns conservadores e as ideias pessoais de alguns progressistas com reações de adolescentes! Devemos, então, manter nosso bom-senso – se isso nos é possível – e cultivar certa medida de lucidez e de genuína fidelidade à proposta que Deus nos fez. Mantenhamos especialmente bem viva a percepção do que é realmente autêntico dentro de nossa própria experiência. Já sabemos, já experimentamos, nos momentos de oração, nos momentos de verdade e de conscientização, o que Deus realmente nos pede e deseja dar-nos. Permaneçamos fiéis a essa verdade e a essa experiência.

Que é monástico?

Vamos agora tentar preparar o terreno para uma melhor abordagem aos problemas dos contemplativos. O problema principal, evidentemente, é a renovação da vida contemplativa. A primeira pergunta refere-se precisamente ao termo "contemplativo". Deve-se mesmo empregar o termo "religioso contemplativo"? Parece haver algum protesto contra o termo "monástico". Encontro isso numa carta que recebi e que utilizo como ponto de partida. Faz referência a uma irmã que protestou contra a palavra "monástico". A irmã é citada como havendo dito: "Creio que aquilo a que mais me estou opondo é o monaquismo que nos foi imposto e tornou-se parte de nossa estrutura".

Como não conheço a irmã, não sei exatamente em que situação fez essa declaração. Não posso comentá-la com muita exatidão. A carta vem de um meio franciscano. A queixa de ter sido o monaquismo "imposto" a outros é muito comum e em muitos casos justificado. Geralmente esta queixa surge nos meios de vida religiosa "ativa" ou nos de vida sacerdotal secular. Pode surgir, mesmo, entre leigos ali onde uma espiritualidade de orientação monástica teve tendência, historicamente, a prevalecer desde a Idade Média. Isso pareceria implicar que a santidade de um leigo, ou de um sacerdote, consistiria em viver, de certo modo, como um monge. Creio que vale a pena discutir um pouco o que significamos por "vida monástica". E, também, por implicação, o que entendemos por "vida contemplativa".

Qual seria a melhor maneira de abordar toda essa questão? De nada adianta dar apenas uma definição da essência daquilo que faz o monge ou da essência da vida contemplativa e assim por diante. Vamos, antes, abordar o assunto do ponto de vista fenomenológico. Esta é uma maneira mais moderna de considerar o problema. Vamos considerar as diferentes espécies de aspiração e de vocação que atraem as pessoas a esse determinado gênero de vida. Qual o motivo que as leva a procurar nos mosteiros algo que desejam de modo particular? Qual a razão que as traz aqui para, entre nós, realizar um determinado objetivo de que tem especial necessidade que, no sentir deles, dará à sua vida o verdadeiro sentido como resposta pessoal ao apelo de Deus? Em outras palavras, consideremos *qual o tipo de projeto que as pessoas tradicionalmente desejaram realizar na vida claustral* – uma vida afastada do mundo, separada do mundo.

Em toda vida religiosa o candidato entra num relacionamento especial com a sociedade civil. É um tipo de relacionamento *de oposição*, de algum modo ou de outro, com o resto do mundo. Isto foi sempre dominante em todas as formas tradicionais da "vida consagrada". Mais dominante ainda, porém, é na assim chamada vida contemplativa e nas ordens claustrais. Afinal, quando falamos de "vida no claustro", definimos (talvez de modo muito insatisfatório), uma vida em termos de "separação do mundo". Sem dúvida, toda a questão de separação do mundo é um grande problema do nosso tempo. Têm, os contemplativos, não somente de manter certa separação do mundo mas, ao mesmo tempo, de estar *abertos* ao mundo. Convenhamos, quando falamos de separação do mundo não estamos pensando num sentimento fanático de desprezo pelo mundo, ou algo de semelhante.

Toda questão de definir nossa relação exata para com o mundo é outro problema que terá de ser tratado alhures. Mas não importa como o consideremos quando falamos do gênero de vida que, de fato, os contemplativos escolheram, é de um tipo de vida que envolve a opção de deixar de lado a maneira de viver comum à maioria dos homens e que, até então, era a nossa, para nos entregarmos a algo de diferente que consideramos ser melhor porque nos liberta de certos impedimentos e obstáculos. Deixamos nossos lares e nossas famílias, a vida civil e nossas carreiras (se as tínhamos). Deixamos a universidade ou um emprego, aqui ou ali. Deixamos nossa maneira de viver anterior e optamos por algo inteiramente diverso. Sem dúvida, cada um de nós, em uma época ou outra, fez uma parada para considerar se valeu ou não a pena. Certamente um dos grandes problemas que existem na vida religiosa contemporânea é a seguinte interrogação: teria valido a pena, em termos de autenticidade, realidade, integridade, e daí por diante, deixar eu, o outro tipo de vida, para abraçar *este* gênero de vida que vivo agora? Será este verdadeiramente mais real, mais autêntico?

Com muita frequência têm-se visto pessoas solucionar ou tentando solucionar esse problema transferindo-se de uma vida religiosa mais ativa para aquela que, provisoriamente, chamaríamos "contemplativa". Isto é, procuram no claustro uma vida religiosa mais escondida. Admite-se, por esse fato, a possibilidade de criar condições "melhores", pois a experiência de gerações inteiras demonstrou que essas condições funcionaram bem, de certo modo. Supomos que podemos criar essa série de condições e colocar-nos nessa nova situação, alcançando, assim, algo de muito especial a que somos chamados por Deus. Que é isso que desejamos realizar? Por que estabelecer essas determinadas condições e realizar esse projeto? Afinal que é que é que se procura?

Em primeiro lugar creio que não se pode afirmar que todas as pessoas que estão no claustro estão simplesmente tentando realizar a mesma coisa. A vocação monástica apresenta realmente bastante diversidade de metas e de diferenças individuais para que cada um responda ao apelo pessoal de Deus, podendo cada qual seguir o que sente ter especial significado e relevância para ele.

Do ponto de vista histórico, encontramos no início da vida monástica pessoas chamadas a um tipo especial de união com Deus que elas próprias deviam descobrir e procurar realizar depois de um período inicial de treinamento. O mais antigo projeto de vida monástica é o dos ascetas e das virgens que viviam afastados de seus concidadãos nas cidades do império romano ou fora delas. Essas pessoas mais experientes seguiam seu próprio estilo de vida na oração contínua, na renúncia e no louvor, de maneira tranquila e oculta. Recebiam em seu meio jovens que se sentiam chamados ao mesmo regime de vida. Davam a esses discípulos um treinamento rudimentar e individual, deixavam-nos em seguida partir, cuidando cada um de si próprio.

As comunidades monásticas só surgiram mais tarde. E essas primeiras vocações monásticas sentiam que estavam sendo chamadas a responder a um apelo individual a determinado gênero de vida. Partiam para o deserto, para a solidão, procuravam uma gruta, ou algo parecido, ou punham-se a caminho pelas estradas como peregrinos ou mendigos.

O ideal franciscano surgiu na Idade Média como uma salutar revolta contra o sistema monástico que se havia tornado altamente institucionalizado. São Francisco possibilitou levar de novo uma existência de tipo aberto, em que não havia muita coisa predeterminada a fazer. Tinha-se liberdade de ação para tudo. Podia-se ser peregrino, eremita e dedicar-se aos estudos, por certo tempo. E ainda ir para as terras dos muçulmanos, no norte da África, em busca do martírio, caso fosse essa a graça! e assim por diante.

O ideal franciscano podia realmente ser considerado como uma volta à autêntica liberdade do monaquismo primitivo. Eu aventuraria como um palpite pessoal, a esta altura, que em realidade o ideal de S. Francisco foi mais puramente *monástico* no verdadeiro sentido originário primitivo, do que a vida dos monges beneditinos e cistercienses nas grandes comunidades do século XIII onde por detrás de muros tudo era tão altamente organizado.

Uma vida de liberdade carismática

Um dos elementos essenciais da vida monástica é algo como liberdade carismática, que a mim parece situar-se bem no mais íntimo cerne da vocação monástica. E isso cria um problema, é claro, precisamente por ser a vida monástica, como a recebemos, a tal ponto superorganizada. Em que medida essa vida organizada, disciplinada e sistematizada possibilita à pessoa atingir certo nível de liberdade interior a fim de realizar o que Deus lhe propõe fazer? Dizer "uma vida de liberdade carismática" é falar de uma vida em que alguém está liberto de certa rotina em matéria de cuidados e responsabilidades, de exigências e de reivindicações considerados menos fecundos e um tanto causadores de embotamento. O carisma monástico procura estar livre em relação a essas coisas a fim de permanecer com mais constância, desperto, alerta, vivo, sensível a áreas de experiências que não se abrem facilmente em meio às rotinas que chamaremos de "rotinas mundanas". Por outro lado, é claro, não devemos fomentar a ideia mágica da vida contemplativa e dizer, por exemplo, que quando alguém veste determinado tipo de hábito abraça um gênero específico de vida claustral, vive uma regra estabelecida, brote automaticamente uma vida interior contemplativa, profunda. Isso não acontece forçosamente. E o problema de substituir as rotinas do claustro pelas rotinas da vida mundana pode, em realidade, ser uma fuga e uma falsificação dessa chamada de Deus à autêntica liberdade interior. Contudo, o ponto que estamos focalizando é o seguinte: a vida contemplativa, ou monástica, deve libertar alguém, homem ou mulher, de determinadas tarefas que, para ele ou ela, não seriam fecundas – embora talvez o sejam para outros – de maneira a permitir-lhes empreender algo de diferente que se sentem chamados a realizar.

Penso que devamos fazer aqui uma reflexão sobre a liberdade. E aqui, precisamente, percebemos a dificuldade! Não podemos, de maneira alguma, considerar estas palavras tão cheias de sentido coisa garantida. Elas exigem muito estudo, muita reflexão. Todos, coletiva e individualmente, temos de refletir sobre o significado da palavra liberdade. De fato, não basta reunir alguns ecos, algumas ressonâncias e implicações emocionais contidas numa palavra como *liberdade* lançada aqui e ali na vida religiosa. São palavras carregadas de peso. E estão sendo empregadas de um modo que pode ser muito fecundo e de grande auxílio, mas podem ser também muito demolidoras.

Liberdade é uma palavra que supõe luta. E já refletimos no porquê desta situação. Liberdade é, na vida religiosa, uma palavra de luta como o é igualmente na vida civil, simplesmente por ter sido negada com tamanha insistência e com desculpas tão fraudulentas. Os religiosos têm sofrido os abusos dessa situação como quaisquer outros. A autoridade nem sempre tem sido honesta e sincera no exercício de sua função. A "obediência" tem sido utilizada para justificar quase tudo. Chegou a hora de retificar esse abuso. Entretanto, como já disse, devemos refletir e estudar o significado da obediência. E de modo especial quem foi chamado à vida contemplativa.

Ascetismo

Liberdade para quê? Evidentemente, a ideia tradicional, embora também esse caso deva ser reexaminado, ainda vale. Tradicionalmente, na vida monástica, contemplativa, ascética como um todo, existe a questão do ascetismo. Está entendido que a liberdade que procuramos é uma liberdade adquirida ao preço da renúncia a outro tipo de liberdade. A liberdade de que estamos falando, a da vida monástica e contemplativa, é a liberdade comprada pela renúncia à licença, ou à simples capacidade de seguir qualquer legítimo desejo em qualquer legítima direção. Além de renunciar à liberdade legítima, desistimos também de uma certa autonomia permitida pela lei. Assim, nos encontramos imediatamente diante do fato de que a liberdade que procuramos envolve restrições. É claro que se refletimos inteligentemente sobre a liberdade do contemplativo, temos de voltar às verdadeiras fontes no Novo Testamento, especialmente em São Paulo e São João. Mas isso, não o farei aqui. A liberdade que procuramos na vida contemplativa tem de ser entendida à luz da palavra de São João, "a verdade vos libertará", e da declaração de São Paulo, "possuímos a liberdade dos filhos de Deus e a liberdade que vem do Espírito". Trata-se também da liberdade que não está submetida à Lei. A liberdade monástica não coloca sua esperança no cumprimento de observâncias legais de rotina. É, portanto, muito importante mesmo compreender a vida monástica, ou a vida contemplativa, ou seja qual for o nome que lhe quiserem dar, de tal maneira que não se torne uma vida dominada pela lei ou definida pela esperança de salvação através de boas obras. Temos que tomar em consideração o fato de ter sido Lutero um religioso. Fala-se dele como tendo sido "monge". Não foi monge – os religiosos agostinianos não são monges. Mas Lutero foi um religioso que reagiu contra um sistema religioso decadente e, voltando a São Paulo, Lutero pretendia "voltar às fontes".

Se concordamos ou não com Lutero, é outra questão. Mas Lutero é historicamente importante para a vida religiosa da Igreja Católica e para a renovação monástica. Evidentemente, as reformas do Concílio de Trento tinham em mira Lutero. Mas agora, entretanto, compreendemos também nitidamente que um dos principais pontos do Vaticano II foi o reconhecimento implícito de que ultrapassamos o Concílio de Trento. A necessidade das medidas de defesa estabelecidas em Trento já não existe. Estamos numa situação totalmente diferente. Sem abandonar a continuidade histórica que nos vincula ao passado medieval através do tridentino, temos de nos lembrar que a atitude de defesa adotada no Concílio de Trento não pode governar e orientar nossa renovação religiosa hoje.

Voltando ao ponto em foco: na vida contemplativa e monástica, o que se procura é certo gênero de solidão e separação do mundo por amor à *liberdade*.

Marta e Maria

Uma das maneiras como a liberdade da vida contemplativa se expressa não é talvez muito aceita hoje em dia. Entretanto, consideramos este exemplo. Encontramo-lo no Evangelho. É o episódio de Marta e Maria. Marta trabalhando e providenciando a refeição do Senhor. Maria sentada aos pés dele, ouvindo suas palavras. Marta se queixa de que Maria não a ajuda. Jesus defende Maria dizendo: "Marta, estás atarefada e perturbada com muitas coisas! Maria escolheu o que há de melhor e não lhe será retirado".

Tradicionalmente esse episódio tem sido explicado pelos antigos Padres da Igreja, da maneira por todos conhecida, a fim de justificar uma certa renúncia a uma atividade social boa, produtiva, sadia, para simplesmente escutar as palavras de Cristo; ouvir a Deus no silêncio. Evidentemente isso não soluciona, de fato, nenhum problema. Contudo, o emprego deste texto como justificativa à vida "contemplativa" repousa, é verdade, sobre sólida base psicológica. A solidez desta base, de real experiência, pode ser verificada nas vidas dos que tentaram pô-la em prática e sabem o que isto significa.

Quando alguém tem uma autêntica "vocação" à vida "contemplativa" ou à vida monástica, essa vocação pode ser entendida no sentido das palavras registradas neste texto do Evangelho e pode ter a experiência que elas sugerem. Tal vocação pode ser entendida como solução de um conflito que está expresso nesse texto. Um conflito dentro de nós. Ora, o importante é que seja em nós e não projetado sobre instituições. Uma coisa é experimentar em nossas próprias vidas a diferença entre a ação de Marta e a escuta de Maria – bem outra é "provar" que os trapistas (porque silenciosos) são melhores do que os dominicanos (porque pregadores)!

O fato de este conflito entre Marta e Maria se tornar no século XIII um caso institucional não nos interessa aqui; apenas torna a problemática mais obscura. Desde aquela época tem havido muita discussão sobre o respectivo valor das ordens "ativas" e "contemplativas". Mas isso não tem mais sentido. O conflito se resolve em nossos corações, como indivíduos ou em pequenos grupos, chamados a esse determinado gênero de vida quieta, livre, para ouvir a Palavra de Deus em nossos corações. Experimentamos em nós um tipo novo e especial de verdade quando procuramos, como Maria, escutar. Nós que recebemos de Deus essa determinada "vocação" reconhecemos que quando nos deixamos agitar por toda espécie de preocupações externas que não nos tocam de modo algum em profundidade, somos menos autênticos, menos nós próprios, menos verdadeiros e menos aquilo que deveríamos ser. Sentimo-nos, então, menos fiéis à vontade de Deus do que quando permanecemos simplesmente numa atitude de liberdade e atenção à sua palavra, a seu amor e a sua vontade. Esse texto do Evangelho ilustra nossa experiência de que somos interpelados pelo Espírito Santo a exigir de nós uma opção e temos de fazer *um ato de preferência*. Somos chamados a preferir a aparente inutilidade, a aparente não produtividade, a aparente inatividade de permanecer simplesmente sentados aos pés de Jesus, escutando-o. Somos chamados a preferir essa atitude de escuta a uma vida aparentemente mais produtiva, mais ativa, mais atarefada. E afirmamos tranquilamente que existe algo de mais importante do que providenciar para que as coisas sejam feitas.

Ao lado disso está implicada outra suposição: essa preferência é contrária às ideias da maior parte dos seres humanos, nossos irmãos. Isso, em qualquer momento da história, mas especialmente hoje, no final do século XX. Nosso ato de preferência pelo que é "quieto", "tranquilo" é, ao mesmo tempo, um protesto implícito e um desafio. É um protesto e um desafio à opinião dos que estão absolutamente convencidos de que esse gênero de vida é inútil e a censuram.

Encontramos aqui mais uma parte desse quebra--cabeça que estamos compondo. É um elemento muito importante. Trata-se do próprio estar aos pés de Jesus para ouvi-lo em silêncio e em segredo, embora não o possamos explicar plenamente a outras pessoas. Elas não vão entendê-lo. Outras boas pessoas, outros cristãos, outros católicos também não o entenderão. Percebemos esse fato e, apesar de tudo, fazemos nossa opção. Nessa vida contemplativa, nessa existência monástica, estamos remando contra a maré.

A disciplina da escuta

Isso nos coloca numa posição muito desagradável. Percebemos que se nos excitamos demasiadamente por causa das críticas que nos são feitas e dedicamos demasiado esforço para responder, nos tornamos solícitos e preocupados acerca de muitas coisas e entramos em atividades inúteis que conflituam com o profundo silêncio e a paz que somos chamados a cultivar como especial disciplina. Isso nos leva a examinar um outro elemento no quadro Marta-Maria que estamos considerando. Trata-se de uma percepção obscura jamais suficientemente enfatizada. Permanecer simplesmente na presença de Deus, quietos, tranquilos, escutando-o atentamente, requer muita coragem e jeito. Essa disciplina, um tanto difícil de ser mantida – do escutar e do estar atento –, é uma forma muito elevada de disciplina ascética. De fato, há muita gente que não possui bastante fortaleza ou graça, para manter esse gênero de disciplina por muito tempo. Sem dúvida, quando a alguém falta, de maneira evidente, a capacidade para tanto, talvez não o deva tentar. Nosso ascetismo consistirá em descobrir em que medida cada um de nós é capaz simplesmente de permanecer quieto, em atenção passiva a Deus – e em que medida precisamos de alguma atividade, algum trabalho que não interfira totalmente como impedimento a essa atenção mas que é para nós um *relax* e nos afaste do que seria mera concentração. Todos nós precisamos de certa dose de atividade que nos permita participar sadiamente da vida da comunidade de que somos membros. Precisamos de trabalho para nos manter física e psicologicamente em forma e assim podermos escutar de modo frutuoso e não nos deixar embotar nem ficar totalmente alheios a tudo. Existe o perigo de exagerar no campo da oração, do recolhimento, da concentração. Pode ser pernicioso. Isso apenas amortece nossa capacidade de escuta e atenção a Deus.

Todos nós o sabemos. Entretanto, permitam-nos enfatizar o fato de que nossa atenção a Jesus somente, nossa escuta de sua palavra, nossa atitude de convicção interior é algo que chegamos a experimentar como sendo o mais elevado valor em nossa vida. Os contemplativos experimentam esse fato. E isto é, em si, uma disciplina da maior eficácia e uma das formas mais purificadoras de treinamento ascético. Nessa solidão tranquila, vazia, pacífica, a pessoa recebe de Deus, de maneira quieta, escondida e secreta, grandes benefícios. E isso simplesmente pelo escutar e a tranquila atenção.

Nesse contexto permitam-me uma referência a um trecho de João da Cruz. Falando de solidão e dos seus benefícios para a alma que tranquilamente escuta Deus, João da Cruz escreve: "É uma tranquilidade de solitude em que a alma é movida e conduzida pelo Espírito de Deus a fazer descobertas". Diz o santo que nessa solidão e escuta, nessa tranquila atenção a Deus, Ele age diretamente sobre quem está orando, comunicando-se à alma sem intermediários, sem passar por mensageiros, homens, imagens ou formas. São João da Cruz acrescenta que nessa situação de quieta solitude. Deus e o seu amado estão juntos numa grande intimidade:

> A solidão em que a alma vive, antes que o tempo fosse, era o desejo de dispensar todas as vantagens do mundo unicamente por causa do amor.

Ora, temos aí uma boa definição, ou uma boa indicação, daquela opção de que falei acima. É um desejo, um desejo ativo de dispensar benefícios, privilégios, vantagens etc., que são características de uma vida "mundana" ou de uma vida "ativa". Característica, aliás, de uma vida mundana boa. Não negamos o bem que há em todas essas coisas. Mas renunciamos ao bem que nelas se encontra, em favor de algo que descobrimos ser melhor para nós – e que, de maneira alguma, é evidente a outrem.

Mesmo nos inícios de uma vida "contemplativa", quando alguém recebe essa proposta de Deus, chega a perceber, obscuramente, que para ela o valor supremo da vida vai consistir numa entrega direta a Deus. E isso, na esperança, na confiança, na fé de que Deus há de agir diretamente sobre ela sem intermediários, ideias humanas comuns, ativas, ou outros agentes. Evidentemente, poderá ser normal, frutuoso e santificador a maioria das pessoas atingir Deus por intermédio do amor na vida conjugal e pela educação dos filhos numa vida ativa. E ainda outros poderão encontrar melhor o Senhor numa vida apostólica ativa, inteiramente imbuída das coisas de nossa época e do mundo em que vivem. Isso poderá ser perfeitamente normal e, talvez sob certos aspectos, um melhor caminho. É certamente uma maneira de chegar até Deus que a humanidade mais aprecia. No entanto, para os contemplativos, existe este misterioso chamamento a uma vida de comunhão direta com Deus – vida em que no silêncio, na oração, na solitude, no desapego, na liberdade, na dependência de Deus somos formados e purificados pelo Senhor.

É aqui que devemos procurar o verdadeiro sentido da liberdade na vida contemplativa. Renunciamos a outras formas de liberdade para usufruir esse tipo de liberdade. Assim, torna-se necessário aceitar as restrições, as limitações, a autorrenúncia, o sacrifício e assim por diante, como é do nosso conhecimento. Mas é muito mais profundo do que sempre ouvimos dizer. As restrições e o sacrifício têm de ser aceitos para que essa liberdade interior possa crescer. Assim, tanto na vida contemplativa como na vida monástica, há necessariamente um elemento de renúncia em relação às vantagens, de renúncia mesmo no setor de certas atividades compensadoras que santificam pessoas em outras "vocações". Isso para que o "contemplativo" encontre a possibilidade de se expandir, de se desenvolver numa dimensão totalmente diversa. Grande parte do tempo deste gênero de vida de solidão e de escuta é penosa, difícil, cheia de dureza e de exigências. A vida contemplativa é especialmente exigente porque estamos sós e impossibilitados de explicar nossa vocação a outros. Sem dúvida, isso é muito arriscado. Tanta gente existe sem a necessária capacidade para suportar esse isolamento. Bem o sabemos por experiência. Arrebentam! Talvez se possa dizer que nesse gênero de vida muita gente há que realmente sabe avaliar autêntico valor do que *poderia representar* para elas essa vida – e, no entanto, não são capazes de atingir esse ideal. Não devemos culpar essas pessoas. Não devemos dizer que erraram. Não devemos dizer que não foram bastante generosas. É simplesmente o fato de que poucos têm a capacidade de viver nesse "deserto" solitário a vida inteira. Os que se sentem realmente chamados a isso deveriam sentir-se felizes – muito mais felizes do que geralmente acontece. Deveriam ser muito agradecidos a Deus por tê-los chamado a este tipo especial de paz. Gratos por esse gênero especial de realização que, sob muitos aspectos, é falta de realização – e para tantos é quase escandaloso em nossa época tão interessada pela realização humana. Contudo, mesmo esses, quando entram em contato com pessoas que viveram uma vida de clausura ou solitária, reconhecem existir um gênero especial de felicidade nessa vida.

Contemplativo e místico

Consideremos finalmente a questão do emprego da palavra "contemplativo" em relação a tudo isso que temos comentado. É um termo que exige muita reflexão e estudo de nossa parte. A problemática é complexa. Em primeiro lugar, o termo "contemplativo" é ambíguo. Nos debates que fervilharam nos inícios do século, na década de 1920, entre jesuítas e dominicanos na França, em torno da vida mística – as graças místicas e a vida contemplativa, o termo "contemplativo" teve tendência a ser empregado como o fora por vários séculos até então com acentuação no *misticismo*. De fato, com muita frequência, acha-se que a palavra "contemplativo" é mais segura, vaga, ampla e mais discreta para indicar o "místico". "Místico" parece ser uma palavra mais assustadora do que contemplativa. A gente hesita em empregar o termo "místico". Essa palavra vem também a significar mulheres com estigmas e pessoas com visões ou gente que chegaram manifestamente à união mística trilhando caminhos extraordinários. No meu entender depois de ler muita coisa sobre o assunto, a palavra "contemplativo" tem sido empregada um tanto amplamente como termo discreto para indicar pessoas favorecidas com um certo grau de graça mística que nada tem a ver com visões, nem com algo de muito especial, mas corresponde a uma espécie de absorção tranquila, passiva, unitiva em Deus. Isso é sem dúvida uma graça especial de Deus que é muito mais universal do que geralmente se imagina. É realmente acessível a muita gente. Sem dúvida, também, muitos daqueles que recebem essa graça não podem permanecer nesse estado por longo tempo. Entretanto, trata-se de uma espécie de linha de fronteira em relação ao estado místico.

Ora, essa maneira de empregar o termo "contemplação" pode levar a grandes enganos. Se dissermos que somos uma "ordem contemplativa", uma "comunidade contemplativa" e um "claustro contemplativo" estaremos afirmando que todos os que vivem no claustro são místicos desse gênero especial? Ou que todos os que vivem no claustro *devem ser* místicos desse tipo? A resposta é evidentemente "*não*". Nem se está tampouco afirmando que os contemplativos nesse sentido só são encontrados no claustro. São encontrados de certo modo, em larga medida, fora dos claustros. Existem mães de família com filhos barulhentos e toda sorte de deveres, mas levando vida contemplativa no sentido que estou mencionando. E há bastante gente ensinando nas universidades, ou engajados na vida intelectual de uma forma ou de outra, que são, ou podem ser, contemplativos nesse sentido sem muita dificuldade.

Nem é forçosamente verdadeiro dizer que a vida num claustro contemplativo é mais propícia a essa via unitiva na vida de oração do que outros gêneros de vida. Deveria ser. Foi destinada a isso. Temos de admiti-lo ao falar dos claustros de carmelitas. É óbvio que Santa Teresa teve a intenção de fazer do Carmelo lugar onde esse gênero de oração contemplativa, oração quase mística, oração próxima da mística, não fosse incomum ou pouco comum. No entanto, sabemos por experiência que existem muitas pessoas nos mosteiros e nos claustros que não respondem a esse gênero de oração de modo algum. Sentem-se confusas ou assustadas, perturbadas ou inquietas. Entretanto podem elas ajustar-se muito bem a uma vida de serviço, caridade, piedade e dedicação. Isso nos leva a um ponto importante: o essencial da vida claustral monástica que vivemos aqui[4] não está precisamente ou sobretudo no fato de nos dispor à contemplação no sentido que acabo de descrever – mas no fato de que ele produz uma *comunidade em que o Espírito pode falar a todos nós de maneira diversa*. O desejo ansioso de uma vida comunitária verdadeiramente evangélica é sem dúvida alguma tão forte em nossa época quanto outrora sobretudo entre os jovens que se apresentam à vida religiosa.

A comunidade cristã

Nada há de errado de forma alguma em tirar totalmente de uso essa palavra "contemplação" se queremos considerar toda a problemática sob um ponto de vista diferente e empregar outra linguagem. Seria a linguagem dos últimos capítulos do Evangelho de São João,

---

4. Na Ordem dos Trapistas que seguem a Regra de São Bento [N.T.].

por exemplo. Ali está, por assim dizer, a teologia mística do Novo Testamento plenamente exposta no contexto da última Ceia do Senhor; isto é, no ideal, na perfeita expressão da comunidade cristã. Assim, vamos supor ser o termo "contemplação" insatisfatório, e haver muita gente mistificada e confusa quando expressamos a ideia de união com Deus e comunhão direta com ele empregando a terminologia "contemplação". Se essa insistência na "contemplação", como termo usual, torna-se um escândalo e difícil de ser aceita, *vamos reformular essa verdade em termos do Novo Testamento*. Vamos pensar nessa realidade, em termos do conhecimento de Jesus, de sermos um de seus discípulos, membros de uma comunidade de amor reunida pelo amor misericordioso do Senhor, reunida para participar da refeição fraterna em volta da mesa da Eucaristia (ação de graças), onde é oferecido o corpo e o sangue de Cristo; reunida para tornar uma realidade sua presença entre nós, visível em nosso amor mútuo e nosso amor por Ele. Consideremos o capítulo XIV do Evangelho de São João, por exemplo, como uma expressão da experiência de Jesus presente a nós em nossa vida de comunidade, na quietude daquele cenáculo pelo qual optamos e que é nosso claustro.

> Não se perturbe o vosso coração: Credes em Deus, crede também em Mim. Na casa de Meu Pai há muitas moradas. Se assim não fora, eu vos teria dito, pois vou preparar-vos um lugar. E, quando Eu tiver ido e vos tiver preparado um lugar, virei outra vez, e levar-vos-ei Comigo, para que, onde Eu estiver, estejais vós também...

A vida em nossa comunidade monástica de clausura é uma vida em que deveríamos ter acesso a diversas e várias moradas. Lembremo-nos sempre disso. Esse fato deve ser uma espécie de *magna carta* da vida monástica.

"Há muitas moradas na casa de meu Pai". Aqui estamos numa comunidade, reunidos, vindos do meio do mundo, no mesmo sentido em que foram chamados e reunidos os discípulos no Cenáculo, com Jesus. Tal como os discípulos nós estamos esperando que Ele venha e nos conduza ao lugar que nos preparou. Essa é a linguagem do Novo Testamento. Assim expressa, pode melhor interessar a alguns do que o termo "contemplação". Mas, basicamente, vem a ser o mesmo, a mesma experiência do amor de Maria e de sua total confiança no Senhor que, presente, manifesta sua glória a nós e em nós através da Igreja.

Nessa vida de espera do Senhor e de confiança, de quieta atenção à vontade de Jesus para nós e a seu amor por nós, vivendo na simplicidade com os irmãos e as irmãs, na fração do pão e no amor mútuo, aprendemos aos poucos a experiência de uma nova dimensão de nossa vida cristã. Acabamos por descobrir, não somente que vamos para algum lugar, mas que já chegamos e que Jesus é ao mesmo tempo o caminho, a verdade e a Vida. Ele é o começo e o fim. Viver em Cristo Jesus é estar não apenas no caminho, mas também no fim; é já haver chegado.

Nossa vida em Cristo é plenamente suficiente em todos os planos. O que temos denominado a "vida contemplativa" é uma vida de conscientização de que uma só coisa é necessária: que Jesus somente é necessário e que viver para Ele e nele é totalmente suficiente. Viver nele, tudo pacifica. Viver nele, tudo resolve. Viver nele, responde a todos os questionamentos – ainda mesmo que não entendamos bem ou não ouçamos as respostas.

Assim, quando Filipe diz, como nós dizemos: "Mostra-nos o Pai", Jesus responde (e é isso nossa vida): "Ver a Mim é ter visto o Pai. Como podes então dizer mostra-nos o Pai? Não creem que estou no Pai e que o Pai está em mim? É o Pai vivendo em mim que opera e realiza esta obra".

Isso, temos de crê-lo em nossa própria vida. Se estamos vivendo em Cristo estamos, por assim dizer, face a face com o Pai. Porém não o sabemos e não podemos vê-lo. Temos de nos contentar em estar face a face com Ele de um modo que não conseguimos entender ou ver. Mas devemos compreender que Jesus que em nós opera, em nós está levando a termo a obra do Pai e manifestando-nos o Pai. "Dando vós muito fruto, meu Pai é glorificado; e assim sereis meus discípulos. Como o Pai me amou, também eu vos amei; permanecei no meu amor. Se guardardes os meus mandamentos, permanecereis no meu amor, do mesmo modo que eu tenho guardado os mandamentos de meu Pai, e permaneço no seu amor. Digo-vos isto para que a minha alegria esteja em vós e o vosso gozo seja completo. O meu mandamento é este: Que vos ameis uns aos outros, como Eu vos amei. Ninguém tem maior amor do que aquele que dá a vida pelos seus amigos".

Em todo esse trecho do Evangelho de São João está contida a ideia básica de que se vivermos pelo amor de Cristo na comunidade cristã, haveremos de experimentar obscuramente, de algum modo, o que significa ser Cristo enviado a nós pelo Pai e em nós permanecer pelo seu Espírito, de maneira que experimentamos, em nossa vida comunitária cristã, o que significa estar unido a Deus no Cristo e em que sentido somos filhos de Deus em seu Espírito.

Já consideramos aqui dois aspectos da vida chamada contemplativa numa comunidade de clausura. Um dos aspectos, mais pessoal e solitário; o outro, mais comunitário. Enfatizamos o fato de que são dois aspectos da mesma realidade, do mesmo ideal, ambos certos. O que temos de descobrir nessas comunidades, para cada um de seus membros e para o conjunto, é como alcançar a combinação certa, o justo equilíbrio dos dois elementos, a fim de que cada pessoa tenha a possibilidade de viver em plenitude o gênero de vocação a que foi chamado – ele ou ela – por Deus.

Serviço ativo

A palavra "contemplativo" é empregada tanto com conotação jurídica quanto mística. Isso causa confusão. O termo "vida contemplativa" tomou-se uma espécie de termo jurídico, sinônimo de "vida enclausurada"; tem ainda um cunho de misticismo. Ora, não pode, em verdade, existir uma *instituição contemplativa*. A contemplação não pode simplesmente ser institucionalizada. De fato, é possível criar uma vida enclausurada com certas leis e determinados regulamentos, e no interior dessa vida de clausura poderá haver algumas pessoas realmente chamadas a ser contemplativas no sentido de místicos, de uma forma muito simples. Poderão existir outros na mesma comunidade, talvez a maior parte, cuja vida toda esteja centrada numa espécie de serviço ativo simples e de louvor dentro do claustro, sem um pensamento sequer em relação à oração mística. E entretanto esse tipo de vocação é algo muito especial e real. As pessoas que responderam a esta proposta de Deus, a este determinado gênero de vocação, não desejam – e isso enfaticamente – envolver-se em atividades exteriores, fora do âmbito de sua comunidade. O que querem é simplesmente viver uma vida dentro do claustro, centrada sobre o culto litúrgico principalmente, o trabalho manual, o serviço da vida comunitária fraterna, na caridade, na quietude, na boa ordem.

O que devemos fazer a essa altura de nosso estudo é nos conscientizar-nos de que quando a lei fala da vida contemplativa, está de fato pensando nessa segunda categoria de pessoas que acabo de mencionar – as que estão mais interessadas num serviço ativo no claustro do que na oração contemplativa simples. Ora, seria um grande erro opor essas duas tendências. Pois, em realidade, alguém que recebeu de Deus a proposta de ser um contemplativo no claustro será enormemente auxiliado na realização desta meta, vivendo a vida simples de serviço. Aliás, os que vivem uma vida de serviço, dentro da clausura e de oração litúrgica, alimentada por certa dose de meditação com leitura, haverão de chegar bem perto de certo tipo de paz contemplativa em seus corações. Entretanto, experimentarão esta paz de maneira um tanto diversa. Será talvez a sensação de paz por haverem cumprido sua obrigação – a paz que brota de uma vida bem ordenada, uma vida tranquila, industriosa, de dedicação consagrada. Essa paz simples e ativa, onde há devoção e cumprimento do dever, é talvez o que a maior parte dos religiosos de clausura buscam.

A oposição entre essas diferentes abordagens pode ser exagerada e causar uma infeliz ruptura na comunidade. Até certo ponto isso se deve, creio, ao fato de que aos que preferem o serviço ativo falta a imaginação. Parecem sentir-se um tanto interiorizados em relação aos que enfatizam a importância da solidão e da contemplação. Existe uma atitude de um certo indiferentismo da parte dos que executam serviço ativo. Experimentam ressentimento em relação às opiniões dos membros mais "contemplativos" como se esses, de um lado, estivessem afirmando superioridade e, do outro, tentando fugir do trabalho. Assim, percebemos uma certa atitude de defesa por parte de alguns em nossos mosteiros, pessoas boas e que trabalham muito. Têm grande satisfação com o trabalho que fazem e isto é ótimo. Mas acontece a essas pessoas sentir que as "Marias" se estão omitindo das responsabilidades e não são realistas. Parecem acreditar que os "contemplativos" se estão iludindo, perdendo tempo, desocupados, num estado de quietismo e de inércia. Tem havido certa tensão, e não pouca, entre os dois grupos, devido a esse mal-entendido.

Com isso, a contemplação, mesmo nos assim chamados mosteiros contemplativos, é sempre vista com desconfiança. E mesmo os assim chamados "contemplativos" podem vir a considerar a contemplação como algo irreal, como se a verdadeira finalidade da vida monástica fosse apenas serviço ativo no claustro. Talvez o seja. Não estou agora procurando tirar conclusões sobre isso. Estou apenas pesquisando e separando as diferentes manifestações dessas duas tendências. Muitos dos que são denominados "contemplativos" foram simplesmente chamados a determinada tarefa de serviço claustral. E por isso é que o termo "vida contemplativa" é infeliz como designação oficial, pois o seu emprego é ambíguo em se tratando dessas pessoas. E daí surge muita confusão. Na prática, solucionam o problema dizendo que a liturgia é contemplação. E, ainda, que quem se mostra zeloso em chegar ao coro pontualmente é um "verdadeiro contemplativo".

Atenção a Deus

Estou agora falando de maneira mais especial àqueles que procuram realmente uma experiência mais profunda de Deus; uma expansão mais densa da percepção religiosa; uma compreensão e um conhecimento mais profundos também das coisas de Deus através do amor. Há pouco, descrevemos duas diferentes maneiras de abordar a vida de Maria, a vida de manter-se aos pés de Cristo, sentada, escutando-o. A vida de Maria pode ser considerada uma vida de escuta e atenção solitária, de purificação e disponibilidade interior, de abertura e prontidão em receber a palavra, uma sensibilidade e percepção interior – tudo isso é cultivado na oração. Alguém chamado a esse tipo de contemplação há de procurar, de maneira toda espontânea, ter mais tempo para estar só, quieto, simplesmente atento a Deus.

É claro que as pessoas erram por não perceber que esta oração em simplicidade pode continuar ainda mesmo durante o tempo do trabalho. Este estado de atenção a Deus pode certamente coexistir com um gênero de ação simples, e o fato de que não se está consciente da atenção dada a Deus é talvez melhor. Não é forçosamente a coisa melhor e mais sadia estar alguém sentado tranquilo e perceber intensamente o quanto se acha passivo. É melhor estar um tanto ativo sem perceber que algo de especial está acontecendo, contanto que não haja absorção em coisa alguma.

Vejamos, por exemplo, a atividade de varrer o chão ou lavar pratos, ou rachar lenha, ou algo semelhante. Essas atividades não distraem. Não nos deixamos absorver por elas e é bem possível que nos ocupemos dessas coisas sem nenhuma sensação de que estamos rezando –

ou fazendo algo senão simplesmente aquilo mesmo, de maneira, porém, a permanecer tranquilamente perto de Deus. Ora, o ponto que estou querendo destacar é o seguinte: esta atenção a Deus significa, em realidade, não um determinado estado psicológico ou uma espécie peculiar de recolhimento, mas faz parte da experiência do amor na vida cotidiana. Consequentemente, o *amor* é o que cria verdadeiramente a unidade na aparente dicotomia entre as Martas e as Marias. É o amor, também, que cria a unidade em nós – e nos une à *realidade*. Talvez as Martas percebam obscuramente que quando estão exercendo atividades corporais e sensoriais neutras, estão em paz e unidas, de um modo ou de outro, a Deus, sem disso se darem conta, nem experimentarem nada de especial. Podem essas pessoas constatar que ao se sentarem, sem nada fazer, simplesmente para estar atentas a Deus num estado de recolhimento, tornam-se tensas, confusas e demasiadamente conscientes de si próprias. Quanto às pessoas do outro tipo, por assim dizer, as contemplativas e Marias, são capazes de fazer tudo isso e sentir-se bem escutando a Deus, e talvez pensem ser melhor assim. Mas o que de fato acontece é que as "Marias" também curtem grande secura e não lhes sucede forçosamente encontrar gosto ou muita doçura nessa situação de atenção a Deus. No entanto, têm de continuar assim mesmo, pois não podem fazer de outro jeito.

Essas pessoas são chamadas e atraídas de tal maneira que percebem que o maior fruto de sua vida virá desta simples, pacífica atenção ao Senhor, ainda que na aridez, secura, quietude. E também aprenderão, como já disse, a combinar essa situação com tarefas simples e trabalho manual. É igualmente uma boa coisa estar envolvido num trabalho que abstraia inteiramente o espírito da oração; isso faz repousar a mente dando-lhe um derivativo. Não se dá descanso à mente fazendo-a permanecer em total inatividade e sim variando a sua atividade. Essa variedade é importante.

O essencial na vida dos que procuram somente a Deus é o fato de estar ela centrada no amor como bastando-se a si mesmo. Só o amor basta; não importa que produza ou não algo. É melhor o amor não estar orientado de modo especial aos resultados; a um trabalho a ser realizado, a uma aula a ser dada, a pessoas de quem se deve cuidar num hospital, ou coisa semelhante. Na vida dita "ativa" o amor extravasado é canalizado em direção a algo que dê resultados. Na vida dita "contemplativa" o amor basta-se a si próprio. Nesse tipo de vida o amor evidentemente é atuante e realizador, mas ressalta-se o amor acima de tudo mais. E especialmente a fé acima das obras! A característica de nossa vida é nos fazer compreender mais profundamente em que dependência direta estamos de Deus na fé e o quanto dependemos de sua misericórdia, tudo recebendo diretamente dele e não mediante nossa própria atividade. Enquanto continuamos a agir, fazemo-lo de um modo que a consciência dessa dependência para com Deus se torna maior, mais contínua, mais total e satisfatória em relação a tudo e a todos do que na vida de tipo "ativo". E é nisso que encontramos a paz. É nisso que encontramos todo o sentido de nossa existência. O que se denomina vida contemplativa é em realidade uma vida planejada de maneira que a pessoa possa, com maior facilidade e naturalidade, viver na consciente dependência direta de Deus – quase que com o senso de realização consciente, a cada momento, do quanto dele dependemos e que dele recebemos diretamente tudo que nos chega como puro dom. Assim experimentamos, saboreamos em nossos corações o amor de Deus em seu dom, a delicadeza e a atenção pessoal de Deus para com cada um de nós em seu amor misericordioso, como Santa Teresa de Lisieux destacou de maneira tão bela.

Isso é, evidentemente, verdade até certo ponto em toda vida religiosa. Mas noutras formas de vida religiosa destaca-se mais o exterior; acentuam-se nossas atividades e os resultados que estamos obtendo, bem como os relacionamentos em torno de outras pessoas. Porém na vida chamada "contemplativa" é o relacionamento direto com Deus que é enfatizado e nossa experiência desse relacionamento, a experiência da infância espiritual, de filiação divina no espírito. Na vida do "contemplativo" é cultivado o senso de dependência direta para com Deus e um olhar sobre Deus de modo a tudo receber dele a cada momento.

Ora, essa vida assume duas formas, como tenho dito. Alguns a veem como vida de simples serviço no claustro, oração litúrgica e trabalho ativo na comunidade. Outros a consideram mais em termos de meditação solitária e escuta direta. Mas o contraste entre essas duas modalidades de vida não deve ser exagerado. Em realidade, ambas estão fazendo mais ou menos a mesma coisa, e devem sentir-se irmãs, como Marta e Maria. Os autores medievais acabavam sempre afirmando que Marta e Maria se completam – e que nenhuma comunidade seria plenamente comunidade monástica se não houvesse Martas e Marias vivendo lado a lado. Ambas são necessárias e a verdadeira comunidade é uma síntese desses dois aspectos da vida monástica.

Desvios

A esta altura seria bom fazer uma pausa e considerar o fato de que nessas duas abordagens à vida de oração escondida, num claustro, podem existir e realmente existem, como sabemos por experiência, desvios e direções erradas. Muitas pessoas entendem erroneamente ambas as vias que descrevemos para nos aproximarmos de Deus: o caminho de serviço num claustro e o caminho da concentração solitária e meditativa, oração, escuta. Ora, o problema está em assegurar em cada caso uma autêntica, viva e sadia ocupação com Deus baseada *na fé*, numa verdadeira fé viva e também no bom-senso. Temos que cultivar uma visão realista e sadia da vida humana. É fácil viver de maneira *inumana* num claustro. Fácil é cultivar uma espécie de apego fanático e incontrolável, um "vício", em relação às práticas da vida claustral. Em lugar de viver de um modo sadio, produtivo, normal, humilde, quieto, descomplicado, baseado numa fé profunda, pode alguém tornar-se tenso, superpreocupado, superangustiado, quase supersticioso e fanático no que faz. As pessoas mais ativas, cuja vida se concentra em torno do serviço prestado no claustro, estão predispostas a desenvolver uma espécie de escrupulosidade, de obsessão ao querer tudo fazer da maneira certa. Tornam-se obcecados pela ideia de que só há *uma* maneira de fazer isso ou aquilo e essa é a maneira que todos deverão seguir! Essas pessoas estão obcecadas pelo que estão fazendo e preocupadas com que os outros aprovem o seu ato. Em outras palavras, preocupam-se exageradamente consigo próprias.

O mesmo ocorre de maneira diferente com aqueles cuja tendência é preferir uma abordagem silenciosa, solitária, meditativa. Resumindo brevemente esses casos, eu diria tratar-se de pessoas que, inconscientemente, vivem centradas em si próprias; não em Deus. Assim, constatamos que esse tipo exerce uma espécie de culto de si mesmo, de seus próprios trabalhos, personalidade e suas próprias atividades. Estão absortos nas próprias orações, nos próprios sentimentos e nas próprias experiências, em lugar de cultuar a Deus. Ficam como que hipnotizados em relação a si mesmos. E, por vezes, podem assim agir com a melhor das intenções. Podem, ainda, racionalizar tudo isso muito inteligentemente como sendo serviço do Senhor. Ora, essa, espécie de envolvimento fanático consigo mesmo pode vir a ser algo de realmente complicado quando justificado pela racionalização em que tudo é teoricamente ordenado a Deus.

Existem, portanto, pessoas intensamente imersas e presas em si próprias que é desagradável ter de viver a seu lado. Tudo justificam apelando para Deus, a fé e a religião. Queixam-se, de diversas maneiras sutis, dos outros. Por vezes pessoas "passivas", meditativas, percebem com extrema acuidade tudo que as perturba, tornando-se excessivamente críticas de qualquer coisa que interfira com sua absorção na experiência de doçura que estão vivenciando. Geralmente esta situação é sinal de que há algo de errado, de que a "contemplação" não é tão autêntica quanto parece. Está mais centrada na própria pessoa do que em Deus.

Em todos os casos que se apresentam temos de nos lembrar da importância básica de uma visão boa, humana, sensata, realista, da vida. E onde não existe esse bom-senso e realismo devem eles ser cultivados. Se isso não pode ser cultivado, é que há, sem dúvida, algo de errado na "vocação" desta pessoa. Mas, é claro, haverá sempre os que sofram toda sorte de traumas devido a um gênero de vida demasiadamente abstrato. Serão semineuróticos que, no entanto, conseguem viver no claustro e ali podem permanecer. É possível viver com essas pessoas e ajudá-las. Podem mesmo ser de real valor positivo para a comunidade apesar dessas lacunas. Suponho podermos dizer que, de certo modo, somos todos ligeiramente birutas. Somos todos um pouco amalucados. E temos, todos, de viver bem uns com os outros apesar de nossas pequenas excentricidades e ademanes de caráter. Existe, evidentemente, um pouco do neurótico em quase toda gente hoje em dia. Isso deve ser entendido e aceito. Seja como for, o principal é manter uma atmosfera sadia.

A exigência básica da vida "contemplativa" e claustral, hoje, é a seguinte: antes de mais nada e de nos entregarmos à satisfação do ascetismo ou nos retirarmos à tranquila absorção em Deus, devemos reconhecer a necessidade de manter uma atmosfera humana sadia e um relacionamento humano normal uns para com os outros e para com a realidade de nossas comunidades.

Isso certamente é óbvio, porém jamais será demasiadamente enfatizado: é tão facilmente esquecido. As pessoas se tornam tão envolvidas e emaranhadas em projetos ascéticos abstratos ou puramente contemplativos, coisas que pensam dever fazer e se esquecem da realidade básica de, em primeiro lugar, viver como seres humanos. Antes de mais nada e de podermos ir mais adiante e ser ascetas, místicos e contemplativos, devemos ser homens e mulheres sadios, maduros, honestos, objetivos e humildes. Isso jamais deverá ser esquecido. E é preciso continuamente voltar a esse ponto, uma vez que é o fundamento sobre o qual tudo o mais está edificado.

Penitência

Vamos agora tratar de outro aspecto muito importante da vida contemplativa. Na medida em que é uma vida de liberdade tem de ser vida de penitência. Pode isso parecer contraditório aos que só têm uma visão superficial da liberdade. Entretanto, quando compreendemos a verdadeira profundidade do conceito cristão de liberdade, entendemos como ele está essencialmente vinculado à penitência. A vida contemplativa "organizada" supõe a garantia de uma certa liberdade de espírito. A verdadeira liberdade de espírito de que falam São Paulo e São João é a *verdade* que nos torna livres. A vida monástica, em sua raiz, procura oferecer um certo tipo de verdade por meio de uma penitência realmente autêntica. Uma das coisas necessárias na renovação da vida religiosa, hoje, e da vida religiosa sob a forma "contemplativa" é a renovação do espírito de penitência. Entretanto, tem de ser uma *renovação*. Não se trata de uma volta ao conceito de severidade e rigidez que prevaleceu nos últimos duzentos ou trezentos anos. A verdadeira penitência é mais do que uma severidade legalista; mais do que um tipo de severidade fanática, obsessiva e incontrolada em relação à observância de pequenas leis um tanto arbitrárias, só por amor a essas regras. Vamos encarar o fato diretamente: esse conceito insatisfatório de penitência, enquanto tinha um valor em certa época, era demasiadamente limitado e rígido. Perdeu, em grande parte, qualquer sentido para as pessoas de nosso tempo – por bem ou por mal. Não suscitarei uma discussão sobre se isso demonstra que a gente de nosso tempo é melhor ou pior do que a de outras épocas. Mas permanece a evidência de que o tipo de disciplina penitencial pressuposto por uma série de pequenas e rígidas observâncias cessou de ter qualquer sentido para a gente moderna.

A pessoa que adquiriu este conceito da vida sentia que ao fazer todas essas coisas estava sendo um verdadeiro "penitente" e praticando a "abnegação". No entanto, essas coisas, para alguns temperamentos, são comparativamente fáceis de fazer. Era, em certa medida, simplesmente um ato ritual; tratava-se de desempenhar um papel penitencial. Certamente, não era tão fácil assim. Alguns desses costumes penitenciais eram duros realmente. Por exemplo, as velhas regras concernentes às vestes, segundo as quais se devia dormir revestido do hábito completo, mesmo nas mais escaldantes noites de verão. Havia um aparato complicado do antigo hábito medieval, com a rude e pesada roupa de baixo que se usava. O calor era realmente intenso no pequeno cubículo do dormitório comum onde tentávamos dormir assim vestidos! Sabia-se que era verão! Ora, tratava-se de algo exigente, enervante e difícil – algo que requeria muita resolução e muita oração! Era de angustiar o peso daquele calor irritante durante todo o verão sem nenhum alívio possível. Não havia jeito de se livrar da irritação do calor causticante porque não se parava de suar e não havia meio de permanecer seco por mais de dez segundos. Nunca se chegava a secar...

Bem, sem continuar a recordar esses pormenores, pode-se ver como esse requinte da disciplina em assuntos de regulamentos mesquinhos não é mais – de forma alguma – adequada como conceito de penitência cristã. E isso, apesar de poder ser algo de difícil, algo de exigente. Não é essa a correta abordagem. A experiência nos tem demonstrado que isso simplesmente, de fato, já não funciona. Temos, ainda, em nossas comunidades muitas pessoas excelentes que foram formadas nesse tipo de prática "penitencial". Nós admiramos muito essas pessoas. Mas temos também pessoas que passaram por semelhantes torturas e macerações. Sentimos instintivamente que elas não vêm ao claustro simplesmente a fim de ser deformadas dessa maneira especial. Assim, portanto, este conceito desumanizante da penitência é insuficiente. Não se aproxima ele da exigência do conceito de penitência do Novo Testamento. A distinção é a seguinte: a ideia ultrapassada em relação à penitência de que acabo de falar é uma ideia *limitada*; e muito exigente e dura nos limites de uma área reduzida, mas não penetra, em verdade, profundamente. É algo de externo. E, em certo sentido, mais fácil – é uma espécie de evasão da verdadeira penitência, que é nos rendermos. Será verdadeiro sacrifício da própria vontade em benefício de outros, ou será apenas treinamento da vontade. Pode ser agente purificador até certo ponto; deixa porém as profundezas do ego intactas. Uma pessoa pode muito bem ser realmente severa em relação a esse gênero de penitência e permanecer muito orgulhosa, dura e extremamente descaridosa. Uma pessoa do tipo agressivo, cruel, vingativo pode viver satisfeita "praticando" esse gênero de penitência. A verdadeira penitência tem como alvo a raiz profunda do orgulho e a raiz não menos profunda da falta de caridade. A verdadeira penitência visa eliminar o espírito vingativo e a mentalidade de um perseguidor que tantas pessoas adeptas desse gênero de severidade desenvolveram no passado.

Mas não devemos ir ao extremo oposto. A liberdade que estamos procurando jamais deverá ser considerada como uma espécie de adesão espontânea às tendências naturais, aos sentimentos naturais inocentes, e assim por diante. Essa ideia de uma plenitude meramente humana, de uma realização mais ou menos humana, brotada de bons instintos e desejos, não serve, não satisfaz. É coisa fatal o que no momento presente se está simplesmente fazendo. Quero dizer, lançando fora da vida monástica, da vida no claustro, da vida contemplativa, todas as práticas de disciplina para viver numa espécie de liberdade do espírito sem nenhuma verdadeira e bem orientada disciplina. Não há esperança de que possa resultar algum bem dessa situação. Servirá apenas para destruir o monaquismo. Se houver uma verdadeira caridade funcionando, se existir um relacionamento comunitário sinceramente fundado no bem e orientado para o bem, no qual haja real amor – sem dúvida alguma isso será algo de enormemente positivo. Mas não se pode chegar a isso sem a verdadeira renúncia ao "egoísmo". E o problema está, obviamente, em saber em que medida o verdadeiro amor se encontra nesses relacionamentos que são procurados e apontados como solução. Em que medida esses relacionamentos são amor verdadeiro e até que ponto são apenas gregarismo, companheirismo sem raízes? Não podemos contentar-nos com uma camaradagem superficial e uma espécie de euforia, de jovialidade que depende do fato de tudo correr bem, ser agradável ou divertido. Estamos nessa situação há dois anos e creio que já estamos começando a ver a insuficiência de uma vida de comunidade em que há muita camaradagem, uma certa medida de abertura e também bastante confusão. "Comunidade" significa mais do que pessoas que se animam e estimulam mutuamente de um modo um tanto desesperado. Comunidade significa mais do que falatório interminável e interminável vaguear a procura de algo que traga alegria. Não. Não é isso que vai trazer a solução.

Basicamente, só existe uma única liberdade cristã. É a liberdade da Cruz. É a liberdade recebida por alguém que se entregou completamente com Cristo na Cruz. Alguém que, pela entrega, ressurgiu com Cristo e possui a liberdade de Cristo. Isso não significa uma espontaneidade humana comum, é a espontaneidade do Espírito de Deus. Ele nos é dado em lugar de nosso próprio espírito, quando morremos na cruz com Cristo e se, efetivamente, morremos. O esquema da vida monástica contém uma verdadeira morte e uma ressurreição. Para os contemplativos em mosteiros, que não assumem atividades externas, existe, de modo especial, um elemento de verdadeira morte ao mundo, à vida que estariam levando em comum com os demais cristãos, ou como apóstolos em obras ativas. Seja qual for a maneira de designar esse gênero de vida monástica, contemplativa ou enclausurada, ela implica uma verdadeira ruptura e, portanto, uma verdadeira libertação, por meio de uma espécie de morte em relação às exigências e pressões de uma vida excessivamente confusa e cheia de distrações no mundo – embora, é claro, essa situação possa ter algumas dimensões cristãs que lhes sejam próprias. Poderia mesmo acontecer que seja uma situação mais cristã do que a vida num mosteiro. Em determinadas circunstâncias poderia sê-lo. Entretanto, permanece o fato de que, em resposta à proposta de Deus, os "contemplativos" romperam realmente com o mundo e iniciaram a busca dessa verdadeira liberdade em face de todo um esquema de necessidades, exigências e servidões impostas pelo mundo secular aos que nele vivem. Não existe verdadeira liberdade na vida monástica sem essa morte e ressurreição – sem essa nítida ruptura.

A liberdade monástica não é, de modo algum, simplesmente uma remoção de obstáculos que permite a realização plena das melhores aspirações naturais. Isto tem de ser perfeitamente claro. Não se opta pela vida monástica simplesmente para vir a ser um artista, um músico ou para fazer amizades na comunidade. Não se entra num mosteiro para conseguir uma expansão natural no plano de uma existência humana, pois isso pode ser alcançado com muita vantagem noutra situação. A verdadeira expansão da existência humana nesse tipo de dimensão deve ser procurada na vida conjugal. Não se opta pela vida monástica em busca de um gênero de satisfação e expansão de nossa personalidade e caráter humanos como poderia ser encontrado no matrimônio ou numa existência secular criadora, numa carreira profissional no mundo. Quem ingressa num mosteiro tem em vista um alvo específico e preciso. Trata-se, para o monge, de um tipo especial de *transformação* em Cristo e um tipo de especial *transformação* no Espírito. A *raiz* de nossa penitência não está, absolutamente, em assumir, apenas, uma rotina ascética. Opta-se pela vida monástica porque se está procurando uma transformação. Essa transformação não deve ser procurada na simples disciplina conventual ou nas práticas ascéticas do monaquismo. Quem entra num mosteiro o faz para ser transformado pelo Espírito. O candidato à vida monástica não leva à comunidade, à solidão do mosteiro, aos seus bosques ou seus campos, simplesmente a própria personalidade e aspirações, e mais uma série de instrumentos ascéticos com que vai trabalhar para tornar-se mais perfeito. A noção de que essencialmente a pessoa permanece a mesma e com o controle de si própria utilizando apenas técnicas ascéticas para vir a ser mais perfeita é, essencialmente, errada. Leva a um conceito errôneo da penitência de que, em realidade, não é de modo algum penitência. Isso é apenas rigidez voluntariosa. Sem nenhuma transformação.

Quem chega ao mosteiro tem o projeto de entregar-se a Cristo e ao seu Espírito numa espécie de morte a fim de viver de novo uma vida que Ele nos dá. A liberdade que se procura no mosteiro "contemplativo" é a liberdade de se estar aberto à vida nova que vem de Cristo, a liberdade de seguir o seu Espírito. Procura-se uma liberdade "virginal" de maneira a seguir aquele que é o nosso *tudo* por onde ele for – para estar-se *atento* a cada inspiração dele e à escuta da mensagem pessoal que ele tem para cada um. Isto não pode chegar até o monge de outra fonte, seja qual for, a não ser do Espírito do Senhor falando ao coração do monge. A instituição de um tipo mais severo de clausura e vida solitária visa precisamente proteger o clima interior de silêncio, escuta e liberdade no qual Cristo pode realizar em nós a obra que Ele deseja.

A raiz de nossa penitência é a fé. A raiz de nossa vida de *metanoia* é a verdadeira fé em Cristo; a fé autêntica em nossa vocação, uma fé real no poder transformante da cruz. É a fé nas promessas de Deus, a fé firme de que se nos entregarmos com nossas ambições – mesmo nossas ambições espirituais –, se realizarmos nossa rendição total e completa nas mãos de Cristo e ao seu amor, seremos de fato transformados pelo Espírito de Cristo no tempo e da maneira por Ele determinados. Não em nosso tempo, nosso modo, nosso espírito.

A vida monástica não é procurada por aqueles que a abraçam para que sejam transformados por sua própria vontade e espírito. O ingresso numa comunidade monástica significa a vontade de realizar essa entrega total na fé. Quer sigamos o caminho antigo ou trilhemos o caminho novo, essa fé é radical, urgente e criticamente o que há de mais importante. É isso que se deve cultivar. E é essa fé que tem de ser, acima de tudo o mais, o objeto de nossa oração.

Oração pedindo a fé

Assim, eu diria que a raiz da renovação que deve florescer em nossa vida implica uma renovação em nossos esquemas de oração e de penitência. Não sabemos ainda exatamente em que consistirá essa renovação. São essas coisas que temos de descobrir comunitária e individualmente. E isso, por uma busca em que todos cooperam sob a orientação do Espírito Santo. Mas a raiz de tudo e para todos é a oração que pede a fé. Precisamos orar pedindo ao Senhor, a cada instante, que aumente nossa fé – pois a raiz de toda renovação é a fé. Na medida em que crescemos na fé, nós nos mantemos cada vez mais próximos d'Aquele que nos chamou. Em proporção do desenvolvimento de nossa fé ela nos dá uma visão mais clara e mais profunda, assim podemos ver nossos erros e, também instintivamente, o caminho errado. Pela fé chegamos a uma união mais íntima com Cristo, a uma dependência mais total para com Ele. Assim sendo, Ele poderá guiar-nos através das dificuldades, dos obstáculos, das confusões e dos erros que teremos sem dúvida que encontrar nessa via de renovação. A oração pedindo fé é, pois, absolutamente, o que há de mais fundamental, e não devemos esquecer-nos como é grande o poder de Deus para dar-nos o que necessitamos da maneira mais surpreendente. Por exemplo, acabo de receber carta de uma pessoa que diz ter vivido no ateísmo por bastante tempo. É uma jovem senhora casada, evidentemente batizada na infância, na Igreja Católica e criada, talvez, no catolicismo. Ela não via nenhuma razão lógica para a existência de Deus. Várias pessoas haviam tentado provar-lhe a existência de Deus sem que isso lhe causasse a menor impressão. Tudo isso não tinha o menor sentido para ela; não conseguia de modo algum crer em Deus. Um dia enfim, subitamente, em lugar de argumentar com ela, um padre disse-lhe: "Olhe, Deus quer o teu coração, não quer teu intelecto. Deus te ama!" Repentinamente tudo caiu por terra e ela sentiu penetrar em seu coração o assentimento em relação a quem Deus em realidade é e o que em verdade Ele significava para ela. Esta jovem viu, então, que precisava desesperadamente desse Deus que a amava, que lhe oferecia uma proposta – a de aceitar o amor dele e de responder-lhe, amando-o também. Toda a realidade dessa situação descortinou-se simplesmente e com clareza ao contrário dos argumentos sobre a existência de Deus e as discussões intelectuais em torno d'Ele, que nada significaram para ela. É o que ocorre também conosco. Acontece ficarmos tão envolvidos em todas essas discussões intelectuais e abstratas que nos esquecemos do que é básico – esta proposta de amor que Deus nos faz, urgindo conosco para que o amemos em reciprocidade, abrindo-lhe nosso coração para que possa plenificá-los com amor e fé. Façamos então isso. Oremos pedindo *fé*. Peçamos, na oração, aumento de fé. E, com fé, entreguemo-nos total e completamente, e com perfeita confiança ao Deus que nos ama e nos propõe o seu amor.

Terminando, permitam-me citar uma frase de Clemente de Alexandria que encontrei por acaso em algumas notas que tenho aqui. Ao comparar o cristão a Ulisses em seu barco, ao viajar de volta à pátria, fala de como Ulisses escapou à tentação que lhe apresentavam as seduções das sereias sendo amarrado ao mastro do barco. Tradicionalmente essa lenda tem sido interpretada como uma espécie de imagem da alma resistindo às seduções daquilo que em realidade não lhe é propício. Clemente de Alexandria compara o cristão a Ulisses amarrado ao mastro. É, de fato, um bom símbolo da vida monástica (e da vida cristã) com suas restrições. Diz Clemente:

"Amarrado ao madeiro da Cruz estás livre de todo perigo de destruição. O Logos de Deus há de conduzir teu barco e o Espírito Santo (o **Pneuma**) dar-te-á uma viagem segura de volta ao porto celeste".

Consideremos, pois, nossa vida à luz desta imagem simbólica. E, confiando em Deus, fiquemos presos ao madeiro da cruz. Assim, morrendo com Cristo e com Ele ressurgindo, possamos chegar à união com Ele, para sempre, no céu, guiados pelo seu Espírito Santo.

Posfácio

Por Fernando Paiser – Presidente do Conselho de Administração da Associação Thomas Merton Brasil

I - Questões fundamentais

Caro leitor, agora que você concluiu esta jornada, permita-me tecer alguns comentários.

Você deve ter percebido, numa primeira impressão, que Merton nos levou por um caminho bastante profundo, desnudando e analisando as peculiaridades, alegrias e angústias de um estado de vida aparentemente anacrônico com o mundo e o estilo de vida modernos. Sim! Modernos, porque apesar de ele ter escrito os textos para a composição deste livro, em meados da década de 1960, já iniciado o Concílio Vaticano II, o tema parece – e aparece – como sendo muito atual. Relembremos algumas questões:

> [...] devemos supor que o monaquismo medieval é a única forma possível? [...] Será suficiente colocar o monge atrás de um muro, num pequeno espaço "contemplativo" encravado, e permitir-lhe ignorar os problemas e as crises do mundo? Deverá o monge esquecer qual a maneira como vivem outros homens, obrigados a lutar para sobreviver e deixar simplesmente que sua própria existência seja justificada, pelo fato de ele aceitar pontualmente as horas litúr-

gicas no coro e assistir à missa conventual e pugnar por um aperfeiçoamento interior e fazer um honesto esforço para "viver uma vida de oração"? Será que essas inócuas ocupações fazem do monge um "contemplativo"? Ou tornam elas o mosteiro um "dínamo" que "produz força espiritual" para os que estão demasiadamente ocupados em rezar?

Estas são algumas das perguntas que Merton coloca já no início do livro, analisa-as de modo honesto e cru, e ao final da leitura, se você conseguiu dominar sua ansiedade, deve ter chegado por si só a algumas respostas. Ainda que não conclusivas – e nem poderiam ser – essas respostas devem ajudá-lo, se você for um monge ou uma monja, a compreender a situação em que se encontra; perceber de modo mais profundo a sua vocação e a relação com sua comunidade e com o mundo moderno.

Mas e se você não é monge ou monja? Thomas Merton, neste livro e até onde pude perceber, teve a capacidade de elaborar uma obra "tridimensional": No primeiro plano ele se dirige a monges, abordando o tema de modo direto e prático, e ao mesmo tempo aprofundando a questão sem meias-verdades, de modo por vezes cruento, que talvez tenha lhe causado certa inquietude e desconforto. Porém, ele mesmo sinaliza o caminho, dando a você os subsídios necessários para, como eu disse acima, responder às perguntas que ele coloca e às perguntas que você mesmo fez em seu íntimo enquanto lia o livro. Ele não responde para você! Mas lhe dá as ferramentas. Mas, mesmo essas "ferramentas" não são "dadas de graça". Elas estão ocultas, numa observação cuidadosa, dentro do texto, mas posteriormente você deve ter percebido que, na verdade, elas estão dentro de você mesmo. Merton apenas "remove as camadas".

Seguindo para além do primeiro plano, você deve ter percebido que a questão de fundo não envolve um dilema exclusivamente monacal. É antes de tudo, um dilema humano. E é aí, entrevendo o cenário de fundo, que você não monge ou monja, deve ter focado. É relativamente fácil aplicar as questões fundamentais à vida leiga; à vida daqueles *"obrigados a lutar para sobreviver"*, se não no livro todo, em boa parte dele, pois a questão fundamental está num nível muito mais profundo do que uma vocação ou estado de vida. Ela diz respeito ao ser humano em seus três níveis de relacionamento: consigo mesmo, com Deus e com o próximo. Isso é amplo, geral e irrestrito, quer você seja um monge ou não.

Contudo, o monge ou monja mais sensível deve ter se perguntado: "Como assim 'obrigados a lutar para sobreviver'? O monge vive de quê? De vento?" Neste ponto Thomas Merton tem uma intenção muito clara. Ele não está depondo contra a vida monacal, insinuando que todo monge vive uma vida tranquila no sentido de que não precisa se preocupar com sua própria sobrevivência e/ou a sobrevivência de seu mosteiro. Ele diz isso de propósito, porque sabe que muitos leigos não estão familiarizados com esse estado de vida e têm exatamente essa imagem estereotipada. Lembro uma vez em que participei de um ciclo de conferências denominado "Noites franciscanas", do Centro Franciscano de Espiritualidade da Província dos Capuchinhos de São Paulo, num auditório do antigo Seminário Seráfico São Fidélis, de Piracicaba, SP, ainda com a presença do saudoso Frei José Carlos Pedroso, OFMCap. Em determinada noite, numa das conferências, surgiu o assunto da vida monacal e o grau de disciplina e rigor que esse estado de vida exige. Uma senhora leiga do pequeno auditório em que estávamos, obviamente, sem grande conhecimento da rotina e do dia a dia da vida no mosteiro, alegou não acreditar nessa disciplina e rigor e *"achar que a vida de monge é muito fácil".*

Notei que algumas outras pessoas, não todas, compartilhavam essa crença. Refletindo sobre isso, percebi que a imagem que muitos leigos fazem da vida monacal, em especial da vida contemplativa, vem de longa data e está arraigada no imaginário popular talvez oriunda desde o renascimento, onde os grandes mestres das artes plásticas como Leonardo da Vinci, Michelangelo, Rafael e outros eram, via de regra, as únicas fontes de informação da vida religiosa para a população leiga de então. Como esses artistas, para representar personagens em estado contemplativo, pintavam rostos serenos e impávidos, geralmente olhando para cima em estado de graça e, obviamente, estáticos (pois são pinturas e não imagens em movimento), essa população leiga, numa analogia simplista e ingênua, acreditava que o monge passava seus dias a olhar para o teto. Parece-me que essa imagem perdura sem substanciais alterações até os dias de hoje.

Talvez eu esteja forçando a cena; provavelmente estou, mas que ainda hoje há pessoas que acham que o monge não faz nada além de rezar, que leva uma vida fácil e confortável; isso há. E Thomas Merton sabe disso.

Retornado ao assunto, você deve ter notado a preocupação de Merton com o "outro lado da moeda", ou seja, não apenas o lado do candidato que busca a vida contemplativa num mosteiro, mas também o lado da comunidade que o recebe. Merton nos mostra que *as coisas ficaram mais complicadas.* Você deve se lembrar no capítulo IV onde ele afirma:

> [...] olhando para o candidato, a comunidade monástica não mais há de julgar que ele vem aos mosteiros com ideias e aspirações totalmente erradas. Há de compreender que algumas das mais profundas necessidades que ele traz no coração, ainda que pareçam não ser necessidades explicitamente religiosas, são genuinamente humanas e especificamente contemporâneas e que a vida monástica também é chamada a satisfazê-las. E desta forma ignorar estas necessidades humanas, rejeitá-las como estranhas e dirigir toda a atenção do candidato para outras aspirações na aparência mais sublimes, mais eternas, menos profanas, mais espirituais e religiosas, pode tornar-se, de fato, arbitrário, injusto e mesmo irrealista. Por isso é que, procedendo assim, em última análise, ter-se-á como resultado deturpar a vocação do candidato precisamente em sua autenticidade religiosa e espiritual. Pois ninguém pode estabelecer a autenticidade religiosa de uma vocação tentando filtrar todos os componentes humanos e contemporâneos que ali se possam encontrar. Pelo contrário, a verdade duma vocação, sua verdade religiosa, depende do respeito fundamental aos componentes humanos nela depositados pela hereditariedade, pela história do candidato, pela sua liberdade agindo em união com a graça [...].

Em outras palavras, a comunidade e em particular seus superiores, têm o desafio de interpretar e compreender *as alegrias e as esperanças, as tristezas e as angústias dos homens de hoje,* especificamente de seus postulantes e dar a devida resposta demonstrando estar atentos aos anseios dos candidatos e sobretudo dos neófitos. *De fato as coisas ficaram mais complicadas...*

Essas palavras de Merton foram escritas há mais de 50 anos e como são atuais! Como eu disse, é relativamente fácil aplicar essas questões cruciais à vida leiga, não se aplicam apenas aos candidatos. Se você que leu este livro é um leigo que se interessa pela espiritualidade contemplativa, pratica o silêncio e a meditação, ou se você é um oblato, muito do que foi dito por Merton se aplica a você; ou pode ser adaptado para o seu modo de vida. Releia o livro e faça a tentativa.

Entretanto, neste mais de meio século que separa os nossos dias da publicação original desta obra, as coisas mudaram, evoluíram, se transformaram. Não de modo absoluto mas o próprio Merton, à época, já percebera uma notável mudança de atitude. Naquela ocasião os jovens já estavam tendo a oportunidade de serem ouvidos com seriedade em relação a suas demandas. Thomas Merton então se questionava: *"Acreditaremos de fato que o monarquismo possa realmente sobreviver num diálogo atual com o postulante moderno? Ou com o noviço? Ou com o jovem monge?"* Bem, de fato não só sobreviveu como evoluiu e se transformou. As comunidades hoje, em geral sabem lidar muito melhor com o jovem que bate à sua porta em busca de um significado mais profundo para suas vidas e sabem identificar melhor aqueles que buscam verdadeiramente a Deus. Por outro lado, os jovens de hoje chegam ao mosteiro com um cabedal de informações mais profundo, intenso e depurado. Muitos chegam ao mosteiro sabendo que uma prática meramente externa de silêncio e clausura não garante a transformação interior da plena atenção requerida pela via contemplativa. Eles sabem que isso seria uma fraude para com eles mesmos. Não querem isso! Claro que nem tudo é um "mar-de-rosas". Os desafios para uns e outros continuam grandes como outrora e devem continuar assim, decorrentes que são, da própria natureza humana.

II - Disciplina e obediência

Continuando a revisitar a obra que você acabou de ler, eu gostaria de destacar um outro ponto muito importante e que creio ter chamado sua atenção: Apesar ou a despeito de Thomas Merton estar atento às necessidades das novas gerações e das rápidas mudanças em que o mundo de sua época estava passando, ele não foi um revolucionário. Tampouco foi reacionário. Ele estava atento à verdade e jamais tentou alterá-la em face às pseudoexigências de um mundo fragmentado, falso e hipócrita. Neste quesito, pouca coisa mudou, mas também não mudaram os valores e princípios que nortearam Merton desde sua tomada de consciência à flor da idade e que carregou consigo até a morte, valores estes que sempre estiveram em sintonia com a fé que abraçou.

Um desses princípios é a *disciplina*. Merton não nega a necessidade de disciplina para a vida contemplativa (e mesmo para uma vida mundana) apenas por causa de um conjunto de mudanças que transformou o mundo desde a Idade Média até a Era Atômica. A ideia de disciplina, segundo ele, *"implica um nítido reconhecimento de fato humano elementar: a permissividade é lícita se alguém se contenta em deixar-se levar pela corrente que o carrega [...] por seu próprio movimento".* Deixar-se levar nas coisas lícitas, corriqueiro no presente, pode parecer o caminho mais fácil já que, segundo Merton, podemos confiar em nossa natureza e cultura para guiar-nos, porém há um preço: Priva-nos de outras dimensões da vida que só poderão ser encontradas com esforço e dedicação. A permissividade e a lassidão trazem uma aparência convidativa, uma "zona de conforto" que torna a vida fácil e isenta-nos de muitas responsabilidades, mas esconde em seu cerne uma falácia, e o próprio Merton completa:

> [...] o sacrifício de certos ajustes fáceis e de um papel convencional na sociedade. A pessoa que quer aprofundar sua percepção existencial tem de operar uma ruptura em relação a uma existência ordinária e esse corte é penoso. Isso não pode ser feito sem angústia e sofrimento.

Todavia, Merton nos explica que a disciplina nos provê maior acuidade ao nosso "sentido de direção" para que possamos caminhar sem a necessidade de "mapas". Parafraseando o autor Stephen Covey, não faz sentido algum subir rapidamente os degraus de uma escada para, ao chegar ao topo, perceber que ela estava apoiada na parede errada. A disciplina (monástica ou não) nos proporciona a capacidade de perceber as partes e a sensatez de não tomá-las pelo todo.

Outro princípio importante que Merton não nega é a obediência. Como situá-la? Você leu isso no capítulo VI. Merton entende claramente o que a Constituição sobre a Igreja – *Lumen Gentium* – do Concílio Vaticano II diz a respeito e corrobora:

> [...] A meta é a transformação e a consagração a Deus de tudo o que é vida, pelo fermento da santidade, *i. é*, pela vitalidade espiritual e a fecundidade dos membros de Cristo. Deste modo, um conceito estático da Igreja como organização é substituído pelo conceito dinâmico de uma Igreja corpo vivo, movido pelo Espírito, invisível e divino, da Verdade e do Amor a ela outorgados pelo Cristo Ressuscitado.

E afirma que a obediência que se deve cultivar (e que é o voto do religioso) não é a obediência pueril, nem a obediência *de um cidadão para com a autoridade civil* etc. Ainda que esse tipo de obediência possa se enquadrar dentro de uma estrutura religiosa, a verdadeira obediência a que ele e a LG se referem é a união mais íntima com Deus, no autorrespeito e no amor ao próximo. É o *bonum obedientiae* de São Bento.

Nesse sentido, a obediência enquanto imitação da obediência de Cristo por amor, torna-se um elemento-chave na vida autêntica, na busca do verdadeiro eu, e só assim pode contribuir para uma vida cheia de sentido. Tanto para o monge quanto para o leigo. É nesse contexto que uma obediência institucional adquire significado.

E a busca de sentido e significado para a vida não é a meta apenas do monge. Merton já advertia no longínquo meado do século XX que o ser humano moderno está desesperadamente preocupado em dar sentido a uma vida reduzida a mera rotina vazia pelas pressões alienantes da organização comercial e tecnológica. Massacrado, triturado na grande máquina impessoal da sociedade moderna, ele finalmente se torna frustrado e alienado, sentindo que sua vida se reduziu a um mero sobreviver. Essa situação não mudou em sua essência nos últimos 50 anos, mas a sua percepção sim. O ser humano do início do século XXI talvez perceba esse problema de modo mais claro e objetivo que há 50 anos. E está tentando resolvê-lo. É evidente nas últimas décadas o avanço na renovação monástica tanto quanto é recorrente nos últimos anos, a busca por parte do laicato, de uma espiritualidade mais profunda que dê sentido à existência. Prova disso é o número cada vez maior de pessoas que buscam aproximação com comunidades monásticas, ainda que mantenham o estado de vida laical, e a busca por práticas que auxiliem no aprofundamento da espiritualidade contemplativa tais como a meditação, a participação em retiros de silêncio, exercícios espirituais e práticas de oração mais intensas e maduras.

III - Contemplação x ação, e a renúncia de si próprio

Finalmente, eu gostaria de chamar à atenção para algumas outras questões colocadas por Merton:

> Que significa a vida contemplativa, ou a vida de oração, solidão, silêncio e de meditação para o homem da era atômica? Qual será o seu significado? Terá perdido todo e qualquer sentido?

Você leu isto no capítulo IX, "umbigo" da obra, cujo título empresta ao capítulo. De início Merton adverte que, quando se refere à "vida contemplativa", não está se referindo necessariamente à vida no claustro, dentro do mosteiro, ou exclusivamente praticada por monges e monjas. Qualquer um pode ter vida contemplativa. O foco é a vida interior, que permanecerá latente se você direcionar seus esforços apenas para uma existência exterior, superficial e alienada dos verdadeiros valores. Neste clima, toda a ação se torna um ato egocêntrico que reflete nada mais que nossa própria obsessão por reconhecimento e valorização do falso "eu". Nesse ambiente, os frutos de nossas ações jamais poderão auxiliar, tanto as demais pessoas como a nós mesmos, na busca e no alcance de um significado veraz para a vida.

Uma causa que afeta diretamente a busca por uma vida interior, que continua evidente hoje em dia e que

Merton já constatava com intensidade em sua época é a sensação que muitas pessoas sentem de uma aparente ausência de Deus:

> [...] se houve um tempo em que a oração, a meditação e a contemplação eram consideradas [...] realidades primordiais da vida humana, isto já não acontece hoje em dia.

Hoje, com a atenção humana voltada exclusivamente para a ação e resultado imediato, as questões fundamentais da existência humana passam a um segundo plano e aos poucos são perdidos de vista e deixam de ser consideradas importantes. Porém, Merton atenta para um aspecto interessante. Como Deus é imanente e ao mesmo tempo infinitamente transcendente, logo, fora do alcance da nossa compreensão, essa "ausência" pode ser a chave, ou melhor, o ponto de fusão onde a "ausência" e a "presença" se unem no conhecimento amoroso que, como se diz na mística cristã, conhece desconhecendo.

O que percebo nos últimos anos é que há uma retomada na busca pelo verdadeiro sentido da própria existência. Se isso não é uma busca pela vida contemplativa, seguramente é um ponto de partida. Contudo é evidente que essa retomada também se dá em meio a um ceticismo cada vez maior. Parece haver uma espécie de "divisão de águas" entre aqueles que estão cada vez mais alienados, presos às distrações da vida moderna, não dispostos ou incapazes sequer de fazer um autoquestionamento e aqueles que conseguiram soltar as amarras e iniciaram, ao menos, a jornada para "águas mais profundas".

De qualquer modo, essa jornada não está isenta de riscos, e Merton sabe disso. Ele deixa claro quando cita João Cassiano no capítulo IV da parte II, onde você leu:

> [...] João Cassiano em sua primeira conferência definindo o escopo integral da vida monástica reúne três pontos que identifica à plenitude da perfeição monástica. Essa plenitude não consiste meramente na solidão, no ascetismo, na oração, e em outras "práticas". Essas três coisas [...] podem ser procuradas por motivos basicamente egoístas. E podem, afinal, ser simplesmente maneiras de afirmar mais sutilmente e mais teimosamente o ego. A plenitude da verdadeira perfeição é encontrada somente no momento em que se efetua a renúncia ao "eu" egoísta [...].

Ora, esse risco não é exclusivo de monges e monjas. Todo leigo que busca "técnicas" para se *sentir como um contemplativo*, pode estar fazendo-o para a satisfação do próprio ego! Relembrando Covey, cuidado para não apoiar a escada na parede errada!

Concluindo, gostaria de deixá-lo com esta síntese de Merton. Você a leu na parte III, já próximo do fim e deve se lembrar:

> A vida contemplativa não é algo de objetivo que se encontra "à mão" e à qual, depois de procurar aqui e acolá, temos finalmente acesso. A vida contemplativa é uma dimensão de nossa existência subjetiva. Descobrir a vida contemplativa é uma nova autodescoberta. Poder-se-ia dizer que é o desabrochar de uma identidade mais profunda em nível inteiramente diverso do de uma simples descoberta psicológica, é uma identidade paradoxal nova, encontrada somente *na perda de si próprio* (grifo nosso). Encontrar nosso verdadeiro ser, perdendo nosso ser, faz parte da contemplação. Pensemos no Evangelho: "Quem deseja salvar sua vida deve perdê-la".

Série **Clássicos da Espiritualidade**
– *A nuvem do não saber*
Anônimo do século XIV
– *Tratado da oração e da meditação*
São Pedro de Alcântara
– *Da oração*
João Cassiano
– *Noite escura*
São João da Cruz
– *Relatos de um peregrino russo*
Anônimo do século XIX
– *O espelho das almas simples e aniquiladas e que permanecem somente na vontade e no desejo do Amor*
Marguerite Porete
– *Imitação de Cristo*
Tomás de Kempis
– *De diligendo Deo – "Deus há de ser amado"*
São Bernardo de Claraval
– *O meio divino – Ensaio de vida interior*
Pierre Teilhard de Chardin
– *Itinerário da mente para Deus*
São Boaventura
– *Teu coração deseja mais – Reflexões e orações*
Edith Stein
– *Cântico dos Cânticos*
Frei Luís de León
– *Livro da Vida*
Santa Teresa de Jesus
– *Castelo interior ou Moradas*
Santa Teresa de Jesus
– *Caminho de perfeição*
Santa Teresa de Jesus
– *Conselhos espirituais*
Mestre Eckhart
– *O livro da divina consolação*
Mestre Eckhart
– *A nobreza da alma humana e outros textos*
Mestre Eckhart
– *Carta a um religioso*
Simone Weil
– *De mãos vazias – A espiritualidade de Santa Teresinha do Menino Jesus*
Conrado de Meester
– *Revelações do amor divino*
Juliana de Norwich
– *A Igreja e o mundo sem Deus*
Thomas Merton
– *Filotéia*
São Francisco de Sales
– *A harpa de São Francisco*
Felix Timmermann
– *Tratado do amor de Deus*
São Francisco de Sales
– *Espera de Deus*
Simone Weil
– *Contemplação num mundo de ação*
Thomas Merton

CATEQUÉTICO PASTORAL

Catequese – Pastoral
Ensino religioso

CULTURAL

Administração – Antropologia – Biografias
Comunicação – Dinâmicas e Jogos
Ecologia e Meio Ambiente – Educação e Pedagogia
Filosofia – História – Letras e Literatura
Obras de referência – Política – Psicologia
Saúde e Nutrição – Serviço Social e Trabalho
Sociologia

TEOLÓGICO ESPIRITUAL

Biografias – Devocionários – Espiritualidade e Mística
Espiritualidade Mariana – Franciscanismo
Autoconhecimento – Liturgia – Obras de referência
Sagrada Escritura e Livros Apócrifos – Teologia

REVISTAS

Concilium – Estudos Bíblicos
Grande Sinal – REB

PRODUTOS SAZONAIS

Folhinha do Sagrado Coração de Jesus
Calendário de mesa do Sagrado Coração de Jesus
Agenda do Sagrado Coração de Jesus
Almanaque Santo Antônio – Agendinha
Diário Vozes – Meditações para o dia a dia
Encontro diário com Deus
Guia Litúrgico

VOZES NOBILIS

Uma linha editorial especial, com importantes autores, alto valor agregado e qualidade superior.

VOZES DE BOLSO

Obras clássicas de Ciências Humanas em formato de bolso.

CADASTRE-SE
www.vozes.com.br

EDITORA VOZES LTDA.
Rua Frei Luís, 100 – Centro – Cep 25689-900 – Petrópolis, RJ
Tel.: (24) 2233-9000 – Fax: (24) 2231-4676 – E-mail: vendas@vozes.com.br

UNIDADES NO BRASIL: Belo Horizonte, MG – Brasília, DF – Campinas, SP – Cuiabá, MT
Curitiba, PR – Fortaleza, CE – Goiânia, GO – Juiz de Fora, MG
Manaus, AM – Petrópolis, RJ – Porto Alegre, RS – Recife, PE – Rio de Janeiro, RJ
Salvador, BA – São Paulo, SP